Annika Landmann

Helene Schjerfbecks Selbstbildnisse – an den Grenzen des Ich

Annika Landmann

Helene Schjerfbecks Selbstbildnisse – an den Grenzen des Ich

Eine hermeneutische Studie zum Porträt im 19. und 20. Jahrhundert

Hamburg University Press
Verlag der Staats- und Universitätsbibliothek Hamburg
Carl von Ossietzky

Zugl.: Dissertation, Universität Hamburg, 2016 u. d. T.
An den Grenzen des Ich. Helene Schjerfbecks Selbstbildnisse

BIBLIOGRAFISCHE INFORMATION DER DEUTSCHEN NATIONALBIBLIOTHEK
Die Deutsche Nationalbibliothek verzeichnet diese Publikation in der Deutschen Nationalbibliografie; detaillierte bibliografische Daten sind im Internet über https://portal.dnb.de abrufbar.

ONLINE-AUSGABE
Die Online-Ausgabe dieses Werkes ist eine Open-Access-Publikation und ist auf den Verlagswebseiten frei verfügbar. Die Deutsche Nationalbibliothek hat die Online-Ausgabe archiviert. Diese ist dauerhaft auf dem Archivserver der Deutschen Nationalbibliothek (https://portal.dnb.de/) verfügbar.

DOI https://dx.doi.org/10.15460/HUP.HHD.002.190

PRINTAUSGABE
ISBN 978-3-943423-63-1

GESTALTUNG Merle Papenfuß
SCHRIFT Gentium / Source Sans Pro
DRUCK UND BINDUNG Books on Demand - Norderstedt

VERLAG Hamburg University Press, Verlag der Staats- und Universitätsbibliothek Hamburg Carl von Ossietzky, Hamburg (Deutschland), 2018
http://hup.sub.uni-hamburg.de

Danksagung

Mein Dank gilt zunächst Uwe Fleckner, der die vorliegende Arbeit von Anbeginn bis zu ihrer Fertigstellung 2015 an der Universität Hamburg betreut hat. Sein klarer Blick auf das Wesentliche hat mich vor mancher gedanklichen Sackgasse bewahrt und mich dazu ermutigt, die Selbstporträts sprechen zu lassen, bevor Theorien folgen. Ebenso herzlich möchte ich Tutta Palin danken, die mich nicht nur während meines Fellowships an der Universität Turku 2012/2013 betreut, sondern die Arbeit an der Dissertation schon sehr früh motivierend begleitet hat. Ihre konstruktive Kritik und die profunde Kenntnis der finnischen Kunst des 19. und 20. Jahrhunderts haben wesentlich zum Gelingen dieser Arbeit beigetragen.

Bereits im Rahmen meiner Magisterarbeit habe ich mich mit finnischer Porträtkunst befasst, wozu mich Hermann Hipp ermutigt hatte. Ohne sein Zutun hätte meine Forschung vielleicht einen ganz anderen Weg genommen. Für den herzlichen Empfang und den fachlichen Austausch im Kollegium des Lehrstuhls für Kunstgeschichte der Universität Turku danke ich insbesondere Altti Kuusamo, Asta Kihlman, Riikka Niemelä, Johanna Ruohonen, Lars Saari, Kai Stahl und Ringa Takanen. Ein CIMO-Stipendium hat mir den dortigen Aufenthalt ermöglicht. Wichtig für die inhaltliche Schärfung der vorliegenden Arbeit war die Präsentation und Diskussion zentraler Thesen in den Doktoranden-Kolloquien der Universitäten Hamburg und Turku sowie im Internationalen Warburg-Kolleg (Universität Hamburg/Aby-Warburg-Stiftung). Für anregende Gespräche und Hinweise bedanke ich mich bei Leena Ahtola-Moorhouse, Kirsi Hiltunen, Pia Hurri und Anna-Maria von Bonsdorff (Finnische Nationalgalerie), Annabelle Görgen-Lammers (Hamburger Kunsthalle) und Carolin Köchling (Schirn Kunsthalle Frankfurt).

Martin Ellfolk (Åbo Akademis bibliotek), Irmeli Isomäki und Ari Latvi (Finnische Nationalgalerie, Bibliothek), Susanne Jacobs und Anke Napp (Kunstgeschichtliches Seminar, Universität Hamburg, Bibliothek und Mediathek) danke ich für die Hilfe bei der Beschaffung von Literatur und Abbildungen. Für das Bereitstellen von Bildmaterial für die Publikation und die Hilfe beim Klären von Nutzungsrechten danke ich Halvor Bjørngård und Karen Elizabeth Lerheim (Munchmuseet), Maria

Didrichsen (Didrichsenin taidemuseo), Christian Hoffmann (Turun taidemuseo), Vidar Ibenfeldt (Nasjonalmuseet for kunst, arkitektur og design), Kiti Karvonen (EKTA), Ulla Koski (Helsingin Sanomain Säätiö), Iida Luukkonen (Gösta Serlachiuksen taidesäätiö), Per Myrehed, Christian Nitz (Käthe Kollwitz Museum Köln), Uta Raschke (VG Bild-Kunst), Simo Rissanen und Anni Saisto (Porin taidemuseo), Leena Selin (Kansallisgalleria), Stefan Ståhle (Moderna Museet), Katja Vuorinen-Parm (Riihimäen taidemuseo) und Nina Zilliacus (Villa Gyllenberg). Für die Bereitschaft, das Verlagsprogramm zu erweitern und von nun an auch kunstgeschichtliche Dissertationen in Open Access zu publizieren, danke ich Tobias Buck und Hamburg University Press, dem Verlag der Staats- und Universitätsbibliothek Hamburg.

Mein Dank geht außerdem an Christine Jádi und die Doktoranden des Kunstgeschichtlichen Seminars der Universität Hamburg, mit denen ich einen Arbeitsraum teilen durfte, für die kollegiale Atmosphäre und den fachlichen Austausch. Titia Hensel, Miriam Leimer, Jasmin Shamsi und Judith Waldmann möchte ich für das kritische Lesen und Kommentieren einzelner Kapitel danken. Dagmar Bruss und Nathalie Möller-Titel danke ich für die Hilfe am sprachlichen Feinschliff. Bei Fragen zur schwedischen Sprache konnte ich mich immer auf Dorothea Darmstadt und Flora Fink verlassen – herzlichen Dank dafür.

Doch letztlich hat mir insbesondere auch die Unterstützung meiner Familie und meiner Freunde die Kraft gegeben, aus einer ersten Idee ein Buch entstehen zu lassen. Silja Darmstadt, Darja Gibbe, Anna Hohmeier, Ursula und Bernward Horn, Robin Kiso, Elfriede und Herbert Landmann, Eino und Martta Pienmunne, Franziska Sethi, Eeva und Kari Sjöberg gilt mein besonderer Dank. Für den Austausch zu meiner Arbeit, ihre bedingungslose Unterstützung und Ermutigung danke ich Mervi Pienmunne-Landmann und Rolf Landmann. Von ganzem Herzen danke ich Lars Horn für das Vertrauen in meine Entscheidungen und die Ausdauer, diese Tag für Tag mitzuleben.

INHALT

Abbildungsverzeichnis

1 Einleitung

1.1 Ein Gesicht ist ein Gesicht ist ein Gesicht ist ein Gesicht

Im kulturellen Leben Finnlands, aber auch Schwedens ist Helene Schjerfbeck (1862–1946) omnipräsent. In einem finnischen Radiosender fällt zwischen zwei jugendlichen Popsongs ein beiläufiger Kommentar zu Schjerfbecks Kunst. Theater inszenieren Stücke über Schjerfbecks Leben und (fiktive) Romanzen. In dem Roman *Helene* der finnischen Autorin Rakel Liehu verschwimmen die Grenzen zwischen Fiktion und Realität, Auszüge aus Briefen der Malerin wechseln sich mit Passagen einer fiktiven Ich-Erzählerin ab. Im schwedischen Museum Prins Eugens Waldemarsudde werden Werke junger Kunststudenten ausgestellt, die bekannte Werke der Kunstgeschichte aufgreifen, rezipieren, verändern: Helene Schjerfbecks Gesichtszüge oder vielmehr die ihrer Selbstporträts blicken einen auch hier an. Schjerfbeck ist aus der Kultur nicht wegzudenken, sie ist eine *der* Ikonen der finnischen Malerei.

Anders verhält sich dies außerhalb der nordeuropäischen Länder.[1] 2007 stellte die Wochenzeitung *Die Zeit* den Ausstellungskatalog der ersten umfangreichen Schjerfbeck-Ausstellung in Deutschland vor. Der einleitende Satz über den Katalog der Hamburger Kunsthalle fasst zusammen, was nur langsam an Aktualität einbüßt: „Dass noch Entdeckungen möglich sind, ist das Glück der Kunst."[2] Man scheint sich schnell einig zu sein, dass die Selbstbildnisse ein „artistisches Ereignis" sind,[3] die es verdienen, ins Zentrum gerückt zu werden.[4]

Bislang sind etwa 40 Selbstbildnisse Schjerfbecks bekannt. Eine der ersten Zeichnungen fertigte sie 1878 an, ihre letzten 1945, nur wenige Monate vor ihrem Tod im Januar 1946. Allen diesen Porträts ist der Bildausschnitt gemeinsam und in kaum

1 In diesem Fall beziehe ich mich vorranging auf Finnland und Schweden. Im Folgenden verwende ich den Begriff Norden in Abgrenzung zum Begriff Skandinavien. Während die Bezeichnung Skandinavien sich häufig primär auf die Länder der skandinavischen Sprachen bezieht, umfasst der „Norden" auch Finnland, das der finnougrischen Sprachfamilie angehört und geografisch Fennoskandinavien zugeordnet wird. Eine durchgehend einheitliche Verwendung des Begriffs Skandinavien existiert jedoch nicht. Für eine differenzierte Betrachtung der Begrifflichkeiten, vgl. Katharina Alsen und Annika Landmann: *Nordische Malerei. Im Licht der Moderne*, München 2016, S. 23 ff.

2 Susanne Mayer: *Ich gebe nur mein dunkles armes Inneres*, Die Zeit, 15.2.2007 (http://www.zeit.de/2007/08/BU-Schjerfbeck, letzter Aufruf: 31.8.2015).

3 Tilman Spreckelsen: *Der lange Weg zum Ich. Jahrhundertmalerin Helene Schjerfbeck*, Frankfurter Allgemeine Zeitung, 21.6.2012 (http://www.faz.net/aktuell/feuilleton/kunst/jahrhundertmalerin-helene-schjerfbeck-der-lange-weg-zum-ich-11791445.html, letzter Aufruf: 31.8.2015).

4 Vgl. Christian Huther: *Spiel mit der Vergänglichkeit*, Frankfurter Neue Presse, 2.10.2014 (http://www.fnp.de/nachrichten/kultur/Spiel-mit-der-Vergaenglichkeit;art679,1060676, 31.8.2015). Die vorliegende Arbeit wurde im Dezember 2015 fertiggestellt. Auf jüngere Forschung wird in den Fußnoten hingewiesen, der Haupttext wurde für die Publikation jedoch nur geringfügig überarbeitet.

einem tauchen Attribute auf, der Fokus liegt auf dem Antlitz (Abb. 5, 9 u. 30). In diesem spiegelt sich die Wandlung wider, die Schjerfbecks Stil über die vielen Jahrzehnte erfahren hat, ebenso legt es Veränderungen des dargestellten Individuums nahe.

Der Gesamteindruck, den die ganze Werkgruppe der Selbstbildnisse vermittelt, kann anhand eines erstmals im Jahr 2000 erstellten Morphings nachempfunden werden. Morphing beschreibt einen computergenerierten Zusammenschnitt der einzelnen Bildnisse, in dem fließende Übergänge geschaffen werden. Es lässt einerseits zentrale inhaltliche Facetten der Selbstbildnisse Schjerfbecks erkennen und verdeutlicht andererseits wesentliche Unterschiede zu diesen. Auf beides soll hier hingewiesen sein, um eine erste Vorstellung von den in der vorliegenden Arbeit behandelten Werken zu erhalten.

So wird durch das Morphing der Anschein eines natürlichen Transformations- und Alterungsvorgangs des Gesichts vermittelt.[5] Die chronologische Anordnung der Selbstbildnisse Schjerfbecks im Morphing suggeriert somit ein Fortschreiten der Zeit, das zu Veränderungen führt. Zugleich wird nachvollziehbar, wie in den Bildnissen die Individualität der dargestellten Person, die durch das Gesicht als Pars pro Toto repräsentiert wird,[6] zunehmend zu verschwinden scheint. Das Gesicht der Künstlerin verändert sein Aussehen, die vollen, rosigen Wangen werden bleich, die figurativen Fixpunkte des Gesichts werden immer weiter reduziert, bis nur noch eine schädelartige, entindividualisierte Form sichtbar ist. Doch auch diese löst sich zunehmend auf. Die Selbstporträts werden zum Dokument des menschlichen Schicksals, des Wandels als Teil der menschlichen Natur. Das Ende ist jedoch offen. Entgegen dem auf Dauerschleife programmierten Morphing finden die Selbstbildnisse einen Endpunkt – die Garantie für einen Neubeginn, den das Morphing virtuell ermöglicht, wird infrage gestellt.

So naheliegend diese inhaltliche Ebene der Selbstbildnisse auch sein mag, in so ungenügendem Maße erfasst sie deren Komplexität. Die abstrakten Elemente, die dem Antlitz in zunehmendem Maße zugeführt werden, deuten nicht nur Vergäng-

5 Das finnische Science Center Heureka nutzte das damals relativ neuartige Verfahren und präsentierte seinen Besuchern Schjerfbecks Selbstbildnisse unter dem Titel *Helene – Taiteilijan elämänkaari* (*Helene – Lebenszyklus der Künstlerin*). In den Folgejahren nahmen Museen dieses Morphing als Grundlage und zeigten die Gesichtstransformationen in Dauerschleife unter verschiedenen Titeln in Schjerfbeck-Ausstellungen. Die Villa Gyllenberg in Helsinki spielte beispielsweise auf Ovids *Metamorphosen* an und ließ das Video unter dem gleichnamigen Titel laufen. Anu Koivunen befasst sich ausführlich mit dieser Videoarbeit, vgl. id.: *Uncanny Motions. Facing Death, Morphing Life*, in: *Discourse* 35 / 2013, S. 248–262.

6 Vgl. Rudolf Preimesberger: *Einleitung*, in: id. u. Hannah Baader u. Nicola Suthor (Hrsg.): *Porträt*, Berlin 1999 (Geschichte der klassischen Bildgattungen in Quellentexten und Kommentaren, Bd. 2), S. 13–65, S. 15.

lichkeit an. Sie sind in einem größeren Zusammenhang zu betrachten. Die Veränderung des Gesichts kann das Resultat einer künstlerischen Neuorientierung sein, als deren Konsequenz individuelle Merkmale auf ein Minimum reduziert werden. Ein Blick auf die Kunst des 20. Jahrhunderts lässt schnell erkennen, dass derartig angedeutete „Gesichtsverluste“ ein wiederkehrendes Phänomen dieser Zeit sind. So ist es wichtig, die Selbstporträts in einen Dialog mit dem Porträtgenre zu setzen, das aufs Engste an Vorstellungen von Subjektivität, Individualität und Identität geknüpft ist.

Bei Schjerfbeck werden somit zum einen Zeichen des Individuellen sprichwörtlich ausgewischt, indem Farbe von der Leinwand mit einem Lappen abgetragen und abgekratzt wird. Zum anderen wird das Gesicht durch dieses Vorgehen zunehmend in seiner Integrität angegriffen. Hier kommt eine zentrale Ebene ins Spiel, die durch die Technik des Morphings nicht en détail erfasst werden kann: die Materialästhetik der Bildnisse. Diese variiert stark und setzt Bedeutungsebenen frei, die das virtuelle Bild kaum wiedergeben kann. Je genauer man sich die Selbstbildnisse anschaut, desto vielschichtiger werden diese – sie bedürfen einer genauen Analyse. Die Veränderungen und Variationen, die innerhalb der repetitiven Gesichter stattfinden, verändern die Aussagen über die dargestellte Figur. Was an dieser individuell ist und was nicht, wird in der vorliegenden Arbeit ebenso reflektiert wie die Frage nach dem diskursiven Rahmen. Der geografische und historische Raum, in dem die Selbstbildnisse entstanden sind, bildet mit seinen verschiedenen Akteuren die Folie, vor der die Selbstbildnisse betrachtet werden. Das sich wandelnde Selbst- und Kunstverständnis hat eine Auswirkung auf die Idee des Selbstporträts, also auf das Verständnis desselben. Sie lässt den Wandel begreifen, dem das Verständnis darüber, was Kunst ist und was das Selbst ist, unterlag – ein Wandel, der massive Auswirkungen auf die Idee des Selbstporträts haben musste.

1.2 Bisherige Forschung

Das Existieren einer kaum zu überblickenden Fülle an Literatur zu Schjerfbeck – insbesondere in Finnland und Schweden – mag kaum überraschen. Doch auch außerhalb der nordischen Länder ist in den letzten Jahren eine deutliche Zunahme an wissenschaftlichen Auseinandersetzungen und Ausstellungen zu Schjerfbecks Kunst zu verzeichnen.[7] Diese wurden nicht nur von Kunsthistorikern verfasst, auch

7 Einen wichtigen Beitrag dazu leistete die von der Hamburger Kunsthalle initiierte Ausstellung, die ebenfalls im Gemeentemuseum Den Haag und dem Musée d’Art Moderne de la Ville in Paris gezeigt

Psychologen und Mediziner befassen sich mit den Selbstbildnissen der Künstlerin.[8] Einige dieser neueren Beiträge wurden bereits in die knapp zwanzigseitige kleingedruckte Bibliografie aufgenommen, die im Rahmen der bislang größten Schjerfbeck-Retrospektive im Kunstmuseum Ateneum 2012 in Helsinki zusammengetragen wurde.[9] So kann es nicht das Ziel dieses Überblicks sein, jede einzelne Publikation zu Schjerfbeck anzuführen – so unbekannt diese auch noch außerhalb der nordischen Länder sein mag. Vielmehr werden die verschiedenen Perspektiven auf Schjerfbecks Werk, allen voran auf ihre Selbstbildnisse, nachgezeichnet. Diese sind an unterschiedliche wissenschaftlich-theoretische Traditionen gebunden, denen zum Teil gegensätzliche Paradigmen zugrunde liegen.

Die intensivierte Forschung zu Schjerfbeck begann in Finnland und Schweden in den 1980er und 1990er Jahren im Rahmen der feministischen Forschung sowie der ausführlichen Beschäftigung mit den naturalistischen Strömungen der 1880er

---

wurde, vgl. *Helene Schjerfbeck* (hrsg. v. Annabelle Görgen u. Hubertus Gaßner), Ausstellungskatalog, Gemeentemuseum Den Haag / Hamburger Kunsthalle / Musée d'Art Moderne de la Ville de Paris 2007. Eine weitere Schjerfbeck-Ausstellung außerhalb Finnlands wurde 2014 in der Schirn Kunsthalle Frankfurt abgehalten, vgl. *Helene Schjerfbeck* (hrsg. v. Carolin Köchling u. Max Hollein), Ausstellungskatalog, Schirn Kunsthalle Frankfurt 2014. Ebenso werden Schjerfbecks Werke zunehmend im Rahmen internationaler Gruppenausstellungen gezeigt, vgl. z. B. http://www.fondationlouisvuitton.fr/expositions/exposition- les-clefs-d-une-passion.html (letzter Aufruf: 18.11.2015). Doch auch außerhalb Europas steigt das Interesse an der Malerin, wie eine Wanderausstellung 2015 und 2016 an verschiedenen Orten in Japan zeigt, vgl. *Helene Schjerfbeck. Reflections* (hrsg. von Naoki Sato), Ausstellungskatalog, The University Art Museum, Tokyo University of the Arts / The Miyagi Museum of Art, Sendai / Okuda Genso Sayume Art Museum, Hiroshima / The Museum of Modern Art, Hayama, Tokyo 2015.

Einen wichtigen Beitrag zum wissenschaftlichen Diskurs im deutschsprachigen Raum leistet Marie Christine Jádis Dissertation, vgl. id.: *Helene Schjerfbeck und Gwen John. Der Ausdruck von Emotionen in der Malerei der Moderne*, Berlin 2017, zugl. Diss. Universität der Künste Berlin, 2015, sowie Bettina Gockels Aufsatz, vgl. id.: *Konstruktion und Wirklichkeit einer globalisierten Künstlerin. Helene Schjerfbeck zwischen Tradition und Moderne*, in: *Kunstchronik. Monatsschrift für Kunstwissenschaft, Museumswesen und Denkmalpflege*, 11/2016, S.551–559.

8 Vgl. z. B. James C. Harris: *Helene Schjerfbeck's „Self-portrait With Red Spot"*, in: *Jama Psychiatry*, Nr. 70 / 3, März 2013, S. 251–252.

9 Vgl. *Helene Schjerfbeck. 150 Years* (hrsg. v. Leena Ahtola-Moorhouse u. Anu Utriainen), Ausstellungskatalog, Göteborgs konstmuseum / Ateneumin taidemuseo, Valtion taidemuseo, Helsinki / Prins Eugens Waldemarsudde, Stockholm 2012, S. 376–395, *Bibliography* (Irmeli Isomäki). Die Ausstellung wurde ebenfalls in Göteborg (Göteborgs konstmuseum) und Stockholm (Prins Eugens Waldemarsudde) gezeigt. 20 Jahre zuvor wurde die bis dato größte Schjerfbeck-Ausstellung abgehalten, die auch in den USA gezeigt wurde, vgl. *Helene Schjerfbeck. Finland's Modernist Rediscovered* (hrsg. v. Leena Ahtola-Moorhouse), Ausstellungskatalog, Ateneumin taidemuseo, Valtion taidemuseo, Helsinki / Phillips Collection, Washington D. C. / National Academy of Design, New York 1992. Wenig später setzte sich Michelle Facos mit den Selbstbildnissen Schjerfbecks auseinander, vgl. id.: *Helene Schjerfbeck's Self-Portraits. Revelation and Dissimulation*, in: *Women's Art Journal* Spring / Summer 1995, S. 12–18.

Jahre in der nordischen Malerei.[10] Zuvor forderten Wissenschaftlerinnen wie Linda Nochlin in den 1970er Jahren die Aufklärung der Frage „Why have there been no great women artists?" (1971).[11] In der Folge wurden zunehmend „Leben und Werk" von Künstlerinnen untersucht.[12] Zum einen erbrachte man hierdurch den Nachweis, dass es durchaus Künstlerinnen gegeben hatte, diese aber lange Zeit aus dem Kanon ausgeschlossen waren. Zum anderen widmete man auch den gesellschaftlichen Strukturen und der damit verbundenen Stereotypisierung der Geschlechter verstärkt Aufmerksamkeit, wodurch aufgedeckt wurde, weshalb Künstlerinnen von der Kunstgeschichtsschreibung ignoriert wurden. In Finnland untersuchte Riitta Konttinen in ihrer Dissertation eine Gruppe finnischer Künstlerinnen, die in einem realistischen oder naturalistischen Stil malten und in den 1880er Jahren erfolgreich waren.[13] Doch auch in Schweden wurde der Malerin in den 1980er Jahren größere Aufmerksamkeit zuteil, was unter anderem auf Lena Holgers intensive Auseinandersetzung mit Schjerfbecks Leben und Werk zurückzuführen ist.[14]

Die Basis diverser Untersuchungen bilden Briefe Schjerfbecks, die sie in schwedischer Sprache verfasst hat und von denen etwa 2000 bis heute erhalten sind. Sie selbst wollte nicht, dass diese Briefe an die Öffentlichkeit gelangen, weshalb sie einen Teil verbrannte und auch andere aufforderte, dies zu tun.[15] Dennoch sind viele der Briefe erhalten, die in ihrer Gesamtheit nicht in publizierter Form vorliegen. Auszüge aus diesen wurden jedoch schon früh in Überblickswerken, die primär biografisch

---

10 Durch mehrere größere Ausstellungen gelangte die nordische Malerei des ausgehenden 19. Jahrhunderts seit den 1980er Jahren zunehmend in den Fokus, vgl. *1880-tal i nordiskt måleri* (hrsg. v. Pontus Grate u. Nils-Göran Hökby), Ausstellungskatalog, Nationalmuseum, Stockholm 1985, und *Im Lichte des Nordens. Skandinavische Malerei um die Jahrhundertwende*, Ausstellungskatalog, Kunstmuseum Düsseldorf 1986.

11 Vgl. Linda Nochlin: *Why have there been no great women artists?*, 1971, in: id.: *Women, art and power and other essays*, Boulder 1988, S. 145–177. Auch in den nordischen Ländern wurden damit verbundene Fragen in den 1970er Jahren verhandelt, vgl. Anna Lena Lindberg u. Barbro Werkmäster (Hrsg.): *Kvinnor som konstnärer*, Stockholm 1975.

12 Im Folgenden verwende ich das generische Maskulinum *Künstler* als Bezeichnung für Angehörige aller Geschlechter. Assoziiert man mit dem generischen Maskulinum primär das männliche Geschlecht, so entspricht dies überdies der damaligen Realität, in der der männliche Künstler der Hauptrepräsentant des Berufes war.

13 Vgl. Riitta Konttinen: *Totuus enemmän kuin kauneus. Naistaiteilija, realismi ja naturalismi 1880-luvulla, Amélie Lundahl, Maria Wiik, Helena Westermarck, Helena Schjerfbeck ja Elin Danielson*, Helsinki 1991, zugl. Diss., Universität Helsinki. Zuvor publizierte sie ein Überblickswerk zu einer ähnlichen Thematik, vgl. id.: *Suomalaisia naistaiteilijoita 1880-luvulta*, Helsinki 1989. Schjerfbecks Geburtsname ist Helena, weshalb der Vorname uneinheitlich verwendet wird, vgl. Kapitel 3.

14 Vgl. Lena Holger: *Helene Schjerfbeck. Liv och konstnärskap*, Stockholm 1987.

15 Vgl. Hanna u. Eilif Appelberg: *Helene Schjerfbeck. Elämänkuvan ääriviivoja* (aus d. Schwed. übers.), Helsinki 1949, S. 8.

geprägt sind, veröffentlicht.[16] Gerade jene frühen, nur wenige Jahre nach Schjerfbecks Tod verfassten, „Biografien" haben die Rezeption der Werke bis in die heutige Zeit maßgeblich beeinflusst. Eine, wenn nicht sogar die zentrale Figur, die das Schjerfbeck-Image seit dem ersten Jahrzehnt des 20. Jahrhunderts geformt hat, ist der Biograf und Freund Schjerfbecks, Einar Reuter (1881–1968), der seine Texte unter dem Pseudonym H. Ahtela veröffentlichte.[17] Eine weitere, umfangreiche und zugleich kritischere Biografie stammt von Riitta Konttinen.[18] Die hier genannten Texte wurden in finnischer und/oder schwedischer Sprache publiziert, wodurch sie einer breiteren Leserschaft bis in die Gegenwart nicht zugänglich sind. Im deutschsprachigen Raum erschien 2016 eine Biografie der Künstlerin von Barbara Beuys.[19]

Das Zurateziehen biografischer Versatzstücke für die Interpretation von Selbstbildnissen ist ein Phänomen, das die Rezeption dieser Gattung im Allgemeinen grundlegend mitbestimmt hat. Insbesondere bei der Rezeption von Selbstbildnissen von Künstlerinnen nimmt die Gewichtung des Persönlich-Biografischen einen relativ großen Raum ein. Dies spiegelt sich auch im bisher einzigen (Überblicks-)Werk zu Schjerfbecks Selbstporträts wider, das von Leena Ahtola-Moorhouse im Jahr 2000 verfasst wurde und 2002 unter dem Titel *And nobody knows what I'm like. Helene Schjerfbeck's self-portraits 1878–1945* auch ins Englische übersetzt wurde.[20] Darüber hinaus liefert das Werk wichtige Anhaltspunkte zur Kontextualisierung der Selbstbildnisse.

Gerade die oben angeführten frühen Abhandlungen und „Biografien" zu Schjerfbeck sind zu einer kaum mehr differenzierbaren Einheit aus Fakt, Fiktion und Mythi-

---

16 Darüber hinaus hat Marjatta Levanto Briefauszüge zusammengestellt, vgl. id. (Hrsg.): *Konstnären är känslans arbetare. Helene Schjerfbeck om konsten och livet*, Helsingfors 1992, und Lena Holger den Briefwechsel zwischen Helene Schjerfbeck und Maria Wiik aufgearbeitet, vgl. id. (Hrsg.): *Helene Schjerfbeck. Och jag målar ändå. Brev till Maria Wiik 1907–1928*, Helsingfors 2011 (Skrifter utgivna av Svenska litteratursällskapet i Finland, Bd. 760).

17 Vgl. Appelberg 1949 und H. Ahtela [Einar Reuter]: *Helena Schjerfbeck. Kamppailu kauneudesta*, Porvoo 1951. Ein in etwas geringerem Maße biografisch geprägtes Werk verfasste der schwedische Kunsthistoriker Gotthard Johansson, vgl. id.: *Helene Schjerfbecks konst. Ett urval målningar, teckningar och litografier*, Stockholm 1940.

18 Vgl. Riitta Konttinen: *Oma tie. Helene Schjerfbeckin elämä*, Helsinki 2004.

19 Vgl. Barbara Beuys: *Helene Schjerfbeck. Die Malerin aus Finnland*, Berlin 2016.

20 Vgl. Leena Ahtola-Moorhouse: *Ja kukaan ei tiedä millainen olen. Helene Schjerfbeckin omakuvat 1878–1945*, Helsinki 2000. Ein Beispiel für den Versuch, Schjerfbecks Selbstbildnisse in einen breiteren Kontext des Selbstporträts zu integrieren, stellt Bia Mankells Dissertation dar. Allerdings werden auch hier gängige Interpretationen übernommen, vgl. id: *Självporträtt. En bildanalytisk studie i svensk 1900-talkonst*, Göteborg 2003, (Gothenburg Studies in Art and Architecture, Bd. 13), zugl. Diss., Universität Göteborg, 1983.

sierung verschmolzen.[21] Marja-Terttu Kivirinta hat die narrativen Strukturen, durch die das öffentliche Schjerfbeck-Image geschaffen wurde, erstmals systematisch untersucht und den Mythos Schjerfbeck dekonstruiert.[22] Bereits das seit den 1960er Jahren auf literarische Texte angewandte Vorgehen der Dekonstruktion hatte zu einer Trennung zwischen Autor und Erzähler geführt. Der Autor wurde als Größe, die auf das Werk Einfluss nimmt, zunehmend irrelevant, ein Gedanke, der in Roland Barthes provokativer Formulierung „Der Tod des Autors" (1967) gipfelte. Eine derartige Trennung zwischen Autor und Werk beziehungsweise Künstler und Werk hatte jedoch wesentlich geringeren Einfluss auf die bildende Kunst, weshalb Selbstbildnisse als persönlich-subjektiver Dialog rezipiert wurden und werden. Die Biografie wurde bisweilen in einer positivistischen, individualpsychologischen Manier auf Selbstporträts übertragen. Nicht umsonst weist Abigail Solomon-Godeau in ihrem Katalogbeitrag *Die Folie hinter dem Spiegel – Helene Schjerfbecks Selbstporträts* darauf hin, dass eine derartige Annäherung an das Selbstporträtœuvre Schjerfbecks irreführend sei. Zugleich betrachtet sie auch den strukturalistischen und poststrukturalistischen Ansatz nicht als zielführend.[23] Solomon-Godeau betont darüber hinaus den repetitiven Charakter des Antlitzes in Schjerfbecks Selbstbildnissen. Dieses scheine mehr auf einer Art „Prototyp" zu basieren, als dass es sich um eine Studie der individuellen Gesichtszüge handle, was die Relevanz eines subjektiv-persönlichen Bezugs aufwerfe.[24] Die zunehmende Differenz zwischen der äußeren Erscheinung und den Selbstbildnissen der Künstlerin wurde bereits zuvor angemerkt. Riikka Stewen setzt dabei den Fokus auf die späten Selbstbildnisse und nähert sich diesen über das Konzept des Anderen.[25]

---

21 Das erste Werk dieser Art stellt H. Ahtelas [Einar Reuter] bereits 1917 erschienene Monografie dar, welche den Grundstein für den Mythos Schjerfbeck legte, vgl. id.: *Helena Schjerfbeck*, Helsinki 1917.

22 Vgl. Marja-Terttu Kivirinta: *Vieraita vaikutteita karsimassa. Helene Schjerfbeck ja Juho Rissanen. Sukupuoli, luokka ja Suomen taiteen rakentuminen 1910–20-luvulla*, Diss. Universität Helsinki 2014 (https://helda.helsinki.fi/bitstream/handle/10138/42629/Vieraita.pdf?sequence=1).

23 Vgl. Abigail Solomon-Godeau: *Die Folie hinter dem Spiegel – Helene Schjerfbecks Selbstporträts*, in: *Helene Schjerfbeck* 2014, S. 81–113, S. 88 ff.

24 Solomon-Godeau 2014, S. 83. Diese Facette der Bildnisse heben auch Anu Koivunen und Bettina Gockel hervor, vgl. Koivunen 2013, S. 259, und Bettina Gockel: *Gesichter der Malerei. Die Anti-Porträts der finnischen Malerin Helene Schjerfbeck in der Schirn Kunsthalle Frankfurt*, Neue Züricher Zeitung, 3. Dezember 2014, S. 49. Carolin Köchling betont dies im Hinblick auf ihre übrigen Figurenbildnisse, in denen die Gesichter eine Fläche darstellten, die Raum ließen für die Projektionen von Künstlerin und Betrachter, vgl. id.: *Sur/Faces. Menschen als Projektionsflächen – Bilder als Modelle*, in: *Helene Schjerfbeck* 2014, S. 17–49.

25 Riikka Stewen: *Helene Schjerfbeck. Itsen kieltämisen ja kukistamisen taide*, in: Lena Holger (Hrsg.): *Helene Schjerfbeck. Naisia, miehiä, omakuva, maisemia, asetelmia* (aus d. Schwed. übers.), Helsinki 1997, S. 33–41, S. 38 f. Mit den späten Selbstbildnissen befasst sich auch André Hirt, vgl. id.: *Ce rien que moi dur et glacial. Hélène Schjerfbeck*, Paris 2012.

Annabelle Görgen-Lammers lenkt in ihren Interpretationen das Augenmerk auf die Verwobenheit von formalistischen und figurativen Elementen in Schjerfbecks Gemälden und distanziert sich damit von einer biografisierenden Lesart der Selbstbildnisse. Sie hebt das Thema der Vergänglichkeit in den Selbstporträts hervor, das nicht nur auf figurativer Ebene, sondern auch durch die Materialität der Bildnisse evoziert werde.[26] Durch das wiederholte Hervorheben der Materialästhetik richtet Görgen-Lammers die Aufmerksamkeit erstmals verstärkt auf diese zentrale Komponente in Schjerfbecks Werken. Marie Christine Tams (Jádi) weist ebenfalls auf die Bedeutung hin, die dem offengelegten Arbeitsprozess zukommt und betrachtet dessen einzelne Bestandteile als subjektiven Ausdruck der Künstlerin – Farbauftrag und Oberflächenbehandlung ließen somit auf Befindlichkeiten des Künstlersubjekts schließen.[27] Durch diese Verbindung verschwimmen Gattungsgrenzen, und die Frage wird aufgeworfen, wo das Selbstporträt der Künstlerin beginnt und wo es endet. Sind auch Figurenbildnisse als erweiterte Selbstporträts Schjerfbecks zu verstehen, da auch diese indexikalische Zeichen ihres Schöpfungsprozesses beinhalten? Eine ähnliche Fragestellung wurde durch eine biografische Lesart hervorgerufen, indem in einigen Figurenbildnissen metaphorische Selbstporträts gesehen wurden.[28]

Ein weiterer Ansatz ist der von Anna-Maria von Bonsdorff, die Schjerfbecks Kunst – mitunter auch die Selbstbildnisse – in ihrer Dissertation hinsichtlich ihrer Farbigkeit in einem nationalen und internationalen Kontext verortet.[29] Dieser wichtige Ansatz beschränkt sich jedoch auf die Zeit um die Jahrhundertwende und lässt sich nicht ohne Weiteres auf die späteren Selbstbildnisse übertragen. Zusammenfassend kann festgehalten werden, dass Konttinens und von Bonsdorffs Dissertationen

---

26 Vgl. Annabelle Görgen: *„...und ich fürchte, ich begehre große, tiefe und wunderbare Dinge." Helene Schjerfbeck. Beredte Stille*, in: *Helene Schjerfbeck* 2007, S. 8–20, S. 17. Im selben Katalog verfasst Uwe Schneede eine Überblicksdarstellung zu den Selbstbildnissen, distanziert sich in dieser aber auch von zu biografischen Deutungen, vgl. id.: *„So offenbart der Maler seine Seele." Die Selbstbildnisse*, in: *Helene Schjerfbeck* 2007, S. 32–40.

27 Vgl. Marie Christine Tams (Jádi): *Silent Stir Within. On the Phenomena of Mood and Emotion in the Art of Helene Schjerfbeck*, in: *Helene Schjerfbeck* 2012, S. 61–72, S. 61 ff. Marie Christine Tams (Jádi) wurde 2015 mit einer Arbeit über die Figurenbildnisse Helene Schjerfbecks und Gwen Johns an der Universität der Künste Berlin promoviert. In ihrer Dissertation beschäftigt sie sich mit dem Ausdruck von Stimmung und Emotion aus phänomenologischer Perspektive, vgl. Jádi 2017.

28 Schon früh stellt Marjatta Levanto derartige Interpretationen stark infrage, vgl. id.: *Toipilaat – Konvalescenter – Convalescents*, Helsinki 1988, S. 48.

29 Vgl. Anna-Maria von Bonsdorff: *Colour Ascetism and Synthetist Colour. Colour Concepts in Turn-of-the-20th-Century Finnish and European Art*, Diss., Universität Helsinki, 2012 (https://helda.helsinki.fi/bitstream/handle/10138/33523/Colouras.pdf?sequence=1). In einem Katalogbeitrag fasst sie ihre Ergebnisse zusammen, vgl. id.: *Farbaskese – Helene Schjerfbeck und „Der Weg zum Synthetischen"*, in: *Helene Schjerfbeck* 2014, S. 49–81.

repräsentativ für grundlegende Tendenzen der finnischen Forschung zur bildenden Kunst in Finnland sind.[30] Während die Zeit zwischen 1880 bis etwa 1920 gut erforscht ist, stehen tiefgreifende Untersuchungen zur Malerei der 1930er und 1940er Jahre weitestgehend aus oder beschränken sich auf einige wenige Künstler.[31]

Die bereits erwähnten Diskrepanzen, die zwischen der finnischen und schwedischen Forschung sowie der Forschung jenseits der nordischen Länder bestehen, haben unterschiedliche Ursachen und lassen sich nicht auf Schjerfbecks Kunst reduzieren. Diese „Lücke" entsteht mitunter durch Sprachbarrieren. Der geringe Bekanntheitsgrad Schjerfbecks außerhalb der nordischen Länder steht jedoch auch exemplarisch für viele andere Künstler dieser Region. Die Ursachen hierfür sind nicht allein auf Sprachbarrieren zurückzuführen. Zu den wenigen Künstlern, die auch außerhalb des Nordens bis in die Gegenwart große Bekanntheit erfahren, zählt der Norweger Edvard Munch. Beinahe ließe sich Nochlins Frage umformulieren in „Why have there been no great Nordic artists?" Womit lässt sich das Fehlen nordischer Künstler im künstlerischen Kanon begründen?

Mit dem Aufkommen der Postcolonial Studies in den 1970er Jahren wurden die von den westlichen Ländern vorgegebenen und aufrechterhaltenen hierarchischen Strukturen zunehmend kritisiert und infrage gestellt. Diese Hierarchie impliziert eine Polbildung zwischen Zentrum und Peripherie, bei der das Zentrum Machtstrukturen und gesellschaftliche Diskurse vorgibt. In den vergangenen Jahren wurde dieses binäre Muster von Peripherie und Zentrum auch auf die finnische Kunst

---

30 Bis 1809 gehörte Finnland zu Schweden. In den Folgejahren, bis zur Unabhängigkeit 1917, blieb Finnland als Großfürstentum Teil des Russischen Reiches. In der vorliegenden Arbeit bezieht sich der Begriff Finnland auch auf das noch nicht unabhängige Land.

31 Literatur über finnische Kunst bis etwa 1920 ist auch in deutscher und englischer Sprache zugänglich. Dabei handelt es sich nicht nur um Überblicksdarstellungen, es existiert auch vertiefende Literatur, vgl. z. B. *Nordlicht. Finnlands Aufbruch zur Moderne 1890–1920* (hrsg. v. Stephan Koja), Ausstellungskatalog, Gemeentemuseum Den Haag / Österreichische Galerie Belvedere, Wien 2005, und Hubert van den Berg et al. (Hrsg.): *A Cultural History of the Avant-Garde in the Nordic Countries. 1900–1925*, Amsterdam 2012 (Avantgarde. Critical Studies, Bd. 28). Die 1930er und 1940er Jahre hingegen sind selbst in der finnischsprachigen Forschung bislang nur punktuell untersucht worden, u. a. von Hanna-Leena Paloposki und Erkki Anttonen, vgl. Hanna-Leena Paloposki: *Taidenäyttelyt Suomen ja Italian julkisissa kuvataidesuhteissa. 1920-luvulta toisen maailmansodan loppuun*, Diss., Universität Helsinki 2012 (Kuvataiteen keskusarkisto, Bd. 24)
(https://helda.helsinki.fi/bitstream/handle/10138/33397/taidenay.pdf?sequence=1), und Erkki Anttonen: *Kansallista vai modernia. Taidegrafiikka osana 1930-taidejärjestelmää*, Helsinki 2006 (Kuvataiteen keskusarkisto, Bd. 12), zugl. Diss., Universität Helsinki, 2006.
Ulla Vihanta behandelt die 1930er Jahre ebenfalls in ihrer Dissertation über die surrealistischen Werke von Otto Mäkilä, vgl. id.: *Unelmaton uni. Suomalaisen surrealismin filosofis-kirjallinen ja psykologinen tausta, Otto Mäkilän surrealistinen taide*, Helsinki 1992 (Helsingin yliopiston taidehistorian laitoksen julkaisuja, Bd. 11), zugl. Diss., Universität Helsinki, 1992.

übertragen und es wurde gefragt, wo sich Finnland in diesem Feld positioniert oder vielmehr positioniert wird.[32] Die Unbekanntheit nordischer Künstler jenseits der nordischen Länder deutet die Antwort auf diese Frage bereits an. Mikko Lehtonen und Olli Löytty bezeichnen Finnland als „peripheres Zentrum" der Europäischen Union und als peripheren Teil des nordatlantischen „Westens". Vordergründig suchen sie nach Ursachen für die Wahrnehmung Finnlands als peripher, die über die geografische Randständigkeit hinausgehen.[33] Ein Aspekt, den sie anführen und der auch für die Kunst wichtig ist, ist das verzögerte Einsetzen des Modernisierungsprozesses im kulturellen, politischen sowie wirtschaftlichen Bereich.[34] Gerade die Dominanz figurativer Malerei und das späte Aufkommen abstrakter Malerei in Finnland haben als Phänomene im Wesentlichen zu der Ansicht beigetragen, die finnische Kunst weise sich durch einen geringen Innovationsgrad aus.[35] In jüngster Zeit mehren sich die Ansätze, einen derartigen teleologischen Avantgardebegriff infrage zu stellen. Es werden Alternativen aufgezeigt, denen nicht das avantgardistische Verständnis zugrunde liegt, die nonfigurative Malerei sei das ultimative Ziel der malerischen Entwicklung.[36] Wie Schjerfbecks Kunst in diesem Rahmen verortet werden kann, wurde bislang jedoch kaum untersucht.[37]

Überdies wurde in den vergangenen Jahren das Konzept des Nationalen zunehmend infrage gestellt, was ebenfalls beinhaltet, dass Begriffe wie Peripherie und Zentrum relativiert werden müssen. Verstärkt rücken Schlagwörter wie Transnationalität und Netzwerk in den Vordergrund. Diesen liegt der Gedanke zugrunde, dass Nationen ebenso wie Personen nicht als isolierte Einheiten betrachtet werden können, sondern sich in einem ständigen Prozess des Wandels befinden.[38]

---

32 Vgl. Mikko Lehtonen u. Olli Löytty: *Suomiko toista maata?*, in: Joel Kuortti u. Mikko Lehtonen u. Olli Löytty (Hrsg.): *Kolonialismin jäljet. Keskustat, periferiat ja Suomi*, Helsinki 2007, S. 105–119, S. 110 ff.

33 Ibid.

34 Vgl. ibid., S. 110 f.

35 Diese Meinung wird auch von finnischen Kunsthistorikern vertreten, vgl. Tuula Karjalainen: *Uuden kuvan rakentajat. Konkretismin läpimurto Suomessa*, Helsinki 1990, zugl. Diss., Universität Helsinki, 1990.

36 Vgl. Tutta Palin: *Die Bedeutung des Figurativen in der finnischen bildenden Kunst der 1950er Jahre*, in: Brigitte Hartel u. Bernfried Lichtnau (Hrsg.): *Skandinavische bildende Kunst von 1950 bis zur Gegenwart*, Frankfurt a. M. 2015 (Kunst im Ostseeraum. Greifswalder Kunsthistorische Studien, Bd. 6), S. 169–189, und Marja Lahelma. 2014 *Ideal and Disintegration. Dynamics of the Self and Art at the Fin-de-Siècle*, Diss., Universität Helsinki, 2014 (https://helda.helsinki.fi/bitstream/handle/10138/42525/lahelma_dissertation.pdf?sequence=1), S. 159.

37 Vgl. Alsen u. Landmann 2016, S. 222 ff.

38 Vgl. Melanie Hühn et al. (Hrsg.): *Transkulturalität, Transnationalität, Transstaatlichkeit, Translokalität. Theoretische und empirische Begriffsbestimmungen*, Berlin 2010 (Region – Nation – Europa, Bd. 62).

1.3 Fragestellungen und Vorüberlegungen

Die oben aufgezeigten unterschiedlichen Annäherungen an die Selbstbildnisse machen deutlich, in welchem diskursiven Spannungsfeld sich diese bewegen. Gleichzeitig deuten sie bereits die Diffusität des Porträtbegriffs an. Wie und wo Schjerfbecks Selbstbildnisse im porträttheoretischen Diskurs zu verorten sind, ist eine Frage, die es im Folgenden stets zu berücksichtigen gilt.

In bisherigen Analysen fehlt eine konzise systematische Bildanalyse, die (material-)ästhetische Strukturen ebenso wie ikonografische Elemente untersucht. Die häufig durch die biografische Brille betrachteten Bildnisse wurden bisher nur in geringem Maße als autonome Kunstwerke analysiert. Die Person Schjerfbeck oder vielmehr ihr Image in der Öffentlichkeit überschattet bis in die Gegenwart die Rezeption der Bildnisse, was einer Ausschöpfung des Facettenreichtums und der diskursiven Anschlussfähigkeit an unterschiedlichste Themenbereiche entgegengestanden hat. Fragen, die im Hinblick auf eine Kontextualisierung aufkommen, betreffen unter anderem die Geschlechterforschung,[39] aber auch stilistische Elemente, die zum Beispiel Auskunft geben über das zugrunde liegende Selbstverständnis.

Der Schwerpunkt dieser Arbeit liegt auf einer hermeneutischen Herangehensweise. Zunächst werden die einzelnen Werkbestandteile in einer Bildanalyse untersucht. Von dieser ausgehend werden zentrale inhaltliche Aspekte der Bildnisse herausgefiltert und in einem größeren Rahmen verortet. Eine der größten Herausforderungen liegt dabei im Umgang mit Begrifflichkeiten und Konzepten, die sich durch ihre Nichtfixierbarkeit auszeichnen. Die Selbstbildnisse Schjerfbecks sind in einer Zeit entstanden, in der die Vorstellung von der Einheit einer Person längst infrage gestellt wurde. Begriffe wie das Unbewusste haben die Identität eines Menschen zunehmend komplexer und ungreifbarer erscheinen lassen.[40] Die damit verbundene Frage nach der Darstellbarkeit des menschlichen Individuums stellt bis in die Gegenwart eine immense Herausforderung an den traditionellen Gattungsbegriff des Por-

---

39 Bisher wird in einigen wenigen Überblickswerken auf Schjerfbeck verwiesen, vgl. Frances Borzello: *Wie Frauen sich sehen. Selbstbildnisse aus fünf Jahrhunderten* (aus d. Engl. übers.), München 1998. Annabelle Görgen unternimmt den Versuch, die nationale und internationale Rezeption von Schjerfbecks Werken bis in die Gegenwart nachzuzeichnen, vgl. Annabelle Görgen: *„Eines Tages wird man das Schaffen dieser finnischen Künstlerin zum europäischen Kulturerbe zählen." Die Rezeption*, in: *Helene Schjerfbeck* 2007, S. 40–50, und Annabelle Görgen-Lammers: *„One Day the Work of this Finnish Artist Will Be Part of European Cultural Heritage." The Reception*, in: *Helene Schjerfbeck* 2012, S. 72–87.

40 Vgl. Ulrich Pfisterer u. Valeska von Rosen: *Vorwort. Der Künstler als Kunstwerk*, in: id. (Hrsg.): *Der Künstler als Kunstwerk. Selbstporträts vom Mittelalter bis zur Gegenwart*, Stuttgart 2005, S. 11–24.

träts dar.[41] Eine zentrale Kategorie, an der das Gelingen oder Misslingen eines Porträts gemessen wird oder – zumindest seit den Anfängen des autonomen Porträts in der Renaissance – gemessen wurde,[42] ist die der Ähnlichkeit. Ebenso wie Identität oder Subjektivität unterliegt auch dieser Begriff einem steten Wandel. So herrscht seit dem 19. Jahrhundert überwiegend Einigkeit darüber, dass die Identität einer Person keine in sich geschlossene Einheit ist. Unterschiedliche Wissenschaften bemühten sich, Erklärungsmodelle dafür zu finden, welche Faktoren auf das Individuum Einfluss nehmen und welche Bestandteile die Summe des Selbst ausmachen. Während im 19. Jahrhundert positivistisch-naturwissenschaftliche Leitbilder den Diskurs bestimmten, herrschte im 20. Jahrhundert verstärkt Konsens darüber, dass diffusere Größen wie das Unbewusste als Teil des Selbst mitgedacht werden müssen.[43] Damit ging die Auffassung einher, dass die äußere Ähnlichkeit zu einer im Porträt dargestellten Person zwar Auskunft über Mimik, Gesichtszüge oder soziale Rollen geben könne, den „inneren Kern" einer Person aber kaum zu erfassen vermöge. Und gerade das Innere wurde als maßgeblich für die Individualität, die Einmaligkeit einer Person, betrachtet. Dies machte neue Versuche der visuellen Fixierung notwendig.[44]

Das *Selbstporträt* Schjerfbecks,[45] das zwischen 1913 und 1926 entstanden ist, weist vielleicht am pointiertesten auf das Desiderat einer Neubestimmung des Konzeptes

---

41 Vgl. Petra Gördüren: *Das Porträt nach dem Porträt. Positionen der Bildniskunst im späten 20. Jahrhundert*, Berlin 2013 (Berliner Schriften zur Kunst, Bd. 24), zugl. Diss., Freie Universität Berlin, 2008, S. 9 ff. Beispielsweise deutet Isabelle Moffat die massiven Übermalungen des eigenen Antlitzes des österreichischen Malers Arnulf Rainer als Ausdruck der Frustration. In ihnen drücke sich die Unmöglichkeit aus, die Komplexität des menschlichen Selbst und dessen Psyche darzustellen, vgl. Isabelle Moffat: *Arnulf Rainer. Selbstdarstellung*, in: Pfisterer u. von Rosen (Hrsg.) 2005, S. 168.

42 Zu den Anfängen des Porträts, vgl. Gottfried Boehm: *Bildnis und Individuum. Über den Ursprung der Portraitmalerei in der italienischen Renaissance*, München 1985, zugl. Habil.-Schr., Universität Heidelberg, 1974.

43 Vgl. Joanna Woodall: *Introduction: Facing the Subject*, in: id. (Hrsg.): *Portraiture. Facing the Subject*, Manchester 1997 (Critical Introductions to Art), S. 1–27, S. 11 f.

44 Vgl. Petra Gördüren: *Gesichter, gesichtslos. Theorie und Geschichte des Porträts jenseits der Mimesis*, in: *Porträt ohne Antlitz. Abstrakte Strategien in der Bildniskunst* (hrsg. v. id. u. Dirk Luckow), Ausstellungskatalog, Kunsthalle zu Kiel 2004, S. 8–20, S. 11.

45 Die meisten Selbstbildnisse Schjerfbecks werden als ebensolche benannt, d. h., die einzelnen Titel unterscheiden sich nicht oder nur minimal. Es lässt sich nur z. T. zurückverfolgen, wer für die Titelvergabe verantwortlich war. Allerdings zeigen frühe Ausstellungskataloge, dass viele der Selbstbildnisse zunächst nur als solche bezeichnet wurden, im Laufe der Zeit jedoch leichte Präzisierungen der Titel erfahren haben. In einem Brief weist Schjerfbeck überdies darauf hin, dass nicht alle Titel von ihr stammten, vgl. Brief von Helene Schjerfbeck an Einar Reuter, ca. 10.5.1943, Åbo Akademis bibliotek.

der Mimesis hin (Abb. 5).[46] Während ihre linke Gesichtshälfte in naturnachahmender Manier auf ein konventionelles Porträtverständnis anzuspielen scheint, gehen die figurativen Anhaltspunkte der rechten Gesichtshälfte in eine abstrakte Fläche über. Figuration und Abstraktion stehen im Dialog. Eine derartige „Dekonstruktion des Gesichts" ist ein Merkmal von Porträts und Figurenbildnissen seit dem frühen 20. Jahrhundert.[47] Dies verdeutlicht ein Blick auf Werke wie Pablo Picassos *Les Demoiselles d'Avignon* von 1907 oder Francis Bacons deformierte „Köpfe" der 1950er Jahre (Abb. 42). Dass derartige Bildnisse nicht nur Zweifel an dem Begriff der Mimesis wecken, sondern an der ganzen Gattung des Porträts, ist naheliegend. Immer wieder wurde das Ende der Gattung heraufbeschworen oder auf die Künstlichkeit der Kategorie Porträt verwiesen.[48] Damit hängt auch die Frage zusammen, ob ein Werk erst als Porträt wahrgenommen wird, wenn es durch den Titel als solches ausgewiesen wird. Zu diesen Fragen wird im Verlauf der Arbeit Stellung genommen. Der zentrale Ausgangspunkt bei der Analyse dieser Fragen sind die Werke. Leider musste die Anzahl der ursprünglich gezeigten Abbildungen für die vorliegende Publikation nahezu halbiert werden, da die Kosten für die Urheber- und Reproduktionsrechte den finanziellen Rahmen einer nichtkommerziellen Veröffentlichung gesprengt hätten oder die Nutzungsrechte nicht geklärt werden konnten.

Ein kurzer Exkurs zu Schjerfbecks Reflektionen zum Porträt zeigt ihr differenziertes Verständnis auf. So hebt sie in ihren Briefen wiederholt das Unbewusste als Facette des Selbst hervor und drückt implizit und explizit den Anspruch aus, das Unbewusste in ihre Figurenbildnisse zu integrieren.[49] Auch die Titel ihrer Werke

46 Zu den Begriffen Mimesis und Nachahmung, vgl. *Ästhetische Grundbegriffe. Historisches Wörterbuch in sieben Bänden*, hrsg. v. Karlheinz Barck et al., Bd. 4, Stuttgart 2002, S. 84–121, s. v. „Mimesis/Nachahmung" (Luiz Costa Lima u. Martin Fontius), und *Lexikon Kunstwissenschaft. Hundert Grundbegriffe*, hrsg. v. Stefan Jordan u. Jürgen Müller, Stuttgart 2012, S. 247–250, s. v. „Nachahmung" (Julia Gelshorn).

47 Irene Antoni-Komar: *Die Repräsentation des Gesichts. Zur Herstellungspraxis von Schönheit*, in: Gertrud Lehnert (Hrsg.): *Die Kunst der Mode*, Oldenburg 2006 (Mode und Ästhetik. Schriftenreihe des Instituts für Designforschung Bremen, Bd. 4), S. 252–278, S. 266, und Sigrid Weigel: *Das Gesicht als Artefakt. Zu einer Kulturgeschichte des menschlichen Bildnisses*, in: id. (Hrsg.): *Gesichter. Kulturgeschichtliche Szenen aus der Arbeit am Bildnis des Menschen*, München 2013 (Trajekte), S. 7–33, S. 12.

48 Vgl. Boehm 1985, S. 9 ff., und Preimesberger 1999, S. 17 ff. Doch auch in Bezug auf die Kunst seit den 1970er Jahren gab die Gattung immer wieder Anlass zu Diskussionen, vgl. Martina Weinhart: *Selbstbild ohne Selbst. Dekonstruktionen eines Genres in der zeitgenössischen Kunst*, Berlin 2004, zugl. Diss. Frankfurt a. M. 2000.

49 „Wenn die Modelle kommen und vor mir Platz nehmen, sehe ich ihre Schönheit, aber was geht in ihnen vor? Was denken sie? – Ich habe mich immer nach dunkler Seelentiefe gesehnt, die noch nicht zu sich selbst gefunden hat, wo alles noch unbewusst ist – gerade dort kann man Entdeckungen machen." Brief von Helene Schjerfbeck an Einar Reuter, 14.4.1920(?), Åbo Akademis bibliotek; zitiert nach Leena

lassen auf unterschiedliche Ansprüche an die Porträts schließen. Während die Titel der Selbstbildnisse nur selten deskriptiv sind und lakonisch als ebensolche – Selbstporträts – benannt wurden, variieren die Titel ihrer anderen Figurenbildnisse stärker. Häufig tauchen die Namen der dargestellten Personen nicht auf, was darauf hindeutet, dass es sich nicht um klassische Auftragsarbeiten und damit um keine Porträts im konventionellen Sinne handelt.

In ihren Briefen beschreibt Schjerfbeck ein Werk mit dem Titel *Porträt von Matti Kiianlinna* und betont, dass sie ihn nur „nach der Natur" gemalt habe, ohne ihn tiefgehender ergründet zu haben.[50] In dieser Aussage spiegeln sich zwei zentrale Porträttopoi wider. Während das Malen „nach der Natur" auf die physiognomische Ähnlichkeit anzuspielen scheint, lässt das Ergründen Rückschlüsse auf zweierlei zu: zum einen auf Schjerfbeck selbst, zum anderen auf ihr Modell. So wurden dem Künstler seit der Romantik visionäre Fähigkeiten zugesprochen, wodurch der subjektive Blick auf das Modell akzentuiert wurde. Damit einher ging seit dem späten 19. Jahrhundert das Abweichen von äußerer Ähnlichkeit.[51] Doch spielt diese Aussage Schjerfbecks nicht nur auf den analytischen Blick der Künstlerin an – sie kann ebenso als Verweis auf das „zu Ergründende" des Modells, sein geheimnisvolles Inneres, verstanden werden. Indirekt scheint Schjerfbecks Aussage jenen Leitsatz anzudeuten: Je mehr „nach der Natur" gemalt wird, desto weniger tiefgehend ist die Ergründung einer Person. Dass die Verbindung zum Modell und dessen Äußerem dennoch einen elementaren Bestandteil der Werkentstehung ausmacht, bezeugen weitere Briefe. 1930 schreibt sie beispielsweise über Paul Klees abstrakten Stil und hebt hervor, dass sie – anders als Klee – „Menschen haben möchte, Wirklichkeit".[52] Doch beinhaltete dies für Schjerfbeck keine längeren Sitzungen mit dem Modell. 1932 beschreibt sie sehr selbstbewusst den Malprozess in dem für sie so charakteristischen assoziativen Schreibstil:

> [...] ich male dennoch viel aus der Erinnerung, wenn das Modell gegangen ist – das, was man früher verurteilte, was aber alle *großen* Maler gemacht haben. Man weiß gerade

---

Ahtola-Moorhouse: *„Im Grunde ist es wohl das Menschenleben, das mich fasziniert."* Das *Leben und das Werk*, in: *Helene Schjerfbeck* 2007, S. 20–32, S. 28.

50 „E. När det är om Matti Kiianlinna vill jag tala varligt. [...] Nu förstår jag inte alls hur hans porträtt kan förskräcka, han är vacker där, och för resten bara målad direkt efter naturen, utan någon ‚pejling'." Brief von Helene Schjerfbeck an Einar Reuter, 2.5.1930, Åbo Akademis bibliotek.

51 Vgl. Gördüren 2004, S. 11 und Woodall 1997, S. 7.

52 „Om Paul Klee skulle jag tala – du kan fröjda dig mer åt något abstrakt, jag ville ha människan, verklighet [...]." Brief von Helene Schjerfbeck an Einar Reuter, 25.8.1930, Åbo Akademis bibliotek.

> dann am besten, wenn die momenthaften Veränderungen nicht stören – mit einem Modell muss man jede Minute [etwas, A. L.] ändern.[53]

Schjerfbeck umschreibt den Schaffensprozess somit als eine Suche nach Konstanten, die jenseits momenthafter visueller Variationen liegen. Freilich unterlag diese Auffassung im Laufe ihrer langen Schaffensphase auch Veränderungen.

Skizzenhaft lässt sich ihr Lebenslauf wie folgt umreißen: Schjerfbeck begann ihre klassische Ausbildung mit elf Jahren an der Zeichenschule des Finska Konstföreningen (im Folgenden: Finnische Kunstgesellschaft) und setzte diese in den 1880er Jahren mithilfe diverser Stipendien in Paris, unter anderem an der Académie Julien, fort. Reisen mit befreundeten Künstlerinnen nach Pont-Aven, Concarneau, Cornwall, Florenz und St. Petersburg prägten ihre Kunstauffassung ebenfalls. Zu Beginn des 20. Jahrhunderts änderte sie dann ihren Lebensstil, reiste kaum noch und zog von Helsinki in die nahegelegene Kleinstadt Hyvinkää. Dort lebte sie lange Zeit mit ihrer verwitweten Mutter Olga Schjerfbeck und zog erst 1925, nach deren Tod, in den Küstenort Tammisaari im Südwesten Finnlands.[54] Ihre letzten zwei Lebensjahre verbrachte sie in einem Kurhotel in der Nähe von Stockholm, wohin sie aufgrund der Kriegsunruhen geflohen war.

Der Schwerpunkt meiner Arbeit liegt gerade auf der Phase, in der Schjerfbeck institutionell weniger angebunden war als zu Beginn ihrer Karriere. Da dieser Abschnitt in geringerem Maße erforscht ist, sind noch Lücken zu schließen. Die in dieser Zeit entstandenen Selbstbildnisse, das heißt die des 20. Jahrhunderts, könnten als Teil des Spätwerks der Künstlerin einer genaueren Analyse unterzogen werden. Das erste Bildnis des 20. Jahrhunderts malte sie 1912, im Jahr ihres 50.

---

53 „[…] jag målar ändå mycket ur minnet sedan modellen gått – det som fördömdes förr, men som alla *stora* målare gjorde. Man vet ju bäst sedan stundens förändringar ej störa – med modell får man ändra var minut.“ Brief von Helene Schjerfbeck an Ada Thilén, 13.12.32, Åbo Akademis bibliotek. Wenn nicht anders vermerkt, handelt es sich in der vorliegenden Dissertation um meine eigenen Übersetzungen. Für die zuverlässige Unterstützung bei der Übersetzung aus dem Schwedischen bedanke ich mich ganz herzlich bei Dorothea Darmstadt und Flora Fink. Finnlandschwedische Muttersprachler und Sprachwissenschaftler haben mich darauf hingewiesen, dass Schjerfbecks Briefe nicht nur in einem alten Schwedisch, sondern auch in einem sehr eigenen, assoziativen Stil geschrieben sind. Dadurch sind einige Passagen schwer verständlich. Darüber hinaus ist die Schrift Schjerfbecks stellenweise nahezu unleserlich.

54 Tammisaari, das im Schwedischen Ekenäs heißt, war eine überwiegend schwedischsprachige Kleinstadt. Schjerfbeck gehörte ebenfalls der schwedischsprachigen Minderheit in Finnland an, was in der vorliegenden Arbeit genauer erläutert und berücksichtigt wird. Die schwedischsprachige Bevölkerung machte zwar nur einen geringen Teil der Gesamtbevölkerung aus, doch bildete sie die Oberschicht. Im Gegensatz dazu war Finnisch lange Zeit die Sprache des einfachen Volkes, welches sich über viele Jahrzehnte mehr Rechte erkämpft hatte.

Geburtstags. Zunächst erschien mir die Betrachtung der Werke unter dem Gesichtspunkt des Spätwerks sinnvoll und aufschlussreich, um über diese unter anderem eine Annäherung an das Thema des Alterns zu finden. Im Verlauf des Arbeitsprozesses stellte sich jedoch heraus, dass die Komplexität der Bildnisse über diese Sichtweise nicht erfasst werden kann.[55]

Um dies zu gewährleisten, habe ich eine inklusive Herangehensweise mit Blick auf die unterschiedlichen Akteure gewählt, die auf die Bildproduktion wie -rezeption Einfluss genommen haben. Hierdurch wird ein Gegenentwurf zu einer vermeintlichen Isolation Schjerfbecks entwickelt. Der Mythos der Künstlerin, der maßgeblich in den 1910er Jahren geprägt wurde, hatte nachhaltige Auswirkungen auf die Rezeption ihrer Werke. Durch ihn wurde auch das Bild Schjerfbecks als einer einsamen, isolierten Künstlerin geprägt. Indem die verschiedenen Akteure berücksichtigt werden, wird ein umfassenderes Verständnis der Selbstbildnisse generiert. Diese stellen nicht nur eine Folie dar, auf der sich unterschiedliche gesellschaftliche Diskurse widerspiegeln. Die Bildnisse werden auch als experimentelle Fläche begriffen, durch die nur schwer greifbare Phänomene visuell erfahrbar gemacht werden. Dieses der Arbeit zugrundeliegende Verständnis setzt einige Begriffsklärungen voraus. Darüber hinaus soll das Zusammenspiel der unterschiedlichen Akteure, die auf das visuelle Produkt Einfluss nehmen, genauer betrachtet werden. Schjerfbeck selbst als Urheberin ihrer Selbstbildnisse wirkte am unmittelbarsten auf Gestalt und Aussehen ihrer Werke ein. Doch auch die Künstlerin muss als Einheit auseinanderdividiert werden. So liegt meiner Arbeit die Annahme zugrunde, dass die Werkentstehung ein Prozess ist, der von den verschiedensten Faktoren beeinflusst wird.

Das kreative Subjekt ist als soziales Subjekt zu verstehen, das mit den Ideen, Konventionen und Gegebenheiten seiner Zeit verwoben ist. Dies erfordert einen genauen Blick auf die gesellschaftlich geführten Diskurse in Finnland zur Entste-

---

55 Michael und Linda Hutcheon werfen die Frage auf, weshalb in der Forschung der Wunsch nach einer Kategorisierung und Vereinheitlichung des „Spätwerks“ so stark ist: Die Ergebnisse der Diskussion des Spätwerks münden in der Regel in zwei Hauptthesen. Die eine besagt, dass Künstler in ihrem Spätwerk ihren künstlerischen Höhepunkt erreichen, während die andere Gegenteiliges behauptet und primär den Rückgang der kreativen Kräfte propagiert. Michael und Linda Hutcheon weisen auf die daraus folgende Konsequenz der zu geringen Berücksichtigung von Unterschieden zwischen Personen, Lebensumständen und historischen Gegebenheiten hin. Im Fazit plädieren sie in ihrem Artikel *Late Style(s)* für eine differenzierte Betrachtung von Kunstwerken – jenseits der Generalisierungsbestrebungen des Spätwerks. Hierdurch wird wiederum die Frage nach einer Kategorisierung obsolet. Ihr Artikel bietet einen pointierten Überblick über die Entwicklung der Diskussion zum Spätwerk von Künstlern, die seit dem beginnenden 20. Jahrhundert unter Berufung auf ältere Texte und Quellen geführt wird, vgl. id: *Late Style(s): The Ageism of the Singular*, in: *Occasion: Interdisciplinary Studies in the Humanities*, 4/14.6.2012 (http://arcade.stanford.edu/occasion/late-styles-ageism-singular), letzter Aufruf: 24.8.2015.

hungszeit der Werke. Um diese zu erfassen, wird mit Sekundärliteratur gearbeitet, aber vor allem auch mit Quellenmaterial, wie Briefen der Künstlerin sowie Zeitungs- und Zeitschriftenartikeln. Hierdurch soll zum einen ein möglichst genaues Bild vom kulturellen Feld nachgezeichnet werden, in welchem die Selbstbildnisse dann verortet werden. So wird eine Annäherung an die Frage ermöglicht, weshalb einige Bildelemente zu Lebzeiten der Künstlerin mehr als andere betont wurden oder warum einige sogar ignoriert wurden. Zum anderen kann auf diese Weise nachvollzogen werden, womit sich Schjerfbeck beschäftigte. Dabei ist Vorsicht im Umgang mit persönlich-biografischen Dokumenten wie Briefen geboten. So werden die Briefe differenziert betrachtet und nicht als alleinige Interpretationsgrundlage für ihre Bildnisse herangezogen. Diese können nur *ein* Versatzstück der Wirklichkeit wiedergeben. Als solches werfen sie ein selektives Streiflicht auf verschiedene Lebensbereiche und Gedankengänge. Grundlage dieser Selektion seitens der Malerin war sicherlich der Adressat der Briefe sowie damals gängige Konventionen der Gesprächsführung. Mein Anliegen ist es, aus den Briefen jene Teile herauszufiltern, die für das Werkverständnis hilfreich sind. Dazu zählt die Auskunft über Schjerfbecks visuellen, literarischen und intellektuellen Horizont. Welche Werke anderer Künstler kannte sie, über welche schrieb sie und wie äußerte sie sich zu diesen? Die in den Briefen beschriebenen Dinge, das heißt Bilder, Zeitungsartikel, Bücher und Menschen, werden als Akteure begriffen, die zur Selbstformung des Subjekts – Schjerfbeck – beitrugen und sich damit indirekt auf den Schaffensprozess auswirkten. Zu dieser Gruppe der Akteure zählt zum Beispiel auch das Spiegelbild der Künstlerin beziehungsweise der Spiegel, den Schjerfbeck wiederholt während des Selbstporträtierens konsultierte.

Die Auffassung, dass auch Dingen ein Aktionspotential zukommt, das sich auf die Umwelt auswirkt, ist in den vergangenen Jahren verstärkt in den Fokus gerückt und wurde unter anderem von Bruno Latour theoretisch ausformuliert.[56] So wird auch hier davon ausgegangen, dass Gegenstände ebenso wie gesellschaftliche Diskurse als Akteure begriffen werden können, die – bewusste und unbewusste – Handlungen des Subjekts auszulösen vermögen. In diesem Sinne findet eine Rehabilitierung des Biografisch-Empirischen statt, das auch in der Wissenschaft der vergangenen Jahre diskutiert wurde.[57] Konkret lässt sich dieser Gedanke auf den Prozess der Bildwerdung übertragen, der auf materieller Ebene nachvollzogen werden kann. Somit liegt dem

56 Vgl. Bruno Latour: *Eine neue Soziologie für eine neue Gesellschaft. Einführung in die Akteur-Netzwerk-Theorie* (aus d. Engl. übers.), Frankfurt a. M. 2007 [2005], v. a. S. 123 ff.

57 Einen pointierten Überblick über diese Entwicklung liefert Bettina Gockel, vgl. id.: *Die Pathologisierung des Künstlers. Künstlerlegenden der Moderne*, Berlin 2010, teilw. zugl. Habil.-Schr., Universität Tübingen, 2006, S. 2 ff.

hier verwendeten Werkbegriff ein prozessualer Charakter zugrunde.[58] Gerade die Prozesshaftigkeit des künstlerischen Arbeitens ist in den meisten von Schjerfbecks Selbstbildnissen deutlich sichtbar und muss daher in die Interpretationen mit einbezogen werden. So hatte ich zu Beginn der Arbeit an meiner Dissertation durch die Unterstützung der Restauratorinnen der Kansallisgalleria (im Folgenden: Finnische Nationalgalerie) Kirsi Hiltunen und Pia Hurri die Möglichkeit, einige von Schjerfbecks Werken aus nächster Nähe und mithilfe fachkundiger Einschätzung zu studieren. Darüber hinaus zeigten bisher nicht veröffentlichte Röntgenaufnahmen und Infrarotreflektografie-Untersuchungen, dass – entgegen meiner anfänglichen Vermutung – Schjerfbeck ihren Arbeitsprozess in der Regel offenlegte. Dies ist ein Grund mehr, die Materialästhetik als intendierten Werkbestandteil zu betrachten.[59]

Die durch die Ästhetik des Materials sichtbar werdenden Spuren der Bildherstellung werden in der vorliegenden Arbeit aus unterschiedlichen Perspektiven beleuchtet. Zum einen wird die Produktionsästhetik betrachtet, die als visuell erfahrbarer Dialog der Künstlerin mit Farben, Leinwand und sich dort entwickelnden Formen verstanden wird. Dabei kommt dem materiellen Artefakt als dem Gegenüber der Künstlerin ebenfalls eine aktive Rolle zu, das Auswirkungen auf deren bewusste sowie unbewusste Handlungen im Verlauf des Schaffensprozesses hatte.[60] In einigen Kapiteln nähere ich mich diesem Bereich intensiviert an, in anderen wird er als den Werken innewohnend begriffen, jedoch nicht genauer analysiert.

Ferner wird danach gefragt, welche metaphorischen Bedeutungen der Materialästhetik zukommen. Schjerfbecks Briefe deuten hier Erklärungsmodelle an; über die Briefe hinaus bildet jedoch die konkrete materielle Beschaffenheit der Bildnisse den zentralen Ausgangspunkt der Analysen. Zudem spielt bei den einzelnen Bildanalysen die Ikonografie der Werke eine wichtige Rolle – zu dieser zählt auch die Materialikonografie, die wiederum mit der Material- und Farbsemantik verbunden ist.

---

58 Zur Diskussion der Termini Material, Materialästhetik und der Prozessualität des Werkes vgl. z. B. Franck Hofmann: *Materialverwandlungen. Prolegomena zu einer Theorie ästhetischer Produktivität*, in: id. u. Andreas Haus u. Änne Söll (Hrsg.): *Material im Prozess. Strategien ästhetischer Produktivität*, Berlin 2000, S. 17–53.

59 Dass sich das Augenmerk in der Forschung verstärkt auf das Material richtet, ist ein Phänomen der vergangenen Jahrzehnte. Lange Zeit wurde dieser Bereich der Kunstgeschichte u. a. durch Methoden wie die Ikonologie stark vernachlässigt. Die Ursachen hierfür sind mitunter ideologischer Natur, vgl. Andreas Haus: *„... etwas von der Bewegung der Planeten und vom Tanze...“ Material in Praxis und Theorie des künstlerischen Schaffensprozesses*, in: id. u. Hofmann u. Söll 2000, S. 7–13. Eine Revision des Materials wurde maßgeblich von Monika Wagner vorangetrieben, vgl. id.: *Das Material der Kunst. Eine andere Geschichte der Moderne*, München 2001.

60 In den vergangenen Jahren wurden derartige Prozesse im Kontext des „Bildakts“ diskutiert, vgl. Horst Bredekamp: *Theorie des Bildakts. Frankfurter Adorno-Vorlesungen*, Berlin 2010, v. a. S. 52.

Wie Schjerfbeck sich in die Bildtradition des Selbstporträts einordnet, was dies über ihr Selbstverständnis als Künstlerin und darüber hinaus über ihr Verständnis des Menschseins im Allgemeinen aussagt, sind zentrale Fragen der einzelnen Kapitel. Dabei wurde durchaus bedacht, dass die inhaltlichen Ebenen, die in den Werken enthalten sind, nicht ausschließlich dem bewussten Gestaltungswillen der Künstlerin unterlagen – den Werken muss eine Autonomie zugesprochen werden. Diesbezüglich kommt eine dritte Größe ins Spiel, die bisher nicht explizit benannt wurde: der Betrachter. Auch dieser ist in einen prozessualen Werkbegriff zu integrieren. Wie wirkt sich das Werk als Akteur auf den Betrachter aus? Welche Vorannahmen beeinflussen den Rezeptionsvorgang?[61] Neben der Analyse des an die Werke geknüpften Diskurses richtet sich ein weiteres Hauptaugenmerk auf die Frage, wie der Betrachter von den Werken affiziert wird. Ein psychoanalytischer Blickwinkel soll hierbei helfen. Nicht nur für diese Überlegungen gilt, dass ich mich in meiner Arbeit um ein multiperspektivisches Verständnis bemühe. Daher werden trotz der historisch-kontextualisierenden Herangehensweise auch Theoreme *avant la lettre* zurate gezogen. Selbiges gilt auch für die oben bereits erwähnte Genderthematik. Die Frage, wie das Thema Geschlecht in den Bildnissen oder in der Diskussion dieser verhandelt wird, fließt ebenfalls in die Untersuchungen ein. Dabei wird insbesondere die Frage nach der sozialen Konstruktion von binär kodierten Geschlechterstereotypen berücksichtigt.[62]

Der Aufbau der Arbeit folgt einer chronologischen Struktur, die sich an der Entstehungszeit der besprochenen Werke orientiert. Insgesamt werden acht Selbstbildnisse einer genauen Bildanalyse unterzogen. Diese Anzahl erscheint ausreichend, um strukturelle Merkmale herauszuarbeiten, die auch auf die anderen Selbstbildnisse übertragbar sind. Die Auswahl dieser erfolgte anhand unterschiedlicher Kriterien. Zunächst sind alle im Detail behandelten Werke im 20. Jahrhundert entstanden. In ihnen wird das charakteristische Spiel Schjerfbecks aus Figuration und Abstraktion ersichtlich, das die Gattung des Porträts vor besondere Herausforderungen stellt und

---

61 Der Rezipient wird nicht als feststehende statische Größe betrachtet. Vielmehr unterliegt der Rezeptionsvorgang Prozessen, die dem kommunikationswissenschaftlichen Modell von Priming und Framing nahekommen. Diese Termini berücksichtigen die Komplexität des menschlichen Informationsverarbeitungsapparats, welchem kognitive und emotionale Muster zugrunde liegen. Diese sind mitunter vom Vorwissen des Rezipienten geprägt. Christian Schemer weist darauf hin, dass gerade der affektiven Wirkung von Medien noch wesentlich mehr Aufmerksamkeit gewidmet werden muss, als dies bisher geschehen ist, vgl. id: *Priming, Framing, Stereotype*, in: Wolfgang Schweiger u. Andreas Fahr (Hrsg.): *Handbuch Medienwirkungsforschung*, Wiesbaden 2013, S. 153–163.

62 Zur Entwicklung der Gender Studies und der Konstruktion von biologischem sowie kulturellem Geschlecht vgl. Franziska Schößler: *Einführung in die Gender Studies*, Berlin 2010 (Akademie-Studienbücher Literaturwissenschaft).

Ansätze verspricht, die auch für Werke der zweiten Hälfte des 20. Jahrhunderts fruchtbar gemacht werden können. Die chronologische Struktur bietet sich an, um die Kontextualisierung der Werke für den Leser besser nachvollziehbar zu machen. Sie ist nicht mit einer rein teleologischen Herangehensweise zu verwechseln.

Die Auswahl der Werke bestimmt primär die Frage, in welchen Bildnissen Brüche, Veränderungen und besondere oder typische Merkmale sichtbar werden. Hierdurch lassen sich Werkgruppen generieren, die zum gedanklichen Gerüst der Arbeit beitragen. So weisen die Selbstbildnisse, die ohne Auftrag von institutioneller Seite oder in den letzten zwei Lebensjahren der Künstlerin entstanden sind, visuelle Überschneidungen auf. Gleiches trifft auf jene Arbeiten zu, denen ein Auftrag zugrunde lag, der das jeweilige Bildnis schon früh einer breiteren Öffentlichkeit zugänglich machen sollte. Hieraus leitet sich meine Annahme ab, dass die Auftragsarbeiten eine gelenkte und gezielte Positionierung im kulturellen und gesellschaftlichen Raum darstellen und damit ganz bestimmte Teile der Identität zeigen sollen.

Auch die Werke ohne konkreten Auftrag positionieren sich in diesem Feld, jedoch – so die Annahme – in einer experimentelleren Art und Weise. Mit Ausnahme des Selbstbildnisses von 1912 blieb diese Werkgruppe der Öffentlichkeit längere Zeit vorenthalten. Sie scheint etwas zu beinhalten, was nicht für aller Augen gedacht war. Dieses „Etwas" wird im Rahmen dieser Arbeit genauer definiert – in jedem Fall verspricht es Auskunft zu geben über gesellschaftliche Konventionen und den Kunstmarkt in Finnland.

Der zeitliche und geografische Fokus liegt somit auf Finnland während der Entstehungszeit der Selbstbildnisse. Ferner wird der schwedische Raum berücksichtigt, da Schjerfbeck seit etwa 1930 auch dort zunehmende Bekanntheit erlangte. Diese Eingrenzung ist nicht nur durch die Annahme der oben beschriebenen Verwobenheit der Künstlerin mit dem sie umgebenden kulturellen Raum motiviert. Sie wird auch durch die Tatsache begründet, dass Schjerfbecks Kunsthändler, der maßgeblich an ihrer Imagebildung und Karriere beteiligt war, 1947 starb. In den Folgejahren ließ das Interesse an Schjerfbeck nach, bis sie in den 1980er Jahren „wiederentdeckt" wurde.

2

Aus dem Rahmen gefallen. *Selbstporträt* (1912)

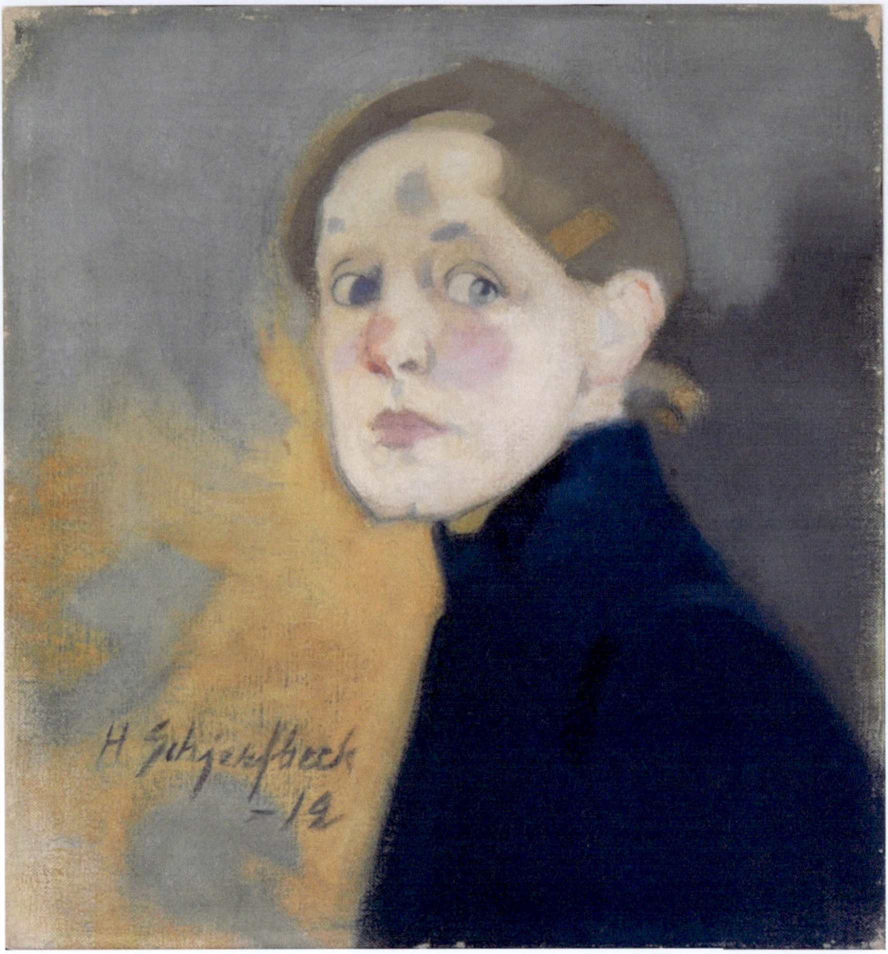

Abb. 1: Helene Schjerfbeck: *Selbstporträt*, 1912

2.1 Sinneswahrnehmungen. Das Gesicht als experimentelle Fläche

„Ich meine nur, wenn du das Porträt zu deiner eigenen Freude und aus eigenem Interesse heraus malen würdest, dann wärst du ganz frei und würdest dein Bestes geben. Das Porträt ist doch das Spannendste, was es gibt, das ist ein Bild der Zeit ohne sentimentale Verschönerungen."[63] Schjerfbecks Ratschlag an ihre Freundin Maria Wiik (1853–1928), die ebenfalls Malerin war,[64] fällt in eine Phase der künstlerischen Neuorientierung.[65] In dem Zitat drückt sich ihr Wunsch nach der Loslösung von externen Zwängen oder Verpflichtungen aus. Dass das Selbstporträt eine Untergattung des Porträts darstellt, die häufig für das künstlerische Experiment genutzt wurde, bezeugen zahlreiche Künstlerselbstbildnisse unterschiedlichster Epochen.[66] Im Selbstbildnis ist das Modell niemand Fremdes und der Künstler hat nur sich selbst gegenüber Rechenschaft zu tragen – sofern es sich nicht um eine Auftragsarbeit handelt.[67] Dies sind Voraussetzungen, die auf das Selbstporträt von 1912 zutreffen (Abb. 1). Trotz oder gerade wegen der dadurch gegebenen Freiräume zum Experimentieren hielt Schjerfbeck das Werk anscheinend zu ihrer Selbstrepräsentation für geeignet, da sie es zwei Jahre nach der Entstehung in einem öffentlichen Kontext zeigte. Es ist das erste Selbstporträt Schjerfbecks, das ausgestellt wurde.[68]

Zur Entstehungszeit des Werkes und während dessen Präsentation in der Finnischen Kunstgesellschaft 1914 war Schjerfbeck nach ihren künstlerischen Erfolgen der 1880er Jahre einigermaßen in Vergessenheit geraten. Dazu trugen ihr räumlicher Rückzug in die Kleinstadt Hyvinkää sowie ihre geringe öffentliche Präsenz bei. Seit Beginn des 20. Jahrhunderts besuchte sie beispielsweise nur wenige Ausstellungen. Es

63 „Jag menar nu bara att om du gjorde ett porträtt för ditt eget nöje och interesse så hade du all frihet och skulle du göra ditt bästa. Porträtt är ju det intressantaste som finnes det är tidsbilden utan sentimental utstyrsel." Brief von Helene Schjerfbeck an Maria Wiik, Winter 1907, zitiert nach: Holger 2011, S. 79.

64 Maria Wiik und Helene Schjerfbeck waren in den 1880er Jahren zusammen nach Paris gereist. Zunächst teilten sie ihre künstlerischen Ansichten, was sich jedoch mit der Zeit änderte. Während Wiik sich stilistisch nur wenig veränderte, wandelte sich Schjerfbecks Stil etwa seit der Jahrhundertwende grundlegend.

65 Das Werk wird als repräsentativ für Schjerfbecks stilistischen Wandel zu Beginn des 20. Jahrhunderts betrachtet, vgl. Ahtola-Moorhouse 2000, S. 23 ff.

66 Die Beispiele reichen von Rembrandt van Rijns Selbstbildnisserie des 17. Jahrhunderts bis zu Vincent van Goghs Selbstporträts. Mit beiden Malern wurde Schjerfbeck schon zu Lebzeiten verglichen. Doch im Gegensatz zu Rembrandts Selbstbildnissen, in denen gerade der mimische Ausdruck eine zentrale Komponente darstellt, sind Schjerfbecks Bildnisse in Hinblick auf die Mimik eher statischer Natur.

67 Vgl. Schneede 2007, S. 33, und Pfisterer u. von Rosen 2005, S. 16.

68 Vgl. *Catalogue of Works*, in: *Helene Schjerfbeck* 2012, S. 87–361, S. 190.

sollte auch bis etwa 1917 dauern, bis ihre Werke wieder vermehrt in Ausstellungen vertreten waren. All dies ging mit einer Schaffensphase einher, in der die Malerin sich von einer rein naturalistischen sowie veristischen Darstellungsweise löste.

Wie sich der stilistische Wandel im Selbstbildnis ausdrückt und welche experimentellen Elemente es in Bezug auf die dargestellte Person und die malerische Ausführung enthält, sind die Ausgangsfragen der folgenden Analyse. Das Zusammentreffen von Schjerfbecks zunehmender Tendenz zur Abstraktion und der ersten Zurschaustellung des eigenen Antlitzes legt die Frage nach der Rezeption nahe. Auch diese soll im Folgenden untersucht werden. Den Einstieg aber bildet die Beschreibung des Werkes.

Mit konzentriertem und zugleich ängstlich-witterndem Blick schaut die Malerin über ihre Schulter aus dem Bild heraus (Abb. 1).[69] Trotz der dadurch suggerierten Hinwendung zum Betrachter ist der Blick leicht an diesem vorbei gerichtet. Es handelt sich hierbei um einen klassischen Selbstporträttypus, der den Moment der Spiegelung wiedergibt. So scheint der Betrachter Einblick in eine private Zwiesprache der Künstlerin mit ihrem eigenen Antlitz zu erhalten, wird in diese jedoch nicht einbezogen, da kein direkter Blickwechsel zwischen Malerin und Rezipient gegeben ist. Dieser Eindruck wird durch die Darstellung der Augen verstärkt: Das opake rechte Auge der Künstlerin scheint den Zugang zu ihrem Innenleben zu verwehren. Die rechte Iris und Pupille sind in einem matten Blau als nicht ausdifferenzierter asymmetrischer Punkt angedeutet, wohingegen die Iris des linken Auges das helle Grün des Hintergrundes aufgreift und die Pupille als dunkler Fleck dargestellt wird. Hierdurch entsteht der Eindruck von zwei unterschiedlichen Bildebenen. Die eine enthält klar zuzuordnende figurative Elemente, die das Dargestellte deutlich erkennen lassen: das Selbstbildnis der Künstlerin mit Referenz auf ihre Physiognomie. Die andere Ebene ist einer abstrahierenden Darstellungsart gewichen, die ihren Niederschlag in der Flächigkeit findet, so zum Beispiel in der Darstellung des Bildraumes. Durch die intensive Farbigkeit und stellenweise deutlich sichtbare lebhafte Pinselführung erweckt dieser den Eindruck, als wolle die Künstlerin mit Farben und Formen – abstrakten Flächen – experimentieren. Dieser experimentelle Charakter wird durch die dünn aufgetragene Farbe und die dadurch sichtbar werdende Leinwand in der linken unteren Ecke zusätzlich hervorgehoben. Auf dieser Seite befinden sich ebenfalls die Signatur mit ausgeschriebenem Nachnamen und die Datierung „H. Schjerfbeck –12“.

Der durch die sichtbar werdende Leinwand erzeugte Eindruck von Unvollendung geht zugleich mit einer ausgewogenen Komposition einher. So wird das blasse, in lebhaftem Pinselduktus gemalte Gesicht von dem dunkelblauen, flächig dargestellten

69 Vgl. Schneede 2007, S. 34.

Gewand kontrastiert. Im Gesicht und in den Haaren finden sich sowohl die Gelb- und Grüntöne des Hintergrundes als auch das Blau des Gewandes wieder. Doch nicht nur im Antlitz werden die Farben des Hintergrunds und des Oberkörpers aufgegriffen. Ebenso finden die leicht geschwungenen Linien des senfgelben Hintergrundes ihr farbliches Pendant in der störrischen Locke, die aus der Frisur der Künstlerin hervorsticht. Diese ist mit äußerst dünner Farbe aufgetragen worden. Darüber hinaus tritt der feine Farbauftrag im Bereich der linken Wangen- und Kiefergegend zum Vorschein. Die Verwobenheit von Figur und Hintergrund lässt die Deutung zu, dass die die Figur umgebende Leinwand zum Ausdrucksträger innerer Befindlichkeit wird. Um den Kopf geschwungene Pinselstriche, die ihren Ausgang am Gesicht der Künstlerin nehmen, verstärken den Eindruck, dass sich in ihnen der erregte Gemütszustand Schjerfbecks widerspiegelt. Darauf scheinen auch die roten Flecken im Gesicht der Künstlerin hinzudeuten: Mund, Nase, Ohren und Wangen sind mit roten Farbtupfern versehen, wodurch die Sinneswahrnehmung betont wird – alle Sinne erscheinen geschärft und glühend vor innerer Anspannung. Auch die Darstellung der Augen legt diese Interpretation nahe. Das sehende linke Auge richtet den Blick auf das Spiegelbild, wohingegen das opake rechte Auge Introspektion und die Distanz zum veristischen Abbild suggeriert.[70] Die Augendarstellung trägt maßgeblich zum Eindruck einer leicht ängstlichen Gemütslage bei, indem sie der Mimik etwas Schreckhaftes verleiht. Der Zustand innerer Erregtheit wird ansonsten jedoch nicht über den recht statischen mimischen Ausdruck vermittelt, sondern über die materialästhetische Beschaffenheit des Bildnisses. Im Bereich des Kinns wird eine Primazeichnung sichtbar, die eine Gesichtskontur andeutet, jedoch im Kinn- und Augenbereich übermalt wurde. Dadurch erhält sie eine Doppelfunktion und changiert zwischen Kontur und Vorzeichnung. Das stellenweise Sichtbarwerden der Zeichnung unterstreicht den Eindruck eines hastigen Farbauftrags, bei dem die Perfektion der Ausführung anscheinend zweitrangig ist und die vitale Schaffenskraft in den Vordergrund tritt.[71] So ist es der dialektische Aufbau, der dieses Selbstporträt auszeichnet. Das Experiment mit den formalen Mitteln der Malerei steht in einem Spannungsverhältnis zu den figurativen Elementen des Bildnisses. Zusammen betrachtet scheinen sie auf den emotionalen Aufruhr während des Schaffensprozesses zu verweisen.

Im Selbstporträt von 1912 taucht zum ersten Mal eine deutliche Zweiteilung der Gesichtshälften auf, die in den Folgejahren zum wiederkehrenden Element der Selbstbildnisse wird. In diesem Bildnis drückt sie sich in der malerischen Ausfüh-

---

70 Vgl. Schneede 2007, S. 34.

71 Vgl. Ahtola-Moorhouse 2000, S. 24.

rung der Augen aus.[72] Während das linke Auge mit Pupille dargestellt ist, wird die Iris des rechten Auges nur durch eine einheitliche opake Fläche angedeutet. In Bezug auf die Augendarstellung bildet dieses Selbstporträt eine Brücke zwischen den früher entstandenen, in denen die Augen verhältnismäßig naturgetreu dargestellt wurden (Abb. 9 u. 10), und jenen, die nach 1912 folgten.[73] Visuelle Referenzen zu Künstlern wie Paul Cézanne oder Amedeo Modigliani sind unter anderem durch die opake Augendarstellung gegeben.[74]

Schjerfbecks bloße Andeutung des Auges durch einen asymmetrischen Farbfleck stellt einerseits ein abstraktes Farbenspiel dar. Andererseits muss es in seinem figurativen Kontext wahrgenommen werden. So enthält es eine Verbindung zum Thema der Blindheit als symbolischer Hinwendung nach innen. Blindheit, verdeckte und geschlossene Augen waren Motive, die seit der Romantik über den Symbolismus bis hin zum Surrealismus stark mit Inhalt aufgeladen waren. In dieser Phase erlebte die Darstellung beziehungsweise die Aufwertung des Auges eine Hochphase.[75] Als Topos steht das Auge für den Ausdruck der Seele, für die Verbindung zum Innenleben des dargestellten Subjekts.[76] Damit kommt der Darstellung der Augen im (Selbst-)Porträt eine besondere Rolle zu. Im klassischen Selbstporträt sind die Augen die privilegierten Sinnesorgane, durch deren Aktivität das Subjekt

---

72 Vgl. Ahtola-Moorhouse 2000, S. 25.

73 Die Zweiteilung der Gesichtshälften ist – insbesondere in Selbstporträts – ein häufiges Motiv. Sie lässt sich zum Beispiel wiederholt in den Selbstbildnissen Rembrandts wiederfinden, dessen Werke Schjerfbeck schätzte, vgl. z. B. Brief von Helene Schjerfbeck an Einar Reuter, 22.6.1944, Åbo Akademis bibliotek.

74 Vgl. Ahtola-Moorhouse 2000, S. 25.
Mit Cézannes Gemälden war Schjerfbeck durch ihre Parisaufenthalte vertraut, vgl. Brief von Helene Schjerfbeck an Ada Thilén, 29.6.1914, Åbo Akademis bibliotek, und Brief von Helene Schjerfbeck an Einar Reuter, 14.6.1916, Åbo Akademis bibliotek. Darüber hinaus wurde Cézannes Kunst im ausgehenden 19. Jahrhundert und zu Beginn des 20. Jahrhunderts in Finnland diskutiert, was u. a. mit dem Ankauf einiger Werke des Künstlers für die Finnische Kunstgesellschaft zusammenhing, vgl. Olli Valkonen: *Maalaustaide vuosisadan vaihteesta itsenäisyyden aikaan*, in: Salme Sarajas-Korte (Hrsg.): *Ars Suomen taide*, Bd. 5, Espoo 1990, S. 174–218, S. 176.

75 Vgl. Riikka Stewen: *Suljetut silmät*, in: Pirjo Lyytikäinen u. Jyrki Kalliokoski u. Mervi Kantokorpi (Hrsg.): *Katsomuksen ihanuus. Kirjoituksia vuosisadanvaihteen taiteista*, Helsinki 1996 (Tietolipas, Bd. 145), S. 17–27, u. Astrit Schmidt-Burkhardt: *Sehende Bilder. Die Geschichte des Augenmotivs seit dem 19. Jahrhundert*, Berlin 1992 (Artefact, Bd. 4), zugl. Diss., Freie Universität Berlin, 1990, S. 6.

76 Vgl. z. B. Anette Brunner: *Das bedeutende Auge. Aspekte der Augen- und Blickdarstellung im Bildnis der Goethezeit*, Münster 2003, zugl. Diss., Universität Heidelberg, 2001, S. 1, u. Andreas Beyer: *Das Porträt in der Malerei*, 2002 München, S. 360.

zur Selbsterkenntnis gelangt.[77] Schjerfbecks Selbstbildnis relativiert diesen Anspruch anscheinend. Das blickende Auge mit Pupille nimmt durch seinen fixierenden, etwas ängstlichen Blick den direkten Kontakt zur sichtbaren Welt auf, wohingegen das rechte, opake Auge nicht mit der Außenwelt in Kommunikation tritt. Es erscheint blind, wodurch der Blicktausch mit der eigenen äußeren Erscheinung und damit auch der abbildhaften Wirklichkeit zweitranging wird.[78]

Mit der Verschleierung des Blicks geht eine Betonung der anderen Sinne einher: Die Nase, der Mund und das linke Ohr der Künstlerin stechen durch rote Farbakzente hervor. Hierin drückt sich die Wachheit aller Sinne aus – nicht nur das Sehen, sondern auch Hören und Riechen scheinen im Prozess der Selbstwahrnehmung aktiviert zu sein. Dies spricht für eine ganzheitlichere Rezeption des Selbst, als es der bloße Sehsinn gewährleisten könnte. Die geröteten Sinnesorgane können somit auf einen Zustand des intensiven Erlebens verweisen, das sich auch auf körperlicher beziehungsweise leiblicher Ebene widerspiegelt. Zugleich klingt in der Betonung der Sinne der Gedanke der Einheit der Sinne an, was dem Okularzentrismus der westlichen Kultur widerspricht.[79]

Durch die Zweiteilung des Blicks entstehen demnach mehrere Bedeutungsebenen, die in einem dialektischen Verhältnis zueinander stehen: Außenwelt und Innenleben, Sehen und Nicht-Sehen, Figuration und Abstraktion. Welche inhaltlichen Implikationen die Augendarstellung mit sich bringt, bleibt eine Frage, die im Folgenden für beinahe jedes Werk neu bestimmt werden muss und die kaum pauschal zu beantworten ist.[80]

Die Betonung von Nase und Wangen durch die rote Farbe weist auf die Rolle der Haut als Träger von Emotionen hin.[81] Die Haut ist die äußerste Grenze des

77 Vgl. T. J. Clark: The Look of Self-Portraiture, in: Self-Portrait. *Renaissance to Contemporary* (hrsg. v. Anthony Bond u. Joanna Woodall), Ausstellungskatalog, Art Gallery of New South Wales, Sydney / National Portrait Gallery, London 2005, S. 57–65.

78 Gerade die Distanz zur sichtbaren Wirklichkeit ist ein Merkmal, das in Cézannes Porträtwerken schon früh auftaucht, vgl. Felix A. Baumann: *Frauenbildnisse*, in: *Cézanne. Aufbruch in die Moderne* (hrsg. v. id. u. Walter Feilchenfeldt u. Hubertus Gaßner), Ausstellungskatalog, Museum Folkwang, Essen 2004, S. 32–50, S. 32.

79 Dieser Gedanke findet sich bereits in Schriften der Antike (z. B. in Aristoteles' *De anima*) wieder, vgl. Gernot Böhme: *Aisthetik. Vorlesungen über Ästhetik als allgemeine Wahrnehmungslehre*, München 2001, S. 92, und Schmidt-Burckhardt 1992, S. 1.

80 Solomon-Godeau weist ebenfalls auf die eigentümliche Augendarstellung in Schjerfbecks Porträts und Selbstbildnissen hin, sieht aber in den geschlossenen und blind erscheinenden Augen keinen Hinweis auf Innerlichkeit, vgl. id. 2014, S. 86. Eine derart pauschale Einschätzung erweist sich in der vorliegenden Arbeit als wenig tragbar.

81 Sowohl die Leinwand als auch die Haut sind Oberflächen, die als Zeichenträger fungieren. Zur metapikturalen Bedeutung von Haut vgl. Daniela Bohde u. Mechthild Fend: *Inkarnat – Eine Einfüh-*

menschlichen Körpers und zugleich das verbindende Element zu seinem Inneren. Sie dient somit nicht nur als Hülle, auf ihr können sich Körper- und Gemütsempfindungen abzeichnen.[82] Wie diese äußere Hülle des Menschen in Porträtdarstellungen inszeniert wird, hängt von vielen Faktoren ab. Dass Schjerfbeck die Kommunikationsfähigkeit der Haut gezielt einsetzte, wird nicht nur im Selbstbildnis von 1912 sichtbar: Die Darstellung der Haut ist eine weitere wesentliche Koordinate ihrer Selbstbildnisse.

Der Blick auf das Selbstporträtœuvre vor 1912 zeigt, dass die Darstellung des Inkarnats Veränderungen unterlegen hat. Anschaulich wird dies durch den Vergleich mit dem Selbstbildnis von 1895 (Abb. 10).[83] Dieses entstand kurz nach einem längeren Aufenthalt Schjerfbecks in Florenz 1894. Während der zurückgenommene Farbgebrauch einen grundlegenden Kontrast zu der Farbigkeit des Selbstporträts von 1912 bildet, weist der Aufbau der Werke starke Überschneidungen auf. Der gewählte Bildausschnitt ist nahezu identisch. Der Blick ist über die Schulter gerichtet, und selbst das schwarze Gewand erweckt den Anschein, dasselbe zu sein. Die geschwungenen Pinselstriche im Hintergrund bilden im Selbstporträt von 1895 einen Kontrast zu dem zarten, statisch wirkenden und naturgetreu dargestellten Gesicht. Eine Fotografie der 1890er Jahre lässt die äußerlichen Ähnlichkeiten zwischen dem Selbstbildnis und der Künstlerin erkennen (Abb. 11). Sie zeigt jedoch auch, dass die Malerin sich leicht geschönt und verjüngt dargestellt hat: Ihre Haut erstrahlt in wächsern-weichem Glanz, ihre Gesichtszüge sind fein und die Wangen nur leicht gerötet, was den Eindruck feminisierender Sanftheit erweckt.

Zur Entstehungszeit des Werkes experimentierte Schjerfbeck mit unterschiedlichen Materialien und Techniken. Mitunter mischte sie Ölfarben Wachs bei, mit dem Ziel, die ansonsten matte Oberfläche glänzend erscheinen zu lassen.[84] Nicht nur der Hintergrund des Selbstporträts von 1895 wirkt ölig glänzend, auch das Gesicht ist von ähnlich schimmernder Oberfläche.[85] Bislang konnte nicht eindeutig nachgewiesen werden, ob sie auch in diesem Selbstbildnis Wachs verwendete, jedoch kommt die Ästhetik des Inkarnats jener von Wachs nahe. Kurt Schwitters thematisierte die be-

---

rung, in: id. (Hrsg.): *Weder Haut noch Fleisch. Das Inkarnat in der Kunstgeschichte*, Berlin 2007 (Neue Frankfurter Forschungen zur Kunst, Bd. 3), S. 9–21, S. 13.

82 Vgl. Claudia Benthien: *Haut. Literaturgeschichte, Körperbilder, Grenzdiskurse*, Reinbek bei Hamburg, 2. Auflage 2001 [1999] (Rororo Taschenbücher), S. 7–25.

83 Auch Ahtola-Moorhouse verweist auf die Parallelen und Unterschiede der beiden Selbstporträts, vgl. id. 2000, S. 24 f.

84 Vgl. Ahtela 1917, S. 8, und Görgen 2007 b, S. 15.

85 Diese materialästhetischen Eigenschaften treten primär beim Betrachten der Originale hervor und gehen leider in den Reproduktionen verloren.

sondere Bedeutung von Wachs bei der künstlerischen Gestaltung der Haut: „Für die Darstellung der menschlichen Haut ist natürlich das beste Material farbiges Wachs, rosafarbiges. Es verleiht dem Fleisch [das Wachs nämlich] eine Transparenz, als obs de [sic!] lebst."[86] Die grundlegende Eigenschaft, die Schwitters der materialästhetischen Beschaffenheit von Wachs zuschreibt, ist die Transparenz. Sie verleihe der unbelebten Oberfläche den Anschein des Lebendigen. Diesem Gedanken folgend, ließe die Materialbeschaffenheit von Wachs nahezu vergessen, dass man auf ein Artefakt schaut. Dies impliziert ebenso die Belebtheit des „Darunter".[87] Auch wenn Schwitters' Aussage nicht im engeren Sinn auf Schjerfbecks Selbstbildnis von 1895 anwendbar ist, verdeutlicht sie doch, wie durch materialmimetische Eigenschaften der Anschein von Belebtheit erzeugt werden kann. Der wächserne Glanz des Inkarnats trägt – neben der malerischen Ausführung – auch im Selbstbildnis von 1895 zum Anschein von Plastizität bei und legt die natürliche Verbindung zum „Darunter", dem belebten Körper der Künstlerin, nahe.

Vergleicht man diesbezüglich das Selbstporträt von 1912 mit jenem von 1895, so treten die Unterschiede umso deutlicher hervor. Im Selbstbildnis von 1912 drücken sowohl die materielle Beschaffenheit der Haut als auch die Darstellungsweise von Gesicht und Körper das Gegenteil plastischer Körperlichkeit aus. So ist die Andeutung von räumlicher Tiefe der Flächigkeit gewichen, die Platz für Farb- und Formexperimente bietet.[88] Anders als im Selbstporträt von 1895 sorgt ein trockener Farbauftrag für eine matte Oberflächenästhetik. Zudem ist die Farbe partiell so dünn aufgetragen, dass die Struktur der Leinwand deutlich sichtbar wird, was im Bereich der Augenpartie verstärkt zum Vorschein kommt (Abb. 12); dort tritt die porenartige Struktur des Bildträgers klar hervor. So wird die Transformation der Leinwand in Haut offengelegt. Um diese Transformation besser sichtbar zu machen, muss sie unvollendet bleiben. Durch das *non-finito* bleibt die „Haut" Leinwand und wird nicht zu „Fleisch".

Doch auch an anderer Stelle wird der Zustand von Unvollendung suggeriert. Die Primazeichnung tritt stellenweise zutage und wird damit zum integralen Bestandteil des Bildes. Sie erscheint einerseits als Kontur und andererseits als nicht vollständig übermalte Vorzeichnung. Nur an einigen Stellen wurde sie durch die dynamische Pinselführung aus dem Gesicht verbannt und unter der Farbe ver-

---

86 Kurt Schwitters: *Was Kunst ist; eine Regel für große Kritiker*, in: *Kurt Schwitters. Das literarische Werk. Manifeste und kritische Prosa*, Bd. 5, (hrsg. von Friedhelm Lach), Köln 1981 [1920], S. 57.

87 Vgl. Bohde u. Fend 2007, S. 9 f.

88 Vgl. Ahtola-Moorhouse 2000, S. 25. Die Flächigkeit des Gewandes lässt ebenso wie die angedeutete Ornamentik an Henri de Toulouse-Lautrecs Plakatkunst denken.

steckt. Mit einer derart lebhaften, heterogenen Oberflächengestaltung im Bereich des Gesichts brach Schjerfbeck mit dem gängigen Schönheitskanon. Insbesondere das Inkarnat diente traditionell der Betonung von Femininität und Schönheit.[89] Im Selbstporträt von 1912 wurde die Haut somit nicht als makellose Fläche wie im Selbstbildnis von 1895 dargestellt, sondern als malerisch gestaltete Oberfläche. Trotz dieser sichtbar werdenden abstrahierenden Tendenzen bleibt die Farbigkeit des Gemäldes in ihrer abbildhaften Funktion nahezu unangetastet. Inkarnat, Haare, Kleidung und sogar das opake Auge entsprechen zwar nicht den Originaltönen; ihre Farbigkeit kann jedoch noch deutlich dem Urbild zugeordnet werden. In diesem Zusammenhang kann auch die Rötung der Wangen als Hinweis auf die Vitalität und emotionale Erregung während des Schaffensprozesses angesehen werden. Als impliziter Hinweis auf diesen Zustand fungiert der Pinselduktus. Die recht lebhafte und expressive Pinselführung erscheint wie die Inszenierung eines vitalistischen Künstlertemperaments, das zu Beginn des 20. Jahrhunderts ein Topos des männlich-virilen Künstlers war. Insgesamt kommt der Gestaltung der Haut im Bildnis demnach eine wichtige Funktion zu. Durch sie wird einerseits die materielle Beschaffenheit des Selbstbildnisses hervorgehoben, andererseits ihre herkömmliche Eigenschaft als Körper(ober)fläche betont. Eine derartige doppelte Kodierung ist ein wichtiges Element von Schjerfbecks Selbstbildnissen.

Die gelben geschwungenen Pinselstriche, die vom Kopf und Oberkörper der Künstlerin ausgehen, suggerieren zum einen die Ausweitung des Ich in den Bildraum hinein. Zum anderen bildet die senfgelbe Fläche zusammen mit den grünen Farbfeldern des Hintergrundes ein nonfiguratives Farbenspiel, das sich einer eindeutigen inhaltlichen Fixierung entzieht. Das warme, matte Gelb des Hintergrundes umschließt zum Teil den Kopf der Künstlerin. Im Nackenbereich der Malerin findet die senfgelbe Fläche ihr farbliches Pendant in der Locke, die Assoziationen an ein jugendstilartiges Farbornament weckt. Die gelbe Fläche wird wiederum durch grüne Farbtupfer und Pinselstriche unterbrochen. Ähnlich den roten Farbflecken auf den Wangen erscheinen die grünen Farbakzente in der linken unteren Bildecke. Die von der Figur ausgehenden und sie zugleich umschließenden Farben und Pinselstriche deuten die Bewegtheit des Gemüts der sich Porträtierenden an.

Wiederholt taucht die Verwobenheit von Figur und Hintergrund in Schjerfbecks Werken auf. Welch unterschiedliche Spielarten diese die Figur umgebende „Aura“ haben kann, macht ein Vergleich deutlich: Das 1934 entstandene Porträt *Margareta Wind* zeigt ein junges Mädchen, von dessen Gesicht breite Strahlen in den

---

89 Vgl. Bohde u. Fend 2007, S. 12.

Raum hineinreichen. Allerdings werden die Strahlen nicht nur durch das Auftragen von Farbe erzeugt, sondern ebenso durch Farbabtrag.

Bereits im Selbstporträt von 1895 wird das Gesicht der Künstlerin von einem aureolenartigen Farbkranz eingehüllt, der an Werke Vincent van Goghs denken lässt.[90] Die gräuliche Tonalität des Hintergrundes verleiht dem Selbstbildnis Schjerfbecks einen ätherischen Glanz, wodurch ein Zustand vergeistigter Distanz nahegelegt wird (Abb. 10). Entstanden ist das Selbstporträt von 1895 zu einer Zeit, in der der Symbolismus eine wichtige Rolle in der finnischen Kunst spielte. So wurde auch das Selbstbildnis in der Forschung wiederholt mit dem Ideal immaterieller Vergeistigung in Verbindung gebracht und in einem symbolistischen Kontext verortet.[91] Weniger aureolengleich und immateriell wirkt dagegen der Hintergrund des Selbstporträts von 1912. Die glänzenden hellblauen, mit weiß vermengten Töne sind matten, erdfarbenen gewichen. Zudem wird der Pinselduktus bloß punktuell eingesetzt, wodurch die flächigen Farbfelder des Hintergrundes nur an einigen Stellen aufgebrochen werden.

Zusammenfassend kann festgehalten werden, dass Schjerfbeck im Selbstbildnis von 1912 einen expressiven Duktus mit hellen intensiven Farben vereint, die nur von dem dunklen Oberkörper kontrastiert werden. Im Kontext ihres übrigen Selbstporträtœuvres stellt die Farbigkeit eine Ausnahme dar.[92] Aufgrund der kräftigen Farbgebung sowie der vereinfachenden Flächigkeit weist das Selbstbildnis die charakteristischen Elemente des Synthetismus auf und lässt an Werke Paul Gauguins denken.[93] Ebendiese leuchtenden Farben wurden in der finnischen wie auch

---

90 Schjerfbeck waren van Goghs Arbeiten bekannt, sie erwähnte diese diverse Male in ihren Briefen. Die Werke scheint sie jedoch lange Zeit nur in Zeitschriften oder Büchern gesehen zu haben, vgl. Brief von Helene Schjerfbeck an Maria Wiik, Dezember 1912, zitiert in: Holger 2011, S. 66. So schrieb sie 1914 in einem Brief an ihre Freundin Ada Thilén, die ebenfalls Künstlerin war, dass sie sich nicht daran erinnern könne, jemals ein Original van Goghs gesehen zu haben, vgl. Brief von Helene Schjerfbeck an Ada Thilén, 29.06. od. 29.07.1914, Åbo Akademis bibliotek. Dies änderte sich 1917, als Schjerfbeck nach Helsinki reiste, wo sie eine Ausstellung mit Werken van Goghs, Cézannes und Gauguins besuchte, vgl. *Helene Schjerfbeck und ihre Zeit. Biographie und Zeittafel*, in: *Helene Schjerfbeck* 2007, S. 193.

91 Das Gemälde ist kurz nach einem längeren Italienaufenthalt entstanden und weist deutliche Parallelen zu einem Landschaftsbild Schjerfbecks auf, das die Hügel von Fiesole zeigt. Auch dieses wurde aufgrund seiner Tonalität mit Immaterialität und Mystik in Verbindung gebracht, vgl. von Bonsdorff 2012, S. 297 f., und Ahtola-Moorhouse 2000, S. 22.

92 Nur einige Werke der 1910er Jahre kommen der Farbgebung des Selbstbildnisses nahe, so z. B. das *Mädchen von dem Bildteppich / Flickan från Bildväven* (1915).

93 1911 schrieb Schjerfbeck in einem Brief an Maria Wiik über das Synthetische als eine Richtung oder Strömung, mit der sie sich identifizieren könne. Allerdings setzte sich Schjerfbeck im Allgemeinen kaum mit den theoriebezogenen Diskussionen ihrer Zeitgenossen auseinander, vgl. Ahtola-Moorhouse 2000, S. 98.

in der internationalen Kunst mit Eigenschaften wie emotionaler Aufgeladenheit und Energie in Verbindung gebracht.[94]

Dieses experimentelle Selbstbildnis deutet ein sich veränderndes künstlerisches Credo an. Die Entfernung von einer rein figurativen Malweise drückt sich in der Darstellung der Augen, der Oberflächengestaltung der Haut und den Farbflächen des Hintergrundes aus. Zugleich bleibt Schjerfbeck der Figürlichkeit verhaftet, das menschliche Antlitz bleibt in seiner kommunikativen Kraft bestehen und schreibt dadurch unweigerlich eine psychologisierende Lesart vor. Im ängstlich-witternden Blick wird etwas visualisiert, das vielleicht als Kern der Kreativität verstanden werden kann. 1907 verfasste Wilhelm Worringer seine wegweisende Dissertation *Abstraktion und Einfühlung*. In ihr versucht er, den Ursprung des Kunstschaffens des modernen Künstlers und dessen „Abstraktionsdrang“[95] zu ergründen:

> Während der Einfühlungsdrang ein glückliches pantheistisches Vertraulichkeitsverhältnis zwischen dem Menschen und den Außenwelterscheinungen zur Bedingung hat, ist der Abstraktionsdrang die Folge einer großen inneren Beunruhigung des Menschen durch die Erscheinungen der Außenwelt und korrespondiert in religiöser Beziehung mit einer stark transzendentalen Färbung aller Vorstellungen. Diesen Zustand möchten wir eine ungeheure geistige Raumscheu nennen. Wenn Tibull sagt: primum in mundo fecit deus timor, so läßt sich dieses selbe Angstgefühl auch als Wurzel des künstlerischen Schaffens annehmen.[96]

Blickt man auf das Selbstporträt Schjerfbecks, könnte man meinen, dass diese Emotion grundlegend für das Entstehen dieses lebhaften Werkes gewesen sein muss.[97] Angst scheint in Energie transformiert worden zu sein, die sich in dem abstrakten Farbenspiel auf der Leinwand widerspiegelt.

Wie die zeitgenössische finnische Kunstwelt auf dieses Werk nur wenige Zeit nach dessen Entstehung reagierte, ist eine Frage, die im folgenden Kapitel behandelt wird.

---

94 Vgl. von Bonsdorff 2012, S. 73.

95 Wilhelm Worringer: *Abstraktion und Einfühlung. Ein Beitrag zur Stilpsychologie* (hrsg. v. Helga Grebing), Paderborn 2007 [1908], S. 81.

96 Worringer 2007 [1908], S. 82.

97 In Schjerfbecks Briefen konnten keine Hinweise auf Worringer gefunden werden. Dessen Schrift war in Finnland jedoch bekannt, vgl. Riitta Ojanperä: *Kriitikko Einari J. Vehmas ja moderni taide*, Helsinki 2010 (Kuvataiteen keskusarkisto, Bd. 20), zugl. Diss., Universität Helsinki, 2010, S. 105, und Erkki Anttonen: *Edvard Richter*, in: Hanna-Leena Paloposki u. Ulla Vihanta (Hrsg.): *Kirjoituksia taiteesta. Suomalaista kuvataidekritiikkiä*, Helsinki 1997 (Kuvataiteen keskusarkisto, Bd. 4), S. 83–103, S. 94.

2.2 Kritische Vorsicht. Die Rezeption

Die konstante Suche nach neuen künstlerischen Lösungen spiegelt sich in Schjerfbecks gesamten Œuvre wider. Die Tendenz, die räumliche Tiefe aufzulösen und gegenständliches Beiwerk zu reduzieren, taucht verstärkt seit etwa 1900 in ihren Werken auf.[98]

Ungefähr zur selben Zeit, 1902, zog Schjerfbeck mit ihrer Mutter von Helsinki in die etwa 50 Kilometer vor Helsinki gelegene Kleinstadt Hyvinkää. Hyvinkää war ein Kurort, der für seine guten Klimaverhältnisse bekannt war. Dies kam auch Schjerfbeck zugute, da sie häufig an Atemwegserkrankungen litt, weshalb sie in den 1890er Jahren mehrere Male in schwedischen und norwegischen Sanatorien behandelt wurde. In den 1890er Jahren arbeitete sie darüber hinaus nicht nur als Malerin, sondern auch als Mallehrerin für die Finnische Kunstgesellschaft. Da sie sich jedoch in zunehmendem Maße nicht mehr in der Lage fühlte, diesem nicht ihrem Naturell entsprechenden Beruf nachzugehen, fasste sie den Entschluss, auf das Land zu ziehen, wo die Lebenshaltungskosten niedriger waren. Hinzu kam, dass sie als einzige und zudem unverheiratete Tochter in der Pflicht war, sich um ihre alte Mutter zu kümmern. Um die Jahrhundertwende und im ersten Jahrzehnt des 20. Jahrhunderts malte und verkaufte Schjerfbeck nur wenige Gemälde. So reichten die finanziellen Mittel von Olga und Helene Schjerfbeck nur zum Anmieten einer kleinen Wohnung mit Küche und Schlafzimmer – ohne Atelier.[99] Trotz dieser äußerlich unproduktiven Phase orientierte die Künstlerin sich gerade in jenen Jahren malerisch zunehmend neu.

1912, das Entstehungsjahr des Selbstporträts, ist das Jahr ihres 50. Geburtstags. In diesem Selbstbildnis sind sowohl die Jahreszahl als auch der Name groß, an gut sichtbarer Stelle, ausgeschrieben. Die schwarze Farbe der Signatur bildet einen klaren Kontrast zu den senfgelben Tönen des Hintergrundes. Selten taucht in Schjerfbecks Gemälden die Kombination aus ausgeschriebenem Namen sowie Datierung auf, weshalb den Elementen eine besondere Bedeutung beigemessen werden kann. Obwohl das Werk ohne Auftrag entstanden ist, scheint es durchaus eine nach außen, an die Öffentlichkeit, gerichtete Botschaft zu enthalten.[100] Es wirkt wie ein selbstbewusstes Bekenntnis zu einer Malerei, die figurative Details ausblendet. Zu diesen Details ist

---

98 Ahtola-Moorhouse verweist darauf, dass Schjerfbecks Arbeiten der 1890er Jahre schon vereinfachende Formen enthalten. Sie schreibt, dass die Entwürfe der Künstlerin von Handarbeitsmustern für die Finnischen Handarbeitsfreunde maßgeblich zur Entwicklung des reduktionistischen Stils beitrugen, vgl. Ahtola-Moorhouse 2007, S. 25.

99 Vgl. z. B. Konttinen 2004 a, S. 195 ff.

100 Vgl. Ahtola-Moorhouse 2000, S. 23, u. Solomon-Godeau 2014, S. 94.

auch das Alter der Künstlerin zu zählen: Auf das exakte Alter der Dargestellten findet man keine Hinweise, wodurch es eine untergeordnete Rolle einnimmt. Tutta Palins Analyse der Diskurse, die in den 1920er und 1930er Jahren in Finnland geführt wurden, zeigt auf, dass Künstlerinnen mit 50 Jahren in der ersten Hälfte des 20. Jahrhunderts in Finnland häufig schon als alt wahrgenommen wurden.[101] Nach Meinung vieler Kunstkritiker ging der Prozess des Älterwerdens mit einem Nachlassen der Kreativität einher. Dieser Annahme stand Schjerfbecks zunehmende Experimentierfreude im fortgeschrittenen Alter diametral entgegen.

Ihr Lösen von gesellschaftlichen und künstlerischen Zwängen mag auch dem räumlichen Abstand zur Kunstszene in Helsinki geschuldet sein.[102] Diese Entwicklung drückt sich ebenfalls in ihren Briefwechseln aus. So rät Schjerfbeck ihrer Freundin Maria Wiik zu mehr Selbstvertrauen in Bezug auf ihr künstlerisches Schaffen. Wiik arbeitete an einem Bildnis, das mit dem Porträtmerkmal der äußeren Ähnlichkeit brach. Diesbezüglich wirft Schjerfbeck in dem eingangs zitierten Brief an Wiik von 1907 die Frage auf, ob diese sich nicht zu sehr an die Meinungen anderer halte, und zitiert anschließend eine Passage aus einem Werk des schwedischen Schriftstellers Carl Jonas Love Almqvist (1793–1866). Dort wird beschrieben, wie ein Künstler seine Kunst zunehmend zum Gefallen anderer mache und dabei sich selbst sowie Gott verliere. Daran anknüpfend formuliert Schjerfbeck die zu Beginn dieses Kapitels zitierte kurze Definition ihres Porträtbegriffes und den Anspruch, ein Porträt ohne Auftrag und nur aus eigener Motivation zu erschaffen.[103]

Es wird deutlich, dass in dem Selbstbildnis von 1912 das oben formulierte Postulat der Künstlerin an die Gattung des Porträts mitschwingt. Das Selbstporträt von 1912 bricht – wenn auch gewiss nicht in radikalster Weise – mit einer realistischen Darstellungsweise. Diese Entwicklung blieb nicht unbemerkt.

Das Selbstporträt von 1912 wurde der Öffentlichkeit erstmals 1914 bei der *Finska konstnärernas utställning II* (im Folgenden: *Ausstellung finnischer Künstler II*) präsentiert.[104] In der großen Gruppenausstellung wurden die Werke von etwa 20 Malern gezeigt; Schjerfbeck gehörte zu den wenigen teilnehmenden Malerinnen.[105] Zu

---

101 Vgl. Tutta Palin: *Neitejä, rouvia ja taiteilijoita. Naiset sotienvälisissä diskurseissa*, in: id. (Hrsg.): *Modernia on moneksi. Kuvataiteen, taideteollisuuden ja arkkitehtuurin piirteitä maailmansotien välisen ajan Suomessa*, Helsinki 2004 (Taidehistoriallisia tutkimuksia, Bd. 29), S. 12–38, S. 18.

102 Vgl. Köchling 2014, S. 24.

103 Vgl. Brief von Helene Schjerfbeck an Maria Wiik, Winter 1907, zitiert in: Holger 2011, S. 79.

104 Die Ausstellung fand vom 7. November bis zum 13. Dezember in Helsinki statt, vgl. *Helene Schjerfbeck* 2012, S. 362–376, *Expography* (Irmeli Isomäki), S. 364.

105 Die Angabe der genauen Anzahl der ausstellenden Künstler variiert in den Zeitungsartikeln. Unter diesen waren mitunter folgende Maler vertreten: Väinö Blomstedt, Alvar Cawén, Marcus Collin,

diesem Zeitpunkt hatte sie schon die Zusammenarbeit mit ihrem Kunsthändler Gösta Stenman (1888–1947) begonnen, der dafür gesorgt hatte, dass sie mit acht Werken in der Ausstellung vertreten war.[106] Schjerfbecks Gemälde wurden häufiger besprochen als die ihrer Kolleginnen. Insbesondere jene Figurenbildnisse wurden lobend erwähnt, die in einer zurückgenommenen Farbigkeit gehalten sind, wie zum Beispiel das *Kostümbild II* (Abb. 15).[107] Doch auch auf das Selbstporträt ging man in einigen Kritiken gesondert ein.

Die *Helsingin Sanomat*, bis heute die auflagenstärkste finnischsprachige Tageszeitung, widmete der Ausstellung einen längeren Artikel, in dem die teilnehmenden Künstler vorgestellt wurden. Dort hob man Schjerfbeck mit ihrer relativ großen Anzahl an ausgestellten Werken anerkennend hervor. Auch im Abbildungsteil war sie mit dem *Kostümbild II* vertreten.[108] Wenige Wochen später erschien ein weiterer Artikel von Edvard Richter (1880–1956) in der *Helsingin Sanomat*, in welchem er sich bemerkenswerterweise ausschließlich mit den Werken der Malerin befasste.[109] In dieser Kritik betont Richter zunächst ihr Alter und dass sie nach längerer Vergessenheit wiederentdeckt worden sei. Nach den einführenden Worten folgt eine ungewöhnlich detailreiche Beschreibung einzelner Werke. Richter verweist auf die Loslösung Schjerfbecks von einer naturgetreuen Darstellungsweise und darauf, dass der Betrachter sich in die „melancholisch ruhige Stimmung" der Werke einfühlen müsse.[110] So seien es weniger die Farben und Formen, sondern die im Betrachter ausgelösten Emotionen, die den Wert eines Kunstwerkes ausmachten. In diesem Zusammenhang spricht er von der „suggestiven Kraft" jener Wer-

---

Antti Favén, Akseli Gallen-Kallela, Albert Gebhard, Pekka Halonen, Eero Järnefelt, Yrjö Ollila, Oskari Paatela, Juho Rissanen, Jalmari Ruokokoski, Tyko Sallinen, Armid Sandberg, Hugo Simberg, Wilho Sjöström, Eero Snellman, Ellen Thesleff und Viktor Westerholm, vgl. J.O.I., *Suomen taiteilijain näyttely II*, Waasa, 8.12.1914.

106 Dieser förderte neben Schjerfbeck auch viele junge expressionistische Künstler, vgl. Ahtola-Moorhouse 2007, S. 27.

107 Vgl. Edvard Richter: *Kuwia Syysnäyttelyn wernissauksesta tänään*, Helsingin Sanomat, 7.11.1914. (In einigen Kritiken wurde die Ausstellung auch als *Herbstausstellung* bezeichnet.) Künstlerinnen fanden generell seltener und meist nur am Schluss von Kritiken Beachtung.

108 Vgl. ibid.

109 Dies ist nicht nur deshalb bedeutend, weil das Werk einer Künstlerin derart ausführlich besprochen wurde. Ebenso vielsagend ist, dass ein Kritiker einer finnischsprachigen Zeitung dem Werk einer schwedischsprachigen Künstlerin entsprechend große Aufmerksamkeit zuteil werden ließ. Edvard Richter arbeitete viele Jahre (1904–1952) als Rezensent für die *Helsingin Sanomat* und gehörte somit zu den einflussreichsten Kritikern der ersten Hälfte des 20. Jahrhunderts in Finnland, vgl. Anttonen 1997, S. 83–103, S. 83.

110 Edvard Richter: *Kuwia Syysnäyttelyn wernissauksesta tänään*, Helsingin Sanomat, 7.11.1914

ke,[111] die technisch nicht vollkommen und in ihrer Darstellungsweise abstrahierend seien.[112] Es folgt eine Beschreibung des Gemäldes *Kostümbild II*, das Richter als repräsentatives Werk für den farbharmonischen, dezenten und matten Farbgebrauch Schjerfbecks ansieht. In der Farbigkeit spiegele sich die melancholische und ruhige *persona* der Künstlerin wider, deren Œuvre in einer Traditionslinie mit James McNeill Whistler, Vilhelm Hammershøi und Puvis de Chavannes stehe.[113] Auch über das Selbstbildnis schreibt Richter und betont, dass die Künstlerin nicht um die „sklavenhafte Imitation der eigenen Gesichtszüge" bemüht sei, sondern vielmehr farbkompositorische Fragestellungen im Vordergrund der Arbeit stünden.[114] In diesen Zusammenhang stellt er ebenfalls die „merkwürdigen violetten Flecken" im Gesicht der Künstlerin[115] – eine inhaltliche Komponente scheint er diesen nicht beizumessen. Auch sein Fazit läuft auf eine formalistische Deutung hinaus: Er schreibt, dass das Gemälde nahezu beängstigend erscheinen könne, wenn Kunst als reine Wiedergabe der Realität verstanden würde. Das Selbstbildnis beweise, dass es von einer wahren und in Finnland so seltenen Farbkünstlerin beziehungsweise einem Farbgenie geschaffen worden sei. Er wundert sich, wie sie sich scheinbar entgegen der biologischen Voraussetzungen entwickle. Der biologische Zyklus – so die damals gängige Annahme – lasse Frauen früh zu Künstlerinnen werden und nehme diesen ebenso frühzeitig, mit abnehmender Fruchtbarkeit, ihre schöpferischen Kräfte. Der Beitrag suggeriert, dass die vermeintlichen Naturgesetze bei Schjerfbeck außer Kraft gesetzt seien. Richter wirft die Frage auf, inwieweit diese

---

111 Ibid.

112 Vgl. Edvard Richter: *Syysnäyttely II – Helene Schjerfbeck*, Helsingin Sanomat, 22.11.1914. Die Passage, auf die Bezug genommen wird, lautet: Edvard Richter: „Katseltamme [?] esim. pientä kuwaa *Kutowa tyttö*. Ne, jotka waatiwat taiteelta suurpiirteisyyttä ja ulkonaista woimaa, ne eiwät tästä taulusta näe mitään. Samoin nekin, jotka pyytävät wain moitteetonta teknillistä taitawuutta, kulkewat wälinpitämättöminä sen ohi. Ainoastaan sille, joka voi eläytyä siihen alakuloisen hiljaiseen tunnelmaan, jonka taiteilijatar on tahtonut kuwata ihmeellisen herkällä walaistuksella, […]. Tämä taulu osottaa, jos mitään, että wärit ja muodot eiwät sinänsä anna taideteokselle arwoa, waan ne aawistukset ja tunteet, jotka se meistä pystyy herättämään. Sillä useimmiten on taideteoksen suurin arwo siinä, että se valtaa mielemme salaperäisellä tenhollaan ja kiehtoo mielikuwituksemme sillä oudolla wetowoimalla, jota sanotaan taiteellisekti suggestioniksi. Usein piileesin [?] suggestiwinen woima juuri sellaisista piirteistä, jotka teknillisesti owat epätäydellisiä ja waikkapa luonnonmukaisuuden kannalta mahdottomiakin."

113 Vgl. ibid. Der Vergleich mit diesen Künstlern wurde immer wieder angestellt. In der vorliegenden Arbeit wird darauf ebenfalls eingegangen.

114 Ibid.

115 Ibid.

Umkehrung mit ihrer physischen Schwäche zu tun habe, und bezeichnet sie sogar als genialste unter den nordischen Künstlerinnen.[116]

Der Artikel repräsentiert die gängige Rezeption von Schjerfbecks Kunst im Rahmen der Ausstellung von 1914.[117] Richters differenziertes Eingehen auf das Selbstbildnis stellt hingegen eine Ausnahme dar. Üblicherweise wurden die Figurenporträts der Malerin, in denen Frauen und Mädchen in passiver Körperhaltung und gedämpfter Farbigkeit zu sehen sind, hervorgehoben, so zum Beispiel auch das *Kostümbild II*.

Ein Blick auf Richters Tätigkeit als Kritiker ist aufschlussreich. Erkki Anttonen wertet 230 seiner Artikel aus und verortet diese in einem kunsttheoretischen Kontext.[118] Sein Ergebnis zeigt, dass Richters Schriften nicht besonders progressiv waren und dieser sich häufig an einer überholten Werteskala orientierte.[119] Abgesehen von den frühen Texten liegt Richters allgemeiner Fokus vornehmlich auf formalen Elementen und weniger auf inhaltlichen. Wenn er auf den emotionalen Gehalt der Werke eingeht, geschieht dies meist auf Grundlage der Einfühlungstheorie. Dieser liegt die Annahme zugrunde, dass die Gefühle des Künstlers in die Gemälde hineinprojiziert würden und sich durch das Objekt wiederum auf den Be-

---

116 Vgl. ibid. Die Passage, auf die Bezug genommen wird, lautet: „‚Omaksi muotokuvaksi‘ nimittää taiteilijatar naisen pään kuwaa [n:o 102]; mutta jo ensi silmänykseltä [sic!] näkee että kysymyksessä ei ole mikään tawallinen orjallinen omien piirteiden jäljentäminen. Kuwa on tasapintainen, warjostus wäriwalööreillä ilmaistu, oudot wioletit täplät nenän kohdalla owat tahallaan asetetut kokonaiswärityksen wuoksi. Kuwa voi tuntua miltei pelottawalta sen mielestä joka luulee, että todellisuus sellaisenaan on taiteen tarkoitus, mutta sen tajuaa wärien kielen, hän näkee tästä w. 1912 maalatusta kuwasta synnynnäisen wäriniekan, tommoisia meillä on niin harwoja, [...]. Siellukkaisuus ja ehjä tyyli, siinä nti Schjerfbeckin erinomaiset ansiot. Ollakseen naismaalari hän on koko maailmantaiteeseen werraten aiwan poikkeuksellinen: aikaisin kehittyy nainen taiteilijaksi, mutta yhtä aikaisin hänen kehityskykynsä loppuu: nti Schjerfbeck on sen sijaan, ruumiillisesta heikkoudestaan huolimatta tai kenties sen wuoksi, sywentymistään sywentynyt ja hänen kaikista wiimeisimmät työnsä owat hänen warhaimpiaan [sic! vermutlich: parhaimpiaan]. Pohjoismaisista naismaalareistä hän on etewimpiä, nerokkaimpia.“

117 Auch in der schwedischsprachigen *Björneborgs Tidning* findet man ein ähnliches Muster: Die weiblichen Figuren werden mit Eigenschaften wie „leidend“ („lidande“) und „still“ („lugnsiktig“) versehen, vgl. R.Ö.: *Finska konstnärernas utställning II*, Björneborgs tidning, 24.11.1914. Daraufhin präzisiert man die emotionalen Eigenschaften der Werke – mit dem Fazit, dass nur eine Künstlerin mit einem entsprechenden Charakter dazu in der Lage sei, diese Werke zu schaffen. Auch hier wird schlussendlich in vorgefertigten Mustern rezipiert: Die den Werken innewohnende Emotionalität wird auf das Engste mit Weiblichkeit sowie der *persona* der Künstlerin verknüpft und das Selbstbildnis als illustrative Bestätigung dieser Annahme verwendet.

118 Vgl. Anttonen 1997, S. 83–103.

119 Vgl. ibid., S. 87.

trachter übertrügen.[120] In Richters Texten taucht dieses Grundverständnis schon 1904 auf und bleibt als maßgebendes Element seiner Kritik bis in die 1930er Jahre bestehen.[121] Auch bei der Interpretation von Schjerfbecks Figurenbildnissen geht er von einer Gefühlsübertragung auf den Betrachter aus und betont in diesem Zusammenhang die ruhige und seelenvolle Grundstimmung der Bildnisse.[122]

Bezüglich der oben angeführten Kritik von 1914 ist der inhaltliche Bruch hervorzuheben. Bei der Besprechung des Selbstbildnisses distanziert er sich von der Einfühlungstheorie und weicht auf eine rein formalistische Lesart des Selbstporträts aus. Dies ist verwunderlich, da gewöhnlich gerade Selbstbildnisse als individueller Ausdruck des Künstlers verstanden werden, die Einblick in dessen Psyche gewähren. So betont er die Komposition des Werkes, geht jedoch weder auf den Gesichtsausdruck noch den expressiven Pinselduktus ein, der Spontaneität vermittelt. Dabei hatten Begriffe wie Spontaneität und Unmittelbarkeit schon 1910 Einzug in Richters Terminologie gehalten. Seit etwa Mitte der 1910er Jahre verwendete er diese Termini in Bezug auf den expressionistischen Gefühlsausdruck.[123]

Richter war jedoch nicht der einzige Kunstkritiker, der sich schwer damit tat, auf die expressionistischen Züge des Selbstbildnisses zu verweisen. Helena Westermarck (1857–1938), eine Freundin Schjerfbecks, ging in einer Ausstellungsbesprechung auf das Gemälde ein, äußerte sich jedoch nur verhalten. Westermarck wurde in den 1880er Jahren als naturalistische Malerin bekannt und war seit dem ausgehenden 20. Jahrhundert als Schriftstellerin und Frauenrechtlerin tätig.[124] Sie verfasste den Artikel *Helene Schjerfbeck på Finska Konstnärernas utställning* für die schwedischsprachige feministische Zeitschrift *Nutid*, deren Mitherausgeberin sie war. Als Aufmacher des Artikels wählt Westermarck den Besuch der Ausstellung mit einem Kunstexperten, dessen Name nicht genannt wird, und das mit diesem geführte Gespräch. Nach viel positiver Kritik folgt die Besprechung des Selbstbildnisses von 1912, das sie anscheinend irritierte. Westermarck schreibt, dass sie sich nicht sicher sei, was der Kunstverständige über das Selbstporträt denke. Dies kann als Hinweis auf negative Kritik verstanden werden, die Westermarck in Bezug auf

---

120 Vgl. *Ästhetische Grundbegriffe. Historisches Wörterbuch in sieben Bänden*, hrsg. v. Karlheinz Barck et al., Bd. 5, Stuttgart u. Weimar 2003, S. 703–734, s. v. „Stimmung“ (David E. Wellbery), S. 722.

121 Vgl. Anttonen 1997, S. 89 f.

122 In Finnland wurde die in Deutschland v. a. durch Theodor Vischer und Theodor Lipps verbreitete Einfühlungstheorie um die Jahrhundertwende durch die Schriften Yrjö Hirns (1870–1952) bekannt. Dieser verfasste z. B. 1900 in englischer Sprache *The Origins of Art. A Psychological and Sociological Inquiry*, vgl. Anttonen 1997, S. 89.

123 Vgl. ibid., S. 92 f.

124 Zu Westermarcks künstlerischer und schriftstellerischer Laufbahn vgl. Konttinen 1991.

die Werke ihrer Freundin gewiss nicht direkt geäußert hätte. Ihr eigenes Urteil fällt jedoch nicht unbedingt positiver aus: Die erste Abbildung des Artikels, gleich unter der Überschrift, zeigt das Selbstporträt Schjerfbecks von 1895 (Abb. 10). Auffallend ist diese Auswahl deshalb, da es sich um ein Selbstbildnis handelt, das in der Ausstellung gar nicht vertreten war.[125] Zu ihrer Entscheidung Stellung nehmend schreibt sie, dass ihr das Selbstbildnis von 1895 besser gefalle als jenes von 1912. Der neue Stil Schjerfbecks schien also auch bei Westermarck auf Unverständnis zu stoßen.[126] Diese beendet ihre Überlegungen zu dem Werk mit der Vermutung, dass die Malerin Lust auf ein Farbexperiment gehabt haben müsse. Um keine Rücksicht auf das Modell nehmen zu müssen, habe sie ihr eigenes Antlitz als Motiv gewählt. Ein derart experimentelles Vorgehen setzt sie in die Tradition von Künstlerselbstbildnissen und nennt Rembrandt als deren wichtigen Vertreter.[127] Durch diesen Vergleich erfährt das Selbstporträt von 1912 zwar eine Aufwertung, dennoch bleibt dem Leser die allgemeine Skepsis Westermarcks nicht verborgen.[128]

In den übrigen Ausstellungskritiken ging man nicht gesondert auf das Selbstbildnis ein. Die den Werken im Allgemeinen zugeschriebenen Eigenschaften kreisten um den Ausdruck von Melancholie und Vergeistigung.[129] Zusammenfassend lässt sich festhalten, dass sowohl in Richters als auch in Westermarcks Texten vermieden wird, die Machart der Arbeit in zu engen Bezug zur *persona* der Künstlerin zu setzen. Dies ist erstens hinsichtlich der Gattung Selbstporträt bemerkenswert und zweitens im Hinblick auf das Geschlecht, denn in der Regel wurden vor allem

125 Das Selbstporträt von 1895 schien die Künstlerin in einem geeigneten Maß zu repräsentieren. 1912 wurde es ebenfalls als Schwarzweißdruck in Johannes Öhquists *Suomeen taiteen historia* verwendet, vgl. Ahtola-Moorhouse 2000, S. 20. Erstmals ausgestellt wurde es jedoch erst 1917.

126 Westermarck war als Malerin nie vom Stil des Naturalismus abgewichen. Dies kann ein Grund für ihre Zurückhaltung in Bezug auf das Selbstbildnis von 1912 sein.

127 Vgl. Helena Westermarck: *Helene Schjerfbeck på Finska konstnärernas utställning*, Nutid, Helsingfors 1914, S. 379–388, S. 386.

128 Vgl. ibid., S. 386. Die Passage, auf die hier Bezug genommen wird, lautet: „Vad den konstförständige tänkte om konstnärinnans Självporträtt, som blivit placerat på salens tredje vägg, fick jag icke riktigt klart för mig. För egen del förklarade jag min förkärlek för ett tidigare självporträtt, av vilket jag hoppades kunna anskaffa en avbildning till Nutid. Jag kunde emellertid tänka mig att målarinnan då hon utförde det nu uttställda porträttet, kände lust att göra ett färgexperiment. Hur ofta ha icke konstnärerna i aller tider, obundna av aller hänsyn, använt sig själva som modell. Det är tryggare att anställa experiment med sig själv den med andra. Hur ofta ha icke t. ex. Rembrandt tecknat och målat sitt eget ansikte, där han oavlåtligt studerat de mest olika uttryck i ständigt varierande belysning.“

129 Weikko Puro von der Zeitung *Turun Sanomat* umschreibt die Werke mit folgenden Worten: „yksinkertaistettu tekotapa „, „sairaaloisuuteen asti kehitetty henkewyys“ und „haikeata tunnekylläisyyttä“, vgl. id.: *Helsingin taidenäyttelyt. Suomen taiteilijain näyttely 2*, Turun Sanomat, 11.12.1914.

Werke von Künstlerinnen als Spiegel persönlicher Befindlichkeit interpretiert und mit der Biografie in Verbindung gebracht.

Während Stimmungen und Gefühle als wesentliche Eigenschaften der anderen Werke betont wurden, heben die Kritiker den experimentellen Charakter des Selbstbildnisses hervor. Damit gewinnt der formalistische Farbgebrauch an Bedeutung. Eine Verortung des Bildnisses im Expressionismus oder zumindest ein Hinweis auf Parallelen zu diesem waren anscheinend in Bezug auf eine Künstlerin wie Schjerfbeck unangebracht. Ebenso wenig wurden die offensichtlichen Parallelen zur internationalen Kunst erwähnt.[130] Zugleich zeigt sich aber anhand der Kritiken, dass Schjerfbeck durchaus als weibliches Ausnahmetalent betrachtet und anerkannt wurde. Doch auch dies fand in einem festgesteckten normativen Rahmen statt; er wird in den folgenden Kapiteln genauer beleuchtet.

So zeigt die Rezeption des Selbstbildnisses, dass es anscheinend schwer kategorisierbar war. Dennoch wurde es bereits zu Lebzeiten Schjerfbecks in und außerhalb Finnlands verhältnismäßig häufig ausgestellt.[131] Der Blick auf die Werke der repräsentativen Künstler des finnischen Expressionismus zeigt die Unterschiede zu Schjerfbecks Selbstporträt von 1912 auf. Einer der bekanntesten und umstrittensten Künstler des Expressionismus in Finnland ist Tyko Sallinen (1879–1955). Seine Werke wurden zu Beginn der 1910er Jahre als Provokation empfunden und lösten heftige Debatten aus. 1912 stellte man sein großformatiges Werk *Wäscherinnen* bei der Jahresausstellung der Finnischen Kunstgesellschaft aus (Abb. 14).[132] Es zeigt zwei junge Waschfrauen bei der Arbeit. Die heitere Atmosphäre, die die beiden miteinander zu verbinden scheint, drückt sich in der Farbigkeit des Gemäldes

130 Dies war jedoch nicht ungewöhnlich. Zu starke „internationale Einflüsse“ wurden negativ rezipiert. Finnland war in der Zeit kurz vor der Unabhängigkeit verstärkt darum bemüht, sich gegenüber „äußerer Einflüsse“ abzugrenzen und das „Eigene“ hervorzuheben. Auch nach der Unabhängigkeit 1917 blieben derart ideologisch geprägte Denkmuster bestehen. Exemplarisch hierfür steht die artifiziell verstärkte Polbildung zwischen den Künstlergruppen *Septem-ryhmä* (Septem-Gruppe) und *Marraskuun ryhmä* (Novembergruppe). Die Mitglieder der *Septem-ryhmä* malten überwiegend in einer divisionistischen, neoimpressionistischen Malweise in hellen Farben. Die Arbeiten der Mitglieder der *Marraskuun ryhmä* waren hingegen überwiegend in einer dunklen Farbskala gehalten und in einem expressionistischen Stil gemalt. Es herrschte lange Zeit die Tendenz vor, die Werke der *Septem-ryhmä* als international beeinflusst und jene der *Marraskuun ryhmä* als eigentümlich nationale Kunst zu rezipieren, vgl. Timo Huusko: *Suomalaisuuden uudet kasvot. Modernismi 1900-luvun alun suomalaisessa maalaustaiteessa*, in: Soili Sinisalo et al. (Hrsg.): *Tuntematon horisontti. Suomen taidetta 1870–1920*, Helsinki 2000 (Ateneumin julkaisut, Bd. 20), S. 66–72, S. 70 f.

131 Vgl. *Catalogue of Works*, Nr. 322, in: *Helene Schjerfbeck* 2012, S. 190.

132 Vgl. Soili Sinisalo et al. (Hrsg.): *Tuntematon horisontti. Suomen taidetta 1870–1920*, Helsinki 2000 (Ateneumin julkaisut, Bd. 20), S. 246–249, Nr. 119 u. 120 (Riitta Ojanperä), S. 249.

ebenso wie im Gesichtsausdruck der Mädchen aus. Empörung löste nicht das Motiv aus, sondern die Darstellungsweise: Die Gesichtszüge der grobschlächtigen jungen Frauen sind kaum ausdifferenziert und wirken leicht deformiert. Ebenso derb wie die Figuren ist die Ausführung des Umraumes – der trockene Farbauftrag und die ungleichmäßigen, unruhigen Pinselstriche scheinen das Temperament des Künstlers ebenso wie das der Mädchen zu charakterisieren. Die Farbigkeit des Bildes weist Parallelen zu Werken der *Fauves*, beispielsweise Kees van Dongens, auf, dessen Arbeiten Sallinen während eines Parisaufenthaltes 1909 gesehen hatte.[133] Die finnischen Kritiker begegneten Sallinens deformierten Figurenbildnissen mit größter Skepsis und sahen durch seine Kunst und Person konventionelle künstlerische Ideale bedroht. Zwar hatten Debatten zum Expressionismus seit etwa 1910 Einzug in die finnischen Kunstdiskurse gehalten, dennoch wurden Sallinens als hässlich empfundene Figuren als Affront begriffen, denen pure Geschmacklosigkeit nachgesagt wurde.[134] Eine der frühesten Befürworterinnen dieser neueren Strömungen war Signe Tandefelt, die als Kritikerin für die schwedischsprachigen Zeitungen *Dagens Tidningen* sowie *Hufvudstadsbladet* schrieb und schon früh mit Wassily Kandinskys *Über das Geistige in der Kunst* (1911) vertraut war.[135]

Als 1914 Schjerfbecks Selbstbildnis ausgestellt wurde, waren die an die modernistischen Strömungen geknüpften Debatten noch in vollem Gange. Dass ihre Gemälde im Vergleich zu Werken wie Sallinens *Wäscherinnen* weder radikal noch besonders progressiv erscheinen, ist naheliegend. Vergleicht man jedoch die Rezeption von Sallinens Selbstporträt, das ebenfalls bei der *Ausstellung finnischer Künstler II* präsentiert wurde, mit jener von Schjerfbecks Selbstbildnis, tritt ein ähnliches Muster auf. Dabei ist der Unterschied zwischen diesen Werken bedeutend geringer (Abb. 16). Sallinen stellt sich in diesem 1914 entstandenen frontalen Selbstbildnis vor einem kobaltblauen Hintergrund dar. Verglichen mit der deformierten Darstel-

---

133 Vgl. Marja-Liisa Linder: *Ihmisen kuva Tyko Sallisen muotokuvissa 1905–1919*, Tampere 2005 (Tampereen taidemuseon julkaisuja, Bd. 120), zugl. Diss., Åbo Akademi, S. 249 ff. Wie auch viele andere finnische Künstler reiste Sallinen zu Beginn des 20. Jahrhunderts bis zum Ausbruch des Ersten Weltkrieges mehrfach nach Paris. Der Transfer fauvistischer Elemente spiegelt sich nicht nur in den frühen Werken Sallinens wider, sondern ebenso in den Arbeiten seiner Kollegen Juho Mäkelä oder Jalmari Ruokokoski.

134 Zu den bedeutendsten Ereignissen, die zur Expressionismusdebatte in Finnland beitrugen, gehörten zwei Ausstellungen, in denen Werke Edvard Munchs zu sehen waren, welcher als einer der Hauptvertreter des Expressionismus rezipiert wurde. Auf die 1909 und 1911 abgehaltenen Ausstellungen folgten Vorlesungen des norwegischen Kunsthistorikers Jens Thiis (1870–1942). Thiis wurde als Autorität akzeptiert und seine 1911 und 1913 gehaltenen Vorträge trugen ebenfalls zu einer breiteren Rezeption modernistischer Strömungen bei. Etwa zeitgleich wurden Termini wie Postimpressionismus und Kubismus diskutiert, vgl. Valkonen 1990, S. 195.

135 Vgl. Huusko 2000, S. 66–72, S. 68 f.

lungsweise der übrigen Figurenbildnisse Sallinens könnte das Selbstbildnis als nahezu konventionell bezeichnet werden. Das Brustbild enthält keine expliziten Hinweise auf seinen Beruf, nur das weiße, geöffnete Gewand scheint einen Malerkittel anzudeuten. Als Verweis auf eine ausschweifende, der Boheme zuneigende Lebensführung können die dunkel unterlaufenen Augen gedeutet werden. Anhaltspunkte, die auf den Einblick in die Psyche eines radikalen, expressionistischen Künstlers schließen lassen könnten, sind eher subtiler Natur. Dennoch wurde das Werk in den ersten beiden Jahrzehnten des 20. Jahrhunderts wiederholt als psychologische Studie aufgefasst.[136] Wie bereits angeführt, vermied man hingegen in Bezug auf Schjerfbecks Selbstbildnis von 1912 psychologisierende Interpretationen.

Mit der Verbreitung expressionistischer Strömungen in Finnland ging ein weiterer Wandel einher. Im zweiten Jahrzehnt des 20. Jahrhunderts wurde ein Künstlertypus etabliert, der in Opposition zu dem vergeistigten, romantischen Künstlergenie des Symbolismus stand – das Fin-de-Siècle-Ideal des androgynisierten Künstlers wurde nicht länger propagiert.[137]

Gleichzeitig hatten es Künstlerinnen in den ersten Jahrzehnten des 20. Jahrhunderts aufgrund der vorherrschenden Kreativitätsvorstellungen schwer, auf dem Kunstmarkt zu bestehen. Das Gewicht der Ausbildung und der malerischen Fertigkeiten trat in den Hintergrund und vermeintlich biologische Voraussetzungen verstärkt in den Vordergrund. Die Vitalität und Virilität des Künstlers, seine körperliche Lebenskraft, bildeten dabei die grundlegende Voraussetzung für sein

136 Vgl. Linder 2005, S. 37. Das Selbstbildnis wurde darüber hinaus aufgrund seiner blauen und dunkelgrünen Farbgebung als repräsentatives Werk von Sallinens finnischem Expressionismus interpretiert, vgl. Soili Sinisalo et al. (Hrsg.): *Tuntematon horisontti. Suomen taidetta 1870–1920*, Helsinki 2000 (Ateneumin julkaisut, Bd. 20), S. 250, Nr. 122 [Riitta Ojanperä]. Die mit der Psychologisierung einhergehende Annahme der Gefühlsübertragung gehörte zu einem beliebten Paradigma, mit dessen Hilfe expressionistische Kunst in Finnland interpretiert wurde. Hierin sah man eine Möglichkeit abstrakten Tendenzen einen geistigen Gehalt zuzuschreiben, der nach Meinung vieler Kritiker mit zunehmender Abstraktion verloren gegangen sei, vgl. z. B. Huusko 2000, S. 69.

137 Das Androgyne wurde als geistiges Ideal verstanden, welches männliche Künstler auszeichnete. Juha-Heikki Tihinen befasst sich mit der Darstellung von Androgynität im Œuvre des finnischen Künstlers Magnus Enckell (1870–1925) und verweist darauf, dass Enckell in den 1890er Jahren einer der wenigen Künstler war, der auch androgynisierte Frauenfiguren malte. Überwiegend blieb das Androgyne in dieser Zeit jedoch ein „männliches" Ideal, vgl. id.: *Halun häilyvät rajat. Magnus Enckellin teosten maskuliinisuuksien ja feminiinisyyksien representaatioista ja itsen luomisesta*, Helsinki 2008 (Taidehistoriallisia tutkimuksia, Bd. 37), zugl. Diss., Universität Helsinki, 2008, S. 73 f. Zur Geschichte des Androgynen von der Antike bis zur Gegenwart siehe z. B. Asta Kihlman: *Sukupuolen problematiikkaa Beda Stjernschantzin Omakuvassa*, in: Itha O'Neill (Hrsg.): *Beda Stjernschantz 1867–1910. Ristikkoportin takana.*, Helsinki 2014 (Kirjokansi, Bd. 48), 83–90, S. 87 f. und Annamari Vänskä: *Vikuroivia vilkaisuja. Ruumis, sukupuoli, seksuaalisuus ja visuaalisen kulttuurin tutkimus* (hrsg. v. Christian Hoffmann et al.), Helsinki 2006 (Taidehistoriallisia tutkimuksia, Bd. 35), zugl. Diss., Universität Helsinki, 2006, S. 93–106.

Schöpfertum. Nach Auffassung vieler Zeitgenossen lag die biologische Vitalität von Frauen in der Fähigkeit zur Reproduktion, die in der Mutterschaft zum Ausdruck kam. Mit der Vorstellung des Künstlers, der Neues erschafft, war demnach dessen Maskulinität auf das Engste verbunden.[138]

Die vitalistische Lebensenergie spiegelte sich mitunter in dem körperbetonten Freiluftvitalismus wider, so zum Beispiel in den Werken des finnischen Künstlers Verner Thomé (1878–1953).[139] Häufiger jedoch wurden in Finnland die Vorstellungen von Vitalität und Virilität auf die expressionistischen Arbeiten Sallinens und anderer männlicher Künstler projiziert, die später die Künstlergruppe *Marraskuun ryhmä* bilden sollten.[140]

Sallinen verkörperte den expressionistischen Künstler par excellence. Er stammte aus einer finnischsprachigen Arbeiterfamilie aus der Kleinstadt Nurmes und war einer der ersten Künstler, die nicht aus der bürgerlichen Mittel- oder Oberschicht kamen oder Zugang zu einer umfangreicheren künstlerischen Ausbildung hatten.[141] Nach seinen frühen Ausbildungsjahren in Finnland und Frankreich unternahm Sallinen wiederholt Reisen ins Ausland, so zum Beispiel in die USA, bevor er 1916 nach Hyvinkää zog, wo auch Schjerfbeck lebte. Seit 1914 wurde er, ebenso wie Schjerfbeck, zunehmend vom Kunsthändler Gösta Stenman gefördert.[142] Stenman war es auch, der schon in einem 1912 erschienenen Artikel das

---

138 Vgl. Tutta Palin: *Modernin muotokuvan merkit. Kuvia 1800-ja 1900-luvuilta Taidekoti Kirpilässä*, Helsinki 2007 (Taidekoti Kirpilän julkaisuja, Bd. 4), S. 50.

139 Zum nordischen Freiluftvitalismus zu Beginn des 20. Jahrhunderts, vgl. Lill-Ann Körber: *Badende Männer. Der nackte männliche Körper in der skandinavischen Malerei und Fotografie des frühen 20. Jahrhunderts*, Bielefeld 2013 (Image, Bd. 38), zugl. Diss., Humboldt-Universität zu Berlin, 2010, und David Jackson: *Nordische Kunst. Durchbruch der Moderne*, in: *Aus Dämmerung und Licht. Meisterwerke nordischer Malerei 1860–1920* (hrsg. v. id.), Ausstellungskatalog, Groninger Museum / Kunsthalle der Hypo-Kulturstiftung, München 2012, S. 11–27, S. 19 f.

140 Zu den Mitgliedern der *Marraskuun ryhmä*, die ihre erste Gruppenausstellung 1916 abhielt, zählten u. a. Alvar Cawén, Eero Nelimarkka, Juho Mäkelä und Wäinö Aaltonen. Die kubistischen Werke der Gruppenmitglieder wurden lange Zeit kaum beachtet, die größte Aufmerksamkeit erhielten die expressionistischen Arbeiten, vgl. Huusko 2000, S. 71.

141 Zu Beginn des 20. Jahrhunderts wurden die Aufnahmebedingungen für die Kunstschule der Finnischen Kunstgesellschaft demokratisiert, vgl. Valkonen 1990, S. 175 f.
Unter den Frauen, die die Kunstschule besuchten, gehörten die meisten jedoch weiterhin der schwedischsprachigen Mittel- oder Oberschicht an – so auch Schjerfbeck, vgl. Palin 2007, S. 50. Der Frauenanteil an der Zeichenschule der Finnischen Kunstgesellschaft war verhältnismäßig hoch. Zwischen den Jahren 1900 und 1939 lag dieser bei über 40 %, vgl. Tutta Palin: *Näkymättömät naiset 1904–36 eli mitä dukaattipalkinnot kertovat taiteilijanaisten arvostuksesta*, in: Rakel Kallio (Hrsg.): *Dukaatti. Suomen Taideyhdistys 1846–2006*, Helsinki 2006, S. 128–140 u. 259–261, S. 259.

142 Vgl. Linder 2005, S. 267–272. Stenman war einer der frühesten Förderer expressionistischer Kunst in Finnland.

spätere Sallinen-Bild maßgeblich skizzierte. In diesem verschweigt er Sallinens Auslandsreisen und betont, dass dieser seine Werke frei von äußeren Einflüssen erschaffe. Stenmans Artikel fand damals jedoch nur wenig Beachtung. Anders verhielt sich dies mit den Schriften Heikki Tandefelts, der nicht nur Kunstkritiker, sondern auch ein Freund Sallinens war. Er stilisierte den Maler schon früh und äußerst öffentlichkeitswirksam zum aggressiven maskulinen und vollkommen eigenständigen Künstler.[143] Diese Artikel legten den Grundstein für eine Reihe von Sallinen-Biografien, deren Semantik Tuula Karjalainen genauer untersucht hat.[144] Ihre Analyse zeigt, dass Blut, Fleisch, Natur, Seele und Instinkt zu den wiederholten Termini zählen. So hätten diese symbolischen Attribute dazu beigetragen, Sallinen nach anfänglicher Skepsis der Öffentlichkeit zu einem authentischen finnischen Künstler emporzuheben. In zunehmendem Maße wurde in seinem Werk eine Verbindung zu den Ursprüngen des finnischen Volkes gesehen.[145]

Das durch den frühen Diskurs geprägte Sallinen-Image fand seinen Gegenpol im Diskurs um Schjerfbeck. In der Folge wurden ideologisch geprägte Konstrukte wie Männlichkeit, Aggressivität und Ursprünglichkeit jenen der Femininität, Vergeistigung und Verfeinerung gegenübergestellt.[146] Zugleich bemühte man sich darum, beide Künstler als Vertreter einer nationalen, eigentümlich finnischen Kunst zu begreifen. Diese Tendenzen verstärkten sich im Laufe der Jahre und prägten die Diskurse maßgeblich, was in der vorliegenden Arbeit stets berücksichtigt werden muss.

In diesem Kapitel wurde deutlich, dass Schjerfbecks Selbstbildnis von 1912 stilistisch von ihrem übrigen Œuvre abweicht, was sich auch in der Rezeption des Gemäldes widerspiegelt. Darüber hinaus weist es experimentelle Spuren auf,[147] die

143 Marja-Liisa Linder dekonstruiert in ihrer Dissertation über das Frühwerk Sallinens den Künstlermythos und setzt diesen in den Kontext der internationalen, vor allem französischen, Kunst, vgl. id. 2005, S. 249–251.

144 Zu diesen zählen: Aaro Hellakoski: *T.K. Sallinen*, Helsinki 1921; Tito Colliander: *Sallinen*, Helsinki 1948; Irja Salla [Taju Sallinen]: *Isä ja minä. Muistelma Tyko Sallisesta*, Helsinki 1957; Sakari Saarikivi: *Sallinen*, Helsinki 1960, L. Bäcksbacka: *T.K. Sallinen. Hans studieår och koloristiska genombrott 1905–1914*. Helsinki 1960.

145 Vgl. Tuula Karjalainen: *Tyko Sallisen suomalainen saaga*, in: *Tyko Sallinen* (hrsg. v. Anneli Ilmonen u.Tuula Karjalainen et al.), Ausstellungskatalog, Helsingin kaupungin taidemuseo u. Tampereen taidemuseo, Helsinki 1999, S. 10–18, S. 14–16.

146 Vgl. Linder 2005, S. 17 ff. Zum „Mythos-Sallinen“, vgl. Karjalainen 1999, S. 10 ff.

147 In der Restaurationswerkstatt des Kunstmuseum Ateneum hatte ich im Juli 2011 die Möglichkeit das Selbstbildnis auch in ungerahmtem Zustand zu sehen. Dadurch wurde sichtbar, dass die Leinwandgröße später noch geändert wurde: An den auf den Rahmen gespannten Bildrändern setzt sich das Motiv fort und die Leinwand scheint beschnitten worden zu sein. So drückt sich der experimentelle Charakter nicht nur im Stil, sondern auch im übrigen Umgang mit dem Bildträger aus.

für ihre ohne Auftrag entstandenen Werke des beginnenden 20. Jahrhunderts nicht ungewöhnlich waren. Das Selbstporträt kann als Ausdruck eines neuen künstlerischen Credos verstanden werden. Dieses beinhaltet die Abwendung von einer rein figürlichen Malerei und damit die Integration von abstrahierenden Elementen, die nicht nur eine stilistische Veränderung bedeuteten. Mit Letztgenanntem ging außerdem eine gewandelte Repräsentation des schöpferischen Subjekts einher. Dass die Repräsentation des Ich auch in den Folgejahren einem fortdauernden Prozess der Selbstformung unterlag, durch den ganz unterschiedliche Facetten desselben hervorgebracht wurden, zeigt das anschließende Kapitel.

3

Rollenbilder. Die Selbstbildnisse für die Finnische Kunstgesellschaft (1915)

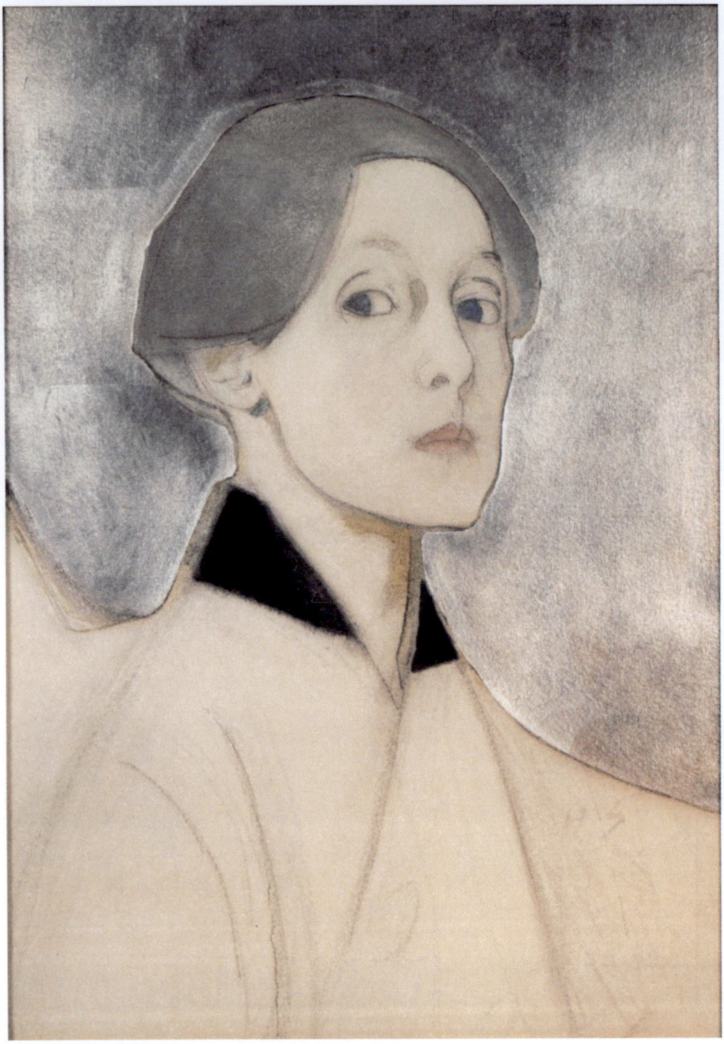

Abb. 2: Helene Schjerfbeck: *Selbstporträt mit silbernem Hintergrund*, 1915

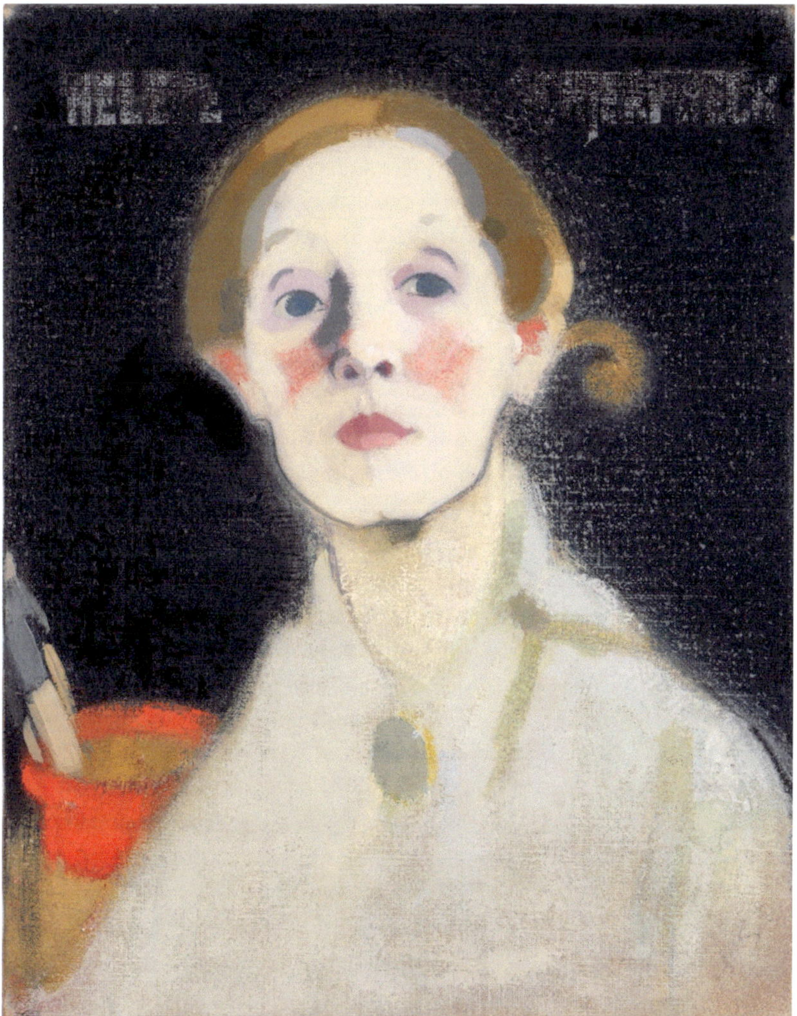

Abb. 3: Helene Schjerfbeck: *Selbstporträt mit schwarzem Hintergrund*, 1915

3.1 Auftragsarbeiten

Im Folgenden rücken das *Selbstporträt mit silbernem Hintergrund* und das *Selbstporträt mit schwarzem Hintergrund* in den Fokus der Analyse (Abb. 2 u. 3). Beide Werke sind infolge eines Auftrages der Finnischen Kunstgesellschaft entstanden, was die Frage nach der gezielten Selbstinszenierung der Künstlerin für die Öffentlichkeit aufwirft. In der Regel impliziert der Begriff der Inszenierung eine bewusste Handlung. Meiner Analyse liegt jedoch die Annahme zugrunde, dass die Inszenierung der eigenen Person innerhalb einer öffentlichen Rolle nicht losgelöst von den unbewussten Anteilen des Selbst geschehen kann. So werden alle in dieser Arbeit besprochenen Werke als Zeichenträger verstanden, die aus kontrollierbaren und unkontrollierbaren Handlungen resultieren. Dies gilt es auch bei den Auftragsarbeiten zu berücksichtigen. In diesen tritt der Dialog der Künstlerin mit den sie repräsentierenden sozialen Kategorien wie Geschlecht und Beruf sowie der Dialog mit einem imaginären Publikum in den Vordergrund. Wie dieser Dialog wahrgenommen wurde, die Rezeption der Bildnisse, wird im letzten Teil des Kapitels behandelt. Dabei steht die Frage nach den Auswirkungen des Mythos, der zu Beginn des 20. Jahrhunderts um die Künstlerin konstruiert wurde, im Vordergrund. Dieser hatte maßgeblichen Einfluss auf die Rezeption der Werke.

Am 6. Oktober 1914 erhielt Schjerfbeck als einzige Frau unter zehn Malern den Auftrag für ein Selbstbildnis für die Porträtsammlung der Finnischen Kunstgesellschaft.[148] Diese war 1846 gegründet worden und galt lange Zeit als die wichtigste öffentliche Kunstinstitution des Landes. Bis circa 1905 unterhielt sie eine sehr enge Verbindung zur Politik, die jedoch auch in den Folgejahren bestehen blieb.[149] Die bürgerliche Organisation förderte die finnische Kunst durch Ankäufe von Werken und die Ausbildung von Künstlern. Etwa 40 Jahre nach der Gründung der Finnischen Kunstgesellschaft, 1887, wurde das eigens für diese errichtete Gebäude am zentralen Bahnhofsplatz in Helsinki fertiggestellt: das Konstmuseet Ateneum (im Folgenden: Kunstmuseum Ateneum). Bis zum heutigen Tag beherbergt das Museum

---

148 Vgl. Finska Konstföreningens protokoller, 6.10.1914, Kansallisgallerian arkisto, Helsinki. Die Werke wurden im Versammlungssaal der Kunstgesellschaft aufgehängt, vgl. Leena Ahtola-Moorhouse: *Helene Schjerfbeck. Mustataustainen omakuva*, http://kokoelmat.fng.fi/app?si=http%3A%2F%2Fwww.muusa.net%2FTeos_1C004740-5B97-428F-857A-529E275FFBD5&lang=fi, (letzter Aufruf: 27.6.2015).

149 Vgl. Valkonen 1990, S. 175 f. 1905 fand im Gefolge der russischen Revolution ein Generalstreik im Großfürstentum Finnland statt. Der Aufstand der Arbeiterschaft erzielte neben einer Parlamentsreform das allgemeine und gleiche Wahlrecht, was einen weiteren Schritt in Richtung Loslösung vom Russischen Kaiserreich bedeutete.

als Teil der Finnischen Nationalgalerie mit der Sammlung der Finnischen Kunstgesellschaft die wichtigste nationale Kunstsammlung des Landes. Vor Vollendung des Baus waren die von der Finnischen Kunstgesellschaft erworbenen Werke über die Stadt verteilt, und erst durch das neue Gebäude konnten sie unter einem Dach versammelt werden.[150] Ein Teil der Sammlung bestand aus Künstlerporträts, als deren Kernstück die Selbstporträts galten.

Aus den handschriftlich geführten Protokollen der Kunstgesellschaft geht hervor, dass 1914 verhältnismäßig viele (Selbst-)Porträtarbeiten in Auftrag gegeben wurden.[151] Die Arbeiten wurden an „zehn ältere Maler"[152] vergeben. Unter diesen befanden sich: Väinö Blomstedt (1871–1947), Magnus Enckell (1870–1925), Antti Favén (1882–1948), Alfred William Finch (1854–1930), Akseli Gallen-Kallela (1865–1933), Pekka Halonen (1865–1933), Juho Rissanen (1873–1950), Hugo Simberg (1873–1917), Verner Thomé (1878–1953) und „fröken Schjerfbeck".[153] Schjerfbeck wurde damit in eine Riege bedeutender finnischer Maler aufgenommen. Die männlichen Künstler listete man im Protokoll der Kunstgesellschaft mit Vor- und Nachnamen auf, Schjerfbeck hingegen nur mit ihrem Nachnamen. Darüber hinaus deutet das distinguierende „Fräulein", das in dem Protokoll vor ihrem Nachnamen auftaucht, auf ihre Sonderstellung hin. Welches die genauen Vorgaben für den Auftrag der Finnischen Kunstgesellschaft waren, ist allerdings nicht bekannt. In den Protokollen konnte in der Zeit um die Auftragsvergabe lediglich ein Hinweis auf die Bestimmungen der Bildnisgrößen gefunden werden.[154]

1916 folgten noch weitere Aufträge an elf Künstler, darunter waren mit Ellen Thesleff (1869–1954) und Maria Wiik (1853–1928) auch zwei Künstlerinnen vertre-

---

150 Vgl. Susanna Pettersson: *Miehiä Suomen Taideyhdistyksen takana*, in: Kallio (Hrsg.) 2006, S. 32–42, S. 35 f. Für einen ausführlichen Einblick in die Entstehungsgeschichte der Kunstgesellschaft und dem späteren Kunstmuseum Ateneum, vgl. Susanna Pettersson: *Suomen Taideyhdistyksestä Ateneumiin. Fredrik Cygnaeus, Carl Gustav Estlander ja taidekokoelman roolit,* Helsinki 2008 (Historiallisia tutkimuksia, Dimensio, Bd. 6), zugl. Diss., Universität Helsinki 2008.

151 Ein Grund für diesen Beschluss waren noch nicht ausgegebene Gelder. Diese sollten verstärkt für die finanzielle Unterstützung von Künstlern genutzt werden, da der Kunstmarkt durch den Ausbruch des Ersten Weltkriegs erlahmte, vgl. Palin 2007, S. 22.

152 „tio äldre målare" Finska konstföreningens protokoller, 6.10.1914, Kansallisgallerian arkisto, Helsinki.

153 Vgl. ibid.

154 Die von der Kunstgesellschaft vorgegebene Gemäldegröße war 46 x 36 cm. Beide der in diesem Kapitel besprochenen Werke entsprechen beinahe exakt dieser Größe. Die übrigen mir bekannten Selbstbildnisse, die in dieser Zeit für die Finnische Kunstgesellschaft gemalt wurden, sind Selbstdarstellungen in traditionellen Selbstporträtmodi.

ten.[155] Das Interesse an einer öffentlichen Porträtsammlung fiel nicht zufällig in diese Zeit. Gerade um das Jahr der finnischen Unabhängigkeit bis in die 1930er Jahre hinein verfolgte man mit gesteigertem Engagement das Ziel, eine repräsentative Porträtsammlung aufzubauen.[156] Darin spiegelt sich der Anspruch wider, eine „Ahnengalerie" der finnischen Nation und ihrer wichtigsten Kulturschaffenden zu etablieren.

Die zwei Selbstbildnisse, die in diesem Kapitel betrachtet werden, sind nach Erhalt des Auftrages von der Finnischen Kunstgesellschaft entstanden. Dennoch herrscht Uneinigkeit darüber, ob beide Werke für die Finnische Kunstgesellschaft gedacht waren, da es keine schriftlichen Zeugnisse gibt, die dies eindeutig belegen würden.[157] Beide Selbstporträts sind jedoch in zeitlicher Nähe zueinander entstanden, und der Auftrag für ein Selbstbildnis existierte zum Zeitpunkt der Entstehung. So gilt hier die Annahme, dass die Werke mit dem Ziel entstanden sind, ein Selbstbildnis für einen repräsentativen Ort und eine breitere Öffentlichkeit zu schaffen. Dafür spricht auch die nahezu identische Bildgröße der Selbstporträts. Letztlich wurde nur eines der 1915 entstandenen Bildnisse bei der Finnischen Kunstgesellschaft eingereicht, das andere wurde ebenfalls im selben Jahr für eine öffentliche Sammlung erworben. Rahmengebend für die Entstehung der Bildnisse war somit der Auftrag der institutionalisierten Kunstgesellschaft, die nur wenige Jahre vor der finnischen Unabhängigkeit Aufträge an bereits etablierte Künstler verlieh.[158]

Kurz nach Erhalt des Auftrags fand die *Ausstellung finnischer Künstler II* statt, bei der das Selbstporträt von 1912 gezeigt wurde (Abb. 1).[159] Im März des Folgejahres stellte Schjerfbeck das *Selbstporträt mit silbernem Hintergrund* fertig und wenig später das *Selbstporträt mit schwarzem Hintergrund*.[160] So ist durchaus in Betracht zu ziehen, dass die oben angeführten Kritiken der *Ausstellung finnischer Künstler II* die Produktion dieser späteren Selbstbildnisse beeinflusst haben: Wie die Analyse zeigen wird, ist der expressive Duktus des Selbstporträts von 1912 in diesen Werken nicht mehr vorhanden.

---

155 Die Aufträge gingen an Albert Gebhard, Wilho Sjöström, Victor Westerholm, Johannes Haapasalo, Viktor Malmberg, Felix Nylund, Alpo Sailo, Ville Vallgren und Emil Wikström, vgl. Palin 2007, S. 169.

156 Vgl. ibid., S. 22 ff.

157 Vgl. Konttinen 2004 a, S. 287.

158 Ein weiteres wichtiges Anliegen der Kunstgesellschaft war die Förderung von jungen Künstlern, unter anderem durch die Verleihung eines Preises (*Dukaattipalkinto*). 1914 erhielt z. B. Tyko Sallinen den zweiten Platz bei der Preisvergabe, vgl. Rakel Kallio: *Uuden vuosisadan voittajia*, in: id. (Hrsg.) 2006, S. 106–111, S. 109.

159 Vgl. Ahtola-Moorhouse 2000, S. 97.

160 Vgl. ibid., S. 26.

3.2 Im Geiste der Immaterialität. Das *Selbstporträt mit silbernem Hintergrund* (1915)

Ernst und aus leichter Aufsicht blickt die Malerin über ihre Schulter aus dem Bild heraus (Abb. 2). Die sanft geschwungenen Linien der Nase und der zartrote Mund verleihen ihrem Antlitz etwas Graziles. Zugleich betonen die zusammengepressten Lippen und das deutlich vorgestreckte Kinn, dessen Kontur sich vor dem silbernen Hintergrund abzeichnet, Bestimmtheit und Strenge.[161] Diese wird durch die in einem gräulichen Braun gehaltenen stilisierten Haare zusätzlich betont, die, nach hinten gebunden, das Gesicht ebenmäßig rahmen. Die blasse und zurückhaltende Farbigkeit des Bildnisses wird einzig durch den schwarzen Kragen des Gewandes kontrastiert. Dieser ist Teil einer Kleidung, die an einen Kimono erinnert, wodurch das Bildnis einen leicht exotischen Anschein erweckt.[162] Durch vorsichtige Linien angedeutete Gewandfalten laufen zu einer Pyramidenform zusammen und lassen die Schultern der Dargestellten nahezu verschwinden. Gleichzeitig weitet sich der Oberkörper zur linken und rechten Seite in den Raum aus. Zur linken Seite, am Rücken der Künstlerin, steigt die Umrisslinie nach oben auf, wodurch die Assoziation eines Flügels wachgerufen wird. Zur rechten Seite senkt sich die Linie des Gewandes wieder ab, es scheint, als strecke die Malerin ihren Arm zum Skizzieren in Richtung Staffelei aus. In der rechten unteren Ecke sind ihre Initialen „HS" nur auf den zweiten Blick wahrnehmbar.

Während der Oberkörper kaum ausdifferenziert dargestellt ist und den Charakter einer schnell entstandenen Skizze hat, wurde der Kopf aufwendiger ausgestaltet. Am Kinn, an den Ohren und in den Augenhöhlen sind leichte Schatten angedeutet, wodurch dem Antlitz eine gewisse Plastizität verliehen wird. Die weiße, blasse Haut des Gesichts wirkt nahezu unbelebt und verweist in ihrer Farbe und Stofflichkeit deutlich auf den Bildträger, das Papier. Trotz der blauen Farbigkeit wirken auch die Augen eher unbelebt – sie haben keine Pupillen und oszillieren zwischen Transparenz und Opazität. Sie sind aus leichter Aufsicht dorthin gerichtet, wo die Malerin ihr Spiegelbild erblicken könnte. Dass sie genau diesen Moment – den Blick in den Spiegel – festgehalten hat, wird durch den Hintergrund aus Blattsilber nahegelegt. Dieser

161 Die Darstellung des Mundes im *Selbstporträt mit silbernem Hintergrund* könnte kaum gegensätzlicher zu Tyko Sallinens Bildnissen seiner Frau sein, die er mit geschwollen wirkenden Lippen und geöffnetem Mund malt, wodurch eine sinnlich-erotische Wirkung erzeugt wird, vgl. z. B. *Mirri mustassa puvussa* (*Mirri in Schwarz*) von 1911.

162 Vgl. Anna Kortelainen: *Albert Edelfeltin fantasmagoria. Nainen, ‚japani', tavaratalo,* Helsinki 2002 (Suomalaisen Kirjallisuuden Seuran toimituksia), zugl. Diss., Universität Turku, 2002, S. 429 f.

ist es, der dem Bildnis seinen realistischen und zugleich transzendenten Charakter verleiht. Die Farbigkeit und der konzentrierte, in sich gekehrte und zugleich stolze Gesichtsausdruck tragen zur ruhigen Grundstimmung des Selbstporträts bei. Die Vitalität des Selbstporträts von 1912 ist nicht mehr vorhanden.

In der Sekundärliteratur liegen unterschiedliche Auslegungen der Werkgeschichte des *Selbstporträts mit silbernem Hintergrund* vor, wodurch es zu einigen irreführenden Bildinterpretationen gekommen ist.[163] So wurde zunächst angenommen, dass es von der Finnischen Kunstgesellschaft abgelehnt worden sei. Allerdings geht aus den Protokollen der Vereinigung hervor, dass Schjerfbeck dieser das Selbstporträt nie angeboten hatte.[164] Ebenso lässt sich anhand von Schjerfbecks Briefen nachvollziehen, dass Gösta Stenman es ihr abkaufte. So schrieb sie im März 1915 an Maria Wiik: „Schön, dass das Silber deiner Meinung nach die Zeichnung nicht gestört hat, du hast gesagt, es sei hübsch – sie ist inzwischen an S.man verkauft.“ [165] In einem weiteren Brief desselben Jahres erwähnt sie, dass Stenman ihr das Selbstbildnis zurückgegeben habe, um es zu verkaufen.[166] Dies könnte darauf hindeuten, dass das Werk nicht signiert war und Stenman es ihr zum Signieren zurückgab, um es besser weiterverkaufen zu können. Bereits 1915 gelangte das *Selbstporträt mit silbernem Hintergrund* dann in die Sammlung des Åbo konstmuseum (im Folgenden: Kunstmuseum Turku), wo es sich auch heute noch befindet.[167]

Leena Ahtola-Moorhouse weist darauf hin, dass das Selbstporträt zunächst als Skizze bezeichnet wurde, als es das erste Mal im Kunstmuseum Turku ausgestellt wurde.[168] Tatsächlich erweckt es den Anschein des Fragmentarischen und wirft die Frage auf, weshalb Stenman es trotz oder gerade aufgrund des skizzenhaften Charakters erwarb. Meine These ist, dass die Zeichnung Schjerfbeck in einer Weise repräsentiert, wie sie in zunehmendem Maße von der Öffentlichkeit wahrgenommen werden

---

163 Vgl. Holger 1997, S. 94. Holger korrigiert diese Annahme später, vgl. id. 2011, S. 91.

164 Vgl. Ahtola-Moorhouse 2000, S. 99. Hier verweist Ahtola-Moorhouse auf die Protokolle der Finnischen Kunstgesellschaft vom 06.10.1914 bis zum 2.11.1915.

165 „Roligt du tyckte silfret ej störde på teckningen, du sade det var vackert – den är sedan såld åt S.man.“ Brief von Helene Schjerfbeck an Maria Wiik, 18.3.1915, Åbo Akademis bibliotek.

166 Die Passage, auf die Bezug genommen wird, lautet: „Har varit mycket klen och tog första gången på ett år modell för 3 dagar sedan. Det är nästan färdigt och det måste Herr Stenman få för det sjelvporträtt han gaf tillbaka åt mig för att sälja till Åbo museum. Det är en studie för en tafla i skogen.“ Brief von Helene Schjerfbeck an Einar Reuter, 28.6.1915, Åbo Akademis bibliotek.

167 Vgl. Holger 2011, S. 91. Der Maler und Direktor des Museums, Victor Westerholm, hatte diesen Ankauf getätigt.

168 Vgl. Ahtola-Moorhouse 2000, S. 31.

sollte – und vielleicht auch wollte. Es zeigt eine vergeistigte Künstlerin, die von der diesseitigen, materiellen Welt Abstand genommen zu haben scheint.[169]

In Finnland fand in den 1890er Jahren eine starke Auseinandersetzung mit der Ideenwelt des Symbolismus statt. Anders als zum Beispiel in den großen Kunstmetropolen waren in Finnland auch verhältnismäßig viele Künstlerinnen unter den Symbolisten vertreten, so auch Schjerfbecks Zeitgenossin Beda Stjernschantz (1867–1919). Diese schuf 1892 ein Selbstbildnis, das einige Parallelen zum Selbstporträt mit silbernem Hintergrund aufweist (Abb. 17).[170] Haarfarbe, Frisur und Bildausschnitt von Stjernschantz' Gemälde sind nahezu identisch mit Schjerfbecks Selbstbildnis. Ein Vergleich macht jedoch auch die Unterschiede deutlich. In Stjernschantz' Arbeit kommen eine maskulinisierende Maskerade und ein Bruch mit dem gängigen Schönheitsideal zum Vorschein.[171] Stjernschantz stellt sich kaum geschönt dar, ihre kräftigen Gesichtszüge können nicht mit weiblicher Grazilität in Verbindung gebracht werden, wodurch das Werk im Hinblick auf binär kodierte Geschlechterstereotype einen subversiven Charakter erhält.[172] Schjerfbeck hingegen verleiht ihrem Antlitz feine Züge, ja sie betont ihre Weiblichkeit nahezu bis zur Kränklichkeit einer *femme fragile*.[173] Gleichzeitig zeigt das Werk eine selbstbewusste Künstlerin in überhöhter Position, was durch das vorgestreckte Kinn deutlich wird. Dieses maskulinisierende Merkmal kontrastiert das ansonsten so feine Gesicht, das in seiner Farb- und Fleischlosigkeit nicht nur leicht kränklich, sondern auch entmaterialisiert wirkt.[174] Auch die Darstellung der Augen unterscheidet sich in den beiden Werken deutlich. Stjernschantz' Augen sind veristisch

---

169 Vgl. ibid., S. 27.

170 Schjerfbeck wird das Werk kaum gekannt haben, da es erstmals 1920 ausgestellt wurde. Bemerkenswerterweise fand diese Ausstellung in Stenmans konstsalong (im Folgenden: Stenmans Kunstsalon) statt, vgl. *Beda Stjernschantz. Självporträtt*, http://kokoelmat.fng.fi/app?si=http%3A%2F%2Fwww.muusa.net%2FE42_Object_Identifier%2FA_IV_2938&lang=se (letzter Aufruf: 28.6.15).

171 Gertrud Lehnert schreibt über die Geschlechtermaskerade: „Die Begriffe ‚Verkleidung' und ‚Maskerade' meinen mithin das in der Regel absichtliche Erzeugen einer [Geschlechts]-Identität für die Umwelt [manchmal auch für das Individuum selbst] mithilfe bestimmter Zeichen, die nicht nur auf die Kleidung beschränkt sein müssen, [...]." Id.: *Wenn Frauen Männerkleider tragen. Geschlecht und Maskerade in Literatur und Geschichte*, München 1997, S. 36.

172 Vgl. Kihlman 2014, S. 83.

173 Vgl. Tutta Palin: *Sairauden moderni ikonografia*, in: Jutta Ahlbeck et al.: *Kipupisteissä. Sairaus, kulttuuri ja modernisoituva Suomi*, Turku 2015 (Utukirjat, Bd. 8), S. 33–75, S. 43. Zum Topos der *femme fragile* in der finnischen Kunst in der Zeit des *Fin de Siècle*, vgl. ibid, S. 34 ff.

174 Abigail Solomon-Godeau weist darauf hin, dass Schjerfbeck ungefähr seit ihrem 50. Lebensjahr eine fülligere Statur hatte und spricht in Bezug auf ihre Selbstporträts und ihre anderen Figurenbildnisse von einer „Entmaterialisierung der Körper" (Solomon-Godeau 2014, S. 83).

dargestellt, wodurch ihr Blick ihr Spiegelbild beziehungsweise den Betrachter intensiv zu fixieren und zu begutachten scheint. Schjerfbeck hingegen stellt ihre Augen ohne Pupille und Iris dar. Dies verleiht dem Blick den Anschein von Innerlichkeit und schafft gleichzeitig eine Distanz zum Betrachter.

In ihrer 2014 erschienenen Dissertation zum symbolistischen Selbstporträt behandelt Marja Lahelma das Augenmotiv im Werk des finnischen Künstlers Pekka Halonen.[175] Dieser setzte sich in den 1890er Jahren intensiv mit dem internationalen Symbolismus auseinander. In dieser Zeit, 1893, entstand auch ein stark fragmentarisch wirkendes *Selbstporträt*, in dem die Augen ebenfalls ohne Pupille und Iris dargestellt sind.[176] Lahelma deutet das damit verbundene Nichtblicken als Ausdruck von Innerlichkeit. Zugleich verweist sie auf das Zurückgeworfensein des Betrachters auf sich selbst, das durch den unterbrochenen Blick erzeugt wird.[177] Beides trifft ebenfalls auf Schjerfbecks *Selbstporträt mit silbernem Hintergrund* zu. Die Augendarstellung suggeriert Innerlichkeit, verweigert zugleich jedoch den Zugang zum persönlichen, intimen Innenleben der Künstlerin. Der verschleierte Blick kann im Kontext symbolistischer Werke als Hinweis auf das innere Auge und die damit verbundene innere Vision des Künstlers gedeutet werden. Somit soll nicht die sinnliche Wahrnehmung betont werden, sondern vielmehr der Zugang zu einer spirituellen Welt – als deren Mittler der symbolistische Künstler verstanden wurde.[178] Textliche Grundlagen für die symbolistische Kunstauffassung lieferten unter anderem die wiederentdeckten Schriften von Platon und Emanuel Swedenborg (1688–1772) sowie die neueren Texte der Theosophin Helena Petrovna Blavatsky (1831–1891). Auf deren Ideen basierend verstand man die seelische Harmonie des Menschen als Spiegel einer in den höheren Sphären des Universums angesiedelten Harmonie. In diesem Rahmen kam dem symbolistischen Künstler die Aufgabe des Sehers zu, der dazu befähigt war, übersinnliche Wahrheiten zu erkennen, die durch Symbole zum Ausdruck gebracht wurden.[179] Auf einen derartigen symbolischen

---

175 Vgl. Lahelma 2014 a, S. 76 ff.

176 Zum Augenmotiv bei Halonen, vgl. auch Stewen 1996, S. 17 ff.

177 Vgl. Lahelma 2014 a, S. 86.

178 Vgl. ibid., S. 86 ff. und Stewen 1996, S. 17 ff.

179 Hierdurch kam es zu einer Abwendung von Strömungen wie dem Realismus, Naturalismus und Impressionismus, bei denen die Welt der Sinne im Vordergrund stand, vgl. Salme Sarajas-Korte: *Maalaustaide 1890-luvulla – mystiikkaa vai kansallisromantiikkaa*, in: id. (Hrsg.): *Ars. Suomen taide*, Bd. 4, Espoo 1989, S. 254294, S. 256 f. Für umfangreichere Studien zum Symbolimus in Finnland und den nordischen Ländern, vgl. id.: *Suomen varhaissymbolismi ja sen lähteet. Tutkielma Suomen maalaustaiteesta 1891–1895*, Helsinki 1966, zugl. Diss., Universität Helsinki, und Lahelma 2014 a.

Gehalt und die damit einhergehende Mittlerfunktion zu höheren Realitäten scheint auch vieles im Selbstbildnis von Schjerfbeck zu verweisen.

In diesem Zusammenhang sollte dem mit Blattsilber gestalteten Hintergrund eine besondere Bedeutung beigemessen werden. So liegt zunächst die Deutung des silbernen Hintergrundes als Spiegel nahe. Die Voraussetzung für die Entstehung eines klassischen Selbstbildnisses ist der Blick in den Spiegel. Auch zu Beginn des 20. Jahrhunderts war dieser ein häufiges Motiv von Künstlerselbstbildnissen, durch das die Selbstreflexion des dargestellten Subjekts versinnbildlicht wurde.[180] Auf einen Moment der (Selbst-)Erkenntnis scheint die spiegelnde Fläche im Hintergrund hinzudeuten. Dass die durch den Spiegel gewonnene Erkenntnis jedoch jenseits der eigenen Gesichtszüge liegt, darauf verweist der verschleierte Blick. Ebenso deutet die Semantik von glänzenden Oberflächen auf Transzendenz hin. Karl Schawelka schreibt, dass eine grundlegende Eigenschaft des Glanzes die Fähigkeit sei, die Dreidimensionalität zu durchbrechen. Zudem reflektiere der Glanz Licht, das in vielen Religionen als Zeichen der Transzendenz gilt, und erhalte dadurch selbst einen heiligen und mächtigen Charakter.[181] Dies ist gewiss eine dem Silber im Bildnis innewohnende Eigenschaft.

Überdies verweist auch die Semantik der in der Arbeit sichtbar werdenden Techniken – Aquarell und Bleistift beziehungsweise die Zeichnung – auf Immaterialität. Sie ist zentral für Schjerfbecks Selbstdarstellung. Slavko Kacunko schreibt: „Die menschliche Liebesaffäre mit der Spiegelung ist schon immer eine platonische gewesen [...].“[182] In der Spiegelung ist stets ein Moment der Flüchtigkeit und Vergänglichkeit enthalten, was im Wesentlichen auf der Immaterialität des Abbildes basiert. Die das Abbild konstituierenden Lichtreflexe sind in ihrer Materialität haptisch nicht greifbar und unterliegen durch sich verändernde Lichtbedingungen sowie Bewegungen der sich spiegelnden Person einem ständigen Wandel. Die Spiegelung war auch in der Kunst des Symbolismus ein beliebtes Motiv, das auf eine immaterielle Ideenwelt verweisen konnte oder ebenso auf den Prozess der Selbstbespiegelung und -erkenntnis.[183]

Die Anspielung auf Immaterialität findet im *Selbstporträt mit silbernem Hintergrund* weitere Entsprechungen. Während im Selbstbildnis von 1912 die Ölfarbe die Primazeichnung dominiert, ist in dieser „Skizze“ die zeichnerische Linie das vor-

---

180 Vgl. Slavko Kacunko: *Spiegel–Medium–Kunst. Zur Geschichte des Spiegels im Zeitalter des Bildes*, München 2010, S. 513 ff.

181 Karl Schawelka: *Farbe. Warum wir sie sehen, wie wir sie sehen*, Weimar 2007, S. 23.

182 Kacunko 2010, S. 9.

183 In der finnischen Kunst tauchte das Motiv der Spiegelung u. a. in den symbolistischen Werken von Magnus Enckell (*Narcissus*, 1896/97) und Väinö Blomstedt (*Francesca*, 1897) auf.

herrschende Element. Die mit Kohle und Bleistift ausgeführte Zeichnung liegt somit fernab vom spielerischen Farbgebrauch des Selbstporträts von 1912 (Abb. 1). Hierdurch liegt der Fokus auf dem *disegno*, wodurch die geistige Komponente und die damit verbundene künstlerische *idea* betont werden.[184] Im kunsttheoretischen Diskurs wurde der Wertigkeit von unterschiedlichen Techniken stets eine besondere Bedeutung beigemessen. Eine Konjunktur erfuhr der Disput um *disegno/colore* während der Renaissance. Später, in der zweiten Hälfte des 19. Jahrhunderts, lenkte der französische Kunsttheoretiker Charles Blanc (1813–1882) die Aufmerksamkeit verstärkt auf die Rangordnung von Malerei und Zeichnung. In seinem Lehrbuch *Grammaire des arts du dessin*, das 1867 in Paris veröffentlicht und von Künstlern wie Vincent van Gogh und Paul Gauguin studiert wurde, bemühte er sich darum, die lange Zeit angenommene Überlegenheit der Zeichnung über die Farbe aufrechtzuerhalten. Dabei stützte er seine Behauptungen mit biologisierenden Argumenten, indem er versuchte, Analogien zwischen den Geschlechtern und den künstlerischen Techniken herzustellen. Ein Ziel dieser Ausführungen war es, die angenommene Hierarchie der Geschlechter auf Farbe und Zeichnung zu übertragen. So berief er sich in seiner *Grammaire* auf die Überlegenheit des Mannes gegenüber der Frau und setzte diese mit der Überlegenheit der Zeichnung über die Farbe gleich. Während die formgenerierende Linie traditionell mit männlichem Intellekt in Verbindung gebracht wurde, wurde Farbe als unbeständiges, materielles Element mit dem „Weiblichen" assoziiert.[185] In der akademischen Tradition verstand man die Bändigung der Farbe als Funktion der Linie.[186] Ein derart geschlechterspezifisches Denkmodell setzte sich in der ersten Hälfte des 20. Jahrhunderts fort.[187] Auch in Finnland wurden Blancs Schriften rezipiert. So nahm beispielsweise der finnische Ästhetikprofessor Carl Gustaf Estlander (1834–1910) 1890 Bezug auf die

---

184 Vgl. z. B. Woodall 1997, S. 5 ff.

185 In der Renaissance bemühte sich Giorgio Vasari um die Nobilitierung des *disegno* und sah die Zeichnung als Träger der ursprünglichen Idee des Künstlers an, vgl. z. B. Michael Glasmeier: *Ansichten von Zeichnungen*, in: Gundel Mattenklott u. Friedrich Weltzien (Hrsg.): *Entwerfen und Entwurf. Praxis und Theorie des künstlerischen Schaffensprozesses*, Berlin 2003, S. 75–87, S. 76.

186 Vgl. Monika Wagner: *Linie – Farbe – Material. Kunsttheorie als Geschlechterkampf*, in: Barbara Hüttel u. Richard Hüttel u. Jeanette Kohl (Hrsg.): *Re-Visionen. Zur Aktualität von Kunstgeschichte*, Berlin 2002, S. 195–209, S. 195 ff. und Matthias Krüger: *Der Begriff des disegno im Zeitalter der Evolutionstheorie. Biologische Konzepte in Charles Blancs Grammaire des arts du dessin*, in: Matthias Krüger u. Christine Ott u. Ulrich Pfisterer (Hrsg.): *Die Biologie der Kreativität. Ein produktionsästhetisches Denkmodell in der Moderne*, Zürich 2013, S. 75–90.

187 Vgl. Martin S. James: *Piet Mondrians Theorie der Geschlechterrollen*, in: Susanne Deicher (Hrsg.): *Die weibliche und die männliche Linie. Das imaginäre Geschlecht der modernen Kunst von Klimt bis Mondrian*, Berlin 1993, S. 201–221, S. 201 f.

Dialektik von Zeichnung und Farbe. Allerdings geht sein Text nicht explizit auf Geschlechterhierarchien ein, sondern betont die Verbindung der Zeichnung zum Geistig-Intellektuellen und die Verbindung der Farbe zum Sinnlichen. Darüber hinaus bezieht Estlander den Betrachter in diese Deutung ein. Er verweist abwertend auf die breite Masse, welche die Kunst nicht mit dem Intellekt, sondern nur mit den Sinnen beurteile.[188] Betrachtet man das *Selbstporträt mit silbernem Hintergrund* in diesem Zusammenhang, wird deutlich, dass durch dessen Materialikonografie die geistige Komponente des künstlerischen Schaffens hervorgehoben wird.

Vergleicht man diesbezüglich das 1912 entstandene Selbstbildnis mit dem *Selbstporträt mit silbernem Hintergrund,* so werden die unterschiedlichen Arten, wie Schjerfbeck mit der Zeichnung beziehungsweise der Linie arbeitete, sichtbar. Im Selbstporträt von 1912 ist die Primazeichnung zwar Bestandteil des Werkes, zugleich wird sie aber durch den lebhaften Farbauftrag überschritten. Durch diese Grenzüberschreitung tritt die geistige Komponente deutlich zurück und die Materialität des Gemäldes wird betont. Wie sich zeigen wird, setzt sich dieses gestalterische Vorgehen insbesondere in den Arbeiten ohne Auftrag verstärkt fort. Anders ist das Verhältnis von Linie und Farbe im *Selbstporträt mit silbernem Hintergrund.* Durch den skizzenhaften Charakter liegt die Betonung deutlich auf der gezeichneten Linie und damit auf dem geistigen Entwurf. Auf materialästhetischer Ebene trägt die Farbigkeit ebenso wie die Transparenz der Wasserfarben dazu bei, dass Eigenschaften wie Vergeistigung und Sensibilität im Vordergrund stehen.[189]

Blickt man auf die Darstellung des Körpers, so wird deutlich, dass auch dieser entmaterialisiert erscheint. Die skizzenhaft ausgeführten Linien, das fehlende Volumen und die Unvollendung der Körperdarstellung verweisen mehr auf die Idee eines Körpers als auf konkrete Körperlichkeit. Zu diesem Eindruck trägt das sich zu den Seiten hin weitende Gewand bei.[190] Die weiße Fläche am Rücken der Künstlerin

---

188 Vgl. Harri Kalha: *Tapaus Magnus Enckell*, Helsinki 2005 (Historiallisia tutkimuksia, Suomalaisen Kirjallisuuden Seura, Bd. 227), S. 245–250, bes. S. 248.

189 Vgl. Monika Wagner: *Oberfläche und Tiefe. Zur Wahrnehmung und Semantik opaker und transparenter Farben*, in: Oliver Jehle u. Jakob Steinbrenner u. Christoph Wagner (Hrsg.): *Farben in Kunst und Geisteswissenschaften*, Regensburg 2011 (Regensburger Studien zur Kunstgeschichte, Bd. 9), S. 202–214, S. 209 f., und Lena Johannesson: *On the Invisibility of Watercolour*, in: id. u. Bera Nordal (Hrsg.): *Akvarellstudier. Om mediet, historien och myterna / Watercolour Studies. The Medium, the History and the Myths*, Göteborg 2008 (Gothenburg Studies in Art and Architecture, Bd. 21), S. 251–280.

190 Die Referenz zum v. a. in den 1880er und 1890er Jahren *en vogue* gewesenen Japonismus ist auch inhaltlich kohärent. Das seit den 1850er Jahren entstandene Bild Japans war das einer verfeinerten „primitiven" Kultur, vgl. Kortelainen 2002, S. 37 ff. Zudem drückt sich durch die Andeutung eines Kimono die Auseinandersetzung Schjerfbecks mit internationalen Kunstströmungen aus. Dass sie sich in dieser Zeit mit den Werken Katsushika Hokusais beschäftigte, zeigen ihre am 25.7.1914 und 20.2.1915 verfassten Briefe an Maria Wiik. An Hokusai oder vielmehr der japani-

ruft die Assoziation an einen Flügel hervor, was den ätherischen Charakter der Darstellung verstärkt. Durch die Ausweitung des Oberkörpers in den Bildraum entsteht eine Zweiteilung der oberen und der unteren Bildhälfte, wobei diese nicht in inhaltlicher Opposition zueinander stehen. Sowohl der obere als auch der untere Teil des Werkes können als Andeutungen eines transzendenten Raumes begriffen werden. Durch die Unvollendung und Offenheit der Zeichnung zu den Seiten hin wird suggeriert, dass der Oberkörper der Künstlerin in einen immateriellen Raum entweicht.[191] Nicht nur die Semantik von Silber unterstützt diesen Eindruck, auch die Farbe Weiß ist ähnlich konnotiert.[192]

Wie aus dem vorangegangenen Kapitel hervorgeht, waren die verfeinerte Farbigkeit, der Gebrauch von zarten und sanften Tönen, Eigenschaften, die in Bezug auf Schjerfbecks Werke häufig hervorgehoben wurden. Ferner wurde und wird bis heute immer wieder von einer silbergrauen Tonalität ihrer Werke gesprochen oder gar auf silberne Farbe hingewiesen, wo keine ist. Im Laufe der Arbeit wird dieser Aspekt weiterhin berücksichtigt und gefragt, wie die Künstlerin, ihr Werk und der Mythos der Künstlerin mit dieser Farbe zusammenhängen.

Das *Selbstporträt mit silbernem Hintergrund* zeigt Schjerfbeck als vergeistigte Künstlerin und weist Parallelen zu Inhalten symbolistischer Werke auf. Zugleich changiert das Bildnis zwischen selbstbewusstem Ausdruck und Fragilität. Insgesamt unterscheidet es sich stark vom Selbstporträt von 1912 und geht mehr mit ihrem übrigen Œuvre konform, das positiv rezipiert wurde. Wie in den folgenden Kapiteln dargelegt wird, erwies sich dieses Selbstbildnis als äußerst salonfähig. So scheint Schjerfbeck sich in einer Weise dargestellt zu haben, wie die Kritiken von 1914 sie vorzugsweise sehen wollten. Dadurch entsteht der Eindruck einer kalkulierten Selbstinszenierung, eines Rollenbildnisses im Gewand des Symbolismus.

Bevor auf die Rezeption des Werkes eingegangen wird, wird das im selben Jahr entstandene *Selbstporträt mit schwarzem Hintergrund* analysiert (Abb. 3). Die Gegenüberstellung dieser Bildnisse lässt die oben herausgearbeiteten Bildeigenschaften

---

schen Kunst schätzte sie den vereinfachenden Stil, vgl. Ahtola-Moorhouse 2000, S. 27 u. S. 99. Zudem wurden 1909 im Kunstmuseum Ateneum japanische Holzschnitte ausgestellt, die Schjerfbeck zwar nicht gesehen hatte, auf die sie aber sicherlich durch Zeitungsberichte aufmerksam geworden war.

191 Marja Lahelma befasst sich in einem längeren Kapitel mit der semantischen Offenheit symbolistischer Kunstwerke. Dies sei eine Eigenschaft, die durch das *non-finito* erzeugt werden könne. Damit könne die Unvollendung auf die Immaterialität des Dargestellten verweisen, vgl. id. 2014 a, S. 60 ff.

192 Vgl. Barbara Oettl: *WEISS in der Kunst des 20. Jahrhunderts. Studien zur Kulturgeschichte einer Farbe*, Regensburg 2008 (Regensburger Studien zur Kunstgeschichte, Bd. 5), zugl. Diss., Universität Jyväskylä, 2008, z. B. S. 70.

noch deutlicher hervortreten. Darüber hinaus legt der Vergleich die Annahme nahe, dass Schjerfbeck gezielt mit unterschiedlichen Rollenbildern als Künstlerin experimentierte.

3.3 Präsente Stärke – starke Präsenz. Das *Selbstporträt mit schwarzem Hintergrund* (1915)

Konzentriert blickt die Malerin aus leichter Aufsicht über den rechten Bildrand hinaus. Der in hellen Farben gestaltete Körper kontrastiert mit dem schwarzen Hintergrund, dessen Flächigkeit durch die an einigen Stellen durchscheinende Leinwand unterbrochen wird. Die Buchstaben am oberen Bildrand verraten den Namen der Dargestellten, die Pinsel geben Auskunft über ihre berufliche Identität.

Der pyramidenförmige Bildaufbau betont den auf den Betrachter hinab gerichteten Blick, wodurch die leichte Überheblichkeit des Gesichtsausdrucks hervorgehoben wird. Die starke Konturierung des Kinns und die deutlich sichtbaren Nasenlöcher haben denselben Effekt. Die Mimik ist kontrolliert, nur die roten Farbakzente an den Ohren und Wangen lassen auf innere Erregung schließen. Diese Eigenschaften, der ruhige und zugleich wache Gesichtsausdruck sowie die zusammengepressten Lippen, lassen die Dargestellte stark und selbstbewusst erscheinen.

Aus den blonden Haaren, die am Haaransatz an der Stirn von grauen Strähnen durchzogen werden, schaut eine widerspenstige Locke am linken Ohr der Künstlerin hervor. Sie lockert die Strenge der Komposition auf. Zusammen mit den feinen Gesichtszügen, der Brosche und den roten Lippen scheint sie auf die Femininität der Dargestellten hinzuweisen. Die Lider und Augenränder sind in einem hellen Violett gestaltet, das nicht klar zuzuordnen ist. Stellt es einen Hinweis auf Make-up dar oder auf Übernächtigung? Die in opakem Grau gehaltenen Augen lassen nicht tief blicken – erneut ist der Blick unterbrochen.[193]

Der gesamte Kopfbereich ist durch einen dichten und dicken Farbauftrag gekennzeichnet, wohingegen der flächig dargestellte Oberkörper die Materialität der Leinwand annimmt. Die textile Oberfläche wird durch abgetragene weiße Farbe deutlich sichtbar. Unterbrochen wird die weiße Fläche nur von einer am unteren Kragenrand angebrachten grünen ovalen Brosche. Auch die Arme heben sich nicht vom übrigen Oberkörper ab. Sie scheinen passiv am Körper anzuliegen. Den einzi-

193 Die Ausführung erinnert erneut an Amedeo Modiglianis Frauenfiguren und deren opake Augen.

gen Hinweis auf die Bildentstehung stellt das ockerfarbene Behältnis mit rotem Rand dar. In ihm befinden sich drei Pinsel, die vermutlich nach der Vollendung des Bildnisses beiseitegelegt worden sind. Sie erzählen jedoch nicht die ganze Geschichte der Bildentstehung. Die Hilfsmittel, mit denen die Farbe abgetragen wurde, werden auf einer figurativen Ebene nicht dargestellt. Dass das technische Vorgehen des Farbabtrags jedoch fundamental für die Bildproduktion war, verdeutlicht nicht zuletzt der in Großbuchstaben ausgeschriebene Name der Künstlerin. Sie scheinen in den schwarzen Untergrund regelrecht hineingeschabt worden zu sein. Kaum zu erkennen sind hingegen die Initialen „HS" in der rechten unteren Ecke des Bildes, die anscheinend mit Bleistift aufgetragen wurden.

Das *Selbstporträt mit silbernem Hintergrund* kann als experimentelle Vorstudie für dieses Bildnis betrachtet werden (Abb. 2). Zudem existiert noch eine weitere Skizze, die den direkten Vorläufer des *Selbstporträts mit schwarzem Hintergrund* darstellt (Abb. 18).[194] Allerdings enthält die Skizze bloß einen reduzierten Ausschnitt des späteren Gemäldes.[195] Die Künstlerin hat in der Zeichnung nur ihre Gesichtszüge festgehalten und mit Aquarellfarben Haare, Augen, Nasenlöcher, Mund sowie das hervorgehobene Kinn farblich herausgearbeitet. Das Ergebnis der Skizze stellte Schjerfbeck anscheinend zufrieden, da sie es als direkte Vorlage für das Ölgemälde verwendete: In der Skizze sind Einstichstellen sichtbar. Es sind die Spuren einer Technik, die die Malerin in ihren früheren Arbeiten häufiger verwendete. Mithilfe von Nadelstichen übertrug sie die Proportionen der Skizze auf die Leinwand.[196] Es ist jedoch das einzige Selbstporträt, bei dessen Herstellung sie diese Technik anwendete. Dies zeigt, wie wichtig ihr der Auftrag war beziehungsweise wie wenig dem Zufall überlassen werden sollte. Zugleich wird erkennbar, dass sie sich in der Studie auf den Gesichtsausdruck und die Kopfhaltung konzentrierte. Die störrische Locke taucht in der Skizze noch nicht auf und auch die Farbigkeit ist nur in Grundzügen angedeutet – anders als beim *Selbstporträt mit silbernem Hintergrund* wird hier die Farbe des Hintergrundes noch nicht einbezogen. Dadurch stehen in der Skizze der selbstbewusste und bestimmte Gesichtsausdruck und die leicht erhöhte Position der Künstlerin im Vordergrund, die durch die Betonung des Kinns und der Nasenlöcher hervorgehoben wird. Dies ist ein wiederkehrendes Motiv in Selbstbild-

194 Eine recht ausführliche Bildbeschreibung und Analyse der Werke nimmt Leena Ahtola-Moorhouse vor, vgl. id. 2000, S. 32 ff.

195 Die Signatur dieser Skizze hat sicherlich zur Wertsteigerung des Werkes beigetragen. Es ist durchaus möglich, dass Schjerfbeck sie erst (Jahre) später hinzugefügt hat.

196 Vgl. Holger 1997, S. 94.

nissen von Künstlern, seltener jedoch im Werk von Künstlerinnen.[197] Elin Danielson-Gambogi (1861–1919) war eine jener finnischen Künstlerinnen, die wiederholt Gemälde schuf, in denen sie aus der Aufsicht heraus auf den Betrachter hinabblickt, so zum Beispiel im *Selbstporträt in rotem Gewand* von 1903. Die Wahl dieser Ikonografie implizierte in Selbstbildnissen von Künstlerinnen eine selbstbewusste Positionierung in einer männlich dominierten Kunstwelt.

Dies und vielmehr noch das Vorhandensein der Skizze sowie die Übertragungsspuren in dieser sind deutliche Hinweise auf ein bewusst vollzogenes *self-fashioning*. Dieses wird verstanden als „performative Arbeit am Selbst“[198] beziehungsweise an der visuellen Repräsentation als Teil des öffentlichen Selbst. Doch auch weitere Bildelemente deuten auf eine Formung des Ich hin, das buchstäblich wie eine Maske aufgetragen wird. Die Gestaltung des Gesichts unterscheidet sich deutlich von den restlichen Oberflächen (Abb. 13). Insbesondere das Inkarnat zeichnet sich durch einen dicken, pastosen Farbauftrag aus. In seiner Ästhetik erinnert es an eine Schminkcreme, die großzügig auf das Gesicht aufgetragen wurde. Dabei folgen die Pinselspuren, die nahezu an Fingerspuren erinnern, den Formen des Gesichts. An der Kinnpartie und um die Augen herum betont die Spur des Pinsels die Rundungen von Kinn und Augenhöhlen. Ein derartig pastoser Farbauftrag findet sich an keiner anderen Stelle des Bildnisses wieder. Durch den Kontrast zur textilen Stofflichkeit des Gewandes und der Flächigkeit des schwarzen Bildraumes wird diese Eigenschaft noch zusätzlich betont, wodurch das Gesicht maskenartig erscheint.[199] Christiane Kruse weist auf das Paradoxon von Masken hin, deren Funktion in der Simultanität von Verbergen und Offenbaren bestehe. Die Maske sei das, was von einer Person nach außen hin sichtbar sei, und zugleich habe sie „auch die Funktion eines Schutzschilds, hinter dem sich das Selbst verbergen und verstellen kann, um eine Rolle zu spielen.“[200] Ähnlich funktioniert der Blick im *Selbstporträt mit schwarzem Hintergrund*. Die Augen deuten zwar an, dass sie auf den Betrachter gerichtet sind, doch auch sie sind opak und verwehren den Zugriff auf das Innenleben.

197 Ein prominentes Beispiel für ein Selbstbildnis einer Künstlerin, die zu diesem Modus der Selbsterhöhung griff, ist Paula Modersohn-Becker (*Selbstbildnis vor Fensterausblick auf Pariser Häuser,* 1900).

198 Pfisterer u. von Rosen 2005, S. 14. Den Begriff des *self-fashioning* hat Stephen Greenblatt in Bezug auf die Renaissance (insb. Dichter) geprägt, vgl. id.: *Renaissance Self-Fashioning. From More to Shakespeare*, Chicago 1980. Dieser beschreibt den Vorgang der Konstruktion einer öffentlichen Identität, die wie eine Rolle angenommen wird. Auf diesen Gedanken geht auch die Etymologie des Wortes *persona* (lat. für Maske) zurück.

199 Michelle Facos deutet dieses Selbstporträt ebenfalls als Werk, in welchem Schjerfbeck eine Maske für die Öffentlichkeit auflegt, vgl. id. 1995, S. 15.

200 Christiane Kruse: *Tote und künstliche Haut. Die Maske des Stars zwischen Kunst und Massenmedien*, in: Bohde u. Fend (Hrsg.) 2007, S. 181–199, S. 183.

Gleichzeitig wird durch die Materialästhetik des Inkarnats das stellenweise Aufbrechen der Gesichtsmaskierung suggeriert, und es scheint, als erhalte der Betrachter Einblick hinter die Fassade des konstruierten Selbst, wo sich das authentische Ich verbirgt. An Ohren, Nase und Wangen wirkt es, als scheine die darunterliegende Schicht durch. Dort ist der Farbauftrag dünner, die Farbe wurde sogar wieder abgetragen, was an den Wangen deutlich sichtbar wird. Durch die abgetragene Farbe wird betont, dass das Erröten einen körperlichen, subkutanen Vorgang darstellt. Die rote Farbe scheint demnach nicht auf Make-up hinzudeuten. Ähnlich wie im Selbstporträt von 1912 können die roten Flecken als Indizien für die Wachheit der Sinne, Vitalität und innere Erregung gedeutet werden.[201] Gerade Letzteres stört den Eindruck von Kontrolliertheit, die sich nicht nur in der statischen Mimik und dem maskenartigen Farbauftrag ausdrückt. Auch die zusammengepressten Lippen und die starke Konturierung des Kinns tragen dazu bei. Welche Bedeutungsebenen der Gesichtsgestaltung Schjerfbeck im Detail bewusst waren, kann nicht beantwortet werden. Dass sie es war, die auch die Farbe Rot gezielt im Antlitz positionierte, steht jedoch außer Frage.

Anders als in den Selbstbildnissen von 1895 und 1912 findet im *Selbstporträt mit schwarzem Hintergrund* keine Dynamisierung des Bildraumes statt. Eine statische Gelassenheit beherrscht den Gesamteindruck des Werks. Doch wie passt das leidenschaftliche Rot der Wangen in diesen Zusammenhang? Die Funktion dieses Bildnisses war die Selbstrepräsentation in einer Riege bedeutender finnischer Künstler. Und als solches – als Berufsporträt, das die berufliche Identität in den Vordergrund stellt – ist dieses Selbstbildnis zu verstehen. In diesem Kontext, das heißt als Inszenierung des künstlerischen Schaffens, deute ich auch die geröteten Wangen. Sie sind psychosomatische Zeichen, die auf den Zustand des inneren Aufruhrs hinweisen, der ebenfalls die Physis ergreift.

Die Werkzeuge ihres Schaffens, die Pinsel, sind ebenfalls abgebildet und zeigen an, wie die Farbe auf die Leinwand aufgetragen wurde. Der Farbabtrag, der ein wesentliches gestalterisches Element des Bildnisses darstellt, wird durch sie jedoch nicht angedeutet. Es wird somit auf die traditionellen Werkzeuge eines Malers verwiesen. Diese wurden von der Künstlerin im Hintergrund positioniert, nicht in ihrer Hand, was den statischen Charakter des Gemäldes verstärkt. Doch auch wenn jene Utensilien, die für den Farbabtrag benötigt wurden, nicht zu sehen sind, wird

201 Vgl. Ahtola-Moorhouse 2000, S. 32. Riikka Stewen interpretiert die rote Farbe in Schjerfbecks Werken als Zeichen von Aggression, vgl. id. 1997, S. 36. Michelle Facos hingegen hat die roten Flecken im Gesicht der Künstlerin im Selbstporträt von 1912 als Make-up interpretiert, vgl. id. 1995, S. 15.

die Technik der Farbreduktion an prominenter Stelle sichtbar: in der Namensinschrift über dem Kopf der Künstlerin.

Schjerfbeck äußerte sich mehrfach in ihren Briefen zu diesem Selbstbildnis. Ein Auszug aus einem Brief vom Oktober 1915 gibt Auskunft über ihre Entscheidung, die Buchstaben – wie es scheint, ganz zum Schluss – hinzuzufügen. So schreibt sie, dass sie sich für das Hinzufügen der Buchstaben entschieden habe, „damit etwas noch Härteres die Härte entfernt."[202] Der Eindruck von „Härte" ist auf die Farbigkeit des Werkes zurückzuführen, den die starken Hell-Dunkel-Kontraste und die roten Farbakzente den feinen Gesichtszügen der Künstlerin in gewisser Weise verleihen. Darüber hinaus vermitteln der verschlossene Gesichtsausdruck und das hervorgestreckte, konturierte Kinn eine Bestimmtheit und Willensstärke, die ebenfalls als Härte bezeichnet werden kann. Diese wird durch die Buchstaben, die ein kompositorisches Gleichgewicht erzeugen, relativiert.

Die Inschrift „HELENE SCHJERFBECK" verweist deutlich auf den Teil der Identität, der durch das Bildnis verewigt werden sollte. Die Initialen „HS", mit denen Schjerfbeck auch dieses Werk signierte, lassen einen Deutungsspielraum darüber zu, ob sich hinter dem „H" der Geburtsname Helena oder ihr selbstgewählter französisierter Name Helene verbirgt. Durch die zusätzliche Namensinschrift wird diese Offenheit vermieden. Seit ihren Frankreichaufenthalten in den 1880er Jahren unterschrieb Schjerfbeck ihre Briefe unter anderem mit Helene. In ihren Gemälden verwendete sie die Initialen „HS" oder kürzte ihren Vornamen stets nur mit „H." ab, wohingegen sie ihren Nachnamen in seltenen Fällen auch ausschrieb.[203] Lena Holger verweist auf die unterschiedlichen Unterschriften in den Briefen, die zwischen Lena und Helene variieren.[204] Auch in der Presse fand keine einheitliche Verwendung ihres Namens statt. Zur Zeit der Bildentstehung wurde jedoch primär ihr Geburtsname Helena benutzt, ebenso in der 1917 entstandenen Monografie.[205] Dieser Verwendung wirkte Schjerfbeck mit der ausgeschriebenen Inschrift entgegen, indem sie den französisierten Namen als Künstlernamen benutzte. So demonstriert die Ausformulierung ihres Namens nicht nur Selbstbewusstsein, sondern kann auch als Bekenntnis zur interna-

---

202 „Bokstäverna satte jag dit för att något ännu hårdare skulle taga bort det hårda." Brief von Helene Schjerfbeck an Maria Wiik, Oktober 1915, zitiert nach: Holger 2011, S. 100.

203 Der 2012 erschienene Ausstellungkatalog stellt bislang die Publikation mit den meisten Abbildungen der Gemälde Schjerfbecks dar. Die chronologische Anordnung der Arbeiten lässt nachvollziehen, dass der ausgeschriebene Nachname in der Signatur im Laufe des 20. Jahrhunderts immer seltener wird und erst später wieder gehäufter in ihren Lithografien auftaucht, vgl. z. B. *Helene Schjerfbeck* 2012, S. 310.

204 Vgl. Holger 2011, S. 292.

205 Vgl. z. B. Jalmari Lahdensuo: *Helena Schjerfbeck*, *Uusi Päivä*, 21.9.1917 und Ahtela 1917.

tionalen Kunst verstanden werden. Ebenso wird Schjerfbecks Desinteresse an den fennomanischen oder svekomanischen Bestrebungen deutlich, die zu Beginn des 20. Jahrhunderts in vielen Bereichen Finnlands omnipräsent waren. So hatte beispielsweise Axel Gallén seinen schwedischen Namen als politisches Statement in Akseli Gallen-Kallela fennisiert.[206] Dass Schjerfbeck ein derartiges fennomanisches Engagement fernlag, wird durch ihre französisierte Namenswahl unterstrichen.[207]

Des Weiteren griff Schjerfbeck mithilfe der Inschrift auf die Ikonografie einer langen Selbstporträttradition zurück. Durch die Platzierung des Schriftzuges in der oberen Hälfte des ansonsten einfarbig und flächig gestalteten Bildraumes werden Bezüge zu Bildnissen der Renaissance hergestellt. Während ihrer Studienreisen besuchte Schjerfbeck unter anderem 1886 den Louvre, wo sie eine Kopie des *Porträts Sir Richard Southwell* von Hans Holbein dem Jüngeren anfertigte. Die Inschrift im Bildhintergrund kann somit auch als Hinweis auf Holbeins Kunst verstanden werden.[208] Im Vordergrund steht jedoch sicherlich der allgemeine Bezug zur Porträtkunst der Renaissance und weniger der Bezug zu einem spezifischen Künstler.[209] Das heißt, dass eine Referenz zur Renaissance hergestellt wird – einer Epoche, in der sich ein neues Verständnis vom Menschen entwickelte und, damit einhergehend, das autonome Porträt Einzug in die Kunst hielt.[210]

In diese Zeit fällt auch Albrecht Dürers berühmtes *Selbstbildnis im Pelzrock* (1500), das ebenfalls eine Inschrift aufweist. Diese hat dazu beigetragen, dass der Hintergrund mit einem Epitaph verglichen wurde.[211] Ebendiesen Vergleich stellt auch Schjerfbeck an, als sie in einem Brief an Einar Reuter die „Silberbuchstaben“[212] beschreibt.[213] Formal weist die Inschrift des *Selbstporträts mit schwarzem Hintergrund* ebenfalls Parallelen zur Namensgravur auf Grabsteinen auf. Sowohl die

---

206 Dieser war maßgeblich an der visuellen Konstruktion einer nationalen Identität beteiligt. Akseli Gallen-Kallelas Gemälde, die Szenen des finnischen Nationalepos *Kalevala* zeigen, zählen bis heute zu den Schlüsselwerken der finnischen Kunst.

207 Zwar verfolgte sie das politische Geschehen, hielt sich aber auch in ihren Briefen mit Kommentaren und Äußerungen zu diesem zurück.

208 Vgl. Ahtola-Moorhouse 2000, S. 33, und Facos 1995, S. 15.

209 Vgl. Konttinen 2004 a, S. 287. Anna-Maria von Bonsdorff verweist auf den schwarzen Hintergrund, der an Frans Hals' Werke erinnere, vgl. id. 2012, S. 59.

210 Vgl. Boehm 1985.

211 Vgl. z. B. Beyer 2002, S. 107.

212 Brief von Helene Schjerfbeck an Einar Reuter, 27.8.1915, Åbo Akademis bibliotek.

213 Es ist das einzige Mal, dass Schjerfbeck die Farbe der Buchstaben benennt. Es kann darauf hindeuten, dass diese zunächst silbern waren und Schjerfbeck die Farbe später wieder abgetragen hat, da im Original keine Silberspuren enthalten sind. Es wäre untypisch für die Künstlerin, über Farben im übertragenen Sinn zu sprechen. Bis heute findet jedoch die meiner Meinung nach irreführende Beschreibung der Buchstaben als silbern statt, vgl. z. B. Konttinen 2004, S. 287.

Gravur als auch Schjerfbecks Technik des Farbabtrags zeichnen sich durch den Vorgang des Materialabtrags aus. Grabsteine sowie Porträts sind Artefakte, die sich im Spannungsfeld zwischen menschlicher Präsenz und Absenz bewegen. So liegt dem konventionellen Porträt als Gattung der Gedanke zugrunde, das dargestellte Individuum über dessen Tod hinaus zu repräsentieren.

Uwe Schneede bezeichnet die abgeschabte Inschrift als repräsentativ für Schjerfbecks Œuvre, dessen bildnerisches Prinzip die Transparenz sei.[214] Diese treffende Beobachtung sollte präzisiert werden. So ist die im *Selbstporträt mit schwarzem Hintergrund* enthaltene Transparenz kaum mit jener im *Selbstporträt mit silbernem Hintergrund* vergleichbar (Abb. 3 u. 2). In Letzterem wird sie durch die Materialeigenschaften von Aquarellfarben sowie Blattsilber erzeugt. Im *Selbstporträt mit schwarzem Hintergrund* hingegen ist sie das Resultat einer Handlung am Bild, die man durchaus als aggressiv bezeichnen kann. So wird hierdurch erneut eine Stärke oder Härte der dargestellten Person nahegelegt. Darüber hinaus wird der Eindruck von selbstbewusster Präsenz nicht nur durch die Frontalität der Dargestellten erzeugt; auch die Spuren im Material lassen ihre Präsenz spürbar werden.

Diese Bildebene wird durch einen Brief der Künstlerin kontrastiert. Sie schreibt: „Ich habe das schlechte Selbstporträt letzten Freitag losgeschickt und genieße nun die Freiheit – sie dürfen es von mir aus ablehnen, wenn ich nur frei bin. Stelle nichts aus im Herbst, ich möchte gerne von der Öffentlichkeit vergessen sein.“[215] Ob Schjerfbeck tatsächlich mit dem Ergebnis unzufrieden war oder nur kokettierte, wird man nicht mehr beantworten können.[216] Dennoch zeigt der Auszug, dass der Auftrag sie stark unter Druck setzte. Denn als einzige Frau unter den Künstlern, die 1914 Selbstporträts für die Sammlung der Finnischen Kunstgesellschaft schufen, hatte sie selbstverständlich eine Sonderstellung inne, die eine Herausforderung darstellte. Die Zusammensetzung der Künstler, die 1914 den Auftrag erhielten, spiegelt auf der Mikroebene wider, was ebenso für die Makroebene galt: Frauen als Künstlerinnen waren gerade zu Beginn des 20. Jahrhunderts unterreprä-

---

214 Vgl. Schneede 2007, S. 35.

215 „Mitt dåliga sjelfporträtt afsändes på fredag och jag njuter af frihet – de få refusera det bara jag är fri. Utställer ingenting i höst vill gerna vara glömd för publiken.“ Brief von Helene Schjerfbeck an Einar Reuter, 26.09.1915, zitiert nach: Levanto 1992, S. 30.

216 Vermutlich wollte sie ihren Auftraggebern gerecht werden. Derartige Erwartungen und öffentliches Interesse im Allgemeinen waren Schjerfbeck ihr Leben lang zuwider. Dass sie das Selbstporträt als schlecht bezeichnete, sollte nicht überbewertet werden. In ihren Briefen äußerte sie sich teilweise auch sehr widersprüchlich zu ein und demselben Maler. Naheliegend ist, dass sich in ihrer Äußerung der mit dem Auftrag verbundene Druck widerspiegelt sowie eine sehr hohe Erwartungshaltung an sie selbst.

sentiert.[217] Als Künstlerinnen begaben sie sich in einen für Frauen nicht klar definierten gesellschaftlichen Bereich, wodurch sie ihre Rolle neu erfinden mussten. Wie bereits angeführt, verstärkte sich dies zu Beginn der 1910er Jahre mit dem Aufkommen des Expressionismus in Finnland. Das Stereotyp des expressionistischen Künstlers war mit eindeutig männlichen Attributen versehen.

Das *Selbstporträt mit schwarzem Hintergrund* mag zwar nicht durch gewagte oder besonders innovative Elemente auffallen. Dennoch ist es zu Beginn des 20. Jahrhunderts durchaus erwähnenswert, dass eine Künstlerin sich als handelndes Subjekt und nicht nur als Objekt der männlichen Begierde zeigt.[218] In den vergangenen Jahrzehnten wurde diskutiert, wie sich Künstlerinnen, die sich selbst porträtierten, in einer „Profession ohne Tradition" darstellten.[219] Somit waren sie vor die Alternative gestellt, sich entweder maskulinisierender Repräsentationsmodi zu bedienen oder neue zu erschaffen.[220]

Mit den in diesem Kapitel besprochenen Selbstbildnissen ordnete Schjerfbeck sich in eine für Frauen verhältnismäßig unverfängliche Selbstporträttradition ein, was sicherlich auch den Rahmenbedingungen des Auftrags geschuldet war. Zugleich umging sie dadurch beispielsweise die weitaus provokativere Selbstdarstellung als Bohemienne. Männliche Künstler, die sich durch Attribute wie Alkohol und (unbekleidete) weibliche Modelle als Boheme-Künstler inszenierten, stellten sich als einer gesellschaftlichen Randgruppe zugehörig dar. Frauen hingegen wiesen sich allein aufgrund ihrer Berufswahl als Randgruppe aus.[221] Mit dieser Tatsache wurde auch Schjerfbeck immer wieder konfrontiert. Obgleich sie sich nicht politisch für die Gleichberechtigung der Geschlechter einsetzte, lehnte sie zum Beispiel die Teilnahme an Ausstellungen ab, in denen nur Arbeiten von Künstlerinnen ausgestellt wurden. Ihrer eigenen Aussage nach hielt sie eine derartige Kategorisie-

---

217 Tutta Palin analysiert die Vergabe des Förderpreises der Finnischen Kunstgesellschaft, welcher an jüngere Künstler erfolgte. Dabei wird offengelegt, dass Künstlerinnen in den Jahren 1904–1936 kaum Preise erhielten, obwohl die Anzahl der Kunststudentinnen hoch war, vgl. id. 2006, S. 128 ff.

218 Vgl. Marsha Meskimmon: *The Art of Reflection. Women Artists' Self-Portraiture in the Twentieth Century*, London 1996, S. 27.

219 Anja Zimmermann greift diese Bezeichnung auf und bezieht sich dabei auf den Titel der gleichnamigen Ausstellung *Profession ohne Tradition. 125 Jahre Verein der Berliner Künstlerinnen*, die 1992 in Berlin abgehalten wurde, vgl. id.: *Einführung. Gender als Kategorie kunsthistorischer Forschung*, in: id. (Hrsg.): *Kunstgeschichte und Gender. Eine Einführung*, Berlin 2006, S. 9–61, S. 21.

220 Vgl. Silvia Bovenschen: *Is there a Feminine Aesthetic?* [1976], in: Hilary Robinson (Hrsg.): *Feminism – Art – Theory. An Anthology 1968–2000*, Oxford 2001, S. 298–300.

221 Vgl. Meskimmon 1996, S. 28.

rung für sinnlos.[222] Ähnlich äußerte sie sich auch in Bezug auf das 1906 eingeführte Frauenwahlrecht:[223] „Das Einzige, was ich vom Wahlrecht der Frauen erwarte, ist eine Beseitigung der Ungleichheit in der Moral von Mann und Frau, einem anderen Paradies wird es uns nicht näher bringen. Und das ist doch nur recht und billig."[224]

In dem Selbstbildnis drückt sich Ähnliches aus. Es zeigt eine starke und selbstbewusste Künstlerin,[225] die sich anscheinend gleichberechtigt in eine männliche Tradition einordnet. Dass diese Botschaft auch deutlich von der Auftraggeberkommission gehört wurde und ungeschriebene Gesetze überschritt, legt die Reaktion der Auftraggeber nahe: Sie lehnten das *Selbstporträt mit schwarzem Hintergrund* zunächst ab. Erst nachdem Akseli Gallen-Kallela sich für die Annahme des Werkes eingesetzt hatte, wurde es auch von der Kommission akzeptiert.[226]

Wie verhalten sich die beiden hier besprochenen Werke zueinander? Blickt man auf das Selbstbildnis von 1912, wird deutlich (Abb. 1), dass in den Werken von 1915 die Erhabenheit der Künstlerin stärker hervorgehoben wird (Abb. 2 u. 3). In diesen sind die Gesichtszüge feiner dargestellt und die Untersicht des Betrachters wird durch die leichte Längung des Antlitzes sowie die Betonung des spitz zulaufenden Kinns zum wichtigen Bestandteil des Bildes. Abgesehen von diesen Parallelen weisen die Bildnisse viele Unterschiede auf.

Ulrich Pfisterer und Valeska von Rosen thematisieren zwei grundlegend unterschiedliche Arbeitsweisen von Künstlern. In diesem Zusammenhang wird betont, dass das Bild vom „künstlerischen Habitus" formbar ist – und demnach der künstlerischen Intentionalität unterliegen kann.[227] Pfisterer und von Rosen differenzieren zwischen „der Betonung der geistigen Komponente im Arbeiten etwa durch innerbildliche Präferenz des Mediums der Zeichnung" und der „Betonung veritabler Arbeit in einer Art ‚Ethos des Handwerks'."[228] Diese beiden Pole der Selbstdarstellung spiegeln sich in den beiden 1915 entstandenen Selbstbildnissen wider.

---

222 Vgl. Brief von Helene Schjerfbeck an Maria Wiik, 26.4.1907, zitiert in: Holger 2011, S. 211, und Kivirinta 2014, S. 88.

223 Dieses wurde in Finnland im Zuge der Parlamentsreform von 1906 eingeführt.

224 Brief von Helene Schjerfbeck an Helena Westermarck, 2.8.1911 (?), zitiert nach: Ahtola-Moorhouse 2007, S. 26.

225 Vgl. Kivirinta 2014, S. 145.

226 Vgl. Konttinen 2004 a, S. 287, und Ahtela 1951, S. 54. Schjerfbeck schrieb auch an Einar Reuter über dieses Thema: „Det här blir långt men jag måste berätta att mitt porträtt är antaget, på Galléns förslag ‚med acclamation'. Han räddade mig. S – U var då på Grankulla för att hvila efter ansträngingen men hade sagt några vänliga ord om målningen förut." Brief von Helene Schjerfbeck an Einar Reuter, 25.10.1915, Åbo Akademis bibliotek.

227 Pfisterer u. von Rosen 2005, S. 16.

228 Ibid., S. 16 f.

Während im *Selbstporträt mit silbernem Hintergrund* die geistige Komponente im Vordergrund steht, wird im *Selbstporträt mit schwarzem Hintergrund* das handwerkliche Schaffen betont. Das Bekenntnis ist in dem skizzenhaften Selbstbildnis in Silber deutlich nachvollziehbar, im *Selbstporträt mit schwarzem Hintergrund* wurde es etwas subtiler dargestellt. Die Pinsel verweisen auf die künstlerische Tätigkeit, die *hand*werkliche Tätigkeit legen diese jedoch eher zaghaft offen. Als eigentliches Werkzeug der Künstlerin, das in der Darstellung keinen Platz findet, sind sie beiseitegelegt worden und befinden sich nicht in deren Hand. Dennoch erwecken die Pinsel, die grobe Technik des Farbabtrags sowie die Farbigkeit den Anschein von konkreter Diesseitigkeit. Die Darstellung wird nicht durch Kreativitätsmetaphern, die auf göttliche Inspiration oder die geniale *idea* der Künstlerin hindeuten, verklärt.

Die Gegensätzlichkeit der Bildnisse, die vermutlich für ein und denselben Kontext gedacht waren, verdeutlicht: Der Betrachter blickt auf Rollenbilder der Künstlerin – sie enthalten nicht ein bestimmtes künstlerisches Credo, das für ihr gesamtes künstlerisches Schaffen stünde. Zugleich drückt sich in diesen Variationen des Selbst ein modernes Grundverständnis der menschlichen Identität aus: Sie ist wandelbar und lässt sich nicht auf ein stabiles, fixierbares Ich zurückführen.[229]

Wie sich im Folgenden jedoch zeigen wird, hatte die Öffentlichkeit eine klare Präferenz für das *Selbstporträt mit silbernem Hintergrund,* die sich aus dem Wunsch nach einem konsistenten Künstlerinnenimage speiste. Allzu große Rollenschwankungen hatten darin keinen Platz.

3.4 Diskrepanzen: Werk – Biografie – Mythos

Philippe Lejeune spricht in Bezug auf autobiografische literarische Werke vom „autobiografischen Pakt" zwischen Autor und Leser.[230] Diese Bezeichnung bezieht sich auf das Einvernehmen hinsichtlich des offenbarenden Charakters einer Autobiografie, der ein Verschwimmen der Grenze von Fiktionalität und Faktizität beinhaltet. Es wird davon ausgegangen, dass Autor, Erzähler und Protagonist zu ein und derselben Person verschmelzen. Ähnliches trifft auch auf die Vorannahme des Rezipienten beim Betrachten von Selbstporträts zu. In dem Moment, in dem die Selbstbildnisse als solche wahrgenommen werden, unterliegen diese einer Betrach-

229 Vgl. Woodall 1997, S. 12.

230 Vgl. Philippe Lejeune: *Der autobiographische Pakt* (aus d. Frz. übers.), Frankfurt a. M. 1994 [1975] (Edition Suhrkamp, Bd. 896), S. 13–55.

terperspektive, die mit der Erwartungshaltung an das dargestellte Subjekt verknüpft ist. Dabei können zum Beispiel biografisches Wissen über den Künstler oder Vorstellungen, die an soziale Rollen geknüpft sind, in die Rezeption einfließen. Bei einer an dieses Vorwissen geknüpften Interpretation tritt dann der artifizielle Charakter des Werkes in den Hintergrund. Vielmehr wird angenommen, dass Autor und Kunstwerk eins sind. Die Doppelnatur des Selbstporträts, die demnach darin besteht, dass eine tatsächliche Person sich selbst darstellt, man zugleich jedoch auf ein Kunstwerk blickt, ist häufig nicht unproblematisch. Ein Bild oder vielmehr Abbild des Autors bezeichnet Mikhail Bakhtin als eine „contradictio in adiecto".[231] Er ruft zu einer klaren Unterscheidung zwischen diesen beiden Einheiten – Autor und Werk – auf.[232] Erschwerend kommt bei klassischen (Selbst-)Porträts hinzu, dass diese die Grundanforderung der physiognomischen Ähnlichkeit befolgen. So ist es nicht nur das Wissen um eine bestimmte Person, das die Grenze zwischen Fakt und Fiktion verschwimmen lässt und die Doppelnatur des Bildnisses ausmacht. Ebenso kann die äußere Ähnlichkeit zur „Verwirrung" beitragen.[233]

Dass Bakhtin zur Vorsicht mahnt und eine differenzierte Betrachtungsweise reklamiert, geht mit dem Anspruch einher, das (Selbst-)Porträt als eigene Gattung zu definieren. Gattungstheoretisch muss das Selbstporträt als autonomes Werk verstanden werden, das auch jenseits jeglichen Hintergrundwissens über die dargestellte historische Person funktioniert und seine Existenzberechtigung nicht durch das Fehlen dieses Wissens einbüßt.[234]

Die Herkunft des Wortes *Porträt* verweist auf den grundlegenden Anspruch, der an ein Porträt gestellt wird. Es stammt vom lateinischen *protrahere*, was „hervorziehen" bedeutet. So soll in einem Porträt nicht nur die physiognomische Ähnlichkeit zum Dargestellten hergestellt werden, es soll auch etwas aus seinem Inneren aufgezeigt werden.[235] Gerade das über die äußere Erscheinung Hinausgehende verleitet zu einer psychologisierenden Betrachtungsweise, die sich nicht selten mit biografischem Hintergrundwissen über die dargestellte Künstlerpersönlichkeit vermengt. Spätestens seit der zweiten Ausgabe von Vasaris *Vite* 1568 taucht die Engführung von Biografie und Porträt auf. Vasari verfolgte damit das Ziel, die sozi-

231 Mikhail Bakhtin: *Speech Genres and other Late Essays* (aus d. Russ. übers.), hrsg. v. Caryl Emerson, Austin, 2. Auflage 1987 [1986], S. 109.

232 Vgl. Bakhtin 1987 [1986], S. 109.

233 Vgl. Richard Brilliant: *Portraiture*, London 1991 (Essays in Art and Culture), S. 7.

234 Vgl. Boehm 1985, S. 28.

235 Vgl. Beyer 2002, S. 16.

ale Stellung des Künstlers aufzuwerten. Durch Porträts sollte noch zusätzlich an den Künstler und dessen Bedeutung erinnert werden.[236]

Im 19. und frühen 20. Jahrhundert hatte sich die gesellschaftliche Stellung des Künstlers längst gefestigt – die Tendenz, vor allem Selbstporträts als biografische Belege für die jeweilige Künstlerpersönlichkeit zu verwenden, erlebte dennoch Konjunktur. Verstärkt wurde der Trend zur biografischen Lesart, wenn es um das Œuvre von Künstlerinnen ging. Dies betraf nicht nur die Selbstporträts, sondern auch andere Gattungen und Motive, in denen allzu häufig der biografische Bezug zur Künstlerin gesucht wurde. Einer derartigen Annäherung an Kunstwerke gingen Annahmen über Weiblichkeit voraus. So wurde Künstlerinnen zum Beispiel die Fähigkeit abgesprochen, komplexere gesellschaftliche und historische Themen darzustellen.[237] Hilkka Finne, die für die nur wenige Monate erschienene Frauenzeitschrift *Naisten Lehti* schrieb, skizziert 1921 die bestehenden Stereotype von Weiblichkeit und Kreativität mit klaren Worten: Eine wertmindernde Perspektive drücke sich in der Annahme aus, dass Künstlerinnen technisch zwar begabt sein könnten, ihnen jedoch stets der Funke Genialität fehle, der nicht erlernt werden könne. Künstlerinnen mangele es an Fantasie, sodass sie darauf angewiesen seien zu kopieren, weshalb das Schöpfen von Neuartigem nur Männern vorbehalten sei.[238] Derartige Sichtweisen spiegelten sich entsprechend in der Rezeption der Arbeiten von Künstlerinnen wider.

Verena Krieger fasst die grundlegenden Charakteristika des modernen – in der Regel männlichen – Künstlergenies zusammen: „1. das Schöpfen aus dem Inneren, 2. das gesellschaftliche Außenseitertum des Künstlers und 3. das Leiden des Künstlers."[239] Wie sich diese von Finne und Krieger beschriebenen Eigenschaften in der Rezeption der Selbstbildnisse Schjerfbecks wiederfanden, soll die folgende Diskursanalyse verdeutlichen.

In der 2014 erschienen Dissertation von Marja-Terttu Kivirinta wird eine ähnliche Herangehensweise verfolgt.[240] Ein wesentlicher Teil ihrer Arbeit besteht in der

---

236 Vgl. Christina Posselt: *Das Porträt in den Viten Vasaris. Kunsttheorie, Rhetorik und Gattungsgeschichte*, Köln 2013 (Studien zur Kunst, Bd. 28), S. 210.

237 Vgl. Anna Kortelainen: *Retki maskuliinisuuteen ja takaisin. Helene Schjerfbeckin sotilaskuvat*, in: Anna Ruotsalainen (Hrsg.): *Näköalapaikalla. Aimo Reitalan juhlakirja*, Helsinki 1996 (Taidehistoriallisia tutkimuksia, Bd. 17), S. 87–99, S. 88.

238 Vgl. Hilkka Finne: *Nainen kuvaamataiteilijana*, in: *Naisten Lehti*, 10/1921, S. 152, zitiert in: Palin 2004 a, S. 13.

239 Verena Krieger: *Was ist ein Künstler. Genie – Heilsbringer – Antikünstler. Eine Ideen- und Kunstgeschichte des Schöpferischen*, Köln 2007, S. 44.

240 Vgl. Kivirinta 2014. Zuvor hatte Tutta Palin die Diskurse in Bezug auf das Werk von Künstlerinnen in der ersten Hälfte des 20. Jahrhunderts in Finnland untersucht und auf die gesonderte Stellung Schjerfbecks hingewiesen, vgl. id. 2004.

Dekonstruktion des Mythos, der sich um Schjerfbeck gebildet hatte.[241] Dabei wird insbesondere der sprachliche Diskurs zwischen 1910 und 1920 analysiert. Unter anderem werden Ergebnisse der Dissertation in dieses Kapitel einbezogen. Doch soll nicht nur der sprachliche Diskurs in der vorliegenden Arbeit berücksichtigt werden. Ebenso wird danach gefragt, wie Schwarz-Weiß-Reproduktionen der Selbstbildnisse von 1915 in Finnland verwendet wurden und wie diese mit dem Mythos verwoben waren.

Nach der Ausstellung im Kunstmuseum Turku 1915 wurde das *Selbstporträt mit silbernem Hintergrund* erst wieder 1920 in einer Gruppenausstellung in Stenmans Kunstsalon in Helsinki gezeigt (Abb. 2). 1934, das letzte Mal zu Lebzeiten der Malerin, wurde es mit anderen Werken finnischer Künstler in Liljevalchs konsthall (im Folgenden: Liljevalchs Kunsthalle) in Stockholm präsentiert. Das *Selbstporträt mit schwarzem Hintergrund* wurde zu Lebzeiten Schjerfbecks nur zwei Mal von der Finnischen Kunstgesellschaft verliehen (Abb. 3): 1929 erhielt die Nationalgalerie in Oslo das Werk für eine Ausstellung zeitgenössischer finnischer Kunst, und die Kunsthalle zu Kiel zeigte es in der Ausstellung Nordische Kunst.[242]

Auch wenn andere Selbstbildnisse zu Lebzeiten der Malerin häufiger ausgestellt wurden, so zum Beispiel das Selbstbildnis von 1912, war es das *Selbstporträt mit silbernem Hintergrund*, das immer wieder in Schwarzweiß abgedruckt wurde. Sicherlich lieferte die geringe Farbvariation und die Dominanz von Schwarzweißtönen eine gute Grundlage für die Reproduktion des Werkes in einer Zeitung oder einem Buch. Durch die mediale Präsenz kam dem Selbstbildnis eine gesteigerte performative Funktion zu.

Als das *Selbstporträt mit silbernem Hintergrund* erstmals in der Jahresausstellung des Konstföreningen i Åbo (im Folgenden: Kunstverein Turku) gezeigt wurde, stellte man es erneut – wie das Selbstporträt von 1912 – mit Werken der finnischen Expressionisten Tyko Sallinen und Jalmari Ruokokoski (1886–1955) aus. Schon gleich nach der Vernissage fand Schjerfbecks Selbstbildnis große Beachtung und wurde in einem Artikel über die gesamte Vernissage in der lokalen schwedischsprachigen Tageszeitung Åbo Underrättelser abgebildet. „Feinfühlig und vornehm" waren die Attribute, die man dem Werk zuschrieb.[243] Derartige Umschreibungen wiederholten sich in den folgenden Jahren häufig. Zeitgleich kam es zu der oben angeführten Entwicklung eines neuen Künstlertypus in Finnland. Exemplarisch fasst ein Artikel der finnischsprachigen Tageszeitung *Uusi Suometar* von Ludvig

241 Ebenfalls geht Riitta Konttinen kritisch auf den Mythos ein, vgl. id. 2004 a, S. 18 ff.

242 Vgl. *Catalogue of Works*, Nr. 344 u. 346, in: *Helene Schjerfbeck* 2012, S. 201.

243 „känsliga och förnäma", *Vernissagen i går*, Åbo Underrättelser, 21.3.1915.

Wennervirta diese Entwicklung zusammen.[244] In diesem nimmt er Bezug auf eine 1916 abgehaltene Jalmari Ruokokoski-Ausstellung in der Galerie Salon Strindberg und zeichnet dessen künstlerische Entwicklung nach. Wennervirta beschreibt, wie der lyrische und „sentimentale Gefühlsgrund" im frühen Werk Ruokokoskis einer „dramatischeren und männlicheren Auffassung" Platz mache.[245]

Die Kritiken der Folgejahre zeigen ebenfalls, dass die Tendenz dahin ging, die mit Sanftheit und Weiblichkeit verbundenen Termini, denen die Idee des romantischen und symbolistischen Künstlergenies zugrunde lag, immer weniger auf die Arbeiten von Künstlern anzuwenden. Dafür tauchten derlei Charakterisierungen verstärkt im Zusammenhang mit Schjerfbecks Werken auf – stellenweise auch unabhängig davon, ob sie zutrafen oder nicht. Das *Selbstporträt mit silbernem Hintergrund*, anders als das *Selbstporträt* von 1912 und das *Selbstporträt mit schwarzem Hintergrund*, eignete sich gut für Zuschreibungen dieser Art.

In ein größeres Ganzes fügte sich das Selbstporträt dann spätestens 1917 ein. Es war nicht nur das Jahr der finnischen Unabhängigkeit, sondern auch das Jahr, in dem die erste Biografie über die Künstlerin veröffentlicht wurde und ihre erste Einzelausstellung stattfand.[246] Obwohl das Selbstporträt mit silbernem Hintergrund nicht in der Ausstellung in Stenmans Kunstsalon zu sehen war,[247] war es jenes Selbstporträt, das zusammen mit einigen Figurenbildern am häufigsten in den Zeitungskritiken abgebildet wurde.[248] Durch die Häufigkeit der Reproduktion kam der Arbeit somit eine gesteigerte Bedeutung bei der Erschaffung des Mythos Schjerfbeck zu. Dennoch bleibt die Frage bestehen, welche Faktoren darauf Einfluss nahmen, dass eine Künstlerin, zumal eine alte(rnde), eine derart herausragende Stellung auf dem finnischen

244 Zu Ludwig Wennervirta als Kritiker vgl. Yrjänä Levanto: *Kriitikon ristiretki. Ludvig Wennervirran ideologinen taidekritiikki*, in: Paloposki u. Vihanta 1997, S. 29–57.

245 Ludvig Wennervirta: *Ruokokosken näyttely Strindbergin salissa*, Uusi Suometar, 2.4.1916.

246 Sowohl die Biografie als auch die Einzelausstellung fielen in eine Zeit des politischen Umbruchs. Der Sturz des Zaren Nikolaus II. am 15.3.1917 führte zur endgültigen Unabhängigkeitserklärung Finnlands am 6.12.1917. Die Lage im Land war jedoch angespannt und führte 1918 zu einem Bürgerkrieg, in dem die „Roten" gegen die „Weißen" kämpften. Während die sozialistischen Roten von russischer Seite Unterstützung fanden, erhielten die bürgerlichen Weißen vor allem von Deutschland kämpferischen Beistand, vgl. Olli Valkonen: *Taiteilijat ja maailmansota*, in: Kallio (Hrsg.) 2006, S. 111–128, S. 116.

247 Von den Selbstbildnissen wurden alle vor 1915 entstandenen Ölgemälde ausgestellt.

248 Vgl. H. Ahtela [Einar Reuter]: *Helena Schjerfbeck*, Suomen Kuvalehti, Nr. 37, 1917, S. 478 und Axel Gabriels: *En bok om Helene Schjerfbeck*, Dagens Press, 12.9.17 und *Turun Taideyhdistyksen vuosinäyttely*, Uusi Aura 6.10.18. Die genauen Gründe, die dazu führten, dass gerade dieses Selbstbildnis am häufigsten abgedruckt wurde, konnten nicht rekonstruiert werden. Ob Stenman oder Schjerfbeck die Reproduktion des Werkes an die Presse weitergab oder ob diese nach dem Bild verlangte, sind Fragen, die offen bleiben.

Kunstmarkt einnehmen konnte. Schjerfbeck erfuhr eine breite öffentliche Akzeptanz in einer Zeit, in der Künstlerinnen in der Regel kaum von der institutionalisierten Kunstkritik wahrgenommen wurden. Sie wurde zunehmend als Genie bewundert und verehrt. Wie konnte es zu diesem Anachronismus kommen?

Viele Wirkmächte nahmen Einfluss auf die Karriere Schjerfbecks. Die meisten sind in den letzten Jahren gut erforscht worden. Dabei wurden nicht nur Presseberichte einbezogen, Biografien ausgewertet und Geschlechterstereotype hinterfragt.[249] Auch der sich zu Beginn des 20. Jahrhunderts entwickelnde Kunstmarkt in Finnland wurde in die Analysen einbezogen.[250] Der Frage, wie die Selbstbildnisse und die Mythenbildung einander in dieser Zeit bedingten, wurde bislang jedoch weniger Beachtung geschenkt.

1917 war das Jahr, in welchem zuvor schon kursierende Annahmen über das Leben der Künstlerin endgültig in die Geschichtsschreibung eingingen. Nachdem Schjerfbeck zunächst eine Einzelausstellung in Gösta Stenmans Galerie abgelehnt hatte, stimmte sie 1917 einer Ausstellung mit 159 Exponaten zu.[251] Zu diesem Zeitpunkt hatte sich der 1912 eröffnete Stenmans Kunstsalon schon auf dem finnischen Markt etabliert und gehörte zu den führenden Galerien Helsinkis.[252] Die Ausstellung *Helena Schjerfbeck. 1879-1917* stellte einen der größten Erfolge Stenmans (sowie auch Schjerfbecks) dar, was mitunter auf seine Vermarktungsstrategien zurückzuführen war, mit denen er in Finnland Neuland betrat.[253] Während die Malerin die Ausstellung nicht besuchte und auch die Vorbereitungen nur aus der Ferne verfolgte, kümmerten sich in erster Linie Einar Reuter, Gösta Stenman und Magnus Schjerfbeck (1860–1933) – Schjerfbecks Bruder – um den gesamten Ablauf. Mit

249 Vgl. Kivirinta 2014 ,und Konttinen 2004 a.

250 Vgl. Camilla Hjelm: *Modernismens förespråkare. Gösta Stenman och hans konstsalong*, Helsingfors 2009 (Centralarkivet för bildkonst, Bd. 17), zugl. Diss., Universität Helsinki, 2009.

251 Vgl. Konttinen 2004, S. 288 f. u. S. 290.

252 Die 1910er Jahre markierten in der finnischen Kunstwelt einen Generationenwechsel. Viele jener Künstler, die vor allem den nationalromantischen Stil mitgeprägt hatten, wurden von einer jüngeren Generation abgelöst. In dieser Zeit verlor auch die Finnische Kunstgesellschaft an Einfluss und bekam Konkurrenz durch eine recht große Anzahl neugegründeter Galerien. Stenman vertrat viele der jungen expressionistischen Künstler wie Tyko Sallinen und Jalmari Ruokokoski, zeigte aber auch internationale Kunst, u. a. von Paul Cézanne, vgl. Kivirinta 2014, S. 72 f. und Erkki Anttonen: *Strindbergin taidesalonki maailmansotien välisenä aikana*, in: id. (Hrsg.): *Salon Strindberg. Helsinkiläisen taidegallerian vaiheita,* Helsinki 2004 (Kuvataiteen keskusarkisto, Bd. 10), S. 34–64, S. 34 f. Schjerfbeck war nicht die einzige Künstlerin, die er förderte. Er stellte auch andere Künstlerinnen aus, darunter Fanny Churberg (1845–1892), deren in den 1870er und 1880er Jahren entstandenen Werke Stenman kurz nach ihrem Tod 1919 wiederentdeckte, vgl. Hjelm 2009, S. 78 f.

253 Vgl. ibid., S. 76.

ihren 3957 Besuchern gehörte die Ausstellung zu den bestbesuchten Einzelausstellungen, die es bis dato in Finnland gegeben hatte.[254]

So war es ebenfalls Stenman, der Einar Reuter alias H. Ahtela den Auftrag gab, eine Monografie über Schjerfbeck zu verfassen.[255] Diese wurde im Sommer 1917 nur wenige Monate vor der Einzelausstellung in Stenmans Galerie unter dem Titel *Helena Schjerfbeck* veröffentlicht.[256] Als H. Ahtela verfasste Reuter ebenfalls mehrere Zeitungsartikel über die Ausstellung sowie einleitende Worte für das Begleitheft zur Ausstellung.[257] Ebenso wie Schjerfbeck waren auch Reuter und Stenman Finnlandschweden. Reuter war jedoch politisch aktiv und bekennender Fennomane, weshalb er die Monografie auf Finnisch schrieb – eine Sprache, die die Künstlerin kaum beherrschte. Mit Reuter als Verfasser der Monografie wird dem Leser suggeriert, auch einen privaten Einblick in das Leben Schjerfbecks zu erhalten.[258] Zwar verschleiert er als Autor seine Identität, indem er in dritter Person von sich spricht und seinen Namen nicht nennt, gleichzeitig lässt er jedoch erkennen, dass er ein Vertrauter der Künstlerin ist. Dies führt zum einen dazu, dass die Authentizität der Monografie gesteigert und die Faktizität des Dargelegten untermauert wird. Zugleich findet jedoch eine Fiktionalisierung und Entindividualisierung der Künstlerin statt.[259] Beispielweise werden auf den ersten Seiten des Buches keine näheren Lebensdaten zu Schjerfbeck genannt. Vielmehr werden Belege für die Behauptung angeführt, dass die Künstlerin die typischen Charakteristika eines Genies aufweise. So zitiert Ahtela [Reuter] bei-

254 Die Ausstellung wurde bis zum 23. Oktober 1917 verlängert und nicht wie vorgesehen am 1. Oktober geschlossen. Zudem gab Stenman bekannt, dass die Anzahl der Verkäufe ein großer Erfolg gewesen sei. Aus Schjerfbecks Briefen geht jedoch hervor, dass Stenman selbst einer der besten Käufer war, vgl. Hjelm 2009, S. 76 u. S. 305.

255 Ibid., S. 76.

256 Die Monografie umfasst ca. 38 Seiten, vgl. Ahtela 1917. Parallel zu Stenmans Ausstellung fand eine weitere Werkschau statt. Im Kunstmuseum Ateneum zeigte die Finnische Kunstgesellschaft einige von Schjerfbecks älteren Werken aus der eigenen Sammlung, vgl. Hjelm 2009, S. 76, und Konttinen 2004 a, S. 287.

257 Auch die Erstellung eines Kataloges war zu dieser Zeit ungewöhnlich und deutet auf Stenmans marktstrategisches Denken hin.

258 Die privaten Einblicke in ihr Leben hält er jedoch sehr allgemein. Hierin drückt sich ein grundlegender Unterschied zu Ahtelas [Reuters] späterer Schjerfbeck-Monografie aus, welche erst nach Schjerfbecks Tod veröffentlicht wurde. Dort lässt er kaum eine biografische Begebenheit aus und zitiert umfangreich aus ihrem gemeinsamen Briefwechsel.

259 Dies ist ein repräsentatives Merkmal von Künstlermythen und Erzählungen. Durch die Entindividualisierung kann eine (Stereo-)Typenbildung erfolgen, die bestimmten Mustern folgt. Schon sehr früh befassten sich z. B. Ernst Kris und Otto Kurz systematisch mit Narrationen, die von Künstlern handelten. Ein weiteres Merkmal, welches ebenfalls in der „Legende Schjerfbeck“ auftaucht, ist die Erzählung vom talentierten Wunderkind, vgl. Ernst Kris u. Otto Kurz: *Die Legende vom Künstler. Ein geschichtlicher Versuch* (Vorw. v. Ernst H. Gombrich), Frankfurt a. M. 1979 [1934] (Edition Suhrkamp).

spielsweise gleich in den ersten Zeilen der Monografie Dante Alighieris *Divina Commedia*, um dem Leiden der Künstlerin Ausdruck zu verleihen. Das Zitat aus dem 29. Gesang des Paradiesbuches „non vi si pensa quanto sanque [sic!] costa“[260] stellt einen Bezug zu Märtyrern her.[261] Einige Zeilen darauf wird Schjerfbeck als Eremitin und Seherin beschrieben. Diese Charakterisierung wird durch ein Zitat aus einem ihrer Briefe gestützt, in welchem sie behauptet, in einer Höhle leben zu können, wenn sie dabei Menschen sehen könnte, die daran vorbeigingen.[262] Dieses Zitat weckt unter anderem Assoziationen zu Platons Höhlengleichnis, in welchem der Weg zur geistigen Erkenntnis als Folge der Loslösung von der materiellen Welt beschrieben wird.[263] Ahtela [Reuter] fährt darauf mit Schjerfbecks seherischen Fähigkeiten fort und beschreibt ihre Gabe, in die Tiefe der menschlichen Seele blicken zu können.[264] Die Betonung der Vergeistigung der Künstlerin wird wiederholt aufgegriffen. So skizziert Ahtela [Reuter] zum Beispiel Schjerfbecks Kampf mit der Materie, welche die Künstlerin besiege, wodurch ihre innere Vision in ihren Werken in nahezu entmaterialisierter Form zum Ausdruck komme.[265]

Wie die Analyse oben gezeigt hat, können Annahmen wie diese leichter in das *Selbstporträt mit silbernem Hintergrund* hineingedeutet werden (Abb. 2). Dennoch wählt Ahtela [Reuter] als Einstieg in die Werkanalyse das *Selbstporträt mit schwarzem Hintergrund*, mit dessen Hilfe Einblick in die Biografie der Künstlerin gegeben wird (Abb. 3). Nach der rhetorischen Frage, wie wohl ihr Leben gewesen sein mag, sucht er die Antwort in dem Selbstbildnis. Den schwarzen Hintergrund deutet er als Hinweis auf ihre schwache Gesundheit, die sie seit ihrer Kindheit begleitet habe. Ahtela [Reuter] interpretiert auch die Inschrift und den Bezug zu einem Grabstein biografisch und umschreibt metaphorisch, wie der Tod als Sensenmann Schjerfbeck seit frühester Kindheit aufgelauert habe.[266] Die Vermengung von Selbstporträt und

---

260 Vgl. Ahtela 1917, S. 1.

261 Marja-Terttu Kivirinta weist auf die Stilisierung Schjerfbecks zur Heiligen in der Monografie hin, vgl. id. 2014, S. 86.

262 Vgl. Ahtela 1917, S. 1 f.

263 Vgl. *Kindlers neues Literaturlexikon*, hrsg. v. Walter Jens, Bd. 13, S. 401–405, S. 403, s. v. „Platon: Politeia“ (Egidius Schmalzriedt). Die Bezugnahme auf Platon ist auch in den Schriften der finnischen Symbolisten latent gegeben, vgl. Stewen 1996, S. 20.

264 Vgl. Ahtela 1917, S. 2.

265 Vgl. ibid., S. 18 f.

266 Vgl. ibid., S. 4 f.
Die Passage, auf die Bezug genommen wird, lautet: „Minkäläinen onkaan sitten Helena Schjerfbeckin elämä ollut. Voiko ajatella oikeampaa tai kuvaavampaa vastausta siihen kuin se, jonka taiteilija itse on antanut monista muotokuvistaan siinä, joka on Ateneumin taiteilijamuotokuvakokoelmassa. Mustasta, kammottavan tyhjästä taustasta taiteilija kurkoittaa päätään, niitä ihania

Biografie findet hier ein klassisches Exempel. Dabei geht Ahtela [Reuter] nicht auf die Selbstporträttradition ein, sondern versucht, die Bildkomposition als Hinweis auf die Vita zu deuten. Hierdurch scheint das Bildnis zu der Genienarration des aus dem Leid schöpfenden Künstlers zu passen. Wie die vorangegangene Selbstporträtanalyse jedoch zeigt, entbehrt das *Selbstporträt mit schwarzem Hintergrund* derartiger tragischer, leidvoller Elemente. Das Selbstbewusstsein und die Stärke, die in dem Werk ausgedrückt werden, finden keine Beachtung in der ersten Schjerfbeck-Monografie. In den Zeitungsartikeln dieser Zeit wird das Selbstporträt ebenfalls nicht abgedruckt. Sein visueller Ausdruck scheint nicht zum öffentlichen Image Schjerfbecks gepasst zu haben.

Marja-Terttu Kivirinta verweist bezüglich der Mythenbildung und der damit verbundenen „Idealisierung des Leidens im Geniekult“[267] auf die Parallelen zu Vincent van Gogh. Die Überschneidung liege in der Betonung des leidvollen Lebens der beiden Künstler.[268] Diese fußt auf dem Gedanken, dass das künstlerische Genie über körperliches oder seelisches Leid zu geistiger Reife und Verfeinerung gelange,[269] ein Ansatz, der sowohl in van Goghs als auch in Schjerfbecks Künstlerinnenmythos, ebenso wie in zahlreichen anderen Genienarrationen, enthalten ist. Bezieht man jedoch die Selbstporträts dieser beiden Künstler in die Mythenbildung mit ein, stechen wesentliche Unterschiede ins Auge. Van Gogh inszenierte sein Leid gekonnt in einigen seiner Selbstbildnisse. Das 1889 entstandene *Selbstbildnis mit verbundenem Ohr* ist das wohl bekannteste Beispiel hierfür. In diesem wird das körperliche Leid zum Ausdruck seelischer Qualen.[270] Während van Gogh also selbst zu diesem öffentlichen

näkyjä kohti, jotka kuvastuvat hänen jännittyneeseen ilmeeseensä. […] ja mustaa taustaa vasten, jota kuvan henkilö ei muista, ei mieti, piirtyy kylmin hopeisin kirjaimin hänen nimensä – kuin hautakirjoitus – Ja hautakirjoitus, viikatemiehen kutsuun koukistunut sormi, se onkin aina häämöittänyt Helena Schjerfbeckin takana, aikaisemmasta lapsuudesta asti.“

267 Eckhard Neumann: *Künstlermythen. Eine psychohistorische Studie über Kreativität*, Frankfurt a. M. 1986, S. 54. Zuletzt befasste sich Bettina Gockel ausführlich mit dem Topos des leidenden Künstlers, vgl. id. 2010.

268 Vgl. Kivirinta 2014, S. 96 f.

269 Vgl. Neumann 1986. S. 59 f. Eckhard Neumann nennt exemplarisch Thomas Manns literarisches Œuvre, in welchem das Leiden immer wieder als Quell der künstlerischen Schöpferkraft auftaucht: „Auch bei Mann ist der Fluch der Einsamkeit, der Krankheit und des Todes das Werkzeug der Läuterung auf dem Weg zu höheren Seinsstufen.“ id. 1986, S. 64.

270 Bis in die heutige Zeit wird diskutiert, ob van Gogh sich tatsächlich in einem Akt des Wahnsinns das Ohr abschnitt oder ob diesem Ereignis eine andere Ursache zugrunde lag. Dass diese Narration auch über hundert Jahre nach Entstehung des Selbstporträts ihren Reiz nicht verloren hat, zeigen die Bekanntheit des Bildnisses sowie Monografien zu ebendiesem Thema, vgl. z. B. Hans Kaufmann u. Rita Wildegans: *Van Goghs Ohr. Paul Gauguin und der Pakt des Schweigens*, Berlin 2008.

Image beitrug, „verschwieg“ Schjerfbeck ihre körperliche Schwäche weitestgehend. In keinem ihrer Selbstbildnisse taucht zum Beispiel ein Hinweis auf ihr Hüftleiden auf, das sie sich bei einem Treppensturz im Alter von vier Jahren zugezogen hatte. Diese Leerstelle in ihren Selbstbildnissen deutet an, dass dieser Teil ihrer Identität – der sie als einer Randgruppe zugehörig stigmatisierte[271] – kein Teil ihrer Identität als Künstlerin werden sollte.[272] Doch auch der „gesunde“ Körper spielt nur eine untergeordnete Rolle – ihr Unterkörper taucht in keinem der Selbstbildnisse auf.

Für die Mythenbildung waren narrative Versatzstücke, die auf das Leiden der Künstlerin verweisen, jedoch von elementarer Bedeutung. Immer wieder wurde betont, wie ihr persönlicher Leidensweg sie als Künstlerin gestärkt habe, so auch in den Kritiken von 1917.[273] Die hartnäckige Suche nach diesem Teil ihrer Persönlichkeit in ihren Selbstbildnissen setzt sich bis in die Gegenwart fort. Ein repräsentatives Beispiel hierfür ist die Rezeption des 1888 in Cornwall entstandenen Gemäldes *Die Genesende* (Abb. 19). Es zeigt ein Kind, das in eine Decke gehüllt auf einem Korbstuhl sitzt. In der Hand hält es einen Zweig, dessen Spitze zu grünen beginnt. Es ist eines der bekanntesten Gemälde Schjerfbecks, für das sie 1889 die Bronzemedaille der Pariser Weltausstellung erhielt.[274] Marjatta Levanto hebt hervor, dass das Kind, das später als metaphorische Selbstdarstellung Schjerfbecks gedeutet wurde, anfangs als Junge wahrgenommen wurde und der Titel des Werkes *Première verdure* lautete. Erst im Laufe der Zeit verwandelte sich der vermeintliche Junge in ein Mädchen und der Titel des Werkes in *Die Genesende*. Ebenso deutete man Schjerfbecks Wiederholung des Motivs biografisch, als Identifikation mit dem dargestellten Kind. Levanto hält dieser Annahme berechtigterweise entgegen, dass Stenman Schjerfbeck die Aufträge zu der Wiederaufnahme des Motivs erteilte.[275] Dennoch ist wiederholt die Deutung zu lesen, dass Schjerfbeck in diesem Bildnis ihre kränkliche Kindheit verarbeitet habe, ebenso wie ihre kurz zuvor aufgelöste Verlo-

271 Als Folge des Sturzes hinkte Schjerfbeck Zeit ihres Lebens, was von ihrer Umwelt teilweise als sehr befremdlich wahrgenommen wurde.

272 In diesem Zusammenhang fallen einem die Selbstbildnisse Frida Kahlos ein, die ihre körperlichen Leiden immer wieder aufzeigen. Diese avancieren zu zentralen Komponenten der Selbstporträts. Schjerfbecks Selbstbildnisse entbehren derartiger narrativer Momente.

273 Vgl. *Helena Schjerfbeck – näyttelyn avajaiset*, Uusi Suometar, 19.9.1917.

274 Vgl. Levanto 1988, S. 47. Finnland war bei der Weltausstellung mit einer kleinen Abteilung vertreten, die zum Russischen Zarenreich gehörte. Russland selbst stellte jedoch keine Werke aus, um sich vom hundertjährigen Jubiläum der Französischen Revolution abzugrenzen, vgl. Konttinen 2004 a, S. 149.

275 Tutta Palin weist darauf hin, dass das kränkliche Aussehen des Kindes in den später entstandenen Lithografien abgestreift wird, vgl. id. 2015, S. 34.

bung.[276] Was Schjerfbeck persönlich mit diesem Bildnis verband, welche Erinnerungen es in ihr weckte, ist sicherlich eine interessante Frage, jedoch nur bedingt zu beantworten und nicht Gegenstand der vorliegenden Arbeit.[277]

Das einzige Selbstbildnis, das vor 1917 entstand und Anspielungen auf Krankheit enthält, ist das *Selbstporträt mit silbernem Hintergrund*. Das blasse abgemagerte Gesicht lässt die Frage berechtigt erscheinen, inwieweit Schjerfbeck sich bewusst als kränkliche Künstlerin inszenierte. Ähnliches taucht in einer schriftlichen Selbstdarstellung für die Öffentlichkeit auf.[278] 1922 verfasste sie einen Brief, der sich an die Leserschaft der *La Revue Moderne des arts et de la vie* richtete. Dort beschreibt sie unter anderem ihre schwache körperliche Verfassung.[279] Auch wenn diese Eigenschaft ein charakteristisches Merkmal eines Künstlergenies war, sind ebenso viele untypische Elemente im Mythos Schjerfbeck enthalten. Ungewöhnlich waren diesbezüglich vor allem ihr Geschlecht und ihr Alter.

Unabhängig davon, wie bewusst oder unbewusst Schjerfbeck an ihrer eigenen Mythenbildung mitwirkte, hat sich gezeigt, dass die in den 1910er Jahren einsetzende Mythisierung ihr nachhaltig zu Ruhm verholfen hat. Gleichzeitig verstellt(e) ebendiese Mythenbildung den Blick auf ihr Werk. Auch das im folgenden Kapitel behandelte Selbstbildnis wurde in der Vergangenheit wiederholt biografisch gedeutet. Dabei wird implizit auf den Topos des leidenden Künstlers rekurriert. Obgleich diesbezügliche Interpretationen mitberücksichtigt werden, stehen andere Fragestellungen im Vordergrund.

---

276 Vgl. Levanto 1988, S. 46 ff. Schjerfbeck hatte sich während ihrer Frankreichaufenthalte mit einem englischen Maler verlobt. Da sie einen Großteil der Briefe aus dieser Zeit vernichtete, ist die genaue Identität des Verlobten nicht bekannt.

277 Ein weiteres Beispiel für eine biografisierende Interpretation ist das Gemälde *Verwundeter Krieger im Schnee* (*Sårad krigare från 1808*) von 1880. Der sterbende Soldat, der von seinen Kameraden zurückgelassen wird, wurde immer wieder als Selbstbildnis Schjerfbecks gedeutet: Diese blieb 1879 ohne ihre Malerfreundinnen in Helsinki zurück, da sie kein Reisestipendium erhalten hatte, vgl. Kortelainen 1996, S. 88.

278 In Schjerfbecks Briefen tauchen regelmäßig Hinweise auf ihren schwachen Gesundheitszustand auf. Dabei ist jedoch zu bedenken, dass die Briefe primär mit dem Ziel der privaten Kommunikation verfasst wurden und nicht als Selbstdarstellungen für die Öffentlichkeit gedacht waren.

279 Vgl. Görgen 2007 a, S. 44.

4

Befreiende Zerstörung. *Unvollendetes Selbstporträt* (1921)

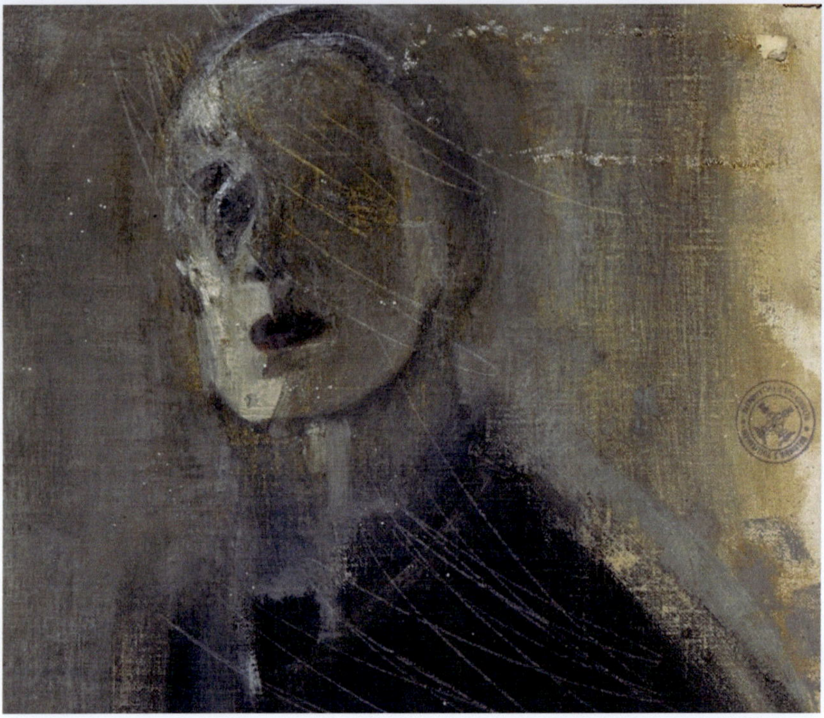

Abb. 4: Helene Schjerfbeck: *Unvollendetes Selbstporträt*, 1921

4.1 Strukturen des Selbst. Produktionsästhetik und Polyperspektivität

Die erneut abgetragene Farbe und die zerkratzte Oberfläche lassen schnell erkennen, dass es sich bei der Arbeit *Unvollendetes Selbstporträt* um ein Bildnis handelt, das nicht zu seiner endgültigen Form gefunden hat – zumindest nicht zu jener, die für die Öffentlichkeit gedacht war (Abb. 4). Darauf weist das Fehlen einer Signatur hin sowie die Tatsache, dass sich das Werk auf der Rückseite des Gemäldes *Fabrikarbeiterinnen auf dem Weg zur Arbeit* befindet (Abb. 20). Gösta Stenman verkaufte *Unvollendetes Selbstporträt* in den 1930er Jahren an den Kunst- und Antiquitätenhändler Pentti Wähäjärvi. Gegenstand des Kaufes war jedoch das Gemälde *Fabrikarbeiterinnen auf dem Weg zur Arbeit.*[280] Kurz bevor Pentti Wähäjärvi und seine Frau Tatjana 1993 ihre Sammlung der Stadt Riihimäki schenkten und daraufhin 1994 das Riihimäen taidemuseo (im Folgenden: Kunstmuseum Riihimäki) gegründet wurde, wurde erstmals explizit auf die Rückseite des Gemäldes mit dem Selbstporträt hingewiesen.[281] 1992 fand die bis dahin größte Schjerfbeck-Retrospektive im Kunstmuseum Ateneum statt, bei der das Werk als „begonnenes Selbstporträt" Erwähnung fand, jedoch nicht gezeigt wurde.[282] Bis zur ersten Ausstellung des Bildnisses sollten über 80 Jahre vergehen.[283]

Dass Rückseiten von Gemälden in der Regel weniger Beachtung finden, bezeugen diverse Beispiele.[284] Viele rückseitige Werke zeichnen sich durch Unvollendung aus, was meist zu einer Wertminderung beiträgt. Die Analyse des *Verso* kann jedoch zu bedeutsamen Erkenntnissen führen. Bei Schjerfbeck haben bisherige Untersuchungen der Bildträger gezeigt, dass die Anzahl der doppelseitig genutzten Leinwände oder Skizzenblätter relativ gering ist. Auch lassen die bislang bekannten

280 Vgl. Katja Vuorinen: *Helene Schjerfbeckin teoksia Riihimäen Taidemuseossa*, in: *Helene Schjerfbeck Riihimäen Taidemuseon Tatjana ja Pentti Wähäjärven kokoelmassa* (hrsg. v. Timo Simanainen u. Katja Vuorinen), Ausstellungskatalog, Riihimäen taidemuseo, Riihimäki 2004, S. 22–70, S. 22 f.

281 Katja Vuorinen hebt hervor, dass das Werk noch nicht einmal in H. Ahtelas umfangreichen monografischen Werken der 1950er Jahre erwähnt wurde, vgl. id. 2004, S. 23.

282 Vgl. Ahtola-Moorhouse 1992, S. 209.

283 2004 wurde im Kunstmuseum Riihimäki eine Ausstellung eröffnet, in der Schjerfbecks Werke aus der Sammlung von Tatjana und Pentti Wähäjärvi gezeigt wurden, vgl. *Helene Schjerfbeck Riihimäen taidemuseon Tatjana ja Pentti Wähäjärven kokoelmassa* 2004.

284 Einige Ausstellungsprojekte der vergangenen Jahre haben die Rückseiten von Gemälden jedoch in den Fokus gerückt. So die 2004/2005 abgehaltene Ausstellung *Parcours – Die Rücken der Bilder* in der Hamburger Kunsthalle, an deren Titel ich mich in diesem Kapitel begrifflich orientiert habe, sowie die 2006/2007 abgehaltene Ausstellung *Seitenwechsel: Gemälderückseiten und ihre Geheimnisse* im Suermondt-Ludwig-Museum in Aachen.

doppelseitig genutzten Bildträger keine durchgängige Systematik erkennen. So fällt auf, dass Schjerfbeck insbesondere zwischen 1905 und 1908 einige Werke der 1870er bis 1890er Jahre rückseitig für neue Ölgemälde oder Zeichnungen nutzte.[285] Mit großer Wahrscheinlichkeit war eine finanziell bedingte Materialknappheit in den ersten Jahren des 20. Jahrhunderts Grund für die mehrfache Nutzung. In der darauffolgenden Zeit, so auch zur Entstehungszeit des unvollendeten Selbstporträts, war dieses Vorgehen aber eher selten.

Das Bildnis weckt die Erwartung, Einblicke in etwas normalerweise nicht Sichtbares zu gewähren, und wirft unterschiedliche Fragen auf. Was erzählt die Unvollendung über den Vorgang der Bildwerdung und was wollte die Künstlerin auf dem Rücken des Bildes verbergen? Diese Fragen werden im folgenden Kapitel erörtert. Zunächst wird das Bildnis jedoch auf seine zentralen Merkmale hin untersucht. Die palimpsestartige Arbeitsweise – das Wechselspiel aus Farbauf- und -abtrag – und die angedeutete Mehransichtigkeit werden zu wichtigen Ausdrucksträgern über das dargestellte Subjekt, die genauer beleuchtet werden. Darüber hinaus werden die unterschiedlichen destruktiven Handlungen am Werk analysiert. Dabei wird zwischen aggressiv ausgeführten *Pentimenti* und ikonoklastischen Handlungen differenziert. Uwe Fleckner schreibt über Werke, die Spuren der Zerstörung aufzeigen:

> Für die kunsthistorische Analyse von Bildern und Skulpturen folgt dementsprechend, daß die „schöpferische Zerstörung" – anders als eine bloß zerstörende Zerstörung, wie sie bei rein vandalistischen Anschlägen auf Kunstwerke vorliegen dürfte – zum Bestandteil eines dynamischen Werkbegriffs werden kann, der das Objekt kunsthistori-

---

285 Hierzu zählen: *Päronträdet / Birnenbaum*, 1905, Tempera od. Öl auf Leinwand, Verso: *Flicka med huvudduk / Mädchen mit Kopftuch*, ca. 1978, Öl auf Leinwand, beide unsigniert; *Azaleor och hyacinter / Azaleen und Hyazinthe*, ca. 1907, Öl auf Holz, Verso: *Två små pojkar på strandklippor (St. Ives) / Zwei kleine Jungen auf den Strandfelsen (St. Ives)*, 1887, Öl auf Holz, beide signiert; *Läsande flicka / Lesendes Mädchen*, 1907, Bleistift auf Papier, signiert, Verso: *Studie till Manshand / Handstudie*, unsigniert; *Mommo / Oma*, ca. 1907, Öl auf Leinwand, signiert, Verso: *Skiss till Mommo och stilleben / Skizze für Oma und Stillleben*. Die Zeichnungen auf doppelseitig genutztem Papier können im konventionellen Sinn als Skizzen verstanden werden. Viele Skizzen signierte Schjerfbeck, was jedoch auch nachträglich zur Wertsteigerung geschehen sein kann. Ebenfalls übermalte sie einige ihrer früheren Arbeiten. Zuletzt wurde 2012 die Entdeckung eines neuen Werkes bekanntgegeben, das sich unter einer weiteren Leinwand befand, die Schjerfbeck auf die alte Leinwand genäht hatte, vgl. Anu Uimonen: *Uusi Helene Schjerfbeckin maalaus paljastui toisen maalauksen alta*, Helsingin Sanomat, 3.9.2012 (http://www.hs.fi/kulttuuri/a1305596950265, letzter Aufruf: 6.8.2015).

scher Wissenschaft nicht im Augenblick seiner Fertigstellung, etwa seiner Signierung, für alle Zeiten petrifiziert.[286]

Bezieht Fleckner sich primär auf den „Zerstörungswillen“ Dritter, handelt es sich bei dem in diesem Kapitel besprochenen Selbstbildnis um ein Werk, welches von der Urheberin selbst vor seiner Fertigstellung „angegriffen“ wurde. Doch auch die Interpretation dieser Handlung verspricht einen Zugewinn an Erkenntnis über die Wirkungsmacht von Bildern.

Da Schjerfbeck 1921 in ihren Briefen den Akt des Selbstporträtierens und ihre damit einhergehende Verzweiflung auffallend häufig beschreibt, wird in diesem Kapitel das emotionale Befinden der Künstlerin zum Entstehungszeitpunkt des Bildnisses in besonderem Maße berücksichtigt. Das Ziel hierbei soll jedoch nicht eine Psychoanalyse der Künstlerin sein,[287] sondern das bessere Verständnis der Bildproduktion und der damit zusammenhängenden Ästhetik, der eine inhaltliche Bedeutung zukommt.

Dem ersten Anschein nach handelt es sich bei diesem Werk um ein nahezu frontales Selbstporträt mit stark fragmentarischem Charakter. Die rechte Gesichtshälfte der Künstlerin fordert jedoch das fast frontale Antlitz heraus, da in ihr ein maskenartiges Profil angedeutet wird.[288] In nur wenigen Selbstbildnissen Schjerfbecks sticht das Auseinanderfallen der Gesichtshälften so deutlich ins Auge wie in diesem. Neben den aggressiven Kratzspuren im Bereich des Antlitzes und des Oberkörpers ist es gerade die Störung der perspektivischen Integrität, die den Betrachter irritiert zurückschrecken lässt. Die linke Gesichtshälfte wirkt durch ihre Ästhetik der Unvollendung ähnlich verstörend. An vielen Stellen wurde Farbe abgetragen, so auch im Bereich des linken Auges. Die Schab- und Kratzspuren legen den Blick auf die Leinwand frei und bilden ein Pendant zu der schwarzen Höhle des rechten Auges. Beide Augen, das ausgekratzte sowie das schwarze, lochartige wurden des Sehens beraubt. Dennoch erweckt das frontale Antlitz den Anschein, aus leichter Aufsicht auf den Betrachter hinabzublicken. Der rote Mund mit seiner schwarzen Einfärbung wirkt dabei

---

286 Uwe Fleckner: *Aus dem Gedächtnis verbannt. Funktion und Ästhetik zerstörter Bildnisse*, in: id.: *Der Künstler als Seismograph. Zur Gegenwart der Kunst und zur Kunst der Gegenwart*, Hamburg 2012 (Fundus-Bücher, Bd. 198, hsrg. v. Harald Falckenberg), S. 137–173, S. 166 f.

287 Hiermit grenzt sich mein Ansatz von einer stark biografisch motivierten Interpretation des Bildnisses ab. Ahtola-Moorhouse sowie Risto Vainio interpretieren das Werk als Verarbeitung einer enttäuschten Liebe, vgl. Ahtola-Moorhouse 2000, S. 38 ff., und Risto Vainio: *Kaksipuolinen maalaus Tehdastyöläisiä matkalla työhön*, in: *Helene Schjerfbeck Riihimäen taidemuseon Tatjana ja Pentti Wähäjärven kokoelmassa* 2004, S. 17–22, S. 18.

288 Vgl. Tams (Jádi) 2012, S. 67.

als die Gesichtshälften einendes Element. Inmitten der erdfarbenen Tonalität und der abgetragenen Farbe tritt der verhältnismäßig dicke rote Farbauftrag im Bereich des Mundes umso stärker hervor. Trotz der Beimischung schwarzer Farbe zieht der Mund als farblicher Akzent den Blick auf sich und wird von der Kinn- und Kieferpartie des Gesichts formal gerahmt. Durch seine Farbigkeit wird er zu einem Zeichen, das zwischen Morbidität und Vitalität changiert.

Das erhobene Haupt und der zusammengepresste Mund stechen stoisch aus dem verwüsteten Bildnis hervor und verleihen dem ansonsten (selbst)zerstörerisch erscheinenden Werk paradoxerweise den Anschein von Würde. So sind die Mimik und die Körperhaltung des beinahe frontalen Antlitzes trotz der destruktiv wirkenden Ästhetik der Unvollendung erahnbar.

Während das frontal gesehene Gesicht durch einen angedeuteten Hals mit dem in einem schwarzen Gewand gekleideten Oberkörper verbunden ist, scheint das „Profil" zu schweben. Das bleiche schädelartige „Profil" befindet sich somit in einem nicht definierten Raum, umgeben von der braun-grünlichen Leinwand. Auch ein Gesichtsausdruck ist nicht erkennbar. Man blickt auf ein Gesicht, das zu einer Maske erstarrt ist. Der einzige Hinweis auf Belebtheit ist der geschlossene rote Mund. Umso lebendiger und kraftvoller erscheinen daher die sich über das Gesicht beziehungsweise die Gesichter und den Oberkörper erstreckenden zerstörerischen Kratzspuren. Durch sie scheint der Dialog der Künstlerin mit der Leinwand und den darauf entstandenen Gesichtern ein Ende zu finden. Die Kratzspuren wirken wie die letzte kraftvolle performative Handlung, die den Prozess der figurativen Bildwerdung in ihrem Keim erstickt. Was bleibt, ist das vielleicht persönlichste Selbstbildnis der Künstlerin.

Die übrigen Spuren in dem Gemälde lassen erkennen, dass das Werk zunächst nur gering geschätzt wurde. In der oberen rechten Ecke ist nachträglich ein Rückseitenaufkleber entfernt worden, dessen Spuren jedoch noch deutlich erkennbar sind. Unterhalb davon befindet sich ein Stempel des finnischen Zolls.[289] Beide Elemente lassen keinen Zweifel daran, dass dem Selbstporträt kein Wert zugeschrieben wurde und *Fabrikarbeiterinnen auf dem Weg zur Arbeit* jenes Werk war, das – wie bereits erwähnt – zum Kauf angeboten wurde (Abb. 20). Das zwischen 1921 und 1922 entstandene Figurenbildnis zeigt zwei Frauen beinahe im Dreiviertelprofil mit geneigten Häuptern und gesenkten Blicken. In seiner farblichen Gestaltung weist es Parallelen zum unvollendeten Selbstbildnis auf, allerdings überwiegen die Rottöne und nicht die grau-grünlichen Ockertöne des Selbstbildnisses. Eine starke Parallele zum Selbstbildnis sind die umschatteten Augen der beiden Frauen. Diese

[289] Vgl. Vuorinen 2004, S. 22.

sowie die geneigten Köpfe und gesenkten Blicke tragen zu einer melancholisch-ruhigen Atmosphäre bei.

Weniger harmonisch erscheint hingegen das unvollendete Selbstbildnis. Sowohl das schädelartige „Profil“ in der rechten Gesichtshälfte als auch die im malerischen Prozess wieder abgetragene linke Gesichtshälfte konfrontieren den Betrachter mit dem Thema der Vergänglichkeit.[290] Während der „Schädel“ das knochige Darunter andeutet, wird durch die Materialnichtung das malerische Darunter – die Leinwand – freigelegt. Durch den Materialabtrag verblasst buchstäblich auch ein Teil der dargestellten Person. Diese Form des Verschwindens ist jedoch mehr als eine bloße Anspielung auf ihre Vergänglichkeit. Sie ist Ausdruck einer Suche – einer Suche, die durch das Verblassen und Verschwinden der verhüllenden Oberfläche Strukturen freilegt, die gewöhnlich jenseits des Sichtbaren liegen. Diese künstlerische Vorgehensweise erzählt etwas über den Prozess der Bildwerdung. Das Material oder vielmehr das abgetragene Material wird hier in seiner Ästhetik als Teil einer Narration über die Produktion des Werkes verstanden.[291] Dieser Produktionsästhetik kommt eine metaphorische Bedeutung zu, die im Folgenden genauer betrachtet wird.

Dass es sich bei der Vorgehensweise des Farbabtrags nicht um eine singuläre Erscheinung in Schjerfbecks Œuvre handelt, sondern um ein wiederkehrendes gestalterisches Verfahren, wurde schon an der Inschrift des *Selbstporträts mit schwarzem Hintergrund* ersichtlich (Abb. 3). Eines der frühesten Werke, in denen diese Ästhetik der Unvollendung auftaucht, ist das circa 1904 entstandene *Fragment* (Abb. 21).[292] Von vielen Ölgemälden hat die Künstlerin die dickeren Farbschichten vermutlich mit einem Tuch oder Lappen entfernt,[293] zum Teil scheint sie die Oberfläche aber auch mit härteren Gegenständen, wie zum Beispiel einem Palettmesser, traktiert zu haben. Selten ist dieses Vorgehen jedoch derart offengelegt wie in dem hier besprochenen unvollendeten Selbstbildnis.

Immer wieder wurde und wird auf Parallelen zwischen Schjerfbeck und Edvard Munch verwiesen.[294] Dabei wird überwiegend auf den Ausdruck des Schreckens in

---

290 Vgl. Tams (Jádi) 2012, S. 67.

291 Vgl. ibid., S. 64.

292 Vgl. ibid., S. 64. Das *Fragment* unterscheidet sich in seiner freskoähnlichen Ästhetik ansonsten jedoch stark von den hier besprochenen Bildnissen.

293 Vgl. Görgen 2007 b, S. 16.

294 Vgl. Schneede 2007, S. 38 f., und Ahtola-Moorhouse 2000, S. 57. Die materialästhetischen Parallelen zwischen Munch und Schjerfbeck wurden bereits in folgender Publikation angeführt: Annika Landmann: *Die Vitalität des Verschwindens. Helene Schjerfbecks „Selbstporträt mit rotem Punkt“ (1944),* in: Uwe Fleckner u. Titia Hensel (Hrsg.): *Hermeneutik des Gesichts – Das Bildnis im Blick aktueller Forschung* (Mnemosyne. Schriften des Internationalen Warburg Kollegs, Bd. 4), Berlin 2016, S. 411–431.

den Bildnissen eingegangen, seltener auf die Ähnlichkeiten in der Materialbehandlung der beiden Künstler.[295] Der Vergleich mit Werken Munchs, aber auch mit Gemälden Tyko Sallinens erscheint gerade bei der Analyse von Schjerfbecks Produktionsästhetik sinnvoll. Sallinens frühe Schaffensphase in den 1910er Jahren wurde immer wieder in einer Traditionslinie mit Munch gesehen.[296] Die auch bei Sallinen häufig rau gekratzte Bildoberfläche erinnert an die malerischen Techniken des norwegischen Künstlers (Abb. 14). In Munchs Gemälde *Das kranke Kind* (1886) ebenso wie bei Sallinens *Wäscherinnen* sind die Kratzspuren sowohl flächig als auch strichförmig angelegt. Beide Maler traktierten die Farbschichten mit verschiedenen Malutensilien. Obwohl Schjerfbeck die Werke Munchs nicht besonders schätzte, äußert sie sich in einem Brief an Einar Reuter positiv über seine Technik.[297]

Dieter Buchhart stellt für die Arbeiten Munchs eine materialbasierte Modernität fest. Er verweist auf dessen schon früh einsetzende intensive Materialbehandlung. Munch erzeugt zum Beispiel durch das Abkratzen von Farbschichten weitere bildliche Ausdrucksebenen. Als autonomen Bedeutungsträger hebt Buchhart dabei die Leinwand hervor.[298] Ähnliches gilt auch für Schjerfbecks Selbstbildnisse. Das Sichtbarwerden der Leinwand als Teil der Ästhetik der Unvollendung hat Auswirkungen auf das dargestellte Selbst. Den produktionsästhetischen Vorgang des Farbabtrags thematisiert Schjerfbeck in ihren Briefen. Aus ihnen geht hervor, dass der Oberflächenbehandlung eine symbolhafte Bedeutung zukommt – sie soll Schjerfbecks Auffassung nach die Summe ihres Suchens darstellen. Sie schreibt:

> Ich kratze alles schon Gemachte ab, denn es ist nicht so, wie ich es wollte – und wenn ich viele Male gekratzt habe, dann bleibt auf der Leinwand eine Andeutung all dessen übrig, wonach ich gesucht habe und was ich wollte, nur eine schwache Andeutung – oder nichts. Die Summe meines Suchens. So pflege ich immer zu arbeiten.[299]

---

295 Annabelle Görgen-Lammers befasst sich mit diesem Aspekt, vgl. Görgen 2007 b, S. 16; ebenso Marie Christine Tams (Jádi), vgl. id. 2012, S. 64.

296 Vgl. Linder 2005, S. 33.

297 Vgl. Brief von Helene Schjerfbeck an Einar Reuter, 16.6.1916, Åbo Akademis bibliotek.

298 Vgl. Dieter Buchhart: *Edvard Munch. Zeichen der Moderne. Die Dualität einer materialbasierten Modernität*, in: *Edvard Munch. Zeichen der Moderne* (hrsg. v. id.), Ausstellungskatalog, Kunsthalle Würth, Schwäbisch Hall / Fondation Beyeler, Riehen 2007, S. 11–24, S. 12 ff.

299 „Jag skrapar ut allt som görs ty det är inte som jag ville – och när jag skrapat många gånger då är där kvar på duken en antydan av allt jag sökt och ville, en så svag antydan – eller intet. Summan av mitt sökande. Så arbetar jag alltid." Brief von Helene Schjerfbeck an Einar Reuter, 29.1.1922, Åbo Akademis bibliotek.

Schjerfbeck schreibt nicht, wonach sie sucht, wofür sie die richtige malerische Lösung finden möchte. Doch in den Werken drücken sich die verschiedenen Antworten aus, die gewiss nicht mit einer bewussten Intentionalität der Künstlerin einhergehen müssen.

Schjerfbecks palimpsestartiges Arbeiten bringt eine zeitliche Ebene mit ins Spiel, in der die Vergangenheit die Gegenwart mitgestaltet.[300] Der Materialabtrag und die damit verbundene Tilgung des Antlitzes erfolgen nicht vollständig. Das zuvor Dagewesene bleibt als Spur sichtbar. Diese Spuren im Material können als Metaphern psychischer Vorgänge während des Schaffensprozesses verstanden werden. Sie bringen das Unbewusste als Teil menschlicher Identität zum Vorschein. Der dialektische Vorgang von Farbauf- und -abtrag erinnert an Sigmund Freuds *Notiz über den „Wunderblock“*.[301] In Freuds Abhandlung wird das Kinderspielzeug, der Wunderblock, als Metapher für das Wechselspiel zwischen bewussten und unbewussten Wahrnehmungsebenen angeführt, das Teil des Erinnerungsgebildes sei. Der Wunderblock besteht aus einer Wachstafel, auf der sich eine dünne Folie befindet. Mit einem spitzen Gegenstand kann diese Folie beschrieben werden. Durch das Lösen der Folie verschwindet die Schrift oder das Bild zwar wieder, bleibt jedoch als Spur auf der darunterliegenden Wachstafel bestehen. Nach Freud entspricht die Wachstafel dem Unbewussten und die Folie dem Bewusstsein. Die Interaktion zwischen diesen beiden Ebenen beschreibt der Psychoanalytiker als „Aufleuchten und Vergehen des Bewußtseins bei der Wahrnehmung“.[302] Der Wunderblock zeichnet somit die Prozesse des Erinnerns nach, die das Gedächtnis vollzieht.[303]

300 Uwe Fleckner spricht von „palimpsesthaften Kunstwerken“ in Bezug auf Werke, die als Folge einer nicht vollständig ausgeführten *damnatio memoriae* Spuren der Zerstörung enthalten, vgl. Fleckner 2012 b, S. 150. Darüber hinaus verweist er darauf, dass bilderstürmerische Techniken, die lange Zeit vor allem Ausdruck einer *damnatio memoriae* waren, im 20. Jahrhundert zum Gestaltungsprinzip der Bildenden Kunst wurden. Ein derartiges Vorgehen wurde beispielsweise von Arnulf Rainer angewandt, vgl. *Handbuch der politischen Ikonographie*, hrsg. v. Uwe Fleckner u. Martin Warnke u. Hendrik Ziegler, Bd. 1, München 2011, S. 208–216, S. 214, s. v. „Damnatio memoriae“ (Uwe Fleckner) und Fleckner 2012 b, S. 163. Das Zusammenwirken von künstlerischem Schaffen und Zerstörung als Gestaltungsprinzip der Moderne untersucht ebenfalls Dario Gamboni, vgl. id.: *The Destruction of Art. Iconoclasm and Vandalism since the French Revolution*, London 1997 (Picturing history), S. 255 ff. Schjerfbecks palimpsesthafte Arbeitsweise würde ich im weitesten Sinne in diesem Kontext verorten.

301 Vgl. Sigmund Freud: *Notiz über den „Wunderblock“*, 1925 [1924], in: Alexander Mitscherlich u. Angela Richards u. James Strachey (Hrsg.): *Psychologie des Unbewußten* (Freud-Studienausgabe, Bd. 3), Frankfurt a. M., 7. Auflage 1975, S. 365–371.

302 Ibid., S. 368.

303 Vgl. ibid., S. 369.

Dass Schjerfbeck sich mit Funktionsweisen von Erinnerung und Gedächtnis befasste, geht spätestens aus ihren Briefen der 1930er Jahre hervor.[304] Dort nimmt sie häufig Bezug auf Marcel Prousts Roman *À la recherche du temps perdu*, der zwischen 1913 und 1927 in sieben Teilen erschienen war und den sie in den 1930er Jahren gelesen hatte. Mit dem dort beschriebenen Malertypus schien sie sich zu identifizieren. An Einar Reuter schreibt sie: „Mit dem Maler ist es so, er malt nicht das, was er will, es entsteht etwas, ‚das sich schon in ihm befindet' – das ist so wahr".[305] Der hier beschriebene Vorgang kann mit Schjerfbecks Produktionsästhetik sowie Freuds *Wunderblock* in Verbindung gebracht werden. Das Finden etwas von bereits Existierendem, das wichtiger als das „Wollen" sei, benennt nur in anderen Worten das Wechselspiel aus bewussten und unbewussten Abläufen. Die abgetragenen Farbschichten können als ein Auslöschen des Bewussten interpretiert werden, das in diesem Fall mit einem Auslöschen des Figurativen einhergeht. Diese metaphorische Bedeutungsebene der Produktionsästhetik beinhaltet somit eine partielle Auflösung sichtbarer Wirklichkeit und eine Andeutung unsichtbarer und ungreifbarer psychischer Strukturen.[306] Nicht zu verwechseln ist dieser Abstraktionsprozess mit einer Hinwendung Schjerfbecks zu nonfigurativer Malerei. Figürliche Elemente bleiben weiterhin bestehen: Das Antlitz sowie der in dieses integrierte „Schädel" sind ebenso bedeutungsstark wie die abgetragenen Bestandteile des unvollendeten Selbstbildnisses.[307] In dieser Zusammenkunft von figurativen und nonfigurativen Elementen zeichnet sich ein wesentliches Merkmal von Schjerfbecks Selbstbildnissen ohne Auftrag ab.

Neben der Produktionsästhetik ist die Doppelfunktion der rechten Gesichtshälfte der Künstlerin von zentraler Bedeutung für das Konterfei. Sie deutet einerseits einen ins Profil gedrehten Kopf an, andererseits komplementiert sie die linke, ausgewischte Gesichtshälfte und lässt sie damit zu einem frontalen Antlitz werden.

---

304 Schjerfbecks Interesse an derartigen Themen kann vor der Folie der Gedächtnisforschung des beginnenden 20. Jahrhunderts gesehen werden, an die eine sowohl physiologisch als auch psychoanalytisch motivierte Herangehensweise geknüpft war, vgl. Uwe Fleckner: *Der Künstler als Seismograph. Mnemische Prozesse in der Bildenden Kunst*, in: id. 2012 a, S. 173–199, S. 182 f.

305 „Där är något om målarn, han målar inte det han vill, det blir något, som finnes inom honom förut' – det är så sannt.", Brief von Helene Schjerfbeck an Einar Reuter, 29.1.1938, Åbo Akademis bibliotek. Für eine Analyse von Marcel Prousts Gedächtnis- und Identitätsmodell vgl. Katja Haustein: *Regarding Lost Time. Photography, Identity and Affect in Proust, Benjamin and Barthes*, London 2012 (teilw. zugl. Diss., University of Cambridge), S. 22 f.

306 Die Entfernung von einer veristischen Darstellungsweise als Ausdruck innerer Vorgänge greife ich ebenfalls in folgender Publikation auf: Landmann 2016, S. 422 ff.

307 Hier deutet sich eine wichtige inhaltliche Komponente von Schjerfbecks Selbstporträts an, die in den letzten Bildnissen eine zentrale Bedeutung einnimmt.

Während die linke Hälfte nahezu vollständig ausgelöscht wurde, wurde die rechte Gesichtshälfte in geringerem Maße revidiert. Durch den dickeren und helleren Farbauftrag, der einen Kontrast zu dem übrigen Gemälde darstellt, wird der Blick verstärkt auf diese Seite gelenkt. Assoziationen zu einer Maske und einem Totenschädel werden wachgerufen – ein Eindruck, der durch die schwarze Augenhöhle bekräftigt wird. So scheint die rechte, profilartige Gesichtshälfte symbolisch auf die Präsenz des Todes zu verweisen. Bevor jedoch auf mögliche inhaltliche Bedeutungsebenen eingegangen wird, soll der Blick auf die formale Tradition dieses kubistischen Elementes gerichtet werden.

In Schjerfbecks Briefen tauchen mehrfach Kommentare zum Kubismus auf. An Maria Wiik schreibt sie 1914 über Werke, die ihr Gösta Stenman zur Ansicht mitgebracht hatte. Unter diesen befand sich neben Arbeiten von Tyko Sallinen, Juho Mäkelä und Marie Laurencin ein kubistisches Stillleben des spanischen Malers Juan Gris.[308] Im selben Brief äußert sie sich eher skeptisch zum Kubismus. Schjerfbeck meint, dass dieser die Kunst zu einem gewissen Grad beeinflussen könne, sieht in ihm jedoch keine Entwicklungsmöglichkeiten und prophezeit, dass er wohl nur eine Ausnahmeerscheinung des 20. Jahrhunderts bleiben werde.[309]

In Finnland wurde in den 1910er Jahren eine verhältnismäßig große Anzahl an Ausstellungen internationaler Kunst gezeigt, was die Diskussion über die avantgardistischen Strömungen anregte – so auch über den Kubismus.[310] Nachdem die erste,

---

308 1914 erwarb Stenman eine Gouache Pablo Picassos sowie Werke von Juan Gris, Henri de Toulouse-Lautrec und André Derain vom Kunsthändler Daniel-Henry Kahnweiler, vgl. Linder 2005, S. 252, und Hjelm 2009, S. 43.

309 Vgl. Brief von Helene Schjerfbeck an Maria Wiik, 25.7.1914, in: Appelberg 1949, S. 110 f. Näher geht Schjerfbeck jedoch weder auf kubistische Werke noch auf theoretische Aspekte des Kubismus ein und verwendet den Terminus dementsprechend pauschalisierend.

310 Kubistisch motivierte Werke u. a. von dem finnischen Künstler Ilmari Aalto sowie von Pablo Picasso und Juan Gris wurden 1915 von Gösta Stenman ausgestellt, vgl. z. B. Timo Valjakka: *Modernin kahdet kasvot*, Helsinki 2009 [Suomalaisen Kirjallisuuden Seuran toimituksia], S. 25. Zuvor, 1914, hatte im Salon Strindberg eine Ausstellung expressionistischer und kubistischer Kunst stattgefunden, in der Werke von den Künstlergruppen *Der Blaue Reiter* und *Die Brücke* gezeigt wurden. Trotz Verbindungen vieler Künstler zu Deutschland begegneten die meisten Kunstkritiker deutschen Einflüssen mit ablehnender Haltung. Z. B. machte der Kritiker Heikki Tandefelt keinen Hehl aus seiner tiefen Ablehnung deutscher Kunst. Auch Stenman schien sich kaum für diese zu interessieren, vgl. Linder 2005, S. 177 f. Darüber hinaus wurden 1915 und 1916 u. a. Ausstellungen von Isaac Grünewald und Sigrid Hjertén – beide bedeutende schwedische Künstler – sowie von Wassily Kandinsky im Salon Strindberg abgehalten, vgl. Anttonen (Hrsg.) 2004, S. 127–153, *Näyttelyhistoria* (Irmeli Isomäki), S. 128. In diesen Jahren hatten internationale Ausstellungen Konjunktur, was u. a. daran lag, dass Finnland nur indirekt am Ersten Weltkrieg beteiligt war. Dies änderte sich jedoch spätestens 1918. Nach dem drei Monate andauernden Finnischen Bürgerkrieg wurden wesentlich seltener internationale Kunstausstellungen abgehalten, was primär

zaghafte Welle kubistischer Kunst in Finnland abgeebbt war, blieben kubistische Elemente weiterhin als Teil der Malerei bestehen.[311] So war ein an Paul Cézanne erinnernder Stil in der finnischen Kunst zwischen den Kriegen recht ausgeprägt.[312] 1921, zur Entstehungszeit des hier besprochenen Selbstbildnisses, modifiziert Schjerfbeck ihre oben angeführte Aussage über den Kubismus. In einem Brief vom Oktober 1921 bezeichnet sie diesen als „gute Basis".[313] Insofern mag das Aufkommen kubistischer Kunst zu Beginn des 20. Jahrhunderts zwar der Hintergrund sein, vor dem Schjerfbecks integriertes „Profil" entstanden ist, konkrete Bezüge zwischen diesem und einem bestimmten Künstler oder kubistischer Kunst im engeren Sinn kann ich dennoch keine erkennen.

Was drückt die angedeutete Mehransichtigkeit in *Unvollendetes Selbstporträt* somit aus? Das profilartige zweite Gesicht im Gesicht erinnert, wie bereits erwähnt, an einen Totenschädel. Dieser könnte im Zusammenhang mit einer Reihe von Künstlerselbstbildnissen seit dem ausgehenden 19. Jahrhundert gesehen werden, in denen die Anspielung auf den Tod der Sublimierung dient.[314] Das Morbide, das

---

politische Gründe hatte. So bemühte man sich wieder verstärkt um nationale Abgrenzung und die Besinnung auf das „Eigene", was sich ebenfalls in der Ausstellungspolitik widerspiegelte, vgl. Valjakka 2009, S. 42 u. 62. Detaillierter und differenzierter geht Hanna-Leena Paloposki auf die Kulturpoltik Finnlands in den 1920er und 1930er Jahren ein, vgl. id. 2012, S. 49 ff.

311 Es sollte jedoch einige Zeit dauern, bis avantgardistische Kunst Einzug in den Kanon hielt. Das erste finnischsprachige Überblickswerk, welches sich mit der internationalen und finnischen Avantgarde befasste, war Olavi Paavolainens *Nykyaikaa etsimässä* von 1929.

312 Viele Kritiker begegneten allzu ausgeprägten abstrakten Tendenzen äußerst skeptisch. Onni Okkonen z. B., einer der einflussreichsten konservativen finnischen Kunsthistoriker und Kunstkritiker, gemahnte 1924 dazu, kubistische Formen nicht gelöst von einem figurativen Bildgegenstand zu verwenden, vgl. Valjakka 2009, S. 103. Noch in den 1910er und 1920er Jahren war Okkonen der Überzeugung, abstrakte Kunst und die expressionistische Deformation seien vorübergehende Erscheinungen. Marcel Duchamps Pissoir oder den Dadaismus im Allgemeinen hielt er noch nicht einmal für erwähnenswert. Mit diesen Ansichten stellte er jedoch keine Ausnahme in der finnischen Kunstwelt dar, vgl. Rakel Kallio: *Kaipuu puhtauteen. Onni Okkosen taidekäsityksen tarkastelua*, Abschlussarbeit, Typoskript, Universität Helsinki 1993, S. 141.

313 „Jag läste om Sköld […] och jag tror kubism är en god bas." Brief von Helene Schjerfbeck an Einar Reuter, 23.(?)10.1921, Åbo Akademis bibliotek. Diesem Brief fügte sie einen Zeitungsartikel über den finnischen Künstler Alvar Cawén (1886–1935) bei, in welchem eine Aquarellausstellung besprochen und auf den kubistischen Stil des Künstlers hingewiesen wird. Cawén war einer der ersten finnischen Künstler, deren Werke als kubistisch bezeichnet und in Bezug zu Werken von Pablo Picasso, Georges Braque und Juan Gris gesetzt wurden, vgl. Weikko Puro, *Helsingin taidenäyttelyt. Suomen taiteilijain näyttely*, Turun Sanomat, 2.12.1914.

314 Vgl. Kerstin Gernig: *Skelett und Schädel. Zur metonymischen Darstellung des Vanitas-Motivs*, in: Claudia Benthien u. Christoph Wulf (Hrsg.): *Körperteile. Eine kulturelle Anatomie*, Reinbek bei Hamburg 2001 (Rororo Taschenbücher), S. 403–423, S. 410 f. u. S. 416 ff., und Volker Adolphs: *Der*

schon im *Selbstporträt mit silbernem Hintergrund* zum Vorschein kommt, erfährt in diesem Werk eine Steigerung (Abb. 2). Zur Entstehungszeit des Bildnisses schreibt Schjerfbeck folgende Zeilen: „Ich sah etwas, das meinen Winter *ruhig* füllen könnte. Habe es in einem Spiegel gesehen, dies wird mein schönstes Selbstporträt – das wirst du nicht glauben, niemand wird das."[315] Ihre Zweifel daran, dass man die Schönheit ihres Selbstbildnisses erkennen würde, könnte ein Hinweis auf die allzu offenkundige Präsenz des Todes sein. Derart offensichtliche Symbole tauchen in Schjerfbecks Figurenbildnissen üblicherweise nicht auf.

Schwerwiegender als eine mögliche Selbstsublimierung erscheint mir jedoch der röntgenartige, analytische Blick auf das „Darunter", das jedem Menschen innewohnt. Während das frontale Antlitz noch Reminiszenzen an physiognomische Ähnlichkeit enthält, wurden diese im „Profil" weitestgehend zugunsten einer universelleren Form abgestreift. Diese Eigenschaft – das Schwinden individueller Physiognomie – wird ebenso durch den Farbabtrag in der linken Gesichtshälfte erzeugt. Selbst wenn das Werk als Sublimierung des Ich gedacht gewesen sein sollte – den Versuch kann man für gescheitert erklären. Zu offensichtlich sind die zerstörerischen Anzeichen der Selbstablehnung, die im Folgenden genauer betrachtet werden.

1921 schuf Schjerfbeck noch ein weiteres Selbstbildnis ohne Auftrag (*Selbstporträt*, 1921, Öl auf Leinwand, 32,5 x 31 cm).[316] Der wohl deutlichste Unterschied zu *Unvollendetes Selbstporträt* ist zunächst dessen Vollendung. Es zeigt die Künstlerin mit aristokratisch anmutenden Gesichtszügen. Das schmale Gesicht wird durch einige dunkle Schattierungen definiert, betont sind der lange Nasenrücken und die gesenkten Augenlider, deren Form sich in den feinen Linien der Augenbrauen wiederholt. Der schwarze Kragen umhüllt den Hals der Künstlerin vollständig, wodurch ein Kontrast zu ihrer hellen Gesichtshaut entsteht und ihre aufrechte Haltung betont wird. Das frontale Selbstbildnis zeigt eine würdevolle, in sich ruhende Person. Es gibt keine Hinweise auf Tod oder Aggression, wodurch es sich deutlich von *Unvollendetes Selbstporträt* unterscheidet. Aufgrund der Verschiedenartigkeit der Gemälde und des Fehlens offensichtlicher *Pentimenti* oder Anzeichen

---

Künstler und der Tod. Selbstdarstellungen in der Kunst des 19. und 20. Jahrhunderts, Köln 1993, zugl. Diss., Technische Hochschule, Aachen 1989.

315 „Såg något som kunde fylla min vinter *lugnt*. Såg det i en spegel, det skulle bli mitt vackraste sjelvporträtt – det tror du inte, och ingen." Brief von Helene Schjerfbeck an Einar Reuter, 26.9.1921, Åbo Akademis bibliotek.

316 Von dem Werk existieren nur Abbildungen, da es in den 1970er Jahren aus dem Eskilstuna konstmuseum (Eskilstuna Kunstmuseum) gestohlen und bis heute nicht wieder aufgefunden wurde. 1934 hatte Gösta Stenman es dem Museum geschenkt, nachdem dieses von Prins Eugen ausgewählt worden war, vgl. Ahtola-Moorhouse 2000, S. 100.

ikonoklastischer Handlungen gehe ich davon aus, dass sich Schjerfbecks im Folgenden angeführte Stellungnahmen primär auf *Unvollendetes Selbstporträt* sowie auf das in Kapitel 5 behandelte *Selbstporträt* von 1913 bis 1926 beziehen (Abb. 5).[317]

Der oben zitierte Brief vom September 1921 zeugt von Selbstbewusstsein und Ehrgeiz sowie von der Zuversicht bezüglich des Gelingens ihres malerischen Vorhabens. Im Oktober und Dezember desselben Jahres klingen ihre Briefe jedoch wesentlich mutloser. So beschreibt Schjerfbeck, wie schwer es ihr falle, sich im Spiegel zu betrachten.[318] Die oben beschriebenen Verweise auf Tod und Vergänglichkeit in *Unvollendetes Selbstporträt* finden in ihren Briefen Erwähnung. Sie schreibt von dem toten Ausdruck in ihrem Bildnis und meint, dass sie nicht vermeiden könne, ihre Seele zu offenbaren. Gleich im darauffolgenden Satz beschreibt sie ihr Bemühen um Mittel, die einen stärkeren Ausdruck der Niedergeschlagenheit evozierten, und scheint dabei nach Inspiration in Honoré Daumiers Werken zu suchen.[319] Durchaus denkbar ist, dass Schjerfbeck zunächst vorhatte, sich an Daumiers Karikaturen zu orientieren, in denen die Personen mit stark überzogener Mimik dargestellt werden, um Emotionen auszudrücken. Schjerfbecks Ergebnis zeigt jedoch Entgegengesetztes. Die Mimik ist statisch und nahezu zerstört. Ebenso greift sie nicht auf Bildformeln wie den *Gestus melancholicus* zurück. Dennoch findet der in den Briefen beschriebene Gemütszustand sein visuelles Äquivalent im unvollendeten Selbstbildnis. Die dunkle Augenhöhle der rechten Gesichtshälfte kann als Ausdruck von Melancholie verstanden werden. So schreibt Schjerfbeck mehrfach über ihr „schwermütiges Auge in einem großen dunklen Schatten".[320] Entsprechend verweist Rainer Schönhammer auf Melancholie als einen Zustand, der

---

317 Auch Leena Ahtola-Moorhouse und Marie Christine Tams (Jádi) stellen den Bezug zwischen dem unvollendeten Selbstbildnis und den Umschreibungen in den Briefen her. Ein Großteil der Briefauszüge wurde von Ahtola-Moorhouse zusammengetragen, vgl. id. 2000, S. 36 ff., und Tams (Jádi) 2012, S. 67 f. Wie die Datierung zeigt, arbeitete Schjerfbeck vermutlich zeitgleich an dem im folgenden Kapitel analysierten *Selbstporträt* von 1913 bis 1926. So können sich die Aussagen auf beide Werke beziehen.

318 „Ja, jag skall måla, men tungt att se sig sjelv. En teckning är gjord.", Brief von Helene Schjerfbeck an Einar Reuter, 11.10.1921, zitiert nach: Levanto 1992, S. 31, und „När jag nu så sällan orkar måla har jag börjat ett sjelvporträtt, man har modellen alltid till hands, det är bara inte alls roligt att se sig sjelv.", Brief von Helene Schjerfbeck an Ada Thilén, 7.12.(?) 1921, zitiert nach: Levanto 1992, S. 31.

319 „Min bild blir död i uttryck, så tager målarn fram själen och jag kan inte för det. Jag skall söka uttrycket, dystrare, starkare. Har sett mycket på Daumier, han har så mycket innehåll." Brief von Helene Schjerfbeck an Einar Reuter, 4.12.1921, Åbo Akademis bibliotek.

320 „– och i en spegel har jag sett ett tungsint öga i en stor mörk skugga, det blir väl min vinters fredliga arbete – om jag står ut med att måla mig sjelv." Brief von Helene Schjerfbeck an Maria Wiik, Oktober 1921, zitiert nach: Holger 2011, S. 107. Auch an Einar Reuter schreibt sie: „Har i spegeln tecknat ett tungsint öga i en stor mörk skugga […]." Brief von Helene Schjerfbeck an Einar Reuter, 6.10.1921, Åbo, Akedamis bibliotek.

„als Art innere Finsternis dem positiven Effekt von Licht entgegenwirkt."[321] Das „melancholische Auge" könnte erneut als Selbstidealisierung gedeutet werden, die darüber hinaus mit Schjerfbecks öffentlichem Image einherginge. Aber auch hier tritt ein anderer Aspekt stärker in den Vordergrund als der der Idealisierung: die destruktiven Kräfte der Melancholie, die in Aggression mündet.

Im Herbst 1921 drückt Schjerfbeck ihre Verzweiflung über die eigene Arbeitsweise aus und schreibt an Einar Reuter: „Warum reagiert man auf alles so gewaltsam, dass es die eigene Arbeit tötet. Ich zeichne so gewaltsam, dass es die Arbeit tötet. Ich zeichne so gewaltsam, dass es wieder ausgestrichen werden muss."[322] In dieser Aussage lässt sie offen, worauf sie stark reagiert. Die Zeilen skizzieren auf allgemeiner Ebene ihren palimpsesthaften Arbeitsprozess, dem nicht nur eine metaphorische Bedeutung zukommt. Vielmehr kann die Produktionsästhetik auch als Ausdrucksträger subjektiver Befindlichkeit der Künstlerin während der Werkgenese verstanden werden. Insbesondere im Bereich des linken „Auges" sind die Spuren wiederholter künstlerischer Revisionen sichtbar, die durch die Intensität der Kratzspuren auf Wut und Aggression schließen lassen.[323] In diesem Ausmaß ist die aggressive und destruktive Materialbehandlung in kaum einem anderen Werk Schjerfbecks nachvollziehbar.

1916 schreibt sie an Reuter, dass Sallinen den Ruf habe, aggressiv zu sein. Sie fragt, „warum denn auch nicht", und fügt hinzu, dass sie selbst auch gerne aggressiv wäre.[324] Dass sich die destruktiven und schöpferischen Kräfte nicht ausschließen oder geradezu bedingen, formuliert 1842 der anarchische Aktivist Michail Bakunin treffend: „Laßt uns also dem ewigen Geiste vertrauen, der nur deßhalb zerstört und vernichtet, weil er der unergründliche und ewig schaffende Quell alles Lebens ist. – Die Lust der Zerstörung ist zugleich eine schaffende Lust."[325]

---

321 Rainer Schönhammer: *Einführung in die Wahrnehmungspsychologie. Sinne, Körper, Bewegung*, Wien, 2. Auflage 2013 (UTB), S. 146.

322 „Varför tar man allt så våldsamt att det dödar ens arbete. Jag tecknar så våldsamt att det dödar ens arbete. Jag tecknar så våldsamt att det måste strykas ut." Brief von Helene Schjerfbeck an Einar Reuter, 23(?).10.1921, Åbo Akedamis bibliotek.

323 Vgl. Tams (Jádi) 2012, S. 64.

324 „Ni sade nästan i allt det samma som Brunius, utom det om Halonen o. Sallinen – varför får man ej vara våldsam – jag skulle gerna våra [sic!] våldsam." Brief von Helene Schjerfbeck an Einar Reuter, 2.12.1916, Åbo Akademis bibliotek.

325 Jules Elyssard [Michail Bakunin]: *Die Reaktion in Deutschland*, in: *Deutsche Jahrbücher für Wissenschaft und Kunst* 5/1842, S. 985–2002, S. 1002. Die Wechselbeziehung zwischen Kreativität und Zerstörung wird ebenfalls in folgendem Aufsatz behandelt, in welchem auch Elyssards [Bakunins] Zitat angeführt wird: Uwe Fleckner u. Maike Steinkamp u. Hendrik Ziegler: *Produktive Zerstörung. Konstruktion und Dekonstruktion eines Forschungsgebiets*, in: id. (Hrsg.): *Der Sturm der Bilder. Zerstörte und zerstörende Kunst von der Antike bis in die Gegenwart*, Berlin 2011 (Mnemosyne). 2011, S. 1–15, S. 6.

Die aggressiven Kratzspuren am Auge erscheinen nahezu wie ein Angriff auf den Sehsinn als Organ des veristischen Sehens, durch dessen beinahe Zerstörung Neues geschaffen wird. Altbekannte Formen werden aufgebrochen und vernichtet, neue können entstehen. So tritt auch die physiognomische Individualität in den Hintergrund. Im November 1921 schreibt Schjerfbeck, dass sie sich nun aus der Erinnerung male.[326] Den Spiegel schien sie – zumindest für einen Moment – beiseitegelegt zu haben.

Weiterhin bleibt jedoch die Frage bestehen, was den finalen Impuls auslöste, das unfertige Bild in einem ikonoklastischen Akt großflächig zu zerkratzen. Das folgende Kapitel liefert dazu Erklärungsmodelle.

4.2 Der zerkratzte Rücken des Bildes

Die zerkratzte Oberfläche wird als Metaebene verstanden – als Kommentar auf das Gesehene und das daraus folgende Verwerfen des Werkes.[327] Die sich über das Gesicht und den Oberkörper erstreckenden Kratzspuren kennzeichnen das Werk in seiner Unvollständigkeit als vollendet. Sie sind das Resultat einer performativen Geste, in der sich Wut, Frustration und Aggression ausdrücken. Marc Wellmann beschreibt in seinem Artikel über die Geste, wie jene sich von ihrer zunächst rein körperlichen Äußerung in ein Bildzeichen verwandle. Sie gelange durch „physische und psychische Prozesse" ihres Urhebers zu ihrer Form.[328] Die Geste wird damit mit ihrem Ursprungsort verknüpft und als Zusammenspiel aus Psyche und Physis und somit als psychosomatischer Ausdruck des Künstlersubjekts verstanden.[329] Als ebensolcher, als psychosomatischer Ausdruck der Künstlerin, wirft die zerstörerische Geste die Frage nach den Ursachen auf.

---

326 „Jag har spikat upp på ramar och fick en dag lust måla på ‚mig sjelv' – jag tycker inte om jag ser så ung ut på bilden. Målar ur minnet nu." Brief von Helene Schjerfbeck an Einar Reuter, 12.11.1921, Åbo Akademis bibliotek.

327 Vgl. Tams (Jádi) 2012, S. 67.

328 Marc Wellmann: *Geste,* 2005 (http://www.udk-berlin.de/sites/content/e177/e70/e699/ e717/ e1895/ e5435/e1920/index_ger.html), letzter Aufruf: 24.7.13.

329 Wellmann 2005. Ein derartiges Verständnis der Geste wurde häufig auf die Kunst des Informel angewandt, wo sie zum künstlerischen Repertoire gehörte. Die Geste wird in Bezug auf Schjerfbecks Selbstbildnis jedoch nicht als stilistisches Element verstanden.

Zunächst liegt es nahe, sie als Ausdruck der Frustration über das eigene künstlerische Unvermögen zu verstehen.[330] Im Oktober 1921 schreibt Schjerfbeck an Reuter:

> Und diesen Herbst habe ich überlegt, endgültig mit dem Malen aufzuhören. Es war ja nur eine halbe Sache, ein Kampf seitdem ich aus Paris zurückgekommen bin – Du hast mir das merkwürdige Verlangen nach einer vollkommenen Arbeit gegeben, aber man kann nie den *Menschen* in sich selbst töten. [...] Nun, vielleicht geht es noch für einige Zeit unvollkommen.[331]

In diesem Briefauszug drückt sich Schjerfbecks Verzweiflung aus. Sie zweifelt an ihrem künstlerischen Können und hadert zugleich auch mit sich als „Menschen".

Das schöpferische Subjekt ist eine Größe, die Einfluss auf die Produktion des Werkes nimmt, jedoch nur bedingt greifbar ist. Gerade in Bezug auf die Gattung des Selbstporträts ist diese Verbindung ausgeprägt. Porträtierende und Porträtierte, Subjekt und Objekt sind zu einer Einheit verschmolzen. Die subjektive Wahrnehmung, Teile des Selbst, die Innenerfahrung, die nur die Malerin wahrnehmen kann, sind wesentliche Bestandteile von Selbstporträts.[332]

Bevor ein genauerer Blick auf die möglichen inneren Dialoge der Malerin geworfen wird, wird im Folgenden aus wahrnehmungspsychologischer Perspektive gefragt, welche Bildbestandteile derart heftige Reaktionen hervorrufen können. Die Wirkungsmacht der einzelnen Bildelemente des unvollendeten Selbstbildnisses ist auch für den Betrachter spürbar. So irritiert die Asymmetrie der Gesichtshälften. Wahrnehmungspsychologisch werden asymmetrische Gesichter als weniger angenehm empfunden als symmetrische.[333] Darüber hinaus wurde das Gesicht durch die palimpsesthafte Arbeitsweise, die im Bereich des linken Auges sehr deut-

---

330 Vgl. z. B. Tams (Jádi) 2012, S. 67.

331 „Och denna höst har jag tänkt på att lämna målning för alltid. Det har ju varit en halvt, en kamp sen jag kom från Paris – du gav mig en underlig längtan till helt arbete, men aldrig kan man döda *mänskan* i sig. Du säger konstnären *är* människa – men *de som behöva en*! Nå, det går väl så halvt en tid ännu." Brief von Helene Schjerfbeck an Einar Reuter, 23(?).10.1921, zitiert nach: Levanto 1992, S. 51.

332 Vgl. Boehm 1985, S. 234 f. Altti Kuusamo führt diesen Gedanken weiter, indem er Juri Lotmans Konzept der Autokommunikation auf die Gattung des Selbstporträts überträgt, vgl. Altti Kuusamo: *Omakuva ja autokommunikaation ulottuvuudet. Merkityksen muodostumisen itseviittaavat elementit omakuvan lajissa*, in: id. u. Minna Ijäs u. Riikka Niemelä (Hrsg.): *Kuinka tehdä taidehistoriaa?*, Turku 2010 (Utukirjat), S. 98–124, und Jurij M. Lotman: *Die Innenwelt des Denkens. Eine semiotische Theorie der Kultur* (aus d. Russ. übers.), Berlin 2010 [2000] (Suhrkamp Taschenbuch Wissenschaft).

333 Vgl. Schönhammer 2013, S. 181.

lich ausfällt, in seiner Integrität angegriffen. Dies kommt einem Tabubruch gleich, zumal das menschliche Antlitz etwas Unantastbares darstellt.[334]

Aus wahrnehmungspsychologischer Perspektive zeichnet sich ein entstelltes Gesicht durch Veränderungen aus, so beispielsweise den Verlust von einzelnen Gesichtspartien wie Nase und Lippen oder Farbanomalien.[335] Der Angriff auf die zentralen Gesichtsmerkmale des Selbstbildnisses wie Augen und Nase lässt das Gesicht also entstellt und somit abstoßend wirken.[336] Die Brutalität, mit der das Auge bearbeitet wurde, affiziert den Betrachter auf unangenehme Weise. Nicht umsonst ist die Blendung eine der ältesten Strafen der Menschheit.[337] Die Verbindung aus ausgekratztem Auge, Deformation und dem angedeuteten Totenschädel lässt die visuelle Erkundung des Werkes zu einer Konfrontation mit den eigenen Urängsten werden. Der Angriff auf das Gesicht sowie die symbolische Präsenz des Todes erscheinen als existenzielle Bedrohung, die auch die Angst des Betrachters weckt.[338]

Vermutlich mit einem umgedrehten Pinsel erzeugte Kratzspuren, die sich in langen Linien über den ganzen Körper der Figuren erstrecken, führen zu der doppelten Zerstörung. Der Impuls der Malerin, sich gegen die anscheinend außer Kontrolle geratene Ästhetik des Bildnisses durch einen tätlichen Angriff zu verteidigen, wird nicht nur nachvollziehbar, sondern erfüllt den Betrachter vielleicht sogar mit

334 Vgl. Alexandra Hennig: *Francis Bacon. Porträtmalerei nach der Repräsentation*, in: *Francis Bacon und die Bildtradition* (hrsg. v. Wilfried Seipel u. Barbara Steffen u. Christoph Vitali), Ausstellungskatalog, Fondation Beyeler, Riehen / Kunsthistorisches Museum Wien 2003, S. 215–221, S. 216.

335 Vgl. Antoni-Komar 2006, S. 254 f.

336 Die Frage, inwieweit derartigen Handlungen am Bild und den daraus resultieren Spuren nur eine symbolische Funktion zukommt oder sie als Handlungen verstanden werden können, die auch der Betrachter am eigenen Leibe spüren kann, führt in den Bereich der Neurowissenschaften. Seit der Entdeckung von Spiegelneuronen werden im neurowissenschaftlichen Bereich grundlegende Fragen zur Funktionsweise von Bildern, die menschliche Gesichter zeigen, intensiver diskutiert. Dies spiegelt sich auch in der kunsthistorischen Forschung wider. So hat sich z. B. David Freedberg intensiv mit der Verbindung von Neurowissenschaft und der Wirkungsmacht von Bildern auseinandergesetzt, vgl. David Freedberg: *Empathy, Motion and Emotion*, in: Klaus Herding (Hrsg.): *Wie sich Gefühle Ausdruck verschaffen. Emotionen in Nahsicht*, Taunusstein, 2. Auflage 2008 (Driesen Kunstgeschichte), S. 17–53. Ich habe mich dafür entschieden, dieses überaus spannende Feld in meiner Arbeit auszuklammern, da sich die neurobiologische Forschung zum jetzigen Zeitpunkt in diesem Bereich noch am Anfang befindet und die daraus gewonnenen Erkenntnisse dadurch nur eingeschränkt für die kunsthistorische Forschung nutzbar sind, vgl. Hans Hacker: *Neuronale Rezeption emotionaler Inhalte der darstellenden Kunst*, in: Herding (Hrsg.) 2008, S. 53–65.

337 Augen wurden seit der Antike auch wiederholt zum Ziel ikonoklastischer Handlungen in effigie, vgl. Fleckner 2012 b, S. 160 ff.

338 Jan Niklas Howe befasst sich mit sog. ästhetischen Emotionen und mit der Frage, wie negative Emotionen durch Kunstwerke ausgelöst werden können, vgl. id.: *Wiedererkennen und Angst. Das Unheimliche als ästhetische Emotion*, in: Martin Doll et al. (Hrsg.): *Phantasmata. Techniken des Unheimlichen*, Wien 2011 (Cultural Inquiry, Bd. 3), S. 47–63, S. 56.

Erleichterung. Das Fremde, das im eigenen Selbst schlummert, die bewusstgewordene Todesahnung des Subjekts, werden auf aggressive Weise abgelehnt.

Dieser ikonoklastische Akt erinnert stark an Oscar Wildes Roman *The Picture of Dorian Gray*. So wird ein ähnlicher Impuls in Wildes Protagonist Dorian Gray ausgelöst, als dieser sein Porträt erblickt. Er zerstört das Gemälde – den Doppelgänger seines Selbst –, das sein gealtertes Ich zeigt und nicht nur seinen körperlichen, sondern auch seinen moralischen Verfall widerspiegelt.[339] Die einzige Möglichkeit, die Wirkkraft der (Selbst-)Spiegelung zu entmachten, scheint ihre Zerstörung zu sein – durch die sich Dorian letztlich selbst zerstört und den eigenen Tod herbeiführt. Schjerfbeck hatte Wildes Roman gelesen und schreibt 1915 an Maria Wiik, dass es das grauenvollste Buch sei, das sie jemals gelesen habe, und zugleich voller Wahrheit.[340] Sie entscheidet sich jedoch letztlich gegen die vollständige Zerstörung ihres Selbstbildnisses. Es bleibt in seiner Unvollkommenheit bestehen, als Zeuge, dass „man [...] nie den *Menschen* in sich selbst töten" kann.[341] Durch die Platzierung auf der Rückseite verbannt sie das unvollkommene Werk aber aus ihrem Blick, verdrängt es. Doch dort, auf dem Rücken des Bildes, schlummert es weiter und bleibt somit Teil ihrer (künstlerischen) Existenz.

Nur kurze Zeit später griff Schjerfbeck wieder zu dieser Handlung am Bild, indem sie 1922 eine neue Fassung der *Zigeunerin* zerkratzte und zur Rückseite des ebenfalls 1922 entstandenen Blumenstilllebens *Rosen* werden ließ (*Zigeunerin*, 1922, Öl auf Leinwand, 34 x 43,5 cm, Privatsammlung. Die Bildrechte konnten leider nicht geklärt werden). Eine derart aggressive Geste der intendierten Zerstörung ist nur bei diesen beiden Bildnissen zu finden, die auch in zeitlicher Nähe zueinander entstanden sind. Es berechtigt erneut zu der Frage, ob die Aggression sich ausschließlich gegen ihr künstlerisches Unvermögen richtete oder ob Schjerfbeck darin einen Teil von sich selbst erblickte, den sie vernichten wollte.

Dem folgenden Abschnitt liegt die Annahme zugrunde, dass Schjerfbeck mit der *Zigeunerin* ein Werk schuf, mit welchem sie sich in gesteigertem Maß identifizierte. Zunächst wird gefragt, wie sich dies auf visueller Ebene ausdrückt und worauf sich ihre Ablehnung bezog. Im darauffolgenden Schritt wird auf eine weitere Dimension des Bildnisses verwiesen: die Identifikation mit einer Figur, die eine fremde Kultur repräsentiert.

---

339 Vgl. Oscar Wilde: *The Picture of Dorian Gray*, London 1994 [1890].

340 Vgl. Brief von Helene Schjerfbeck an Maria Wiik, 1.9.1915, zitiert in: Raisa Laurila-Hakulinen: *Johdanto – Kaipuun ja muutoksen vuodet*, in: *Helene Schjerfbeck. Taikavuorella – Muutoksen vuodet 1902–1925* (hrsg. v. Lea Bergström et al.), Ausstellungskatalog, Hyvinkään taidemuseo, Hyvinkää 2001, S. 10–32, S. 27.

341 Brief von Helene Schjerfbeck an Einar Reuter, 23.(?)10.1921, zitiert nach: Levanto 1992, S. 51.

Schjerfbeck entwickelte die *Zigeunerin* aus einer Skizze, der sie den Namen *Hitze* (1919) verliehen hatte.[342] In *Hitze* sind zwei Figuren in Rückenansicht dargestellt, die von einer Komposition aus Farben und Formen umgeben sind und in einem nicht definierten Raum zu schweben scheinen. Aus diesem Werk extrahierte Schjerfbeck die abstrakten Farbflächen und ersetzte die zwei Figuren durch eine, die im Verhältnis zum übrigen Gemälde wesentlich mehr Platz einnimmt als die Figuren in *Hitze.* Sie gab dem Werk den Titel *Trauer* (Abb. 22). Es zeigt eine dem Betrachter zugewandte sitzende Figur, die mit der einen Hand in melancholischer Geste ihren Kopf hält und mit der anderen ihr Gesicht verbirgt. Es entsteht der Eindruck, dass die Figur von den dumpfen Farben umhüllt wird, sodass sie sich beinahe in diesen aufzulösen droht. Sie scheint buchstäblich im Begriff zu sein, in ihrer Trauer zu versinken. Als weitere Variation entstand aus diesem Figurenbild 1919 *Die Zigeunerin* (Abb. 23). Die in der *Zigeunerin* stattfindende Konzentration auf den gebeugten Oberkörper und die das Gesicht stützenden und verhüllenden Hände lässt weiterhin den Eindruck einer trauernden Person im Vordergrund stehen. Zugleich wird durch die das Gesicht bedeckende linke Hand die Assoziation einer Person wachgerufen, die sich schämt.

Für Schjerfbeck war es ungewöhnlich, ihre Werke mit einem Titel zu versehen, der auf einen emotionalen Zustand verweist. Zwar betonte sie in den Briefen häufig den emotionalen Gehalt ihrer Werke, doch bleibt die Entschlüsselung der dargestellten Gefühle stets dem Betrachter überlassen. Dass sich hierin eine verstärkte Identifikation mit den unterschiedlichen Variationen dieses Motivs andeuten könnte, legt auch die 1922 entstandene zerkratzte Fassung der *Zigeunerin* nahe (*Zigeunerin*, 1922, Öl auf Leinwand, 34 x 43,5 cm, Privatsammlung. Die Bildrechte konnten leider nicht geklärt werden). Eine derart heftig ausfallende Reaktion auf ihr Schaffen lässt erneut eine starke Affizierung und somit einen emotionalen Bezug zum Bildmotiv erahnen. Wogegen diese Geste gerichtet gewesen sein könnte, soll eine Analyse der durch die Figur verkörperten Gefühle klären.

Der Titel *Die Zigeunerin* ist zunächst primär auf Schjerfbecks Modelle zurückzuführen.[343] In ihrer näheren Umgebung lebten Angehörige der Sinti und Roma, die sie anscheinend darum gebeten hatte, ihr Modell zu sitzen.[344] Obwohl diese gesell-

342 Vgl. Ahtola-Moorhouse 2009, S. 40.

343 Die beiden Frauen – Ylva und Gerty –, die ihr für *Hitze* Modell gesessen hatten, erwähnte sie in ihren Briefen auch namentlich, vgl. Ahtola-Moorhouse 2009, S. 40, und Brief von Helene Schjerfbeck an Einar Reuter, 15.11.1919, Åbo Akademis bibliotek.

344 Mona Annette Schieren bezeichnet die Rezeptionsgeschichte des „Zigeuners" als „Skandalon". Sie schreibt: „Denn in nahezu allen kunsthistorischen Abhandlungen und Bemerkungen werden Zigeuner nicht als Sujet behandelt, sondern als primitives Volk und fremde Rasse vorgestellt." Id.: „*Die melancho-*

schaftlich geächtet waren,[345] drückt sich in den hier besprochenen Bildnissen keinerlei Verachtung aus. In der Literatur stellte „der Zigeuner" häufig eine romantische Figur des Vergnügens und des Exzesses dar, die mit dem Lebensstil der Boheme in Verbindung gebracht wurde.[346] Doch auch dies trifft nicht auf Schjerfbecks Werk zu. Weder Bewunderung und ein Leben der Boheme noch romantisierende Verklärung sind das Thema von Schjerfbecks Variationen der *Zigeunerin*. In Zusammenhang mit dem Titel *Trauer* weckt es vielmehr Assoziationen der gesellschaftlichen Randstellung, die die Angehörigen der Sinti und Roma einnahmen, und der damit einhergehenden Scham. Die einerseits trauernde Körperhaltung in *Trauer* und *Die Zigeunerin* geht zugleich über in eine Schutzhaltung, bei der die Hände das Gesicht und den Kopf vor den Blicken des Betrachters als Repräsentanten der Gesellschaft verbergen (Abb. 22 u. 23).

Das Bedürfnis, sich zu verbergen oder zu verstecken, ist essenziell für das Gefühl der Scham. Die etymologische Herkunft des Wortes verweist eindeutig auf diese Eigenschaften. Der Wortstamm geht auf das indogermanische *kam/kem* zurück, das die Bedeutung von „zudecken", „verschleiern" oder „verbergen" beinhaltet.[347] Als Ursache für das Schamgefühl kommt wesentlich eine Handlung oder ein Verhalten infrage, das nicht regelkonform ist. Als Folge dieses Verstoßes sieht das Subjekt sich in seiner sozialen Akzeptanz bedroht.[348]

Charakteristisch für das Werk *Die Zigeunerin* ist jedoch nicht nur die Geste des Verbergens durch die Hände, sondern auch die Gesichtslosigkeit der Figur (Abb. 23).[349] Das Gesicht besteht nur noch aus einer konturlosen, sfumatoartigen Fläche, die durch Schjerfbecks palimpsesthafte Arbeitsweise erzeugt wird. Die fehlenden Gesichtszüge bewirken zweierlei: Einerseits wird erneut das Schamgefühl betont, indem der Eindruck des Gesichtsverlustes entsteht. Andererseits lässt die vollständige Entfernung der individuellen Gesichtszüge die Figur zur allgemeinen Identifi-

---

lische Faszination der fremden Rasse". Otto Muellers Zigeunerbilder in der Rezeption, in: Wulf D. Hund (Hrsg.): *Zigeunerbilder. Schnittmuster rassistischer Ideologie*, Duisburg 2000, S. 51–66, S. 52.

345 Vgl. Sarah Warren: *Spent Gypsies and Fallen Venuses: Mikhail Larionov's Modernist Primitivism*, in: Oxford Art Journal, Nr. 2, 2003, S. 25–44, S. 35. Sarah Warren geht auf das Motiv des „Zigeuners" in Russland um 1900 ein.

346 Vgl. Sarah Warren: *Mikhail Larionov and the Cultural Politics of Late Imperial Russia,* Burlington, VT 2013, zugl. Diss., University of Southern California, Los Angeles 2002, S. 20 f.

347 Vgl. Jens Tiedemann: *Scham*, Gießen 2013 (Analyse der Psyche und Psychotherapie, Bd. 7), S. 10. Marie Christine Tams (Jádi) versucht den Ausdruck von Scham in einem Werk Schjerfbecks (*Rothaariges Mädchen*, 1915) nachzuweisen, vgl. id. 2012, S. 63.

348 Vgl. Tiedemann 2013, S. 9.

349 Dies ist besonders in der Version von 1919 ersichtlich (Abb. 23).

kationsfigur werden.[350] Die Universalität von Gefühlen wie Scham und Trauer, mit denen sich viele Betrachter identifizieren konnten und können, steht somit im Vordergrund. Diese inhaltliche Ebene wird zusätzlich durch das Fehlen von narrativem oder charakterisierendem Beiwerk betont. Der Raum ist nur als eine Komposition aus Farbflächen angedeutet, dem kaum kulturelle Eigenheiten zugeschrieben werden können. So wird die Figur der Zigeunerin zur Erkundungsfläche des Selbst.

In dem oben bereits angeführten Brief über Oscar Wildes Dorian Gray nimmt Schjerfbeck weiter auf Wilde Bezug: „[...] in jedem empfindsamen Portrait stellt der Künstler sich selbst dar, das Modell ist einfach Zufall, eine Belanglosigkeit."[351] In jedem Gemälde sei somit auch ein Teil des Ich der Malerin enthalten. In dieser Aussage wird der Vorgang der Automimesis betont, die das Porträtieren fremder Modelle beinhalten kann. Bei *Die Zigeunerin* stellt das Gefühl den vordergründigen Identifikationsraum für die Malerin mit dem Modell oder vielmehr der symbolischen Figur dar. So wählt Schjerfbeck eine Repräsentantin einer fremden Kultur, in die sie ihre eigenen Gefühle hineinprojiziert.[352] Die reale Person des Modells ist dabei sekundär.[353]

Insofern bietet sich in Bezug auf die gesamte hier besprochene Werkgruppe eine biografische Lesart an.[354] 1919 war das Jahr, in dem sich Schjerfbecks langjähriger Freund Einar Reuter mit der wesentlich jüngeren Tyra Arp verlobte. Wie Schjerfbecks Briefe zeigen, hatte sie ihr Verhältnis zu Einar Reuter, mit dem sie auch den Sommer 1919 in Tammisaari verbracht hatte, falsch gedeutet. Was für ihn eine platonische, aber innige Freundschaft war, deutete sie als intimeres Verhältnis. Durch die Verlobung und spätere Heirat mit Tyra Arp wurden ihre Hoffnungen auf eine Liebesbeziehung abrupt zerstört. Wie Schjerfbeck darunter litt, drückt sie in ihren Briefen aus. Ebenso verschlechterte sich ihr gesundheitlicher Zustand so stark, dass sie für längere Zeit im Krankenhaus von Tammisaari behandelt werden

---

350 Carolin Köchling verweist ebenfalls auf Figurenbildnisse Schjerfbecks, in denen die Figuren nicht in Blickkontakt mit dem Betrachter treten und die sich durch das Fehlen physiognomischer Ähnlichkeit auszeichnen. Hierdurch würden sie zu einer Projektionsfläche für den Betrachter werden, vgl. id. 2014, S. 20 ff., und Landmann 2016, S. 425.

351 Zitiert nach: Görgen 2007 b, S. 17.

352 Damit stellt Schjerfbecks „Zigeunerin" einen deutlichen Gegenentwurf zum seinerzeit verbreiteten Zigeunerstereotyp dar, in welchem „Zigeuner" als „primitive Rasse" und „Zigeunerinnen" als willfährige Sexualobjekte begriffen wurden, vgl. Schieren 2000, S. 52 f.

353 Ob die dargestellten Gefühle die des Modells waren, lässt sich nicht beantworten und erscheint hier nicht weiter relevant. Carolin Köchling stellt die Verbindung von realer Person und den durch die Werke evozierten Emotionen infrage. Sie weist darauf hin, dass in der Rezeption von Schjerfbecks Figurenbildnissen kaum zwischen realer Person und Kunstwerk differenziert wurde, vgl. id. 2014, S. 22.

354 Diesem Figurenbild und dessen unterschiedlichen Ausführungen wurde wiederholt ein autobiografischer Gehalt zugeschrieben, der in diesem Fall tatsächlich naheliegt, vgl. Ahtola-Moorhouse 2009, S. 40, und Ahtola-Moorhouse 2007, S. 29, sowie Tams (Jádi) 2012, S. 64.

musste.[355] Als sie 1922, das Jahr von Einar Reuters Hochzeit, das Motiv erneut aufgriff, schienen ihre Wut und Ablehnung gegen die eigenen Gefühle den destruktiven Impuls auszulösen. Ebenso wie *Unvollendetes Selbstporträt* wurde *Die Zigeunerin* in diesem fragmentarischen Zustand mit den Spuren der partiellen Zerstörung auf dem Rücken des anderen Bildes den Blicken entzogen.

Beide Gemälde wurden jedoch nicht vollständig zerstört. Vielleicht war es eine Ahnung Schjerfbecks, etwas Neues erschaffen zu haben, das die Gemälde vor der kompletten Zerstörung bewahrte. Das dort Abgelehnte wurde in den Folgejahren zum wichtigen Teil ihrer Kunst. So sind im unvollendeten Selbstbildnis zentrale Elemente enthalten, die Schjerfbeck fortan in ihren Selbstporträts aufgriff und durch einen kontrollierteren ästhetischen Ausdruck in allgemeine Aussagen über das Menschliche transformierte.[356] Ähnliches trifft auf *Die Zigeunerin* zu. In dem Werk steht die Identifikation mit einer Repräsentantin einer fremden Kultur im Vordergrund und nicht die Differenz zu dieser. Wie das folgende Kapitel zeigt, taucht diese inhaltliche Ebene auch in weiteren Werken Schjerfbecks auf.

---

355 Vgl. Konttinen 2004, S. 311–322, und Lena Holger 2011, S. 57.

356 Katja Vuorinen weist ebenfalls auf die Bedeutung von *Unvollendetes Selbstporträt* für die späteren Selbstbildnisse hin, vgl. Vuorinen 2004, S. 23 f.

5

Individualität und Universalität im Dialog. *Selbstporträt* (1913–1926)

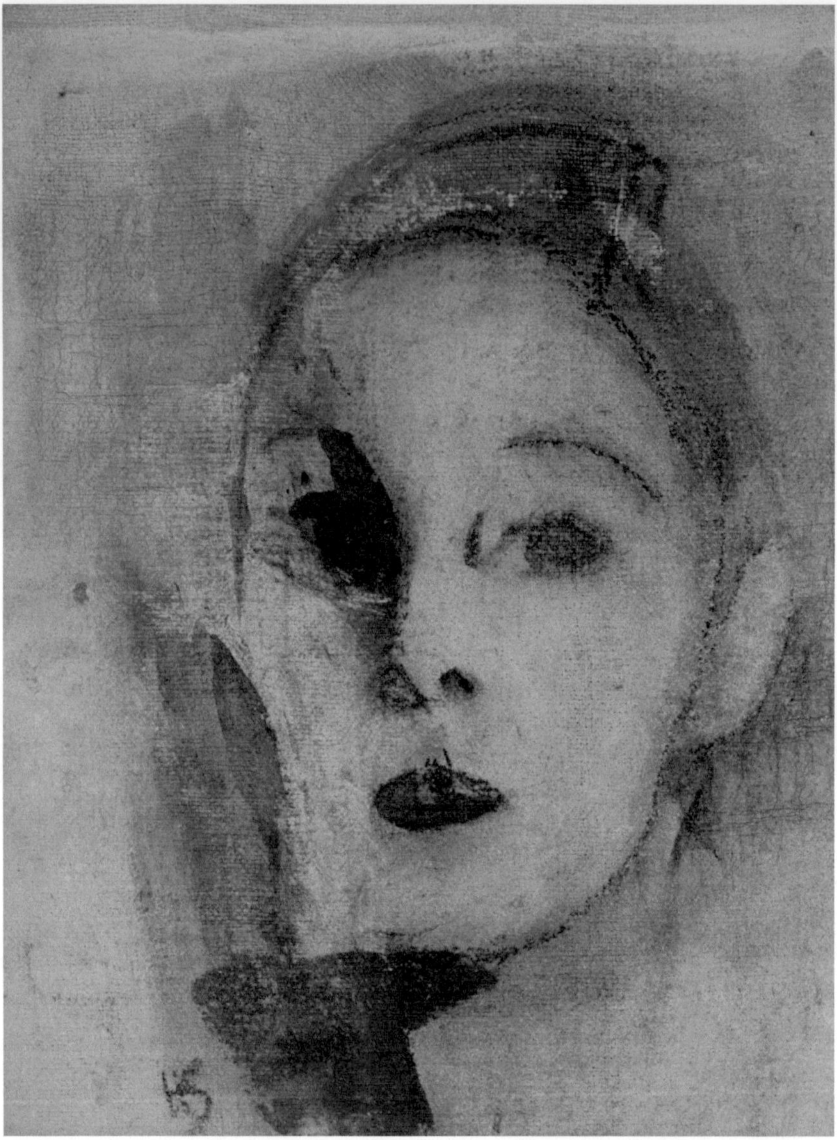

Abb. 5: Helene Schjerfbeck: *Selbstporträt*, 1913–26

5.1 Die Suche nach dem Eigenen im Fremden

Der erste Blick auf das *Selbstporträt* von 1913 bis 1926 lässt die Überschneidungen zum *Unvollendeten Selbstporträt* sichtbar werden (Abb. 5). Die Asymmetrie der Gesichtshälften und die zunehmende Distanz zur Figuration sind ebenfalls wesentlicher Bestandteil dieses Werkes. Doch neben diesen offensichtlichen Parallelen treten in dem Bildnis auch viele neue Elemente auf. Diese geben Einblick in das durch die Selbstporträts transportierte Verständnis des Menschseins.

Wie so häufig in Bezug auf die Selbstbildnisse Schjerfbecks wurde in bisherigen Interpretationen das Hauptaugenmerk auf den vermeintlich biografischen Gehalt des *Selbstporträts* von 1913 bis 1926 gerichtet. So bringt H. Ahtela [Einar Reuter] 1953 die Asymmetrie der Gesichtshälften mit Schjerfbecks „kraftloser Krankheitsphase“ in Verbindung und knüpft damit an den von ihm maßgeblich mitgeprägten Künstlerinnenmythos an.[357] Dass sich die biografisch motivierte Deutung des Bildnisses bis in die 2000er Jahre halten konnte, zeigt Leena Ahtola-Moorhouses Interpretation. Sie sieht die abstrahierte rechte Gesichtshälfte als Ausdruck eines Traumas der Künstlerin, das sie auf deren Lebensumstände zurückführt.[358]

Im Folgenden werden wesentliche, bisher nicht diskutierte formale und inhaltliche Ebenen des Selbstporträts thematisiert, wobei sich ein besonderes Augenmerk auf Schjerfbecks künstlerisches Vorgehen richtet. Diesmal steht weniger die in das Material eingeschriebene Prozessästhetik im Vordergrund, sondern ihre „Ateliersituation“.[359] In einem weiteren Schritt wird das Bildnis in seinem Kontext betrachtet und gefragt, wie es sich stilistisch und ideologisch in die finnische Kunstwelt einfügt.

Das kleinformatige, nahezu frontale Bildnis wird zu einem Zeugnis, das verdeutlicht, dass das äußerlich ähnliche Selbstporträt die Komplexität des Ich nicht wiederzugeben vermag. Schjerfbeck begann ihre Arbeit an diesem Werk vermutlich 1913 und vollendete sie 1926, indem sie ihren „alten Mund auf das Bild ihrer Jugend setzte“.[360] Das wohl prägnanteste Merkmal dieses Selbstbildnisses ist die

---

357 „kraftlösa sjukdomsperioden“, Ahtela 1953, S. 349. Die unnatürliche Deformation der Gesichtshälften stellt ein Abweichen vom weiblichen Schönheitskanon dar, was als Bedrohung empfunden werden konnte, vgl. Bärbel Küster: *Matisse und Picasso als Kulturreisende. Primitivismus und Anthropologie um 1900*, Berlin 2003, zugl. Diss., Goethe-Universität, Frankfurt a. M. 2003, S. 150 f.

358 Vgl. Ahtola-Moorhouse 2000, S. 42.

359 Dieser Begriff wird im übertragenen Sinn verwendet, da Schjerfbeck nicht über ein klassisches Atelier verfügte.

360 „Nu skall jag sätta min gamla mund på ett ungdomsporträtt och göra färdigt – nu är jag fri – [...]“, Brief von Helene Schjerfbeck an Einar Reuter, 3.10.1926, Åbo Akademis bibliotek.

deutliche Zweiteilung der Gesichtshälften, die zwei unterschiedlichen Gemälden anzugehören scheinen – das einzige symmetrische Element des frontalen Selbstporträts ist der Mund. Während die linke Gesichtshälfte der Künstlerin wie eine skizzenhafte Zeichnung wirkt, in der die Gesichtskontur mithilfe von Kohle nachgezeichnet wurde, erscheint die rechte Hälfte in ihrer Form und Oberfläche deutlich deformiert.

Dieses Selbstporträt unterscheidet sich durch die Vielfalt der verwendeten Materialien von den übrigen Selbstbildnissen der Künstlerin. Öl, Aquarell und Kohle auf Leinwand lassen die Grenzen zwischen Zeichnung und Malerei verschwimmen. Durch die schwarzweiße Farbigkeit ist es näher an der Ästhetik der letzten Kohlezeichnungen Schjerfbecks als an jener der anderen Selbstbildnisse in Öl (Abb. 37). Hierdurch erhält das Werk einen skizzenhaften Charakter, durch den die Prozesshaftigkeit des schöpferischen Akts freigelegt wird. Zugleich weckt die Farbigkeit Assoziationen an Schwarz-Weiß-Vorlagen aus Kunstbüchern und Zeitschriften, mit denen Schjerfbeck in dieser Zeit arbeitete. Durch diese bildimmanenten Eigenschaften sowie die abstrakten Elemente wird darauf hingewiesen, dass der Betrachter auf ein Kunstwerk schaut, das nicht mit einem naturalistischen Abbild verwechselt werden sollte. Die transparenten, sich außerhalb des Gesichts befindenden schwarzen Flächen auf der linken Seite des Gemäldes verstärken diesen Eindruck. Zugleich tragen sie dazu bei, dass die rechte Gesichtshälfte noch als solche erkannt wird. Sie rahmen das Gesicht und bilden seine äußere – wenn auch deformierte – Grenze. An vielen Stellen sind es nur vorsichtig angedeutete Anhaltspunkte, die das Antlitz vom Hintergrund abheben. Auch durch das Verwischen, Mischen und Abtragen von schwarzer und weißer Farbe auf der Leinwand sind die Übergänge von Hintergrund und Figur fließend, so zum Beispiel im Bereich der Haare. Vollends aufgelöst hat sich die Differenz von Figur und Leinwand dort, wo sich Hals und Oberkörper der Künstlerin befinden müssten. Dort ist die Figürlichkeit einer abstrakten Fläche gewichen. Der kräftigste Farbauftrag lässt sich dagegen im Bereich der schwarzen Augenhöhle der rechten Gesichtshälfte ausmachen, die in ihrer Gesamtheit mehr einem schwarzen Loch gleicht als einem blickenden Auge und die dem Antlitz melancholische Züge verleiht. Die Darstellung des „Auges“ erinnert stark an *Unvollendetes Selbstporträt.*

Gerade noch zu erahnen ist ein weiteres Bildelement, dem auch dieses Auge angehört: Das in den Selbstbildnissen seit etwa 1921 regelmäßig wiederkehrende „Profil“, das mehr einem Totenkopf, dem angedeuteten Profil einer archaischen Maske oder gar einem Affen gleicht als dem Antlitz einer lebenden Person. Um dieses zu erkennen, ist die Fantasie des Betrachters gefragt – darüber hinaus vielleicht sogar ein gewisses Vorwissen. Blickt man zunächst auf *Unvollendetes Selbstporträt* von 1921, so lässt die rechte Gesichtshälfte keine Zweifel darüber zu, dass es auch in diesem Selbstbildnis zu einem perspektivischen Bruch kommt (Abb. 4). Mit dem unvollendeten Selbstbildnis gewissermaßen als Sehhilfe ist das angedeutete Profil im schwarzweißen Selbstbildnis deutlicher wahrnehmbar. Im Bereich des seitlich gesehenen Kinns deuten kurze schwarze Linien eine Kontur an. An der Stelle des Philtrums des frontalen Selbstbildnisses – der vertikalen Rinne oberhalb des Mundes – befindet sich ein kurzer Strich, der mit einer Unterbrechung am unteren Kinnrand fortgesetzt wird und einem Kinn im „Profil" anzugehören scheint. Die Nase des angedeuteten Profils erinnert durch ihre Negativform mehr an die Nase eines Affen als an die eines Menschen. Durch diese angedeuteten Formen eröffnen sich dem Betrachter immer neue Bilder und das Betrachten wird zum assoziativen Rezeptionsvorgang, der einem Rorschachtest gleicht.

Der genaue Hergang der Bildentstehung des Selbstporträts lässt sich nicht mehr rekonstruieren. In der Regel wird das Werk auf die Jahre zwischen 1913 und 1926 datiert.[361] Die linke Gesichtshälfte weist deutliche Parallelen zum *Selbstporträt mit schwarzem Hintergrund* auf (Abb. 3), weshalb die Möglichkeit erwogen werden sollte, dass dieses Werk später als 1913 begonnen wurde. Es ist durchaus vorstellbar, dass es anfänglich als Studie für das Selbstbildnis von 1915 gedacht war, die im Laufe der Jahre einem grundlegenden Wandel unterlag.[362]

Die Zaghaftigkeit der Ausführung und die daraus resultierende Schwierigkeit, das angedeutete Profil im Selbstporträt von 1913 bis 1926 zu erkennen, kann darauf hinweisen, dass das „Profil" das Resultat experimentellen Arbeitens ist – eines Arbeitens ohne feststehendes visuelles Ziel. In der rechten Gesichtshälfte und um diese herum werden die Spuren von Schjerfbecks palimpsesthaftem Arbeitsprozess sichtbar: Der Farbauf- und -abtrag führt zu einem Auflösen vorangegangener Formen. Durch diese zaghafte Destruktion des Figurativen können neue visuelle Verbindungen entstehen. Es ist möglich, dass das vage Profil in der rechten Gesichtshälfte noch vor jenem schädelartigen Profil im unvollendeten Selbstporträt entstanden ist. Für ein experimentelles „Zufallsprodukt" sprechen jedenfalls Schjerfbecks Briefe. Wiederholt beschreibt sie den künstlerischen Schaffensprozess als das Schöpfen aus dem Unbewussten: „Während des Malens ist nahezu alles unbewusst. Danach sieht man dann, was man gemacht hat. Während des Malens wiederholt

361 H. Ahtela [Einar Reuter] nimmt eine Datierung in seiner Monografie vor, vgl. id. 1953, S. 348 f. Er scheint sich dabei auf die Aussagen Schjerfbecks zu beziehen, was er jedoch an dieser Stelle nicht explizit behauptet. Bis in die Gegenwart ist dies die geläufige Datierung.

362 Helena Woirhaye datiert das schwarzweiße Bildnis ebenfalls auf die Jahre 1915–1926, begründet ihre Datierung jedoch nicht, vgl. id.: *Maire Gullichsen. Taiteen juoksutyttö*, Helsinki 2002, S. 157. Weitere Hinweise zu der Entstehungszeit des Werkes konnte ich nicht finden. Ich danke an dieser Stelle Anni Saisto vom Porin taidemuseo (Kunstmuseum Pori) für ihre Auskunft.

man häufig etwas für sich, idiotisch – um störende Gedanken zu verhindern?“[363] Nur wenig später ergänzt sie:

> Ich habe neulich nicht genau genug darüber geschrieben, was man während des Malens denkt – man denkt [an] Farbe, bearbeitet diese, wechselt viele Male die Töne, Flächen, keineswegs gleichmäßig – das wisst Ihr selbst. Darüber hinaus singen viele Maler leise vor sich hin. Ich wiederhole etwas leise rhythmisch, immer dasselbe oder dann eine Strophe von einem Gedicht [...][364]

1921 geht sie erneut auf das Nichtdenken während des Malens ein und schreibt: „Es ist am besten, während des Malens nicht zu denken, es gilt nur das, was in dem Moment hervorkommen möchte, was ohne den eigenen Willen will! Das ist Improvisation.“[365]

Die hier beschriebene experimentelle Freiheit war gewiss gerade in jenen Werken ohne Auftrag am größten, in denen die Künstlerin sich selbst Modell saß. Die währenddessen stattfindenden Dialoge mit Farbe und Leinwand wurden – so meine Auffassung – von einer bewussten sowie unbewussten Zwiesprache mit dem eigenen Spiegelbild, Bildvorlagen und Schjerfbecks Bildgedächtnis begleitet. Was diese Zwiesprache im Detail impliziert, wird im Folgenden betrachtet.

Im Zuge des Mythos Schjerfbeck und der Akzentuierung ihres vermeintlichen Eremitendaseins wurde in der Vergangenheit häufig die künstlerische, aber auch die persönliche Isolation der Künstlerin hervorgehoben.[366] Nach wie vor liegt in der Rekonstruktion von Schjerfbecks visuellem Horizont und ihrem persönlichen Bildgedächtnis ein Desiderat. Beides hatte sie unter anderem während ihrer Auslands-

---

363 „När man målar är nästan allt omedvetet, efteråt ser man hvad man gjort, och ofta upprepar man något för sig, idiotiskt medan man målar – är det kanske för att hindra tanken att störa en?“, Brief von Helene Schjerfbeck an Einar Reuter, 18.5.1919, zitiert nach: Levanto 1992, S. 13.

364 „Jag skrev sist inte nog om hvad man tänker när man målar – man tänker i färg, arbetar ut, ändrar många gånger tonen, ytorna, inte precis med beskrivande ord – Ni vet sjelv. Därjemte sjunga många målare halvhögt, och det är en rytm, alltid densamma, som jag upprepar tyst, eller någon strof av ett poem […]“, Brief von Helene Schjerfbeck an Einar Reuter, 1.6.1919, zitiert nach: Levanto 1992, S. 12 f.

365 „Intet tänka när man målar är best, bara det som för stunden vill fram, vill utan ens vilja! Det är att improvisera.“ Brief von Helene Schjerfbeck an Einar Reuter 15(?).3.1921, zitiert nach: Levanto 1992, S. 13.

366 Dies ist in der Forschung der vergangenen Jahre wiederholt kritisch angemerkt worden, vgl. Marja-Terttu Kivirinta: *Helene Schjerfbeck as a National Artist Genius*, in: Renja Suominen-Kokkonen (Hrsg.): *The Challenges of Biographical Research in Art History Today*, Helsinki 2013 (Taidehistoriallisia tutkimuksia, Bd. 46), S. 25–37, S. 26.

und Studienreisen in den 1880er und 1890er Jahren erweitert.[367] Eine mindestens ebenso wichtige Rolle spielten Kunstzeitschriften und -bücher, die sie regelmäßig aus Frankreich, England und Schweden bezog.[368] Seit 1925 hatte sie gemeinsam mit Einar Reuter die französische Kunstzeitschrift *L'Amour de l'Art* abonniert.[369] Doch bereits zuvor hatte sie diese wie auch einige andere Kunstzeitschriften gelesen. Am besten für sie erhältlich war sicherlich die schwedische *Ord och Bild*,[370] aber ebenso hatte sie zu Beginn des Jahrhunderts die englische Kunstzeitschrift *The Studio* sowie *La Revue Moderne des Arts et de la Vie* immer wieder konsultiert.[371]

---

367 Vgl. z. B. Konttinen 2004 a, S. 258 ff. Schjerfbecks Auseinandersetzung mit Werken von Künstlern wie Francisco de Goya, El Greco, Diego Velázquez oder Constantin Guys wurde in den letzten Jahren thematisiert, vgl. Leena Ahtola-Moorhouse: *„Regardless of All External Influences, It Is Still I who Create My Own Works [...] All Beauty only Serves to Enrich Us." Notes on Helene Schjerfbeck's Relationship with Works by Other Painters, particularly El Greco*, in: *Helene Schjerfbeck* 2012, S. 45–61, und Riitta Konttinen: *Helene Schjerfbeck ja Constantin Guys*, in: *Helene Schjerfbeck Riihimäen taidemuseon Tatjana ja Pentti Wähäjärven kokoelmassa* 2004, S. 11–17. 1892 und 1894 unternahm sie Reisen nach St. Peterburg, Wien und Florenz, um Werke u. a. von Hans Holbein dem Jüngeren, Diego Velázquez und Frans Hals zu kopieren. Durch die Aufträge konnte sie sich 1894 die Reise und einen Aufenthalt in Florenz finanzieren, wo sie dann ein Fresko von Fra Angelico und Details aus einem Werk von Filippo Lippi kopierte, vgl. Ahtola-Moorhouse 2012, S. 47 ff., und Susanna Pettersson: *The Art Museum as Author of Art History: The Formation of a National Art Collection in Finland and the Case of Copies*, in: Johanna Vakkari (Hrsg.): *Mind and Matter. Selected Papers of Nordik 2009 Conference for Art Historians*, Helsinki 2010 (Taidehistoriallisia tutkimuksia, Bd. 41), S. 216–228.

368 Lena Holger befasst sich in einem kurzen Kapitel mit den Zeitschriften, die Schjerfbeck gelesen hatte, vgl. id. 2011, S. 162 ff. Darüber hinaus setzt sich Marja Lahelma mit Schjerfbecks Interesse für Mode auseinander. Auch in Bezug auf Mode bevorzugte Schjerfbeck französische Zeitschriften, vgl. id.: *Kunst, Mode und Moderne – Helene Schjerfbecks Porträts moderner Frauen*, in: *Helene Schjerfbeck* 2014, S. 113–137. Zu den meisten Kunstbüchern macht Schjerfbeck keine genauen Angaben. So schreibt sie beispielsweise über ein Buch von Julius Maier-Graefe, nennt jedoch nicht den Titel des Werkes, vgl. Brief von Helene Schjerfbeck an Einar Reuter, 29.7.1916 u. 23.8.1916, Åbo Akademis bibliotek.

369 Vgl. Holger 2011, S. 164.

370 So kommentiert Schjerfbeck 1915 beispielsweise einen dort erschienenen Artikel des in Finnland geborenen schwedischen Kunsthistorikers Osvald Sirén über primitive und moderne Kunst, vgl. Brief von Helene Schjerfbeck an Ada Thilén, 19.7.1915, Åbo Akademis bibliotek.

371 Vgl. Holger 2011, S. 163. Während Schjerfbeck in den 1890er Jahren Aufträge von der Finnischen Kunstgesellschaft für das Kopieren von Originalen vor Originalen erhielt, war es später Gösta Stenman, der sie aufforderte, Werke anderer Künstler nach Schwarz-Weiß-Reproduktionen zu kopieren oder vielmehr neu zu interpretieren, vgl. Levanto 1988, S. 53 ff. Seit etwa 1925 wurde dieses Vorgehen häufiger. So entstanden ihre Werkinterpretationen der 1920er und 1940er Jahre nach El Greco durch die Arbeit nach bzw. mithilfe von Abbildungen aus Kunstbüchern oder Kunstzeitschriften wie z. B. *L'Art et les Artistes*, vgl. Ahtola-Moorhouse 2012, S. 51 ff. Doch nicht nur die Werke anderer Künstler machte sie sich zu eigen. Auf Vorschlag und Auftrag Stenmans begann sie, auch ihre eigenen früheren Werke neu zu interpretieren, und fertigte seit etwa 1938 eine Vielzahl an Lithografien an, vgl. Ahtola-Moorhouse 2009, S. 68 ff., und Hjelm 2009, S. 229 f. Erkki Anttonen befasst sich in seiner Dissertation mit Grafik in Finnland in den 1930er Jahren und geht diesbezüglich auch auf Schjerfbecks Werke ein, vgl. Anttonen 2006.

In Bezug auf das Selbstbildnis von 1913 bis 1926 geht es nicht darum, sich auf die Suche nach Vorbildern zu begeben. Im Vordergrund steht die Rekonstruktion von Schjerfbecks Arbeitsweise und ihres Bildgedächtnisses, auf das sie nicht bewusst zurückgegriffen haben muss. So wird das Selbstbildnis mehr als Hybrid verstanden, auf das – oder vielmehr auf dessen Urheberin – unterschiedlichstes visuelles Material eingewirkt hat. Man kann die (Re-)Produktion und Rezeption dieses visuellen Materials als montageartig beschreiben. Dass dies nicht nur Folge einer assoziativen Gedächtnisleistung war, sondern auch Schjerfbecks praktischem Umgang mit visuellem Material entsprach, dafür spricht ihre regelmäßige Auseinandersetzung mit Reproduktionen in (Kunst-)Zeitschriften und Büchern.

Uwe Fleckner untersucht kunstpublizistische Modelle des frühen 20. Jahrhunderts und betont die Bedeutsamkeit einer konfrontativen Bildregie, die in avantgardistischen Kunstzeitschriften der 1920er und 1930er Jahre auftaucht.[372] Exemplarisch sei an dieser Stelle die von Carl Einstein herausgegebene Zeitschrift *Documents* (1929–1931) genannt, über die Fleckner schreibt:

> Als Herausgeber der *Documents* erfüllte Einstein durch die Konfrontation vermeintlich disparaten Bildmaterials jenes grundlegende surrealistische Prinzip, mit dem André Breton das vollständige und systematische „dépaysement“ gefordert hatte, die Entheimatung aller Dinge, die nötig wird, soll ihnen an neuem Ort zu neuer, gesteigerter Wirklichkeit verholfen werden. Es ist gerade dieser konfrontative Ansatz, der seinen vollendeten Ausdruck in den assoziativen Text- und Bildstrategien der Zeitschrift findet.[373]

Nun abonnierte oder las Schjerfbeck nach dem Stand der Erkenntnisse keine Zeitschriften mit derartigen Bildprogrammen. Dennoch sehe ich in ihrem Umgang mit Reproduktionen eine Verwandtschaft mit der montageartigen, grenzüberschreitenden Zusammenstellung von Bildern unterschiedlichster Epochen und Kulturen, wie sie auch in den besagten avantgardistischen Zeitschriften wiederzufinden ist.[374] Was in diesen zur Strategie der Seitengestaltung gehörte, das praktizierte Schjerfbeck

372 Zurückzuführen sei dieses Vorgehen insbesondere auf den 1912 von Wassily Kandinsky und Franz Marc publizierten Almanach *Der Blaue Reiter*, vgl. Uwe Fleckner: *Ohne Worte. Aby Warburgs Bildkomparatistik zwischen wissenschaftlichem Atlas und kunstpublizistischem Experiment*, in: id. u. Isabella Woldt (Hrsg.): *Aby Warburg. Bilderreihen und Ausstellungen*, Berlin 2012 (Aby Warburg. Gesammelte Schriften, Studienausgabe, hrsg. v. Ulrich Pfisterer et al., Bd. II.2), S. 1–19, S. 4 ff.

373 Ibid., S. 8.

374 Vgl. ibid., S. 5 ff.

durch ihren montageartigen Umgang mit Büchern und Zeitschriften.[375] Durch die neuen Reproduktionsverfahren wurde ein umfangreiches Nebeneinander unterschiedlichster Kunstformen ermöglicht, so zum Beispiel ein schnelles Umblättern von Buch- und Zeitschriftenseiten oder das Nebeneinanderlegen von verschiedenen Bildern.[376] Geografische und zeitliche Distanzen wurden durch die Präsenz der Reproduktionen überwunden.[377] Ebenso sollte Schjerfbecks Bildgedächtnis, das sie sich über Jahrzehnte angeeignet hatte, als zentraler Bestandteil ihres Arbeitsprozesses betrachtet werden.[378] In diesem Sinne ist es obsolet, Schjerfbeck immer wieder als isolierte Künstlerin darzustellen. Neue Techniken der Bildverbreitung trugen zu einem vielleicht befreiteren, undogmatischeren Umgang mit zeiten- und kulturenübergreifendem visuellen Material bei.

In den Jahren zwischen 1913 und 1926 taucht das maskenähnliche „Profil" in der rechten Gesichtshälfte in nur drei Bildnissen auf: in *Selbstporträt* von 1913 bis 1926, in *Unvollendetes Selbstporträt* und in dem Bildnis von Eskil Bäckman von etwa 1926, dem Vermieter Schjerfbecks (Abb. 5 u. 4 u. 24). In Letzterem zeichnet sich in der rechten Gesichtshälfte ein vorsichtig angedeutetes Profil ab. Sowohl der dunkle Nasenrücken als auch die braune, insbesondere die rechte Gesichtshälfte umrahmende Farbe erzeugen einen deutlichen Kontrast zum bleichen, weißen Gesicht. Dabei zieht der weiße Akzent der rechten Gesichtshälfte seinen Blick auf sich. Dem weißen Gouachetupfer an der Unterlippe des Mannes kommt jedoch nicht nur eine

375 Schjerfbecks konkrete Arbeitsbedingungen sind bislang kaum erforscht. Seit ihren Aufenthalten in Paris hatte sie vor allem aus finanziellen Gründen kein eigenes Atelier. Sie lebte bis zum Tod ihrer Mutter, 1923, auf engstem Raum mit dieser zusammen und hatte auch danach nur wenig Platz, sodass sie mit großer Wahrscheinlichkeit ihre Arbeitsutensilien, so auch Bücher und Zeitschriften, nicht großflächig in der Wohnung ausbreiten konnte. Es gibt einige Fotografien von 1927, die sie vor einer Staffelei sitzend zeigen, mit der Kunstzeitschrift *L'Amour de l'Art* auf dem Schoß. Dies kann gewissermaßen als künstlerisches Credo verstanden werden.

376 Darüber hinaus zeigt z. B. der Inhalt der Zeitschrift *L'Amour de l'Art*, dass – wenn auch nicht in Form des Layouts – ein ähnliches Spektrum an Kunst unterschiedlicher Epochen abgedeckt wird. Der vollständige Titel *L'Amour de l'Art: art ancien, art moderne, architecture, arts appliqués* der Kunstzeitschrift verweist auf den umfangreichen Inhalt. So spiegelt sich in der gebundenen Jahresausgabe von 1925 der monatlich erschienenen Zeitschrift die Themenvielfalt des Blattes exemplarisch wider. Es werden Werke der „l'art chinois, l'art khmer, l'art javanais" besprochen und ebenso die Kunst des 20. Jahrhunderts behandelt (insbesondere die Werke der Künstler der *École de Paris*), vgl. *L'Amour de l'Art*, Jahresausgabe 1925. Eine genauere Analyse der Zeitschrift hat Catherine Fraixe verfasst, vgl. id.: *L'Amour de l'art. Une revue „ni droite ni gauche" au debut des années trente*, in: Rosella Froissart Pezone u. Yves Chevrefils Desbiolles (Hrsg.): *Les revues d'art: formes, stratégies et réseaux au XXe siècle, Rennes 2011,* S. 255–279. Ich danke Sandra Duhem für den Hinweis auf diesen Artikel.

377 Vgl. Fleckner 2012 d, S. 10.

378 Auch diese über die Zeit akkumulierten Bilder kann man sich in einem simultanen Mit- und Nebeneinander im immateriellen Raum des Gedächtnisses vorstellen.

formalistische Bedeutung zu. Vielmehr stellt er die untere Grenze des angedeuteten maskenartigen, ins Profil gedrehten Gesichts in der rechten Gesichtshälfte dar. Höchst subtil, aber dennoch klar erfassbar zeichnet sich in der rechten Gesichtshälfte – so scheint es – eine archaisierende Maske ab.

Die „Profile" weisen jedoch Unterschiede auf: Während das von Bäckman archaisierende Elemente enthält, die unter anderem Parallelen zu Amedeo Modiglianis schmalen abstrahierten *Köpfen* aus Kalksandstein aus den 1910er Jahren aufweisen,[379] ist in Schjerfbecks Selbstbildnissen die hervortretende untere Gesichtshälfte ein prägnanter Bildbestandteil. Am stärksten ist die Kinn- und Unterkieferpartie im Selbstbildnis von 1913 bis 1926 betont. Im unvollendeten Selbstbildnis von 1921 ist dieser Bereich etwas zurückgenommener dargestellt. Das frontal gesehene Antlitz des Selbstbildnisses von 1913 bis 1926 wurde in einem 1992 erschienenen Ausstellungskatalog mit Pablo Picassos *art nègre* in Verbindung gebracht.[380]

In einem Brief an ihre Freundin Ada Thilén, die ebenfalls Künstlerin war, schreibt Schjerfbeck 1914, wie lebendig ihre Erinnerungen an ihre Parisaufenthalte in den 1880er Jahren seien und wie sie sich noch genau an Werke Paul Cézannes, Alfred Sisleys, Camille Pissarros und anderer erinnere.[381] Dass auch bei der Entstehung dieses Selbstbildnisses Erinnerungen an zuvor Gesehenes eine wichtige Rolle spielten, ist wahrscheinlich. Schjerfbeck erwähnt in ihren zahlreichen Briefen zum Beispiel immer wieder ihre Besuche im Louvre in den 1880er Jahren. Der Louvre beherbergte schon damals eine Sammlung außereuropäischer Kunst, über die Schjerfbeck auch Jahre später noch schreibt.[382] Sie spricht von der Kunst der Primitiven, die sie dort gesehen habe. Diese Bezeichnung ist wenig differenziert und lässt kaum Rückschlüsse darauf zu, was sie tatsächlich gesehen hat. Dem Verständnis der Zeit folgend konnte die Bezeichnung „primitiv" europäische Kunst bis zur Renaissance und außereuropäische Kunst späterer Jahre beinhalten.[383] So wurden

---

379 Sieben von Modiglianis ca. 1911/1912 entstandenen, an ägyptische Skulpturen erinnernden Kopfskulpturen wurden 1912 im Salon d'Automne ausgestellt, wodurch sie einer breiteren Öffentlichkeit zugänglich gemacht wurden. In den darauffolgenden Jahren schuf er noch weitere „Köpfe", vgl. *Amedeo Modigliani. Malerei, Skulpturen, Zeichnungen* (hrsg. v. Werner Schmalenbach), Ausstellungskatalog, München 2. Auflage 1991 [1990], S. 19 f. Womöglich hat Schjerfbeck diese oder ähnliche Skulpturen Modiglianis gesehen.

380 Vgl. Ahtola-Moorhouse 1992, S. 70. Uwe Schneede verweist ebenfalls auf die Parallelen zu Picassos *Demoiselles d'Avignon* und deutet die frontal gesehene Zweiteilung der Gesichtshälften als Ausdruck von Vergänglichkeit, vgl. Schneede 2007, S 36.

381 Vgl. Brief von Helene Schjerfbeck an Ada Thilén, 29.7.1914, Åbo Akademis bibliotek.

382 Vgl. Konttinen 2004 a, S. 85.

383 Vgl. Manuel Maldonado Alemán: *Die Konstruktion des Anderen. Carl Einstein und der Primitivismus-Diskurs der europäischen Avantgarden*, in: Nicola Creighton u. Andreas Kramer (Hrsg.): *Carl Ein-*

unter ihm Werke zusammengefasst, als deren allgemeine Kriterien „eine gewisse Exotik, vermeintliche Authentizität, Vereinfachung und Stilisierung der Züge" galten.[384] Diese Eigenschaften finden sich beispielsweise zu Beginn des 20. Jahrhunderts in Werken von Pablo Picasso und Henri Matisse wieder, in denen deutliche Referenzen zu außereuropäischer Kunst sichtbar werden.[385] Auch das „Profil" in Schjerfbecks Selbstbildnis von 1913 bis 1926 begreife ich als subtile Andeutung einer primitivisierenden Maske.[386] Diese visuelle Referenz wird im nächsten Unterkapitel differenzierter betrachtet.

In der Jahresausgabe der *L'Amour de l'Art* von 1925 ist ein längerer Artikel des Kunstkritikers Waldemar George über Amedeo Modigliani enthalten.[387] Die dort abgebildeten Werke scheinen Schjerfbeck zu Stilparaphrasen motiviert zu haben. So taucht in einigen Werken dieser Zeit der lange Hals, typisch für Modiglianis Kunst, in Bildnissen wie dem *Mädchen aus Eydtkuhnen I* (1926) auf.[388] Ebenso fallen Parallelen zu einer Skulptur Modiglianis auf. Der in *L'Amour de l'Art* abgebildete Kopf aus der Sammlung Paul Guillaumes besteht aus zwei asymmetrischen Gesichtshälften, von denen die rechte Hälfte deutliche Bearbeitungsspuren aufweist und ähnlich deformiert wirkt wie Schjerfbecks Selbstbildnis.[389] Auf dieses Werk sei exemplarisch hingewiesen. Es repräsentiert den fragmentarischen Stil, der in der

stein und die europäische Avantgarde / Carl Einstein and the European Avant-Garde, Berlin 2012 (Spectrum Literaturwissenschaft. Komparatistische Studien, Bd. 30), S. 170–186, S. 170. Im 19. Jahrhundert bezog sich diese Bezeichnung primär auf die Kunst der Renaissance und Antike, vgl. von Bonsdorff 2012, S. 107 ff. Dies beinhaltet auch ägyptische Kunst, für die Schjerfbeck sich u. a. 1920 verstärkt interessierte. In einem Brief schreibt sie: „Vet du jag har köpt en bok ‚Egyptisk skulptur' [...] och finner där allt det vackraste i modärn konst." Brief von Helene Schjerfbeck an Maria Wiik, 15.5.1920, zitiert nach: Holger 2011, S. 146.

384 Maldonado Alemán 2012, S. 170.

385 Sowohl Picassos Werke als auch außereuropäische Kunst sah Schjerfbeck in ihren Kunstbüchern und in der Kunstzeitschrift *L'Amour de l'Art*.

386 Lena Holger scheint auf einen ähnlichen Gedanken anzuspielen, auch wenn sie ihn nicht explizit benennt. Sie schreibt, Schjerfbeck habe das Selbstbildnis vollendet, nachdem sie 1926 in *L'Amour de l'Art* Abbildungen von neuguineischen Masken gesehen hätte, vgl. id. 2011, S. 95.

387 Vgl. Waldemar George: *Modigliani*, in: *L'Amour de l'Art* 1925, S. 383–389. In diesem Artikel wird der lange Hals der Figuren in Modiglianis Werken betont.

388 Vgl. Lahelma 2014 b, S. 120. Schjerfbecks Briefe bezeugen ebenfalls ihre intensivierte Auseinandersetzung mit Modiglianis Kunst. Sie schreibt: „Einar, Modigliani – jag är helt betagen, mer och mer. [...] Han utgår från kub och cylinder i skulptur, frigör sig sakta, hans arbetsliv varar 10 år – en broder till v. Gogh i olyckan. Och jag finner sådan skönhet – fasthet, och framför allt uttryck, när jag fördjupar mig i det. [...] Ny tycker jag där är litet av Modigliani i Måns porträtt, men det är visst mer realistiskt ändå – kroppen är lik Modigliani." Brief von Helene Schjerfbeck an Einar Reuter, 22.11.1925, Åbo Akademis bibliotek.

389 Vgl. George 1925, S. 384.

modernen Skulptur spätestens seit Auguste Rodin auftaucht. Schjerfbecks asymmetrisches Selbstbildnis von 1913 bis 1926 wird als allgemeine Referenz zu dieser zeittypischen Formensprache begriffen.[390] So zeichnet sich ihre Malerei in dieser Zeit durch ein Hybrid aus Elementen der europäischen Antike und Moderne sowie jüngerer Kunst anderer Kontinente aus. An Einar Reuter schreibt sie: „Einar, sag, man kann doch nicht eine ‚Richtung' mögen, eine Theorie. Höchstens einen Maler oder *eines* seiner Gemälde, wir sind doch keine Akademiker!"[391] In diesem Zitat drückt sich Schjerfbecks grundlegendes Verständnis ihres Schaffens aus. Ihre Werke entstanden nicht, indem sie sich dogmatisch an Vorlagen, Vorgaben oder Theorien hielt.

Doch ebenso wie Schjerfbecks Auseinandersetzung mit verschiedensten Kunstwerken Bestandteil ihres Arbeitsprozesses war, war auch die Sitzung mit dem Modell ein essenzieller Moment der Bildentstehung. Dies lässt die naturalistische linke Gesichtshälfte im Selbstbildnis von 1913 bis 1926 deutlich erkennen. Aber auch das „Profil" sollte nicht als figuratives Element mit abstrakten Zügen verstanden werden, das ausschließlich durch ihr Bildgedächtnis oder Bildreproduktionen genährt wurde. So kann man davon ausgehen, dass die „Beinahe-Profile" von *Unvollendetes Selbstporträt* und dem hier besprochenen Selbstbildnis unter anderem auch das Ergebnis einer wiederholten Zwiesprache mit dem eigenen Spiegelbild sind, das Schjerfbeck in einem oder vielmehr mehreren Spiegeln erblickte.

In diesem Zusammenhang sollte Schjerfbecks einziges *Selbstporträt im Profil* betrachtet werden (Abb. 25). Durchaus denkbar ist, dass das *Selbstporträt im Profil* eine frühe Studie zu dem später in die Selbstbildnisse integrierten Profil ist.[392] Es gibt

---

390 Zur Entstehungszeit des *Selbstporträts* von 1913 bis 1926 befasste sie sich besonders intensiv mit der außerfinnischen Kunst. Nicht nur ihre Werke drücken dies aus, auch in ihren Briefen nimmt sie Abstand zu Finnland und formuliert ihren Wunsch, außereuropäische Kulturen kennenzulernen. Sie schreibt: „Man ville emigrera – till Söderhavsöar, till Afrika. Det är så okonstnärligt i Finland – och så klandra de Pariserlängtan." Brief an Einar Reuter 13.4.1926, Åbo Akademis bibliotek. In Bezug auf das kubistische Element des perspektivischen Bruchs, welcher hier erneut auftaucht, sei auf den finnischen Künstler Wäinö Aaltonen verwiesen. In dessen Malerei der 1920er Jahre taucht wiederholt eine an Picasso erinnernde Mehransichtigkeit auf. Aaltonens Werke wurden in den 1920er Jahren u. a. aufgrund dieser kubistischen Elemente diskutiert, vgl. Ulla Vihanta: *Om det andliga innehållet i Wäinö Aaltonens måleri*, in: *Wäinö Aaltonen. 1894–1966* (hrsg. v. Heidi Pfäffli), Ausstellungskatalog, Wäinö Aaltonens museum, Åbo 1994, S. 64–92.

391 „Einar säg, inte kan man tycka om en ‚riktning', en teori, bara om en målare eller *en* hans tavla, man är ju inte akademiker!", Brief von Helene Schjerfbeck an Einar Reuter „till julen" 1931, Åbo Akademis bibliotek.

392 In einer 1962 abgehaltenen Ausstellung in Stenmans Kunstsalon in Stockholm wurde das *Selbstporträt im Profil* auf 1912 datiert, vgl. Ahtola-Moorhouse 1992, S. 64–82, S. 70. Ahtola-Moorhouse verwirft diese Datierung und meint, dass es erst Anfang der 1930er Jahre entstanden sei. Sie ar-

Auskunft über Schjerfbecks Studium der eigenen Profilansicht und ihre naturalistische Vorgehensweise, von der sie bis zuletzt nicht vollständig abwich. Diese wird als wichtiges visuelles, aber auch psychologisches Moment der Bildentstehung verstanden. Doch zeichnet sich das Resultat dieses Vorgehens durch eine physiognomische Distanz zum Urbild aus.

Die „Profilansicht" des Selbstbildnisses von 1913 bis 1926 ist auf das Gesicht reduziert, der Kopf selbst bleibt ausgespart. Durch die konvexe Linie in der oberen Hälfte und die konkave Linie in der unteren wird das „Profil" beschnitten – figürlich gesprochen fehlt dem „Profil" der Hinterkopf. Hierdurch wird der Eindruck verstärkt, auf eine Maske zu schauen, die im Inneren ausgehöhlt ist. Den Eigenschaften einer Maske entsprechend erscheinen die Gesichtszüge der angedeuteten Profilansicht nicht individualisierend, sondern verallgemeinernd. So mag die Betonung des Unterkiefers zwar ihren Ursprung in Schjerfbecks Äußerem haben, ansonsten ist eine visuelle Referenz zum Aussehen der Künstlerin aber kaum erkennbar (Abb. 27). Was dies für Auswirkungen auf die Gattung des Selbstporträts hat und wie diese entindividualisierenden Züge sich auf das Identitätskonzept der Dargestellten auswirken, lässt sich über den Exkurs zu den primitivisierenden Elementen in Schjerfbecks Œuvre erschließen.

Präzise nachvollziehen lässt sich die Entstehung des Porträts von Schjerfbecks Vermieter Eskil Bäckman (Abb. 24). Bäckman zählt zu den wenigen männlichen Modellen Schjerfbecks.[393] Die etwa 1926 entstandene Gouache, die 2012 das erste Mal öffentlich gezeigt wurde, gibt Aufschluss über das „Profil" in den Selbstbildnissen der Künstlerin. Schon bevor Bäckman ihr Modell saß, beschreibt sie diesen recht ausführlich in ihren Briefen. So schreibt sie 1925, nur kurze Zeit nach ihrem Umzug in den südfinnischen Küstenort Tammisaari, über ihren neuen Vermieter: „[...] – eine unglaublich feine Nasenlinie, alles grau wie ein Brachacker an einem

gumentiert mit der Farbgebung, der Malweise und der Schattierung der Nase, die auch in den Werken der 1930er Jahre auftaucht, vgl. id. 2000, S. 43. Doch all dies trifft ebenfalls auf die Werke der 1920er Jahre zu. Betrachtet man z. B. das unvollendete Selbstbildnis von 1921 findet man die Farbgebung, die Schattierung der Nase und eine relativ naturalistische Malweise wieder. Ebenso taucht die Haarlocke im Nacken auf, die ansonsten nur in den Selbstporträts von 1912 und 1915 dargestellt ist. 2014, im Ausstellungskatalog der SCHIRN Kunsthalle, wird das Bildnis auf 1912–1933 datiert, vgl. *Helene Schjerfbeck* 2014, Abb. S. 101.

393 Seine Bildnisse wurden bislang von der Forschung jedoch kaum beachtet. Erst in jüngster Zeit hat man sich vermehrt Schjerfbecks Bildnissen von Männern zugewandt, vgl. Anja Olavinen: *Helene Schjerfbeck's Image(s) of Men*, in: *Helene Schjerfbeck* 2012, S. 33–45. Leena Ahtola-Moorhouse hat sich recht ausführlich mit Schjerfbecks Briefen über Bäckman befasst, vgl. id. 2009, S. 60 ff.

bewölkten Tag, Stille."[394] Im Januar 1926 begann Schjerfbeck, Bäckman zu porträtieren. In dieser Zeit beschreibt sie ihn erneut an Einar Reuter und drückt ihre Faszination aus: „Ich male den Fakir – manchmal ist er wie ein alter Affe, dann ein feiner Aristokrat. Ursprünglich wie vor Adam – [...]"[395].

Diese genaue Beschreibung, die Anspielung auf „Ursprünglichkeit", findet sich vielleicht am treffendsten in der Gouache Bäckmans wieder. In ihr wird sichtbar, wie Schjerfbeck ebendiese charakteristischen Elemente herausarbeitete, die sie in dem Ölgemälde *Der Mietsherr als junger Mann* (1926) nicht in dieser Form visualisiert hatte. In beiden Bildnissen taucht aber der auffällige Nasenrücken auf, der in der Gouache noch stärker betont ist (Abb. 24). Dort erstreckt sich die in brauner Farbe gestaltete Nasenlinie beinahe über die gesamte mittlere Gesichtsachse und geht in die Schattierung um den Mund herum über. Die Nase strukturiert das Gesicht und wird zugleich zum charakteristischen Element. Durch sie wird die Längung des Gesichtes betont, aber ebenso die Zweiteilung des Antlitzes erzeugt. Die Betonung der Nase geht mit Schjerfbecks Beschreibung Bäckmans im Brief einher. Etwas subtiler finden sich ebenso die anderen Eigenschaften wieder, die Schjerfbeck an Bäckman faszinierten. Das schmale, lange Gesicht vermittelt den Eindruck von Würde und Erhabenheit. Zugleich findet man aber auch eine vorsichtige Andeutung der archaischen Ursprünglichkeit, die die Künstlerin an Bäckman wahrzunehmen meinte. Sie wird durch die „Maske" in der rechten Gesichtshälfte repräsentiert. Diese stellt eine der Facetten Bäckmans dar, die Schjerfbeck in ihren Briefen betont – seine Ursprünglichkeit, „wie vor Adam."[396] Mit dieser Deutung schließt sich der Kreis, und man bewegt sich wieder auf dem Feld des Primitivismus-Diskurses der europäischen Moderne.[397] In Bezug auf das Œuvre der Malerin stellt das „Profil" in Bäckmans Bildnis jedoch eine Ausnahme dar. Ausschließlich in ihren Selbstbildnissen wird das zusätzliche Profil seit etwa 1921 zu einem wiederkehrenden Bestandteil des Ich.

Was bedeutet dies nun in Bezug auf das Selbstbildnis von 1913 bis 1926? Da es sich nicht um ein naturalistisch dargestelltes Gesicht im Profil handelt, sondern um ein stilisiertes und nur leicht angedeutetes Profil, das Assoziationen einer Maske oder gar eines Affen evoziert, stellt sich die Frage nach der inhaltlichen Aussage.

394 „[...] – en otrolig fin linje på näsan, allt grått som trädesåkern en mulen dag, tystnad." Brief von Helene Schjerfbeck an Einar Reuter, 18.10.1925, Åbo Akademis bibliotek.

395 „Det är fakiren jag målar – som en gammal apa är han ibland, och så en fin aristokrat. Ursprunglig som före Adam – [...]" Brief von Helene Schjerfbeck an Einar Reuter, 16.1.1926, Åbo Akademis bibliotek.

396 Brief von Helene Schjerfbeck an Einar Reuter, 16.1.1926, Åbo Akademis bibliotek.

397 Für einen Überblick über die mit dem Primitivismusbegriff verbundenen Diskurse und deren kritische Beleuchtung vgl. Küster 2003, S. 13 ff.

Mag es zwar der gängigen Praxis des Primitivismus der 1920er Jahre entsprechen, Elemente fremder Kulturen zu erschließen,[398] so handelt es sich im *Selbstporträt* von 1913 bis 1926 nicht um die Darstellung einer Person einer anderen Kultur, sondern um die der Künstlerin selbst. In den 1920er Jahren stand in der Regel die Betonung der Differenz zum „fremden Anderen", das außereuropäische Kulturen repräsentierten, im Vordergrund. Aus der damit einhergehenden Definition des „Fremden" und der Abgrenzung zu diesem wurde ex negativo das „Eigene" konstruiert.[399] Schjerfbecks Selbstbildnisse, die um 1920 entstanden sind, legen jedoch das Gegenteil nahe: Das Eigene wird im Fremden gesucht.

Dieser Ansatz entspricht einem Verständnis des „Primitiven", das Bärbel Küster am beginnenden 20. Jahrhundert in Frankreich nachweist. Sie untersucht Henri Matisses und Pablo Picassos Werke des frühen 20. Jahrhunderts auf ebendiese Parameter und fragt, was sich in deren Umgang mit der Kunst „fremder" Kulturen ausdrücke. Das Ergebnis ihrer Forschung zeigt, dass ein alternatives Verständnis von Primitivismus notwendig ist:

> [...] Primitivismus [ist] um 1900 in eine breite kulturelle Debatte eingebunden, die inhaltlich ganz erheblich von unserem heutigen Verständnis von Primitivismus abweicht. Zu Beginn des 20. Jahrhunderts kreisen „primitiv" und Primitivismus nicht um die Assoziationen des „Wilden" und „Barbarischen" oder des „dunklen Kontinents". Von der Selbstabgrenzung im ganz „Anderen" kann nicht die Rede sein, [...]. Vielmehr sehen die Zeitgenossen von Matisse und Picasso Primitivismus als Modus der Vereinbarkeit der Kunst aller Kulturen der Welt. Durch deren zivilisatorische „Schichten" wandert der Künstler hindurch und sammelt all jene Aspekte der Kunst, die währenddessen gleichbleiben. Diese Konstanten menschlicher Kunst sind Ziel des Primitivismus. Der Künstler wird zum Sammler [...] von exemplarischen Objekten der Welt-Kunstgeschichte. Schon darin gleicht er dem Anthropologen seiner Zeit.[400]

So verortet Küster viele Werke von Matisse und Picasso, die vor 1912 entstanden sind – darunter auch Picassos *Demoiselles d'Avignon* –, jenseits eines bestimmten Stils. Sie weist auf die Parallelen zwischen der künstlerischen Vorgehensweise Picassos und Matisses und anthropologischen Vorgehensweisen dieser Zeit hin. Insbesondere in

---

398 Vgl. Maldonado Alemán 2012, S. 177.

399 Vgl. Maldonado Alemán 2012, S. 187. Für einen umfassenderen Einblick in diese Thematik aus psychoanalytischer Perspektive vgl. Ortrud Gutjahr (Hrsg.): *Interkulturalität. Konstruktionen des Anderen*, Würzburg 2015 (Freiburger Literaturpsychologische Gespräche. Jahrbuch für Literatur und Psychoanalyse, Bd. 34).

400 Küster 2003, S. 170.

der anthropologischen Fotografie sieht sie ein Verfahren, das Ähnlichkeiten zu Picassos und Matisses Arbeitsweise aufzeige. Diese beschreibt Küster als „Überlagerung verschiedener Ausgangsobjekte zu einem virtuellen oder synthetischen Neuen."[401] Sie beschreibt die beiden Verfahren und die Parallelen, die sich daraus ergeben:

> Während die Kompositfotografie einen synthetischen Menschen als reales Individuum darstellt, dessen physiognomische Details ethnisch-verallgemeinernd aufgeladen sind, nutzen Matisse und Picasso die Möglichkeiten der bildenden Kunst und stellen eine überindividuelle Idee auch in überindividuellen Formen dar. Sie ziehen damit die formalen Konsequenzen aus dem anthropologischen Blick, der vor dem Hintergrund der psychischen Einheit der Menschen die Körper verschiedener Rassen miteinander vergleicht.[402]

Das, was die Menschen eint, ist auch ein elementarer Bestandteil des Selbstbildnisses von 1913 bis 1926. Dies scheint Schjerfbecks grundlegender Auffassung des Menschlichen zu entsprechen. So schreibt sie 1920 an Einar Reuter: „Das unbewusste Primitive in der Seele schafft die Kunst, der Verstand schafft nicht – bei mir."[403] Vier Jahre später zitiert sie ein Buch über Fjodor Michailowitsch Dostojewski: „Zu allen Zeiten haben Wissenschaft und Vernunft eine untergeordnete Rolle im Leben des Volkes gespielt. Nationen formen sich und entstehen aus einer anderen treibenden Kraft heraus, deren Ursprung uns unbekannt ist, ungeklärt."[404]

In ebendiesem Zusammenhang kann auch das primitivisierende „Profil" gesehen werden. Es kann auf das der Künstlerin innewohnende „unbewusste Primitive" hinweisen, das der Ursprung ihrer Kunst ist. Dass dies nicht ein individuelles „Primitives" ist, sondern ein universelles, zeigen die überindividuellen Gesichtszüge der rechten Gesichtshälfte.[405]

Sowohl in Picassos und Matisses Werken wie auch in Schjerfbecks Selbstbildnis drückt sich damit ein Verständnis des Menschlichen aus, das gegen eine linear verlaufende hierarchisierende Auffassung gerichtet ist.[406] Dies spiegelt sich im Übrigen

---

401 Ibid., S. 174.

402 Ibid., S. 174.

403 „[…] Det omedvetna primitiva i själen skapar konsten, tanken skapar ej – hos mig. […]", Brief von Helene Schjerfbeck an Einar Reuter, 7.3.1920, Åbo Akademis bibliotek.

404 „Har läst slut boken om Dostojewski, en oerhört innehållsrik bok – inte just midsommarlektyr. ‚I aller tider ha vetenskap och förnuft spelat en underordnad roll i folkens liv. Nationer formas och röra sig av annan drivande kraft, vars ursprung är oss okänt, oförklarat.'" Brief von Helene Schjerfbeck an Einar Reuter, Mittsommer 1924, Åbo Akademis bibliotek.

405 Bärbel Küster weist ebenfalls auf die verallgemeinernde Bildsprache von Matisse und Picasso hin, die Ausdruck des Überindividuellen sei, vgl. id. 2003, S. 173 f.

406 Vgl. ibid., S. 176.

auch im künstlerischen Vorgehen der Malerin wider. Die entindividualisierenden Gesichtszüge der rechten Gesichtshälfte kontrastieren die individualisierenden in der linken. Hierdurch wird die Vorstellung von unverwechselbarer Einzigartigkeit infrage gestellt, die konstitutiv für die Gattung des Porträts ist. Das Ich wird auch als Teil eines überindividuellen Ganzen dargestellt. Das „Primitive" ist nicht nur hinsichtlich der individuellen Physiognomie verallgemeinernd, sondern auch das Geschlecht dieses „Profils" scheint universell beziehungsweise unisexuell zu sein.[407]

Durch diese Eigenschaften sind in dem Bildnis Parallelen zur Ideenwelt des Symbolismus enthalten, in welcher die psychische Einheit der Menschen jenseits des Individuellen eine zentrale Annahme über das Menschsein darstellt. Diese universelle Einheit könne im Unbewussten verborgen sein, mit dem der Künstler während des Schaffensprozesses in Verbindung trete.[408] In diesem Zusammenhang kann das Aufbrechen des Figurativen, die Auflösung der Gesichtskonturen in der rechten Hälfte des Antlitzes vom Selbstporträt von 1913 bis 1926 betrachtet werden. Erneut kann es als ein Hinweis auf das nur metaphorisch Darstellbare verstanden werden – das Ungreifbare des menschlichen Unbewussten, eines häufig als fremd empfundenen Teils der Identität.

Julia Kristeva untersucht auf Grundlage von Sigmund Freuds Abhandlung über das Unheimliche den Kern der Xenophobie. Die These, die sie dabei entwickelt, stellt die Verbindung her zwischen der Ablehnung des Fremden in der eigenen Kultur und der Ablehnung des Fremden als Teil des eigenen Unbewussten. Sie schreibt: „Das Fremde ist in uns selbst. Und wenn wir den Fremden fliehen oder bekämpfen, kämpfen wir gegen unser Unbewußtes [...]."[409]

---

407 Dieses Merkmal weist auf einen grundlegenden Unterschied zu einem expressionistischen Kreativitätsverständnis hin, das auf das Engste mit Virilität verknüpft ist. Exemplarisch steht die Auffassung der *Brücke*-Künstler für ein Kreativitätsverständnis, das die Verbindung zu den eigenen, „primitiven" Wurzeln des expressionistischen Künstlers hervorhebt, vgl. Monika Wagner: *Primitivismen. Materialien und Medien der BRÜCKE-Künstler*, in: *Die BRÜCKE in Dresden 1905–1911* (hrsg. v. Birgit Dalbajewa u. Ulrich Bischoff), Ausstellungskatalog, Staatliche Kunstsammlungen Dresden 2001, S. 77–82, S. 77 f.

408 Diese Facette symbolistischer Malerei ist ein zentrales Thema in Marja Lahelmas Dissertation, vgl. id. 2014 a, S. 98 f. u. 170. Auch Bärbel Küster weist auf die ideengeschichtliche Verbindung von Matisses und Picassos Werken zur Romantik und dem Symbolismus hin, vgl. id. 2003, S. 176 ff.

409 Julia Kristeva: *Fremde sind wir uns selbst* (aus d. Frz. übers.), Frankfurt a.M. 1990 [1988] (Edition Suhrkamp), S. 208 f.

5.2 Primitivisierende und abstrahierende Elemente

Schjerfbecks Blick hinter distinguierende Fassaden, der nicht die Differenz suchte, sondern das Verbindende zwischen den Menschen, ist ein zentrales Element des *Selbstporträts* von 1913 bis 1926, aber ebenso des *Unvollendeten Selbstporträts*, von *Die Zigeunerin* und *Der Vermieter* (Abb. 5, 4, 23 u. 24). Diese inhaltliche Ebene lässt sich somit nicht auf einen dem Selbstporträt innewohnenden Kreativitätsentwurf reduzieren, der sich auf die Künstlerin selbst beschränken würde. Sie geht über das Künstlersubjekt hinaus, das gesellschaftlich immer eine Sonderrolle einnimmt und in die Position des Anderen schlüpft. In ihr spiegelt sich ein weitreichenderes Verständnis des Menschen wider.

Im Folgenden exemplarisch angeführte Diskurse zeigen, wie diese inhaltliche Facette im Kontext der zwischen den 1910er und 1930er Jahren in Finnland geführten politischen und ideologischen Debatten eingeordnet werden kann.

In einem Land, das gerade erst zu seiner Unabhängigkeit gefunden hatte, bemühte man sich um die Bildung und Aufrechterhaltung einer nationalen Identität. Dies geschah durch Abgrenzung von anderen Nationen, Kulturen und „Rassen".[410] So stand vor allem die Suche nach dem „Eigenen" im Vordergrund – nicht nach dem Eigenen im Fremden. Die Thematik des Fremden verhandelte man dagegen in vielen europäischen Ländern im Kontext primitivistischer Kunst. Primitivistische Werke wurden in der Regel als Repräsentationen des Anderen, Fremden verstanden. Über die Abgrenzung zu den dort repräsentierten Menschen und Kulturen bemühte man sich, die eigene Identität zu finden und zu definieren.[411] Beispielsweise wurde in den Werken der deutschen Expressionisten vorrangig die Wildheit der dargestellten indigenen außereuropäischen Bevölkerung betont.

---

410 Der Begriff „Rasse" wurde bis zum Zweiten Weltkrieg recht „unschuldig" und zum Teil als Äquivalent zum Begriff „Nation" verwendet. Die physiognomischen Bestimmungsmerkmale rassischer Zugehörigkeit waren die Schädelform, Haare, Form der Stirn, Nase und Augen. Damit verbunden waren vermeintliche Informationen über das Wesen und die Intelligenz einer Person. Das klassische griechische Profil wurde hierbei als Idealtypus verstanden. Je mehr eine „Rasse" von diesem Idealtypus abwich, als desto hässlicher oder „niederer" wurde diese wahrgenommen, vgl. Kallio 1993, S. 101 ff. Für einen vertiefenden Einblick in die Verbindung von Kunst und Physiognomik in der ersten Hälfte des 20. Jahrhunderts vgl. Daniela Bohde: *Kunstgeschichte als physiognomische Wissenschaft. Kritik einer Denkfigur der 1920er bis 1940er Jahre*, Berlin 2012 (Schriften zur modernen Kunsthistoriographie, Bd. 3), zugl. Habil.-Schr., Goethe-Universität, Frankfurt a. M., 2009–2010.

411 Vgl. Warren 2003, S. 26 ff.

Werke, in denen Personen außereuropäischer Kulturen in den Vordergrund rückten, standen in Finnland jedoch nicht im Fokus der Diskussion.[412] „Fremde" Elemente wurden insbesondere dann diskutiert, wenn sie in Werken auftauchten, die als Repräsentationen der finnischen Bevölkerung aufgefasst werden konnten. Dies lässt sich erneut anhand der Rezeption von Tyko Sallinens Kunst und Person verdeutlichen:[413] Beide wurden nämlich mit den Ursprüngen der finnischen „Rasse" in Verbindung gebracht.[414]

Johan Jakob Tikkanen (1857–1930), der erste finnische Kunstgeschichtsprofessor, verfasste 1918 eine Überblicksdarstellung über die finnische Kultur und ordnet Sallinen und seinen Künstlerkollegen Juho Rissanen einem neuen Künstlertypus zu. Sie repräsentierten den Künstler des finnischen Volkes, der sich durch seine Ursprünglichkeit auszeichne. Im Gegensatz zu vorangegangenen Künstlergenerationen, die häufig schwedischsprachigen Ursprungs waren, müssten Sallinen und Rissanen ihre archaische Natur und Malweise nicht künstlich herstellen.[415] Die

412 Akseli Gallen-Kallela gehörte zu jenen Künstlern, die die Bilder der finnischen Nation in den 1890er Jahren am maßgeblichsten mitgeprägt hatten. Als er sich 1909 auf Expeditionsreise nach Afrika begab, fand dies hingegen wenig Beachtung. 1914 wurden einige der dort entstandenen Werke ausgestellt, vgl. Edvard Richter: Syysnäyttely II, Helsingin Sanomat, 1.12.14. Erst 1935, nach dem Tod Gallen-Kallelas, wurde eine größere Anzahl der Werke in der Helsingin Taidehalli / Helsingfors Konsthall (im Folgenden: Kunsthalle Helsinki) gezeigt. Doch auch dort fanden sie keine größere Beachtung, vgl. Edvard Richter: *Komea kesänäyttely Taidehallissa. A. Gallen-Kallelan perikunnan omistamia teoksia*, Helsingin Sanomat, 20.6.1935.

413 Die Aufmerksamkeit richtete sich beinahe ausschließlich auf Sallinens frühe Arbeiten, die in den 1910er Jahren entstanden sind. Danach wandelte sich sein Stil, seine Werke wurden angepasster und der expressive Duktus war kaum mehr vorhanden, vgl. Karjalainen 1999, S. 14. So beziehen sich die hier angeführten Diskurse vorrangig auf das Frühwerk des Künstlers.

414 Die Frage der „Rassenzugehörigkeit" der Finnen hat eine weit zurückreichende Geschichte und wurde sowohl in Finnland als auch in Schweden diskutiert. Häufig war mit der Frage der „Rasse" die Sprachenfrage auf das Engste verbunden. Damit ging einher, dass die finnischsprachige Bevölkerung von einem großen Teil der schwedischsprachigen Bevölkerung als Unterschicht betrachtet wurde, vgl. Aira Kemiläinen: *Suomalaiset, outo Pohjolan kansa. Rotuteoriat ja kansallinen identiteetti*, Helsinki 1993 (Historiallisia tutkimuksia, Suomalaisen Kirjallisuuden Seura, Bd. 177), S. 168 f. Darüber hinaus wiesen einflussreiche Personen wie Onni Okkonen (1945 u. 1958), Alvar Aalto (1922) und Olli Valkonen (1979) auf die Parallelen zwischen Sallinens Werken und mittelalterlicher Malerei in sakralen Bauten hin und betrachteten Sallinens Kunst als deren Fortsetzung. Tuula Karjalainen bemerkt, dass durch die Mythisierung Sallinens die finnische Kultur als organisch gewachsen und unabhängig dargestellt werden sollte, vgl. id. 1999. S. 16.

415 Vgl. Johan Jakob Tikkanen: *Die Kunst in Finnland*, Suomi-Finnland. Nachrichtenblatt für das deutsche Militär in Finnland, 27(?).4.1918. Es handelt sich um eine Zeitschrift, die von finnischer Seite für die in Finnland stationierten deutschen Truppen während des Finnischen Bürgerkriegs herausgebracht wurde. Die Darstellung Tikkanens kann – trotz des ungewöhnlichen Erscheinungsortes – als repräsentativ für die Sallinen-Rezeption verstanden werden. Die grundlegende Tendenz in der Sallinen-Literatur zeigt, dass das Bild des urtümlichen, die finnischen Wurzeln verkör-

andere Seite, die traditionsreiche und „zivilisiertere", schwedischsprachige Gruppe wurde in der Literatur stattdessen mit Schjerfbeck in Verbindung gebracht.[416] Hierdurch wurden Kategorien geschaffen, die finnische von finnlandschwedischen Künstlern abgrenzten.

Diese Deutung blieb nicht unwidersprochen, da sie Hinweise auf ein „Barbarentum" der Finnen beinhaltete, mit der sich viele Personen des kulturellen Lebens nicht identifizieren wollten – gerade dann nicht, wenn die finnische in Opposition zur „schwedischen Rasse" gestellt wurde. Der Topos des virilen, expressionistischen, ursprünglichen Künstlers war somit in Bezug auf den finnischen Kontext nicht unumstritten.[417] Darüber hinaus lösten einige von Sallinens Werken heftige Diskussionen aufgrund der Zugehörigkeit zur „falschen Rasse" der in ihnen dargestellten Personen aus. Exemplarisch soll dies am Werk *Die Töchter des Kaufmanns*, das Sallinen 1917 malte, aufgezeigt werden (Abb. 26): Zu sehen sind ein Kind und drei junge Frauen mit schwarzen Haaren, recht dunkler Haut und schmalen Augen. Die Gestaltungsmerkmale der Frauen wurden von vielen Kritikern als Hinweis auf die „Rassenzugehörigkeit" der Finnen zu den Mongolen interpretiert.[418] Dass Finnen als Teil der mongolischen „Rasse" angesehen wurden, hatte eine längere Tradition in (finnland)schwedischen Kulturkreisen.[419] Damit ging eine Herabwürdigung einher, die mit dem verstärkten Aufkommen der Rassentheorien im 19. Jahrhundert zusammenhing. In diesen bemühte man sich darum, Mongolen als „Rasse" zweiter Klasse zu begreifen, die der indogermanischen „Rasse" unterlegen sei.[420] Das Ver-

pernden Künstlergenies bis in die 2000er Jahre aufrechterhalten wurde, vgl. Linder 2005, S. 20 ff. Doch auch andere Künstler wurden in ähnlicher Weise kategorisiert. Beispielsweise stellt Onni Okkonen die Künstler Juho Rissanen und Wäinö Aaltonen einander gegenüber. Rissanen sieht er ebenfalls als Vertreter der „ursprünglichen finnischen Rasse", wohingegen er Aaltonen das Attribut des Aristokratischen zuschreibt, vgl. Kallio 1993, S. 105.

416 Vgl. Linder 2005, S. 21.

417 Vgl. ibid., S. 19 f. Diese primitivisierende Lesart wurde von Zeitgenossen wie Gösta Enckell kritisiert. Er hinterfragt 1919, weshalb das Finnische in dem „Ursprünglichen" gesucht werden müsse und sich nicht ebenso in Kultiviertheit ausdrücken könne, vgl. Timo Huusko: *Kirjoituksia taiteesta 4. Maalauksellisuus ja tunne, Modernistiset tulkinnat kuvataidekritiikissä 1908–1924* (hrsg. v. Susanna Sääskilahti u. Elina Heikka), Helsinki 2007 (Kuvataiteen keskusarkisto, Bd. 14), S. 129.

418 Vgl. Linder 2005, S. 177.

419 So wurden Finnen in deutschen und schwedischen Lexika bis in die Zeit nach dem Zweiten Weltkrieg mit der Mongolentheorie in Verbindung gebracht, vgl. Kemiläinen 1993, S. 110 ff. Die Finnlandschweden sahen sich nicht als Teil der finnischen „Rasse".

420 Vgl. Kemiläinen 1993, S. 109.

hältnis zwischen Finnischsprachigen und Schwedischsprachigen war in diesem Punkt entsprechend angespannt.[421]

Onni Okkonen schreibt zum Beispiel in einem 1917 erschienenen Zeitungsartikel im *Uusi Suomi* über die Problematik von Sallinens Menschenbild. Er sieht in dessen Werken eine verfälschende Repräsentation der finnischen „Rassenzugehörigkeit", da Sallinen in seinen Personenbildnissen eine Verbindung nach Asien, in Richtung der Mongolei andeute. Okkonen betont hingegen die „rassische" Verbindung der Finnen zu den Nordeuropäern.[422]

In einem größeren Zusammenhang gesehen lag die Problematik von Sallinens Werken darin, dass diese auch im Ausland zum Teil als Repräsentationen des finnischen Volkes begriffen wurden.[423] Die rassische Zugehörigkeit der Finnen wurde aufgrund der Werke wiederholt diskutiert, was sich in den Kritiken einiger dänischer, norwegischer und schwedischer Zeitungen widerspiegelt. Das Bildnis *Die Töchter des Kaufmanns* war dabei ein zentraler Gegenstand der Diskussionen.[424] 1923 verfasste der schwedische Kritiker Rolf Nordenstreng einen Artikel für die *Stockholms Tidningen*, der ebenfalls in der in Finnland erschienenen *Svenska Pressen* veröffentlicht wurde. Schon der Titel seiner Ausstellungskritik *Asiaten oder Europäer?* lässt die Relevanz der Frage nach den Ursprüngen erkennen.[425] Auch der Kunsthistoriker und Leiter der Norwegischen Nationalgalerie Jens Thiis bezog Stellung zur finnischen Kunst, die 1923 in Göteborg in einer Ausstellung zu nordischer Kunst zu sehen war.[426] Zunächst wurde der Artikel in der norwegischen Zeitung *Politiken*

---

421 Vgl. ibid., S. 217 f.

422 Die Passage, auf die Bezug genommen wird, lautet: „Näyttelyn tauluista tuntuu kuin olisi maalari – tai ainakin hänen fantasiansa – tehnyt opintoretken Siperian tundroille ja Aasian poltetuille aroille, Baikaljärvelle ja Mongoliaan päin. Antropologia on jo aikoja sitten päässyt yksimielisyyten, etteivät suomalaiset ole mongoleja, vaan johonkin pohjoiseuroppalaisen rotuun kuuluvia: nyt tuntuu Sallinen henkilökuvissaan itsepintaisesti väittävän vastaan, todistelevan maanmiestensä mongolilaisuutta. – Tahallisesta rumuudentavoittelusta huolimatta herättävät useatkin taulut, kuten esim. ‚Kiinalaisen kauppiaan tyttäret', huomiota elimellisen rakennuksen suurpiirteisyydellä ja tukevuudella, ja jotkut pienemmät maisemat lienevät suuremmankin yleisön käsitettävissä." Onni Okkonen, *Viikon taidenäyttelyt*, Uusi Suomi, 28.11.1917, zitiert nach: Linder 2005, S. 261.

423 Vgl. ibid., S. 261.

424 Dass diese Einteilungen und Fragestellungen dem damaligen Zeitgeist entsprechen, geht ebenfalls aus Linders Dissertation über Sallinens Menschenbild hervor. Darüber hinaus sieht sie in den Werken um 1914 herum u. a. Parallelen zum deutschen Expressionismus und zu „primitiver" Kunst, die bei den damaligen Zeitgenossen keine Beachtung fanden, vgl. ibid., S. 177 f.

425 Vgl. Rolf Nordenstreng: *Asiater eller européer?*, Svenska Pressen, 1.9.1923. Ein Auszug des Artikels ist zitiert in: Linder 2005, S. 262.

426 In der Ausstellung *Nordisk konst, Jubileumsutställningen* wurde u. a. *Die Töchter des Kaufmanns* von Sallinen gezeigt, vgl. ibid., S. 266.

veröffentlicht. Auszüge des Artikels, die die Kunst Finnlands betrafen, wurden aber ebenfalls im finnischen *Hufvudstadsbladet* abgedruckt. Auch Thiis sieht in den Personen in Sallinens Werken, den er als bedeutendsten finnischen Maler hervorhebt, Vertreter der mongolischen und russisch-karelischen „Rasse“.[427]

Diese rassische Denkweise setzte sich auch in den 1930er Jahren fort und wird in Bezug auf das Selbstbildnis von 1937 erneut relevant.[428]

Schjerfbecks Betonung der verbindenden Elemente der Menschen, der Blick hinter die „rassische“ und kulturelle Fassade, der keine evolutionäre Entwicklungslinie betont, sondern Zeiten und Kulturen verschmelzen lässt, stellt eine Alternative zum politisch-ideologischen Klima dieser Jahre dar. Die Rezeption des *Selbstporträts* von 1913 bis 1926 zeigt, dass diese Facette des Bildnisses bislang nicht genauer betrachtet wurde. Es wurde primär als stilistischer Ausdruck der Moderne oder als biografisches Dokument interpretiert.

Bis das Bildnis an die Öffentlichkeit gelangte, sollte einige Zeit vergehen. 1935 verkaufte Gösta Stenman es an Maire Gullichsen (1907–1990), die wohl bedeutendste finnische Kunstmäzenin ihrer Zeit.[429] Gullichsen, die aus einer wohlhabenden Industriellenfamilie stammte, hatte mehrere Jahre in Paris verbracht und setzte sich finanziell und organisatorisch für die Verbreitung moderner Kunst in Finnland ein.[430] Der Erwerb des Selbstbildnisses fiel in die frühe Phase ihrer sammlerischen Tätigkeit. In dieser Zeit, seit etwa 1934, erwarb sie zunächst nur Werke finnischer Künstler.[431] Gullichsen kaufte das Selbstbildnis direkt von Stenman, der trotz seines Umzugs nach Stockholm auch nach 1927 noch enge Kontakte nach Finnland pflegte. Da Stenman einen ungewöhnlich hohen Preis für das kleinformatige Bildnis verlangte, bat Gullichsen ihren Vertrauten und Firmenpartner Nils-Gustav Hahl (1904–1941) um eine Einschätzung. Hahl war Kunsthistoriker und -kritiker und

---

427 Vgl. ibid., S. 263.

428 Nils-Gustav Hahl geht in dem Überblickswerk *Samling Gösta Stenman finländsk konst* von 1932 auf Sallinens Werk *Pekan Hilma* (*Die Hilma von Pekka*) von 1914 ein und sieht in ihm die Repräsentation eines neuen Schönheitstypus der „primitiven finnischen Rasse“, vgl. ibid., S. 173.

429 Für eine genaue Analyse der Machtstrukturen innerhalb des finnischen Kunstmarktes und dessen wichtigste Protagonisten vgl. Kristina Linnovaara: *Makt, konst, elit – konstfältets positioner, relationer och resurser i 1940- och 1950-talens Helsingfors*, Helsingfors 2008 (Dimensio, Bd. 5), zugl. Diss., Universität Helsinki, 2008.

430 1934/35 gründete Maire Gullichsen die Vapaa taidekoulu / Fria Målarskolan (Freie Kunstschule) und zusammen mit Nils-Gustav Hahl sowie Aino und Alvar Aalto das Unternehmen Artek, vgl. Helena Woirhaye: *Maire Gullichsen. Taiteen juoksutyttö*, Helsinki 2002, S. 192.

431 Darunter waren Gemälde von Ellen Thesleff und Magnus Enckell, vgl. Renja Suominen-Kokkonen: *Taiteen kirjasto? Ajatuksia Villa Maireasta ja taiteenkerääjän sukupuolesta / A Library of Art? The Villa Mairea and Notes on the Gender of the Art Collector*, Pori 2004 (Porin taidemuseon tutkimuksia, Bd. 4), S. 15 f.

ebenfalls mit Stenman bekannt.[432] Als Kritiker war er der internationalen Moderne zugewandt, wodurch sich seine Meinung von den Meinungen der älteren, konservativen Kunstkritiker deutlich abhebt.[433] Aus Hahls Antwortbrief geht hervor, dass Stenman sich an Gullichsen gewandt und ihr das Selbstporträt zum Kauf angeboten hatte. Hahl mutmaßt, dass Stenman aus finanziellen Gründen gezwungen sein müsse, sich von diesem seiner Meinung nach außergewöhnlichen Werk zu trennen. Er zeigt sich voller Begeisterung für das Selbstbildnis und betont, dass der hoch angesetzte Preis berechtigt sei, obwohl er fast die siebenfache Summe einiger anderer Werke Schjerfbecks darstelle.[434]

Die Tatsache, dass Stenman gerade Maire Gullichsen das Selbstbildnis zu einem offensichtlich sehr hohen Preis in den 1930er Jahren anbot, war sicherlich kein Zufall. Gullichsens Interesse für die internationale Kunst der Moderne hatte seinen Ursprung in ihren Parisaufenthalten während der 1920er Jahre.[435] Blickt man auf die in Finnland abgehaltenen Ausstellungen der 1930er Jahre, wird deutlich, dass der Anteil nationaler Kunst wesentlich höher war als der der internationalen. Dies hing unter anderem mit den höheren Kosten zusammen, die die Ausrichtung internationaler Ausstellungen beinhaltete. Die Folgen der Weltwirtschaftskrise waren auf dem finnischen Kunstmarkt zu spüren und wirkten sich auf die finanziellen Mittel der Kunstinstitutionen aus.[436] Gullichsen hingegen stand das nötige Kapital zur Verfügung, um Ausstellungen internationaler Kunst zu organisieren.[437] So war sie unter anderem Mitorganisatorin einer Ausstellung, die 1939 in der Kunsthalle Helsinki abgehalten wurde. Sie stellte den Kontakt zu dem französischen Kunsthändler Paul Rosenberg

432 Vgl. Woirhaye 2002, S. 49.

433 Vgl. Kirsi Kaunisharju: *„Suomalainen saaristomaisema on kuin surrealistinen sommitelma". Nils-Gustav Hahl kriitikkona ja kansainvälisenä idealistina*, in: Elina Heikka u. Liisa Lindgren u. Hanna-Leena Paloposki: *Kirjoituksia taiteesta 3, Modernisteja, ja taiteilija-kriitikoita*, Helsinki 2001 (Kuvataiteen keskusarkisto, Bd. 7), S. 65–81.

434 Vgl. Woirhaye 2002, S. 158.

435 In Paris verkehrte sie in Künstlerkreisen und studierte an der Académie Moderne bei Fernand Léger Malerei, vgl. ibid., S. 22. Ein Gemälde Légers gehörte zu den ersten Werken, die Gullichsen für ihr neues Wohnhaus erwarb, vgl. Suominen-Kokkonen 2004, S. 24.

436 Vgl. Valjakka 2009, S. 106. Darüber hinaus wurden seit der Unabhängigkeit Finnlands verstärkt Gattungen gefördert, die die Stellung der finnischen Sprache stärkten, so z. B. Literatur und Theater.

437 Beispielsweise fand 1937 eine Ausstellung französischer Kunst bei Artek statt, in der vor allem frühe Werke von Henri Matisse, Pablo Picasso, Georges Braque und Maurice de Vlaminck gezeigt wurden. Die Kritiken dieser Ausstellung fielen sehr positiv aus, vgl. Edvard Richter, *Ranskalaista maalaustaidetta*, Helsingin Sanomat, 15.5.1937.

her, dessen Sammlungs- beziehungsweise Verkaufsbestände mit Werken von Pablo Picasso, Henri Matisse und anderen Künstlern in Helsinki gezeigt wurden.[438]

Trotz hoher Besucherzahlen wurde nur ein Werk verkauft.[439] Was die finnische Käuferschaft zurückhielt, mag ein Beitrag des Kunstkritikers Antero Rinne ansatzweise erfassen, der für die Zeitung der Finnischen Sozialdemokraten schrieb. Rinne gibt zu bedenken, dass die Werke für einen an gegenständliche Malerei gewohnten Betrachter möglicherweise nur schwer zugänglich seien.[440] Daraufhin betont er jedoch auch, dass abstrakte Kunst eine entsprechende Umgebung benötige. Diese Umgebung bot die Villa Mairea, deren Eigentümer vor allem über die notwendigen finanziellen Voraussetzungen verfügten, um hochpreisige Kunst zu erwerben. 1939 wurde die Villa Mairea von dem Architektenpaar Aino und Alvar Aalto für Maire und Harry Gullichsen entworfen und ausgestattet. Für das neue Wohnhaus erwarb Harry Gullichsen eine Aktskizze von Matisse aus Rosenbergs Sammlung.[441]

Seit Ende der 1930er Jahre begann Maire Gullichsen damit, schwerpunktmäßig französische Kunst zu sammeln. Ihre Vorliebe für die geometrische Abstraktion spiegelte sich seit spätestens 1939 in den Räumlichkeiten der Villa Mairea wider. Trotz der stilistischen Veränderung des Wohnraumes und der Interessenverlagerung in Gullichsens sammlerischer Tätigkeit blieb Schjerfbecks Selbstbildnis ein Kernstück der Sammlung. Wie es scheint, war das *Selbstporträt* von 1913 bis 1926 das einzige früh erworbene Kunstwerk eines finnischen Künstlers, das die Gul-

---

438 Vertreten waren Werke von Henri Matisse, Georges Braque, André Derain, Pablo Picasso, Georges Rouault, Fernand Léger, Maurice Utrillo, André Masson, Pierre Bonnard, Édouard Vuillard und Marie Laurencin. Über die Ausstellung wurde auf breiter Ebene und meist sehr positiv berichtet. Ein Blick auf die Kritiken zeigt zugleich, dass sich viele Artikel inhaltlich recht stark unterscheiden. Die Ausstellung wurde über Gullichsens Unternehmen Artek organisiert. Kurz darauf wurde Gullichsen Mitbegründerin des Vereins *Nykytaide ry / Nutidskonst ry* (Verein zeitgenössischer Kunst), der dem Beispiel des 1937 in Stockholm gegründeten *Föreningen för Nutida Konst* (Verein für zeitgenössische Kunst) folgte.

439 Vgl. Woirhaye 2002, S. 78. Viljo Kojo berichtet, dass es die bestbesuchte Ausstellung der Kunsthalle Helsinki seit deren Gründung war, vgl. Viljo Kojo, *Nykyaikaista ranskalaista maalaustaidetta*, Karjala, 22.1.1939.

440 Wenige Zeit später fand eine Ausstellung der finnischen Künstler Otto Mäkilä und Arvid Broms statt, deren Kunst kubistische und surrealistsche Elemente enthält. Diese Ausstellung wurde in den Kritiken ausführlich besprochen, so auch von Antero Rinne. Er betont das verspätete Aufkommen abstrakter Kunst in Finnland, vgl. Antero Rinne: *Lopultakin! Otto Mäkilän ja Arvid Bromsin näyttely,* Suomen Sosialidemokraatti, 19.2.1939. In Rinnes Kritik ist ein Werk Mäkiläs abgebildet, in dem ein Antlitz mit stark zweigeteilten Gesichtshälften zu sehen ist, das an Picassos Kunst erinnert. Zur Rezeption abstrakter und nonfigurativer Kunst in Finnland, vgl. Palin 2015 b.

441 Vgl. Woirhaye 2002, S. 78.

lichsens mit in ihr neues, modernistisches Zuhause nahmen.[442] In der Villa Mairea wurde es an wechselnden Orten an gut sichtbarer Stelle platziert, wie zum Beispiel im Eingangsbereich des Hauses. Die Gullichsens empfingen nicht nur Freunde in ihrem Haus, sondern nutzten es auch für Firmenbesprechungen Harry Gullichsens, wodurch den Werken eine repräsentative Funktion zukam. Harry Gullichsens Rolle als Repräsentant des größten finnischen Privatunternehmens prägte das Interieur des Wohnhauses und ließ zumindest einige Räume zur Schnittstelle zwischen öffentlicher und privater Sphäre werden. Die Funktion der Sammlung der Gullichsens diente somit auch der sozialen Identitätsbildung, die mit einer gesellschaftlichen Attitüde des Nonkonformismus einherging.[443]

Wie oben aufgezeigt, weist die Formensprache des *Selbstporträt* von 1913 bis 1926 deutliche Parallelen zur internationalen Moderne auf. Es weckt Assoziationen zu Modiglianis oder Picassos Werken des frühen 20. Jahrhunderts, wie zum Beispiel *Les Demoiselles d'Avignon* (1907).[444] So kann der Zeitpunkt von Stenmans Verkauf im Zusammenhang mit Gullichsens Engagement für das Bekanntwerden der internationalen Kunst des frühen 20. Jahrhunderts gesehen werden.

Konnte dieses Kapitel nur Streiflichter auf die seinerzeit zeitgenössische finnische Kunst werfen, bleibt hier ein Desiderat bestehen. Gerade den unterschiedlichen Verhandlungen der Idee des „Primitiven" sollte Aufmerksamkeit gewidmet werden.

Das nun folgende Kapitel widmet sich erneut einem Selbstbildnis, das für einen konkreten Ausstellungskontext und aufgrund eines Auftrages entstanden ist. Die Gegenüberstellung macht deutlich, dass Schjerfbecks Selbstbildnisse von 1921 und 1913 bis 1926, die ohne Auftrag entstanden sind, tiefgreifendere existenzielle Fragen berühren als jenes von 1937.

---

442 Vgl. Renja Suominen-Kokkonen: *Taiteen kirjasto? Ajatuksia Villa Maireasta ja taiteenkerääjän sukupuolesta / A Library of Art? The Villa Mairea and Notes on the Gender of the Art Collector*, Pori 2004 (Porin taidemuseon tutkimuksia, Bd. 4), S. 26. Suominen-Kokkonen befasst sich ausführlich mit der Sammlung. Sie weist auf die Parallelen zwischen einigen Äußerungen Le Corbusiers in *Vers une architecture* und der gestalterischen und ideologischen Umsetzung der Villa Mairea hin, vgl. ibid., S. 54 u. 71.

443 Vgl. ibid., S. 40 ff.

444 Heute zählt das Werk zu den bekanntesten Gemälden Picassos und der europäischen Kunst des 20. Jahrhunderts. Dies war jedoch nicht immer so. Picasso zeigte das 1907 entstandene Werk zunächst nur Freunden und Vertrauten. Es sollte bis 1925 dauern, bis es das erste Mal in einer französischen Zeitschrift abgebildet wurde. Erst danach tauchte das Gemälde häufiger in Zeitschriften und Büchern auf, vgl. Judith Cousins u. Hélène Seckel: *Éléments pour une chronologie de l'histoire des Demoiselles d'Avignon,* in: *Les Demoiselles d'Avignon* (hrsg. v. Hélène Seckel), Ausstellungskatalog, Vol. 2, Musée Picasso, Paris / Museu Picasso, Barcelona 1988, 547–625, S. 595 ff. An dieser Stelle ist es als repräsentatives Werk der internationalen Kunst des beginnenden 20. Jahrhunderts zu verstehen, die in Finnland in den 1930er Jahren vermehrt in den Fokus der Öffentlichkeit gelangte.

6

Inszenierung als nordische Künstlerin. Das *Selbstporträt mit Palette I* (1937)

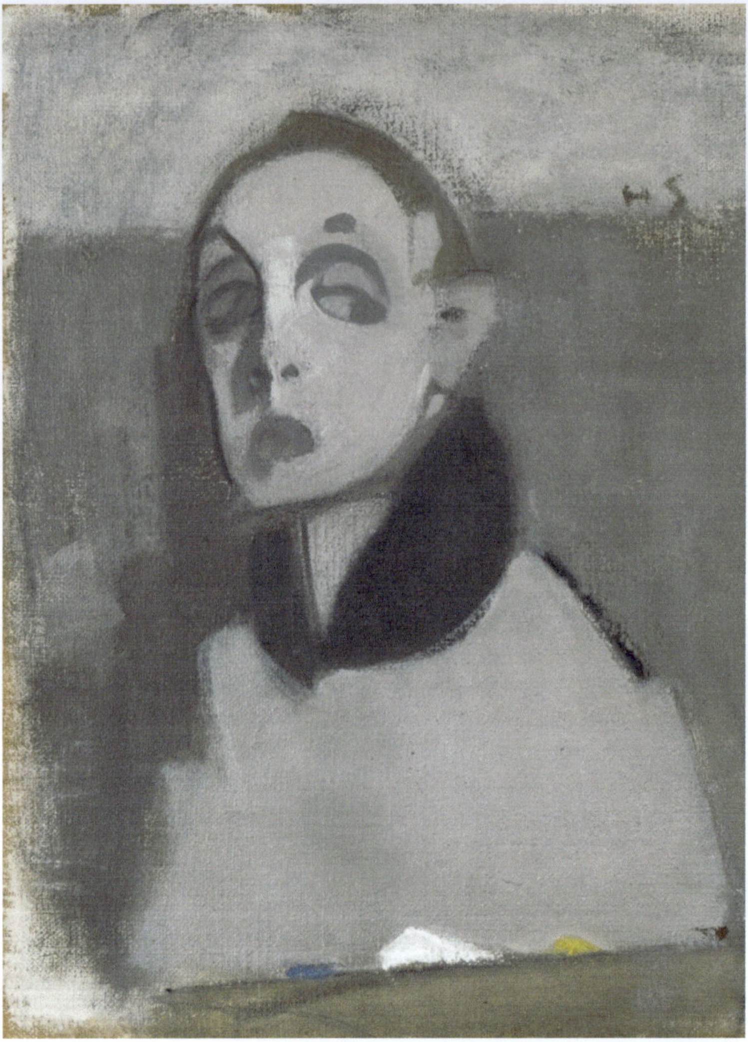

Abb. 6: Helene Schjerfbeck: *Selbstporträt mit Palette I*, 1937

Das *Selbstporträt mit Palette I* entstand als Auftragsarbeit für eine große Einzelausstellung (Abb. 6). 1937, das Jahr von Schjerfbecks 75. Geburtstag, plante Gösta Stenman in seiner 1934 eröffneten Stockholmer Galerie Stenmans Kunstsalon die erste Einzelausstellung der Künstlerin in Schweden.[445] Auf diese Bezug nehmend schreibt Schjerfbeck, dass sie nicht in der Lage sei, Stenmans Vorhaben abzulehnen. Sie schien jedoch Beruhigung in dem Gedanken zu finden, dass die Ausstellung fernab ihres Wohnortes stattfinden sollte.[446] Welche genauen Absprachen zwischen Stenman und Schjerfbeck in Bezug auf das *Selbstporträt mit Palette I* getroffen wurden, ist nicht bekannt. Letztlich verhalf die Ausstellung der Künstlerin jedoch zu ihrem endgültigen Durchbruch in Schweden.[447]

Die Fragestellung, unter der das Werk betrachtet wird, betrifft die Selbstrepräsentation für die Öffentlichkeit. Neben dem *Selbstporträt mit schwarzem Hintergrund* ist es das einzige Werk, das die Künstlerin mit ihren Malutensilien zeigt (Abb. 3). Damit betont sie ihre soziale Identität als Künstlerin und schafft ein Werk, das auch als Sinnbild ihrer Kreativität – die Künstlerin während des Schaffensprozesses – verstanden werden kann. Darüber hinaus ist die Auftragslage besonders, da Schjerfbeck dieses Bildnis als Finnlandschwedin gezielt für eine schwedische Öffentlichkeit anfertigte. Hierdurch gewinnen erneut Fragen der nationalen und ethnischen Identität an Bedeutung.

---

445 Gösta Stenmans Umzug nach Schweden hatte vor allem wirtschaftliche Gründe. Im Laufe der 1920er Jahre verloren Galerien in Finnland ihre Vormachtstellung. Damals gehörten neben Stenmans Kunsthandlung die Galerie Hörhammer, der Taidepalatsi (Kunstpalast) sowie der Salon Strindberg zu den führenden Galerien. Als 1928 die Kunsthalle Helsinki eröffnet wurde, mit der ein öffentlicher Raum für Gruppenausstellungen geschaffen wurde, bekamen die Galerien die Konkurrenz deutlich zu spüren, vgl. Anttonen 2004, S. 34 ff., und Teija Lammi: *Johdanto / Inledning / Introduction*, in: *Torger Enckell* (hrsg. v. Anneli Ilmonen u. Tuula Karjalainen et al.), Ausstellungskatalog, Porin taidemuseo, Pori 2011, S. 18 ff. Doch auch nach seinem Umzug nach Stockholm hatte Stenman mit seiner Galerie Stenmans dotter (im Folgenden: Stenmans Tochter) weiterhin ein zweites Standbein in Finnland. Zwischen 1939 und 1943 unterhielt er Stenmans Tochter in Helsinki und zog dann ebenfalls mit dieser nach Stockholm um. Dort konnte sich Stenman primär durch die von ihm geförderten und durch ihn „entdeckten" finnischen Künstler einen Namen machen, vgl. Hjelm 2009, S. 274 f.

446 Die Passage, auf die Bezug genommen wird, lautet: „Vet ej om han talat om sina ‚planer' – han ville i Stockholm ställa ut något af mig i september. Jag kunde inte säga nej när det är så långt borta – han är ju min välgörare, i Finland skulle det taga livet avmig. Så är det nu om ej detta ändrar hans planer. Han var redan i Porkala. När jag talat om mitt liv skriver han ‚Främmande tager man ej emot, Varför skall det städas? Varför vänta modeller när man kan måla sig sjelv?' Är det ej underligt att han vill ha sjelvporträtt än!", Brief von Helene Schjerfbeck an Einar Reuter, 23.6.1937, zitiert nach Levanto 1992, S. 31 f.

447 Die Eröffnung war am 12.9.1937. Aufgrund des Erfolges wurde die Ausstellung mehrfach verlängert, vgl. Hjelm 2009, S. 280.

6.1 Die Maske der Melancholie

Das Selbstporträt mit Palette I ist das großformatigste Selbstbildnis Schjerfbecks (Abb. 6). Es misst 54,5 mal 41 Zentimeter und zeigt die Malerin im klassischen Selbstporträtformat der Renaissance – dem Brustbild. Die Künstlerin hat den Oberkörper leicht vom Betrachter abgewandt, ihr Blick ist über die Schulter aus dem Bild heraus gerichtet. Durch die gesenkten Lider und die mandelförmigen Augen, deren Augenwinkel ebenfalls nach unten weisen, entsteht der Eindruck von Schwermut. Dieser wird durch die leicht herabgezogenen Mundwinkel sowie die Farbigkeit des Gemäldes bekräftigt. In dem gesamten Gemälde tauchen kaum bunte Farben auf; sowohl die Kleidung und das Gesicht der Künstlerin als auch der Hintergrund sind überwiegend in Schwarz-Weiß-Abstufungen wiedergegeben, durchzogen von bräunlichen Ockertönen. Am unteren Bildrand stellt eine bräunliche Fläche Distanz zum Betrachter her. Die dort aufgetragenen „Farbkleckse" in Blau, Weiß, Gelb und Rostrot lassen an die Farbkleckse auf einer Palette denken. Am deutlichsten treten Blau, Weiß und Gelb hervor, sie rufen Assoziationen der Farben der finnischen und schwedischen Nationalflaggen wach. Der weiße Farbfleck in der Mitte tritt jedoch am deutlichsten hervor und erhält nicht nur eine inhaltliche Bedeutung, sondern auch eine kompositorische. Er nimmt die Farbe der linken unteren Bildecke, in der die Leinwand zum Vorschein kommt, wieder auf, ebenso wie die des hell gehaltenen pastosen Nasenrückens.

Das weiß-gräuliche Antlitz hebt sich vom Hintergrund ab, was nicht nur durch leichte farbliche Kontraste erzeugt wird – auch die starke Konturierung der rechten Gesichtshälfte trägt dazu bei.[448] Die Kontur beginnt jedoch nicht erst im Schläfenbereich des Gesichtes, sondern im Bereich des Nasenrückens. Von dort setzt sie sich als Augenbraue fort und mündet in der äußeren Begrenzung des Antlitzes. Durch diese Linienführung wird erneut die Simultanität zweier Ansichten erzeugt: Zunächst scheint das Gesicht frontal wiedergegeben zu sein. Auf den zweiten Blick kommt jedoch auch hier als suggestiver Bestandteil des Porträts das blasse, maskenartige „Profil" zum Vorschein. Nur die Sinnesorgane – der Mund, die Augenlider und das rechte Ohr – durchbrechen die Blässe mit schwachen Rotnuancen. Davon abgesehen unterscheiden sich die Farbigkeit der Dreiviertelfigur und die des Hintergrundes nur in geringem Maße.[449] Den unteren Teil des Hintergrundes bestimmen Schlammfarben mit einer Grünnuance, der obere Bereich ist dagegen in einem helleren Weißgrauton gehalten. Der Farbauftrag ist nicht vollständig de-

---

448 Leena Ahtola-Moorhouse verweist diesbezüglich auf die Parallelen zu Georges Rouault, vgl. id. 2000, S. 54.

449 Dieser wirkt in seiner Abstraktion nahezu wie ein Vorläufer eines Mark-Rothko-Gemäldes.

ckend, sodass die Leinwand stellenweise zum Vorschein kommt und die gewebte Oberflächenstruktur des Malgrunds deutlich wahrnehmbar ist. Der obere Teil des Hintergrundes greift die Farbigkeit der Kleidung Schjerfbecks – vermutlich ein modischer Pelzkragenmantel – wieder auf. In der oberen rechten Bildecke sind die Initialen Schjerfbecks *HS* zu erkennen. Sie sind das Zeichen der Vollendung des Werkes, das zugleich Spuren der Unvollendung trägt.

Zum *Selbstporträt mit Palette I* existiert eine signierte und datierte Vorzeichnung (Abb. 28). Diese weist starke Parallelen zu einem Selbstporträt der Künstlerin aus dem Jahr 1935 auf, das ebenfalls eine Auftragsarbeit war.[450] Sowohl in der Zeichnung als auch im *Selbstporträt* von 1935 sind die Konturen des Gesichtes wesentlich stärker betont als im *Selbstporträt mit Palette I*. Schjerfbeck schien sich dafür entschieden zu haben, den Teil des Entwurfs, der dem Gesicht eine gewisse Härte verliehen hätte, nicht zu übernehmen und stattdessen das Kinn weichzuzeichnen.

Die Attribute einer Malerin fügen sich eher unauffällig in das Bildganze ein. Anders als im Selbstporträt von 1915 sind die Malutensilien in diesem Bildnis kaum mehr als figuratives Element erkennbar (Abb. 3). Die Palette wird nur durch einen dünnen Querstrich angedeutet, auf der sich die Grundfarben Blau, Gelb und Rot befinden. Das Rot ist jedoch nicht als reine Farbe dargestellt, sondern geht ins Bräunliche, Rostfarbene über. Die stärkste Betonung liegt auf dem Weiß.

Sowohl der Palette als auch der Anordnung der Farben auf der Palette wurde im ausgehenden 19. Jahrhundert verstärkt Aufmerksamkeit zuteil. Während es in den vorangegangenen Jahrhunderten noch feste Vorgaben zur Anordnung gegeben hatte, wurde das Arrangement der Farben auf der Palette zunehmend von den individuellen Vorlieben der Maler bestimmt.[451] Die Besonderheit an der Palette im Gemälde ist, dass es in den Farbklecksen zu einer Übereinstimmung von Bezeichnendem und Bezeichnetem kommt.[452] Es bietet der Malerin die Möglichkeit, Farbe als Arbeitswerkzeug zu zeigen und dadurch auf den Werkcharakter des Bildes zu verweisen. Schjerfbecks *Selbstporträt mit Palette I* legt nahe, dass der Anordnung der Farben mehrere Bedeutungsebenen zukommen. Die weiße Farbe auf der Palette taucht zwar in dieser Reinheit kein zweites Mal im Gemälde auf, dennoch gehört

---

450 Vgl. Ahtola-Moorhouse 2000, S. 46 ff.

451 Vgl. John Gage: *Kulturgeschichte der Farbe. Von der Antike bis zur Gegenwart* (aus d. Engl. übers.), Ravensburg 1994 [1993], S. 187 ff. Während im 19. Jahrhundert Atelierbilder, in denen der Maler sich mit Pinsel und Palette darstellte, vorrangig dessen Virtuosität zur Schau stellen sollten, gewann im Verlauf des 20. Jahrhunderts die Farbe zunehmend an Eigenwert. Dies drückt sich in Jim Dines *Fröhliche Palette* (1969) aus, in welchem einzig die Palette zum Bildgegenstand wird und der Maler keinen Platz mehr findet, vgl. Wagner 2001 a, S. 20 f.

452 Vgl. ibid., S. 18.

Weiß zu den am meisten verwendeten Farben. So taucht die weiße Farbe ebenfalls in dicker Pastosität auf dem Nasenrücken der Künstlerin auf und bildet neben dem Farbfleck auf der Palette die hellste Stelle des Gemäldes. Zwei Dinge werden hierdurch betont: die Materialität des Gemäldes sowie die Künstlichkeit des Antlitzes. Das Gesicht wirkt maskengleich.[453] Die verhältnismäßig starke Konturierung der rechten Gesichtshälfte und die Farbkontraste zwischen Gesicht und Hintergrund verstärken den Eindruck einer Maske, hinter der sich das wahre Antlitz der Künstlerin verbirgt.[454] Die Distanz zur Person Schjerfbeck wird durch diese bildlichen Mittel künstlich erzeugt und betont.[455]

Zeitgenössische Kritiker bezeichneten Schjerfbecks Werke als blutleer.[456] Durch diese Umschreibung wurde gewiss auch auf die häufig in fahlem Weiß – mal mehr, mal weniger ins Gräuliche übergehend – gehaltenen Gesichter in Schjerfbecks Figurenbildnissen hingewiesen (Abb. 20). Auch für dieses Selbstbildnis erscheint die Bezeichnung zutreffend. Die Haut, anders als in den Selbstbildnissen von 1884 bis 1885 und 1912, wird nicht als eine durchblutete Oberfläche des Körpers dargestellt, auf der sich emotionale Zustände wie innere Erregung widerspiegeln können, sondern als verhüllende, unbelebte Oberfläche (Abb. 9 und 1). Die übertragene Bedeutung von „blutleer" umfasst Wörter wie „abgestorben", „empfindungslos" und „gefühllos".[457] Der Eindruck des Verhülltseins wie der des Blutleeren wird durch die Semantik weißer ebenso wie grauer Farbe verstärkt. So schrieb der Sprachwissenschaftler Walter A. Koch 1931 über die Farbe Weiß:

> [Weiß hat, A.L.] immer etwas Wesenloses an sich, es hat ein inneres Leben in sich, das aber noch nicht zur Entfaltung gekommen ist und gar oft schon wie der Abschluß einer Entwicklung aussieht. Etwas Gehemmtes ist ihm jederzeit zu eigen, weil es das, was in ihm liegt, nicht recht ausdrücken kann; oft sieht dies aus wie Verzagtheit oder Phlegma.

---

453 Vgl. Solomon-Godeau 2014, S. 83, und Facos 1995, S. 14.

454 Hans Belting unterscheidet zwischen der Gesichtsmaske und dem menschlichen Gesicht, welches durch seine Mimik ständig wechselnde Masken produziere. Ich beziehe mich hier auf die Gesichtsmaske, vgl. id.: *Faces. Eine Geschichte des Gesichts*, München 2013, S. 25 ff.

455 Vgl. Facos 1994, S. 16.

456 Camilla Hjelm verweist diesbezüglich auf Kritiken von 1934, vgl. Hjelm 2009, S. 225. In diesem Jahr wurden einige von Schjerfbecks Arbeiten zusammen mit Werken der finnischen Künstler Hannes Autere, Marcus Collin und Tyko Sallinen in Stockholm in der Liljevalchs konsthall (Liljevalchs Kunsthalle) gezeigt, vgl. *Helene Schjerfbeck* 2012, S. 362–376, *Expography* (Irmeli Isomäki), S. 366.

457 Vgl. Duden: http://www.duden.de/rechtschreibung/blutleer, aufgerufen am: 29.11.2014.

> [...] Feuriges Leben kann durch Weiß niemals ausgedrückt werden. [...] So hat es etwas Oberflächliches, es ist allzu einfach und klar, es ist abstrakt, ja fade und leer.[458]

All diese Eigenschaften scheint auch Schjerfbecks in maskenartigem Weiß-Grau gehaltenes Selbstbildnis zu beinhalten.

Dem gängigen Verständnis folgend ist es die Aufgabe des Selbstporträts, Auskunft über das dargestellte Selbst, die Person, zu geben.[459] Das Antlitz dieses Bildnisses erweckt jedoch den Eindruck, mehr zu verhüllen als zu enthüllen. Damit stellt es nicht nur herkömmliche Gattungsmerkmale des Porträts infrage. Auch mit einem tradierten Topos der Kulturgeschichte wird gebrochen, indem die Haut nicht länger als etwas dargestellt ist, das als „Ausdruck der Tiefe, des Seelischen, des inneren Charakters" verstanden werden kann.[460] Ebendiese Zugänglichkeit zum Innenleben der Künstlerin scheint die künstliche Haut zu verhindern. Das fahle Weiß-Grau des Gesichts entzieht sich einer klaren Deutbarkeit. Wolfgang Müller-Funk weist in seinem Artikel über *Die Farbe Grau* auf die Unbestimmbarkeit der Farbe hin, auf die Unmöglichkeit einer klaren Zuordnung, die sich repräsentativ in dem Wort Grauzone widerspiegele.[461]

Ein derart unnatürliches Inkarnat taucht in Schjerfbecks Œuvre seit etwa 1904 als künstlerisches Merkmal auf. So zeichnen sich zum Beispiel die Gemälde *Lesende Mädchen* (1907), *Der Brennholzjunge II* (1911) und *Das Mädchen von den Inseln* durch eine stark aufgehellte und dadurch unnatürlich wirkende Gesichtsfarbe aus, die den Anschein des Unbelebten erweckt (Abb. 31). Am stärksten hat Schjerfbeck ihr Gesicht im 1939 entstandenen *Selbstporträt mit schwarzem Mund* aufgehellt (Abb. 32). Es zeigt ein stark konturiertes, beinahe kalkweißes Antlitz. Durch den Grad der Abstraktion und die verzerrten Gesichtszüge wirkt es wie ein groteskes Spiel mit dem menschlichen Antlitz, dessen Farbigkeit in den roséfarbenen Hintergrund entwichen ist.[462] In diesem Sinne fungiert die Haut hier als Grenzmetapher, die zweierlei Funktionen hat.[463] Sie suggeriert eine Grenzziehung zwischen Außenwelt

---

458 Walter A. Koch: *Psychologische Farbenlehre. Die sinnlich-sittliche Wirkung der Farben*, Halle 1931, S. 75. Für einen umfassenden Einblick in die Kulturgeschichte der Farbe Weiß im 20. Jahrhundert vgl. Oettl 2008.

459 Vgl. Dirk Luckow: *Mensch und Bildnis, eine Differenz. Vorwort*, in: *Porträt ohne Antlitz* 2004, S. 6–8, S. 8.

460 Benthien 2001 [1999], S. 17.

461 Vgl. Wolfgang Müller-Funk: *Die Farbe Grau*, in: *Bricolage. Innsbrucker Zeitschrift für Europäische Ethnologie / „Grau"*, Heft 4, Innsbruck 2009, S. 29–43, S. 30.

462 Vgl. Holger 1997, S. 102.

463 Claudia Benthien weist darauf hin, dass die Haut im 20. Jahrhundert „zur zentralen Metapher des Getrenntseins" wird, vgl. Benthien 2001 [1999], S. 7.

und Innenleben und verweist zugleich auf die Grenze zwischen Kunst und realer Person.[464] Trotz der Grenzziehung zum Innenleben der realen Person Schjerfbeck durch die Gestaltung des Inkarnats im *Selbstporträt mit Palette I* scheint sich im Antlitz der Künstlerin ihre Gemütslage auszudrücken.

Des Öfteren wurden bereits Parallelen zwischen einigen Figurenbildnissen Schjerfbecks und Typen aus der Commedia dell'Arte oder traurigen Clowns im Allgemeinen erwähnt.[465] Diese Ähnlichkeit tritt stark hervor in Gemälden wie *Die Skifahrerin (Englisches Mädchen)* von 1909. Doch auch im *Selbstporträt mit Palette I* erinnern die helle Gesichtshaut und die schwarz umrandeten Augen, die Augenbrauen und der schwermütige Gesichtsausdruck an die Maske eines traurigen Clowns. Gewiss kann nicht von einer Selbstdarstellung als Clown gesprochen werden – eine Andeutung scheint dennoch vorhanden zu sein.[466] Sowohl die Rolle des Künstlers in der Gesellschaft als auch die des traurigen Clowns sind durch ihre Randständigkeit charakterisiert. Beide werden überdies mit dem Gemütszustand der Melancholie assoziiert.[467] Der Anschein von Melancholie im *Selbstporträt mit Palette I* wird nicht nur durch ikonografische Bezüge hergestellt, ebenso spielen formale Elemente wie Farbe eine wichtige Rolle.[468] So trägt das alles umhüllende Grau zur atmosphärischen Färbung des Bildnisses bei, wie dies für viele andere Arbeiten Schjerfbecks in ihrer dunkel-düsteren Farbgebung ebenfalls gilt. Bei deren Betrachtung fallen jedoch einige Unterschiede auf, die das Zusammenspiel von Figur und den umgebenden Bildraum betreffen.

---

464 Helene Schjerfbeck schreibt: „Ist dir noch nie aufgefallen, wie unangenehm es ist, einen Raum zu betreten, wo wirkliche Menschen an den Wänden hängen? […] Ich versuche, eine scharfe Grenze um die Kunst zu ziehen, sie nicht in die Wirklichkeit übergehen zu lassen, wie in einem alten Panorama." Brief von Helene Schjerfbeck an Maria Wiik, 1915 (undatiert), zitiert nach Görgen 2007 b, S. 13. Annabelle Görgen thematisiert ebenfalls die Leblosigkeit der Gesichter, vgl. ibid., S. 13 ff.

465 Vgl. Lahelma 2014 b, S.119 f., und Görgen 2007 b, S. 14.

466 Entgegen einiger (Selbst-)Darstellungen von Künstlern wie Pablo Picasso nimmt Schjerfbeck nicht explizit Bezug auf die tragisch-komische Figur eines Pierrot oder eines Harlekin.

467 Vgl. Lahelma 2014 b, S. 120, und weiterführend: Roland Berger u. Dietmar Winkler: *Künstler, Clowns und Akrobaten. Der Zirkus in der bildenden Kunst*, Stuttgart 1983.

468 Friderike Kitschen untersucht Melancholie und Stimmung im Werk Paul Cézannes. Sie sieht von der individualpsychologischen Deutung ab und leitet die Gestimmtheit der Werke vor allem von der formalen Gestaltung ab. Farbe und Komposition sind dafür zentrale Kategorien. Diesen Ansatz möchte ich ebenfalls stärken, vgl. Friderike Kitschen: *Melancholie und „décoration". Zur Stimmung im Werk Paul Cézannes*, in: Kerstin Thomas (Hrsg.): *Stimmung. Ästhetische Kategorie und künstlerische Praxis*, Berlin 2010, S. 79–95.

In Bildnissen wie *Das Fräulein von der Station* ist die Stimmung der dominante Bestandteil des Werkes (Abb. 29).[469] Die Figur löst sich nahezu in dem sie umgebenden Bildraum auf, die Umrisslinien des Gesichtes wurden beinahe vollständig entfernt und bilden damit einen Kontrast zur Konturierung des Antlitzes im *Selbstporträt mit Palette I*.[470] So erweckt die Figur in *Das Fräulein von der Station* den Anschein, von der Atmosphäre des sie umgebenden Raumes absorbiert zu werden. Annabelle Görgen weist darauf hin, dass Atmosphären einen wesentlichen Bestandteil von Schjerfbecks Werken ausmachen, und greift in diesem Zusammenhang auf den Atmosphärebegriff von Gernot Böhme zurück.[471] Böhme versucht den Begriff der Atmosphäre für die Ästhetik geltend zu machen und bezieht sich dabei auf Hermann Schmitz, der auf die Randlosigkeit von Atmosphären verweist und diese als „ergreifende Gefühlsmächte, räumliche Träger von Stimmungen" beschreibt.[472] An dieser Stelle wird deutlich, dass die Begriffe „Gefühl" und „Stimmung" mit dem der „Atmosphäre" verknüpft sind, wobei „Stimmung" in einigen Sprachen auch mit „Atmosphäre" übersetzt wird.[473] Tutta Palin untersucht die Verwendung dieser Termini und die mit ihnen verbundene Ideengeschichte in Finnland. Sie weist auf die unterschiedlichen Konnotationen der Begriffe Stimmung und Atmosphäre im finnischen und schwedischen Sprachgebrauch hin. Das finnische Wort *tunnelma* und das schwedische *stämning* können sowohl zur objektiven Landschaftsbeschreibung genutzt werden als auch als subjektive Stimmung einer Person verstanden werden. So kann der Begriff in beiden Sprachen auf ein Gefühl verweisen, das Subjekt- und Objektgrenzen verschwimmen lässt. Das schwedische *atmosfär* (im Finnischen: *atmosfääri*) deutet jedoch primär auf „objektive" Naturverhältnisse hin.[474]

---

469 Der Begriff der Stimmung wurde in den letzten Jahren in der kunstgeschichtlichen Forschung vielfach diskutiert, vgl. z. B. Thomas 2010.

470 Marie Christine Tams (Jádi) deutet die verschwommenen Umrisslinien als Ausdruck von Stimmungen, vgl. id. 2012, S. 62 f.

471 Vgl. Görgen 2007 b, S. 9 u. 18.

472 Gernot Böhme: *Atmosphäre als Grundbegriff einer neuen Ästhetik*, in: id.: *Atmosphäre. Essays zur neuen Ästhetik*, Frankfurt a. M. 1995, S. 21–49, S. 29.

473 Vgl. *Ästhetische Grundbegriffe. Historisches Wörterbuch in sieben Bänden*, hrsg. v. Karlheinz Barck et al., Bd. 5, Stuttgart u. Weimar 2003, S. 703–734, S. 703 s. v. „Stimmung" (David E. Wellbery).

474 Vgl. Tutta Palin: *Tunnelma taidepuheen käsitteenä ja esteettisenä käytäntönä. „Pariisin melodia" Ester Heleniuksen maalauksessa „Kirkko" (1947)*, in: Satu Kähkönen u. Tuuli Lähdesmäki (Hrsg.): *Tieteidenvälisyys ja rajanylitykset taidehistoriassa. Annika Waernerbergin juhlakirja*, Helsinki 2012 (Taidehistoriallisia tutkimuksia, Bd. 44), S. 83–99, S. 83 f. u. S. 91. In den nordischen Ländern war der Stimmungsbegriff zudem im ausgehenden 19. Jahrhundert von besonderer Bedeutung, als Werke entstanden, die unter dem Begriff der Stimmungsmalerei zusammengefasst werden. In ihnen wurde als Fortsetzung der romantischen Tradition Landschaft als Projektionsfläche innerer Befindlichkeiten verstanden, vgl. ibid., S. 83 f.

In der folgenden Untersuchung wird Stimmung als vom Subjekt gefühlt verstanden, während die Atmosphäre jenes Phänomen ist, das diese Gestimmtheit auslösen kann. Gernot Böhmes Abhandlung zum Phänomen der Atmosphäre erweist sich als hilfreich für die Analyse des *Selbstporträts mit Palette I*. Böhme schreibt:

> Sie [Atmosphären, A.L.] sind Räume, insofern sie durch die Anwesenheit von Dingen, von Menschen oder Umgebungskonstellationen, d. h. durch deren Ekstasen, „tingiert" sind. Sie selbst sind Sphären der Anwesenheit von etwas, ihre Wirklichkeit im Raume. Im Unterschied zum Ansatz von Schmitz werden so die Atmosphären nicht freischwebend gedacht, sondern gerade umgekehrt als etwas, das von den Dingen, von Menschen oder deren Konstellationen ausgeht und geschaffen wird. Die Atmosphären sind so konzipiert weder als etwas Objektives, nämlich Eigenschaften, die die Dinge haben, und doch sind sie etwas Dinghaftes, zum Ding Gehöriges, insofern nämlich die Dinge durch ihre Eigenschaften – als Ekstasen gedacht – die Sphären ihrer Anwesenheit artikulieren. Noch sind die Atmosphären etwas Subjektives, etwa Bestimmungen eines Seelenzustandes. Und doch sind sie subjekthaft, gehören zu Subjekten, insofern sie in leiblicher Anwesenheit durch Menschen gespürt werden und dieses Spüren zugleich ein leibliches Sich-Befinden der Subjekte im Raum ist.[475]

Bei Schjerfbeck drückt sich die Atmosphäre verstärkt in der grauen Tonalität des Gemäldes aus,[476] die stark zum Eindruck der melancholischen Grundstimmung der Figur beizutragen scheint. Gernot Böhme beschreibt eine Atmosphäre, die repräsentativ für das Sanftmelancholische sei. Es tauchen Eigenschaften auf, die auch auf Schjerfbecks Selbstbildnis zutreffen: Stille, Unbewegtheit, Verschattung, wenig Licht, dunkle Farben.[477]

Darüber hinaus kann die graue Atmosphäre der Melancholie auch metaphorisch auf den Schaffensprozess bezogen werden. Schjerfbeck beschreibt diesen Vorgang mithilfe der Farbe Grau: „Am Anfang jeder Arbeit ist der Glaube an das, was man macht, dann kommt eine lange dämmrige und graue Zeit – niemand hat zuvor hinter diesen Vorhang gesehen – ein stiller Kampf, man meidet auch für sich selbst das Wort – Verzweiflung."[478]

---

475 Böhme 1995, S. 33 f.

476 Anna-Maria von Bonsdorff bezeichnet die Tonalität als den Ton, der in einem Gemälde vorherrscht und dazu beiträgt, dass es als einheitlich empfunden wird, vgl. id. 2012, S. 62 f.

477 Vgl. Böhme 1995, S. 37.

478 „I början av allt arbete är där tro på det, sen kommer en lång skum och grå tid – ingen har just sett bakom den förlåten förr – en tyst kamp, man undviker också för sig själv ordet – förtvivlan –", Brief von Helene Schjerfbeck an Einar Reuter, 4.11.1916, zitiert nach Levanto 1992, S. 49 f. Zu-

So kann die im Selbstbildnis dargestellte melancholische Atmosphäre, die die Stimmung der Künstlerin vereinnahmt, ebenso wie die Palette als Attribut der Künstlerin verstanden werden. Durch sie gibt sich die Künstlerin als solche zu erkennen. Ferner erweckt das Selbstbildnis den Anschein, als wollte die Malerin in der Fremdwahrnehmung das Bild des melancholischen Genies aufrufen. Melancholie ist eine Eigenschaft, die Künstlern seit der Antike zugeschrieben wurde und die seit der Romantik erneut eine Konjunktur erfahren hat.[479] Dass dies eine Eigenschaft war, die auch eng mit Schjerfbecks Person beziehungsweise deren öffentlicher Wahrnehmung verbunden war, wurde in Kapitel 3 gezeigt.

6.2 Subjektivierungsprozesse. Nordische Atmosphären

Die Farbverwendung Schjerfbecks in diesem wie auch in anderen Werken kommt der Ästhetik des Symbolismus nahe. Anna-Maria von Bonsdorff stellt in ihrer Dissertation Überlegungen zum Farbgebrauch Schjerfbecks und deren finnischen Zeitgenossen sowie internationaler Künstler an. Der Fokus ihrer Untersuchung liegt auf der Zeit um 1900. Sie beschreibt die von Schjerfbeck verwendeten Farben treffend als farbasketisch und meint damit vornehmlich achromatische Farben wie Schwarz, Weiß und Grau.[480] Den Ausgangspunkt dieser Entwicklung sieht sie in Schjerfbecks Werken der 1890er Jahre.[481] Wie bereits in Kapitel 3 angeführt, war die Auseinandersetzung mit

---

gleich erinnert diese Beschreibung erneut an das Hervortreten des Unbewussten während des Schaffensprozesses.

479 Vgl. *Melancholie. Genie und Wahnsinn in der Kunst* (hrsg. v. Jean Clair), Ausstellungskatalog, Galeries Nationales du Grand Palais, Paris / Neue Nationalgalerie, Staatliche Museen zu Berlin 2005, und Franz Loquai: *Künstler und Melancholie in der Romantik*, Frankfurt a. M. 1984 (Helicon. Beiträge zur deutschen Literatur, Bd. 4), zugl Diss., Otto-Friedrich-Universität Bamberg 1983, und Erwin Panofsky u. Fritz Saxl: *Dürers „Melancolica I“. Eine quellen- und typengeschichtliche Untersuchung*, Leipzig 1923 (Studien der Bibliothek Warburg / Kulturwissenschaftliche Bibliothek Warburg, Bd. 2).

480 Vgl. von Bonsdorff 2012, S. 57 f. u. id. 2014.

481 Vgl. von Bonsdorff 2014, S. 52. Entgegen der Meinung anderer Kunsthistorikerinnen betrachtet von Bonsdorff die malerische Entwicklung Schjerfbecks in den 1890er Jahren als entscheidende Phase für ihre weitere Laufbahn. Sie begründet dies primär mit der sich in dieser Zeit wandelnden Farbpalette, vgl. id. 2012, S. 289. Zuvor sah man den entscheidenden Wendepunkt zu einem moderneren Stil in Schjerfbecks Œuvre vor allem in den kurz nach ihrem Umzug nach Hyvinkää 1902 entstandenen Werken, vgl. Holger 2011, S. 24. Doch auch schon in früheren Werken wie *Die Tür (Alte Klosterhalle) / Dörren (Gammal klostersal)* von 1884 lassen sich abstrakte Flächen in der für Schjerfbeck so charakteristischen

den Ideen des Symbolismus in Finnland in dieser Zeit besonders ausgeprägt.[482] Die Kunst sollte einen Verweischarakter einnehmen und den Zugang zu immateriellen Ideen darstellen. Zu den Motiven des asketischen Farbgebrauchs im Kontext des Symbolismus zählt von Bonsdorff klimatische Bedingungen wie Nebel, der den dargestellten Dingen einen immateriellen Anschein verleihe.[483] So sieht sie auch Schjerfbecks farbreduzierte Palette als Ausdruck von Entmaterialisierung.[484]

Diese Sichtweise kann jedoch nicht pauschal auf die Farbigkeit von Schjerfbecks Werken angewendet werden. Im Zusammenhang mit den übrigen formalen und ikonografischen Elementen können sich diesbezüglich unterschiedliche Deutungsvarianten ergeben. In Hinblick auf das *Selbstporträt mit Palette I* stellt gerade das Wechselspiel aus Materialisierung und Entmaterialisierung ein zentrales Element dar. Während durch die Palette und das weiße, maskengleiche Gesicht die Materialität des Werkes betont wird, leitet der Hintergrund in einen anscheinend immateriellen, atmosphärischen Raum über.

In der bereits oben angeführten Untersuchung zur Farbe Grau verweist Müller-Funk auf den konnotativen Charakter von Farben, der mit der Frage zusammenhänge, wo und wie diese in der Natur beziehungsweise Kultur auftauchen. Bezogen auf die Farbe Grau zählt er zunächst Naturphänomene wie Nebel, Wolken, Regen oder alten Schnee und tageszeitabhängige Erscheinungen wie Morgengrauen und Abenddämmerung auf.[485] Ebendiese Phänomene kann man wiederum bestimmten Jahreszeiten und Regionen zuschreiben. So ist das Klima der nordeuropäischen Länder im Herbst und Winter von Nebel, Wolken, Regen und Schnee sowie wenig Licht beziehungsweise viel Dämmerlicht geprägt. In diesem Kontext kann die graue Tonalität im *Selbstporträt mit Palette I* verortet werden.[486]

Ebenso lässt das Malwerkzeug in Schjerfbecks Selbstbildnis eine genauere Lokalisierung des Raumes zu. Es ist ein subtiler Hinweis, der dem Betrachter gegeben wird. Doch im Vergleich zu Schjerfbecks übrigen Selbstbildnissen sticht die Palette mit ihrer Betonung der drei Landesfarben von Schweden und Finnland hervor.

---

farblichen Gestaltung wiederfinden, vgl. Görgen 2007 b, S. 9, und von Bonsdorff 2014, S. 61. Anstatt in strikt kategorischen teleologischen Mustern zu denken, schlage ich vor, die schon früh auftauchenden abstrahierenden Elemente als beispielhaft für ihr experimentelles Arbeiten zu verstehen.

482 Vgl. Sarajas-Korte 1966.

483 Vgl. von Bonsdorff 2012, S. 267.

484 Vgl. von Bonsdorff 2014. S. 59 ff.

485 Vgl. Müller-Funk 2009, S. 32 f.

486 Die Werke des finnischen Künstlers Marcus Collin, eines Zeitgenossen Schjerfbecks, weisen Parallelen zur Tonalität in Schjerfbecks Werken auf, so z. B. das 1929 entstandene *Laituri Vanajan rannalla*.

Schjerfbeck malte zwischen 1937 und 1945 an einer weiteren Fassung dieses Selbstbildnisses. In dieser sind die „Landesfarben" stärker betont, während das Rotbraun ganz von der Palette gewichen ist (Abb. 33). Derartige nationale Referenzen bilden ein untypisches Element in Schjerfbecks Œuvre.

Während die Farben auf der Palette auf die Nationalfarben der Flaggen hinzuweisen scheinen, sind die übrigen Farben des Gemäldes gedämpfte, in denen sich ein nordisches Lokalkolorit ausdrückt.[487] Diese weisen auf den die Künstlerin umgebenden Raum hin, der Schjerfbecks Auffassung zufolge zur Werkentstehung beigetragen hat. 1936 schreibt sie an Einar Reuter: „Ich bin glücklich, wenn ich darum kämpfe, einen Ton von „Reinen Farben" ausgehen zu lassen, aber das ist falsch – nirgendwo in der Natur ist eine Farbe rein [...]. Wir haben eine gemeinsame Atmosphäre. Der düstere Herbst ist eine starke Gemeinsamkeit."[488] Aus der Äußerung geht hervor, dass Schjerfbeck auf ebendiesen Charakter von Atmosphären verweist, der eine Verwobenheit des Subjekts mit der Umgebung suggeriert. Zu dieser Umgebung zählen somit unter anderem Farben, Tages- und Jahreszeiten, die sinnlich erfahren werden können.[489] Sowohl über das Düstere als auch die Farbe Grau äußert Schjerfbeck sich schon früh in ihren Briefen. So schien Einar Reuter sie wenige Jahre nach ihrer ersten Begegnung gefragt zu haben, ob sie Grau möge. Daraufhin äußert sie sich zu den unterschiedlichen Lichtverhältnissen in Frankreich und Finnland, die sich auf die Farbwerte der gesamten Umgebung auswirkten. Im Gegensatz zu Frankreich habe man in Finnland kaum den Eindruck von räumlicher Entfernung zu Gegenständen, wodurch eine märchenhafte Stimmung entstehe.[490] In den grauen Lichtverhältnissen drückte sich für Schjerfbeck etwas aus, das charakteristisch ist für den Norden und über die bloße Farbigkeit hinausgeht. Wenig später schreibt sie in einem Brief an Reuter erneut über die Farbe

---

487 Vgl. Matthias Krüger: *Die Farben der Heimat. Zur Ideologisierung des Lokalkolorits in der Malerei Emil Noldes*, in: id. u. Isabella Woldt (Hrsg.): *Im Dienst der Nation. Identitätsstiftungen und Identitätsbrüche in Werken der bildenden Kunst,* Berlin 2011 (Mnemosyne – Schriften des Internationalen Warburg-Kollegs), S. 187–209, S. 192 ff.

488 „Jag är lycklig när jag kämpar att få en ton att gå ut ifrån ‚Rena färger' det är falskt – aldrig i naturen är en färg ren [...]. Vi ha alltid atmosfären emellan. Den mörka hösten hade vi mycket emellan." Brief von Helene Schjerfbeck an Helena Westermarck, 13.2.1936, Åbo Akademis bibliotek; zitiert nach Görgen 2007 b, S. 9.

489 Aus Schjerfbecks Briefen kann man darauf schließen, dass das *Selbstporträt mit Palette I* im Spätherbst entstanden ist, vgl. Ahtola-Moorhouse 2000, S. 50.

490 „Om jag tycker om grått – jo just det har jag mest målat hvitt, grått, svart, har bara försökt komma till mer färg nu sist. Valörer synes mig olika i Frankrike och här, där ärö de ljusare på avstånd, ge avstånd, här står ett föremål långt borta ofta lika starkt, mörkt, som ett i förgrunden – just som tallen Ni talar om. En man i svart rock bredvid en har samma valör som skogen långt borta, avståndskänslan försvinner, det ger sagostämning." Brief an Einar Reuter, 30.9.1916, zitiert nach Levanto 1992, S. 41.

Grau. Sie beschreibt die grauen Wände, die ihren Ton an alles abgäben und schließt damit, dass dieser Ton gut zu ihr passe.[491] Die Künstlerin schien sich somit mit der Farbe Grau identifizieren zu können.

Darüber hinaus weisen diese Äußerungen darauf hin, dass Schjerfbeck Atmosphären bewusst wahrnahm und als Teil ihres Schaffensprozesses verstand. Die spezifische Tonalität ihrer Umgebung, die Jahreszeiten und Lichtverhältnisse, all dies waren Faktoren, mit denen sie eine „gemeinsame Wirklichkeit" besaß.[492] Naturphänomene und Umgebungsqualitäten werden mit der Künstlerin eins beziehungsweise wirken auf sie als Subjekt ein. So können diese „Atmosphären des Nordens" im *Selbstporträt mit Palette I* als Teil von Schjerfbecks Künstleridentität sowie als Metapher ihres Schaffensprozesses verstanden werden.

Das maskenartige Antlitz lässt jedoch erkennen, dass sie nur eine Facette ihrer Identität zeigt, hinter der weitere Identitäten im Verborgenen bleiben. Die Gestaltung des Antlitzes lässt an Figurenbildnisse von Georges Rouault, Pablo Picasso, Henri Matisse oder Amedeo Modigliani denken. Diese Assoziationen unterstreichen das weitgehende Fehlen individueller Züge – es ist ein Gesicht der Moderne. Überdies greift Schjerfbeck in der Arbeit auf Farben und Töne zurück, die als repräsentativ für ihr Œuvre angesehen wurden und werden.[493] Dabei stellt sie sich in eine Traditionslinie mit Künstlern wie James McNeill Whistler, Eugène Carrière oder Vilhelm Hammershøi. Wie bereits angeführt, wurde Schjerfbeck schon zu Lebzeiten mit diesen Künstlern verglichen.[494]

Das *Selbstporträt mit Palette I* mag auf den ersten Blick wie eine bloße Farbstudie erscheinen. Die Farben fügen sich jedoch zu einer Stimmung oder Atmosphäre zusammen, die als Verweis auf die Gemütslage der dargestellten Figur verstanden werden kann. Doch entgegen der leiblichen Erfahrung einer Stimmung und der

---

491 „Här äro drömmar, drömmar och bli ej verklighet, och här är bara en grå vägg som skall ge ton åt allt, en ton som passar mig. Det är är något hardt i Hyvinge tonen, det finnes ingen fuktighet, mjukhet, det verkar ända in i ens rum. En dimmig dag är det vackert inne hos mig." Brief an Einar Reuter, 8.5.1917, zitiert nach Levanto 1992, S. 42.

492 Böhme 1995, S. 34. Hier beschreibt Gernot Böhme diesen Zustand folgendermaßen: „Die Atmosphäre ist die gemeinsame Wirklichkeit des Wahrnehmenden und des Wahrgenommenen."

493 Anna-Maria von Bonsdorff untersucht die Tonalität und die asketische Farbpalette von Schjerfbecks Werken als zentralen Aspekt ihres Schaffens und verortet Schjerfbeck in der Kunst- und Ideengeschichte, vgl. von Bonsdorff 2012 u. 2014.

494 Vgl. von Bonsdorff 2014, S. 61 f. Bis in die Gegenwart wird die Farbigkeit der Werke dieser Maler in Bezug auf die dadurch transportierte Stimmung diskutiert. Zum Stimmungsbegriff bei Hammershøi vgl. z. B. Annette Rosenvold Hvidt: *Im Gemälde Wohnen. Hammershøi und der Intimismus*, in: *Hammershøi und Europa. Ein dänischer Künstler um 1900* (hrsg. v. Kasper Monrad), Ausstellungskatalog, Statens Museum for Kunst, Kopenhagen / Kunsthalle der Hypo-Kulturstiftung, München 2012, S. 197–222, S. 206.

damit einhergehenden Erfahrung von Einheit mit der Umgebung wird die Gestaltung des Inkarnats als Grenzmetapher eingesetzt. Durch die pastose Materialität wird der Artefakt-Charakter betont und die sich dahinter verbergenden Facetten des Ich werden geschützt. Es ist ein visuelles Konstrukt, die Person dahinter wird durch die Darstellung nur gestreift. Primär teilt das Bildnis etwas über die künstlerische Identität Schjerfbecks mit: Sie stellt sich selbstbewusst als moderne, nordische Künstlerin dar. Mithilfe der „Maske der Melancholie" wird darüber hinaus ein gängiger Künstler-Topos aufgegriffen.

Eine Maskierung für die Öffentlichkeit – wenn auch inhaltlich anders konnotiert – findet ebenfalls im *Selbstporträt mit silbernem Hintergrund* und im *Selbstporträt mit schwarzem Hintergrund* statt (Abb. 2 u. 3). Richard Brilliant verweist auf den damit verbundenen Doppelcharakter von Selbstbildnissen und schreibt:

> They are both transparent and opaque because such masks conceal the being within from others, blocking their access to it, while simultaneously making a social commitment to these same others by presenting some visible, comprehensible form of the self that might be recognized.[495]

Wie der folgende Abschnitt zeigt, hat das *Selbstporträt mit Palette I* dem entsprochen, was das Publikum und die Kritiker von der Künstlerin erwarteten – es entkräftet den Mythos Schjerfbeck nicht.

In der bisherigen Forschung wurde die Frage aufgeworfen, in welcher Weise die Rezeption von Schjerfbecks Werken mit der Suche nach der nationalen Identität Finnlands verknüpft war.[496] Die Quellen zeigen, dass die Antwort darauf nicht eindeutig ausfallen kann. Es existieren zwei Deutungen: In beiden Fällen wurden die Werke der Malerin als repräsentativ wahrgenommen – entweder für eine Finnin oder für eine Finnlandschwedin.[497] Diese Zuschreibung hing häufig von der politischen Gesinnung des Autors ab. Der Versuch, Schjerfbeck zu einer finnischen Künstlerin zu stilisieren, erhielt spätestens mit Ahtelas [Reuters] monografischer Abhandlung von 1917 Einzug in die Historiografie. Wie schon zuvor dargelegt, fiel dessen Erscheinungsjahr mit dem Jahr der finnischen Unabhängigkeit zusammen. So erscheint es nur folgerichtig, dass Ahtela [Reuter] als Fennomane das spezifisch Nationale in Schjerfbecks Kunst in den Vordergrund hebt. Dieses Merkmal des

495 Brilliant 1991, S. 113. Michelle Facos zitiert diesen Auszug aus Brilliants Porträtband ebenfalls in Bezug auf Schjerfbecks Selbstbildnisse, vgl. id. 1995, S. 17.

496 Vgl. Kivirinta 2014, S. 91 u. 95 u. 146.

497 Vgl. ibid., S. 91.

Nationalen sucht er in der Farbgebung ihrer Werke. Insbesondere das Vorherrschen der Farbe Grau sieht Ahtela [Reuter] als Ausdruck der Verwobenheit der Künstlerin mit dem sie umgebenden Raum: „Diese Farbe ist eine stille Farbe, sie war mit ihrer Umgebung und ihrem Leben im Einklang und obwohl sie von Vielen verwendet wurde, war sie in ihrer Hand wie ein ganz neues Gebiet.“[498] Er räumt ein, dass die Tonalität in Schjerfbecks Werken von Künstlern wie Hans Holbein, Diego Velázquez, James McNeil Whistler oder Vilhelm Hammershøi geprägt worden sein könnte, hebt jedoch gleichzeitig die Einzigartigkeit von Schjerfbecks Kunst hervor.[499] So stellt er sie in eine Traditionslinie mit namenhaften Künstlern, grenzt sie jedoch zugleich von diesen ab. Ahtelas [Reuters] Interpretationen machen deutlich, wie zentral die Farbverwendung Schjerfbecks für die nationalistische Deutung war. So schreibt er, ebenfalls über die Farbe Grau:

> [...] und dass sie selbst häufig graue Farbe verwendete, war durch die Umgebung, in der sie lebte, bedingt. Die Finnen hatten eine besondere Veranlagung dazu in einer grauen, monotonen Umgebung zu leben, und dies hat Helena Schjerfbecks wahrhaftiger Kunst einen Stempel verpasst, da sie die meisten Gemälde drinnen malte.[500]

Die Zitate Ahtelas [Reuters] machen deutlich, dass er Schjerfbecks Werke aufgrund ihres Entstehungsortes und des damit verbundenen Lokalkolorits als spezifisch finnische darstellt. Das Ineinandergreifen von Schjerfbecks Biografie und der Nationalgeschichte spiegelt sich ebenfalls in einer Kritik der finnischsprachigen Zeitung *Uusi Suometar*. In dem Artikel wird beschrieben, wie die Künstlerin auf ihrem langen Lebensweg durch Hindernisse „veredelt“ worden und „Schritt für Schritt“ zu mehr Unabhängigkeit gelangt sei, während ihre Formensprache zunehmend reiner geworden sei.[501] Die Unabhängigkeitsmetaphorik im Jahr der finnischen

---

498 „Tämä väri on hiljainen, se oli sopusoinnussa hänen ympäristönsä ja elämänsä kanssa, ja vaikka se oli ollut monen käyttämä, oli se hänen käsissään kuin uusi ala.“ Ahtela 1917, S. 28.

499 Vgl. Ahtela 1917, S. 28 f.

500 „[…] ja että hän itse käytti harmaata väriä paljon, on johtunut siitä ympäristöstä jossa hän on elänyt. Suomalaisillahan on ollut erikoinen taipumus elää harmaassa, yksitoikkoisessa ympäristössä, ja tämä on lyönyt leimansa Helena Schjerfbeckin toteen taiteeseen, hän kun enimmät taulunsa on maalannut sisällä.“ Ahtela 1917, S. 29.

501 Die Passage, auf die hier Bezug genommen wird, lautet: „[…] näemme edessämme sisäisesti suuren ihmisen, joka on elämän painostuksessa vain jalostunut ja puhdistunut, ikäänkuin kirkastunut, voittaen itselleen kauniin, alistuneen mutta samalla jäntevästi ja kohtalotuntoisesti eteenpäin taistelevan sielun. Ilo ennen kaikkea taiteellisessa suhteessa: näemme taiteilijan, joka jo luonnostaan on lahjakas ja harvinaisen omistuskykyinen, mutta joka aksel askeleella vaan pyrkii herkistymään ja itsenäistymään, yksinkertaistumaan […]“ *Helena Schjerfbeck-näyttelyn avajaiset*, Uusi Suometar, 19.9.1917.

Unabhängigkeit stellt gewiss keinen Zufall dar. Implizit schien der Verfasser des Textes Schjerfbecks Entwicklung als stellvertretend für die finnische Geschichte deuten zu wollen.

Auf das Engste mit der nationalistischen Perspektive verbunden war die Rassenfrage, die im vorangegangenen Kapitel vertiefend behandelt wurde. Exemplarisch für eine finnlandschwedische Lesart von Schjerfbecks Werken, in der auch die Rassenfrage erneut aufgegriffen wird, ist ein Text des finnischen Kunstkritikers Einari J. Vehmas (1898–1955).[502] So wurden in den 1930er Jahren und zu Beginn der 1940er Jahre in Finnland wieder verstärkt die kulturellen und ethnischen Unterschiede zwischen der finnisch- und der schwedischsprachigen Bevölkerung diskutiert.[503] Vehmas meint, in den Figurenbildern deutlich Angehörige der „finnlandschwedischen Rasse" erkennen zu können und verweist darauf, dass Schjerfbeck ebenfalls eine Finnlandschwedin sei, deren Malstil er als zu intellektuell bezeichnet.[504]

Der Blick auf schwedische Ausstellungskritiken der 1930er Jahre und die erste Schjerfbeck-Monografie außerhalb Finnlands zeigt, welche Entwicklung die Rezeption in Schweden nahm. Bis zur Einzelausstellung von 1937 gehörte Schjerfbeck zu den weniger bekannten Künstlerinnen in Schweden. Stenmans Ausstellungschronik lässt erkennen, dass die Werkschau von 1937 den großen Auftakt für viele weitere Schjerfbeck-Ausstellungen bedeutete. Im Vorwort des Ausstellungskatalogs von 1937 greift er auf den in Finnland etablierten Mythos über Schjerfbeck zurück – seine einleitenden Worte stellen eine wichtige Basis für die darauffolgenden Kritiken dar. So wurde der Mythos recht unreflektiert aufgegriffen. Abgesehen davon wurde in Schweden jedoch nicht nur auf die finnische Herkunft der Malerin hingewiesen, auch ihre schwedischen Wurzeln wurden in besonderem Maße betont.[505] Nach 1937 war Stenman verstärkt darum bemüht, den Marktwert der Künstlerin zu

---

502 Riitta Ojanperä hat das Wirken des finnischen Kunstkritikers umfassend untersucht, vgl. id. 2010. Vehmas war zwischen 1937 und 1945 für die Zeitschrift Suomalainen Suomi als Kritiker tätig, vgl. ibid., S. 280.

503 Dies war ebenfalls mit dem Sprachenstreit (kieliriita) verbunden. Mitte der 1930er Jahre wurde darüber diskutiert, ob die Universität Helsinki ausschließlich finnischsprachig werden sollte, vgl. ibid., S. 95 f.

504 Die Passage, auf die hier Bezug genommen wird, lautet: „Meistä suomalaisista, jotka alituiseen joudumme vertailemaan näiden molempien rotujen eroja, ne näyttävät sekä ulkonaisilta että varsinkin luonnepiirteiltään perikuvallisen suomenruotsalaisilta. [...] sen miltei sairaalloinen taiteellinen hienostus ja kulttuuripitoisuus, sen yli-intellektuaallisuus ja kaikkea voimakasta karttava todellisuuspakoisuus." Einari J. Vehmas: *Kaksi Helene Schjerfbeckin esittelyä"*, Suomalainen Suomi 3/1941, S. 117 f., zitiert nach Ojanperä 2010, S. 96 ff. Im selben Artikel bezeichnet er sie als finnische Künstlerin und fragt, weshalb eine so bedeutende Künstlerin vorranging in Schweden ausgestellt werde und nicht mehr in Finnland, vgl. ibid., S. 98.

505 Vgl. Hjelm 2009, S. 224 f.

steigern, was er unter anderem durch eine starke öffentliche Präsenz ihrer Werke in Schweden erzielte.[506]

1940 verfasste der schwedische Kunstkritiker Gotthard Johansson das erste Überblickswerk zu Schjerfbeck in Schweden.[507] Er leitet das Werk mit einem längeren Abschnitt zur Genealogie von Schjerfbecks Familie ein. Dabei hebt er ihre schwedischen Wurzeln hervor und verweist damit auf ihr schwedisches „Rassen- und Kulturerbe".[508] Es wird deutlich, dass die Frage nach der ethnischen Zugehörigkeit der Finnen auch hier Niederschlag findet und Johansson Schjerfbeck von der „finnischen Rasse" abgrenzen wollte. Ihr nordisches, kühles Künstlertemperament erwähnt er ebenfalls, wobei er sich auf eine Kritik des konservativen schwedischen Kunsthistorikers Karl Asplund bezieht. Für das *Svenska Dagbladet* hatte er 1934 über die finnische Gruppenausstellung in der Liljevalchs Kunsthalle berichtet und Schjerfbecks Kunst mit dem Attribut des Nordischen versehen.[509] Asplund schreibt zudem, dass sie „europäischer" sei als die anderen finnischen Künstler.[510]

---

506 Weitere Ausstellungen folgten: 1938, 1939, 1940, 1942, 1944 u. 1946 in Stockholm; 1938 in Eskilstuna u. Malmö; 1939 in Sundsvall, Helsingborg, Norrköping u. Karlstad; 1940 in Uppsala u. Linköping; 1941 in Göteborg; 1942 in Lund u. 1945 in Gävle, vgl. Hjelm 2009, S. 224 u. 280 f.

507 Johansson 1940. Dabei ist zu bedenken, dass Johansson viele seiner Informationen direkt von Stenman erhielt, vgl. Hjelm 2009, S. 225. Nach Aussage Onni Okkonens stellt das Werk die erste umfangreiche Monografie eines finnischen Künstlers im Ausland dar, vgl. id.: *Uusi Helene Schjerfbeck-kirja*, Uusi Suometar, 15.12.1940. Zu Johansson als Kritiker und zu einem allgemeinen Einblick in die schwedische Kunstkritik vgl. Barbro Schaffer: *Analys och värdering. En studie i svensk konstkritik 1930–35*, Stockholm 1982. Eine Besonderheit des Buchbandes ist die Vielzahl von Farbabbildungen. Über dessen Erscheinen berichteten auch die finnischen Medien ausführlich. Onni Okkonen verweist in diesem Zusammenhang darauf, dass Schjerfbecks neuere Werke bedauerlicherweise kaum in Finnland ausgestellt würden, vgl. Onni Okkonen: *Hieno kuvateos. Helene Schjerfbeckin taiteesta*, Helsingin Sanomat, 8.12.1940. Diese „Kritik", die Abwesenheit von Schjerfbecks Werken in Finnland, wird wiederholt aufgegriffen.

508 Die Passage, auf die Bezug genommen wird, lautet: „Det ligger nära till hands att i denna motsättning, som såvitt jag förstår i långt högre grad befruktat och förrikat än hämmat och splittrat den konstnärliga utvecklingen i våra dagars Finland, se en återspegling av svenskt och finskt, kanske också av de sociala miljöer, som utbildats å ena sidan inom den gamla svenska godsägar- och ämbetsmannaklassen, å andra sidan inom den ursprungliga finska bonde- och arbetarbefolkningen. I vad mån ett dylikt samband verkligen existerar är för den utomsående svårt att avgöra [...]. I fråga om Helene Schjerfbeck är i alla händelser det svenska ras- och kulturarvet ostridigt." Johansson 1940, S. 12 f.

509 Die Passage, auf die Bezug genommen wird, lautet: „Karl Asplund har en gång skrivit de vackra orden om Helene Schjerfbeck, att hon har ‚något av en nordisk vårdrivas svalka i sitt konstnärstemperament'." Johansson 1940, S. 50. Dass diese Zuordnung in Finnland nicht unbemerkt blieb, drückt sich in der schon oben angeführten Kritik von Einari J. Vehmas aus. Er rezensierte Johanssons Überblickswerk und grenzt sich deutlich von dessen „nordischer" Lesart ab, vgl. Ojanperä 2010, S. 96 ff.

510 Auch in finnischen Zeitungen wurde Asplunds Kritik damals abgedruckt, vgl. Liljevalchin taidenäyttely, Uusi Suometar, 7.11.1934. Asplund schreibt, dass nicht die üblichen bekannten Werke

Gleichzeitig hielt die finnische Presse in Bezug auf diese Ausstellung dagegen und hob die nationalen Eigenheiten der ausgestellten Werke hervor.[511]

So zeigt sich auch im weiteren Verlauf von Johanssons Überblickswerk, dass er bemüht war, Schjerfbeck nicht als Künstlerin darzustellen, die die „finnische Rasse" repräsentiere. In wenigen Zeilen skizziert er die Entwicklung der modernen Malerei in Finnland und greift dabei die gängigen Stereotype auf: Schwedischsprachige Künstler wie Albert Edelfelt oder Schjerfbeck versieht er mit dem Stempel des Internationalen und Aristokratischen, während andere finnischsprachige oder fennomanische Künstler im Kontext des repräsentativ „Finnischen" verortet werden. So werden zum Beispiel Juho Rissanen und Tyko Sallinen erneut als Vertreter der „nationalen Urkraft" gedeutet.[512]

Doch auch auf die Rassenfrage in Bezug auf Schjerfbecks Stil geht Johansson explizit ein. Er schreibt, dass ihre Figuren sich gerade nicht durch äußere Merkmale wie physiognomische oder rassische Eigenheiten auszeichneten und dadurch weder einem finnischen noch einem schwedischen Typus angehörten. Hierin sieht er einen wesentlichen Unterschied zu Künstlern wie Tyko Sallinen oder Marcus Collin, in deren Werken Themen wie Rasse oder das (Arbeiter-)Milieu im Vordergrund stünden. In Schjerfbecks Werken hingegen träten ebendiese äußeren Eigenschaften in den Hintergrund.[513] Seine Äußerungen verweisen auf die seinerzeit

---

aus der Sammlung des Kunstmuseums Ateneum gezeigt wurden. Während in Schweden Schjerfbecks spätere Werke geschätzt wurden, wurde in Finnland gerade das frühe Werk bevorzugt, vgl. Edvard Richter: Helene Schjerfbeck 75-vuotias, Helsingin Sanomat, 10.7.1937, und Edvard Richter: Helene Schjerfbeckin grafiikkaa, Helsingin Sanomat, 6.2.1941.

511 1934 berichtete Ludvig Wennervirta für die Tageszeitung *Ajan Suunta* über die Ausstellung, die aus der Liljevalchs Kunsthalle von der Kunsthalle Helsinki übernommen wurde. Wennervirta betont die Besonderheiten der finnischen Kunst, welche mehr den Charakter des „Eigenen" aufweise als die zeitgenössische Kunst aus Schweden, die stark französisch geprägt sei, vgl. id.: *Tukholman näyttely Taidehallissa*, Ajan Suunta, 14.12.1934.

512 Die Passage, auf die Bezug genommen wird, lautet: „Mot Edelfelts aristokratiska och kosmopolitiska världmannatyp står under 80- och 90-talen Gallen-Kallelas rasmedvetna finska nationalism, mot Enckells förfinade franska kolorism i början av 1900-talet Rissanens ursprungliga folklighet, och när slutligen den nationella urkraften bryter fram i en genial syntes i Sallinens tidigare måleri, når den internationellt aristokratiska linjen samtidigt sin yttersta förfining i Helene Schjerfbecks senare produktion. Sallinen och Schjerfbeck tillhöra visserligen två olika generationer, till födelseåren skilda av nära två årtionden. Men om man vill ange den konstnärliga spännvidden i Finlands moderna måleri, kan man inte göra det på ett kortare och vältaligare sätt än i dessa två namn." Johansson 1940, S. 12.

513 Die Passage, auf die Bezug genommen wird, lautet: „Men Helene Schjerfbecks människointresse är inte inriktat på det yttre, på det fysionomiska, även om hon i sina äldre verk skapat även i det avseendet utmärkta människoskildringar. Allt eftersom åren gått har människans anlete för henne allt mer förlorat det yttre och tillfälliga, ras- och yrkesprägeln, i viss mån det individuella. Det är svårt att tänka sig, att hennes människor äro från samma Finland, som gett Sallinen modellerna till hans

hohe Relevanz dieser Fragen.[514] Zugleich wird deutlich, dass er in Schjerfbecks Werken keine direkten Anknüpfungspunkte an Rassendiskurse sieht. Dennoch zeigen seine hier angeführten übrigen Ausführungen, dass er in diesen Mustern denkt und Schjerfbeck und ihre Kunst in den zeitgenössischen Diskursen ideologisch verortet – als Finnlandschwedin, die der „schwedischen Rasse" angehöre und mit einem „nordischen Künstlertemperament" ausgestattet sei.

Doch auch ihre internationale künstlerische Orientierung hebt Johansson hervor. Um diese zu unterstreichen, zitiert er einen Zeitungsartikel des schwedischen Kritikers Gustaf Näsström von 1939, der für die *Stockholms-Tidningen* schrieb. Näsström hatte die Künstlerin in ihrem finnischen Wohnort Tammisaari besucht und über Schjerfbecks Beschäftigung mit Künstlern wie Picasso oder Pierre Bonnard berichtet sowie darüber, dass sie die Kunstzeitschriften *L'Amour de l'Art* und die schwedische *Konstrevy* lese.[515] Die starke Betonung dieser internationalen Bezüge unterscheidet sich von der Schjerfbeck-Rezeption in Finnland. Die im vorangegangenen Kapitel hervorgehobene Auseinandersetzung der Künstlerin mit der internationalen Kunst wurde somit in Schweden stärker thematisiert. Doch auch hier sind zwischen den Zeilen ideologisch geprägte Muster erkennbar. Johansson bemüht sich darum, Schjerfbeck in eine französische Traditionslinie einzuordnen, und verweist dabei wiederholt auf die Parallelen zu den Werken von Cézanne und Matisse.[516]

---

finska bondflickor och bondpojkar med deras genialt skildrade rastyp eller Marcus Collin till hans proletära fabriksarbeterskor och Döderhultsfigurer ur allmogeklassen. Olikheten bottnar, så vitt jag förstår, inte bara eller ens till någon väsentlig del i en ras- och miljöskillnad. Ansiktena i Helene Schjerfbecks bilder ha som regel varken någon utpräglat svensk eller finsk typ, och hennes modeller äro till största delen enkla vardagsmänniskor från de små samhällen, i vilka hon tillbragt halva sitt liv." Johansson 1940, S. 48 f.

514 Sie lassen an die im Kontext des Naturalismus diskutierte Milieutheorie Hippolyte Taines denken. Taines *Philosophie de l'Art* erschien in fünf Teilen in den 1860er Jahren. In dieser Abhandlung versucht Taine die Entstehung und die unterschiedlichen Ausprägungen von Kunst u. a. durch soziologische Faktoren zu ergründen, vgl. Hippolyte Taine: *Philosophie der Kunst* (aus d. Frz. übers., hrsg. v. Alphons Silbermann), 1987 [1865–1869] Berlin (Klassiker der Kultursoziologie, Bd. 2), S. 51 ff. Wolfgang von Löhneysen schreibt dazu: „Das, was eine Epoche an schöpferischen Leistungen hervorbringt, hängt allein von den erwähnten äußeren Bedingungen, Sitten und Milieu, ab; die Anlagen und Fähigkeiten einer Rasse werden durch die historischen Ereignisse, den ‚Moment', nur verändert, bleiben jedoch in allen Epochen konstant." *Kindlers neues Literaturlexikon*, hrsg. v. Walter Jens, Bd. 16, S. 296–297, s. v. „Hippolyte Taine: Philosophie de l'Art" (Wolfgang von Löhneysen), S. 296.

515 Vgl. Johansson 1940, S. 20.

516 Vgl. Johansson 1940, S. 36. Matisses Kunst wurde in Schweden vielseitig rezipiert, vgl. Shulamith Behr: *Académie Matisse and its Relevance in the Life and Work of Sigrid Hjertén*, in: van den Berg et al. 2012, S. 149–165.

Wirken diese Vergleiche zunächst von nationalen und ethnischen Denkmustern befreit, so erlaubt die nähere Betrachtung der Kunsthistoriografie der ersten Hälfte des 20. Jahrhunderts in Schweden andere Schlussfolgerungen. Andrea Kollnitz weist auf die Polarität von deutscher und französischer Kunst im schwedischen Kunstdiskurs dieser Jahre hin. Mit der französischen Kunst würden vor allem Eigenschaften verbunden, die einige Kritiker auch in der schwedischen Kunst widergespiegelt sehen wollten. Zu diesen zähle die Annahme, dass die französische Kunst der Ursprung aller „Schönheit und Verfeinerung" sei.[517] Eine systematische Analyse der Schjerfbeck-Rezeption im Hinblick auf nationale und rassische Identitätsbildungen innerhalb der schwedischen Kunsthistoriografie würde jedoch den Rahmen dieser Arbeit sprengen. So sei hier lediglich auf dieses Desiderat hingewiesen.

Es ist deutlich geworden, dass Schjerfbecks *Selbstporträt mit Palette I* Anknüpfungspunkte an das ideologische Klima der 1930er Jahre bot. Zugleich kann der Hintergrund des Gemäldes als Andeutung atmosphärischer Räume jenseits nationaler Grenzen im Kontext von Klimatheorien verortet werden. Der Gedanke, dass klimatische oder geografische Bedingungen sich auf Charakter und Mentalität einer Person oder Personengruppe auswirken, lässt sich schon in der seit der Antike propagierten Klimatheorie wiederfinden.[518] Ähnliche Fragestellungen wurden im 19. Jahrhundert von Hippolyte Taine erörtert. Mit dessen Theorien wird auch Schjerfbeck im Rahmen ihrer naturalistischen Kunstausbildung in Berührung gekommen sein. Doch betreffen die inhaltlichen Überschneidungen von *Selbstporträt mit Palette I* und Taines Ansatz nicht die Frage nach Rasse oder Ethnizität. Referenzen sind primär zu dem Gedanken Taines enthalten, dass regionale klimatische Bedingungen den Charakter prägen und dass die Farben und Töne einer geografisch-klimatischen Region Einfluss auf die von

---

517 Andrea Kollnitz: *Konstens nationella identitet. Om tysk och österikisk modernism i svensk konstkritik 1908–1934*, Stockholm 2008 (Eidos, Bd. 21), zugl. Diss., Universität Stockholm, 2008, S. 468 ff. Hierbei ist anzumerken, dass es Kollnitz um eine kritische Revision dieses in der schwedischen Kunstgeschichtsschreibung angenommenen Paradigmas geht und nicht um dessen Bestätigung.

518 Dieser ist zunächst eine Polbildung zwischen Nord- und Südeuropa eigen, und sie hatte im Laufe der Jahrhunderte einen stark identitätsstiftenden Charakter. Dabei wurden den Bewohnern einer bestimmten Klimaregion nicht nur eigene Sitten und Gebräuche zugeschrieben, ebenso ging man von der Auswirkung des Klimas auf die Mentalität der Menschen aus, vgl. Gonthier-Louis Fink: *Diskriminierung und Rehabilitierung des Nordens im Spiegel der Klimatheorie*, in: Astrid Arndt et al. (Hrsg.): *Imagologie des Nordens. Kulturelle Konstruktionen von Nördlichkeit in interdisziplinärer Perspektive,* Frankfurt a. M. 2004 (Imaginatio borealis. Bilder des Nordens, Bd. 7), S. 45–109. Auch zu Beginn des 20. Jahrhunderts wurde diese Idee immer wieder aufgegriffen und lässt sich in kunsttheoretischen Texten wiederfinden, so z. B. bei Wilhelm Worringer oder Alfred Lichtwark, vgl. Wilhelm Worringer: *Abstraktion und Einfühlung. Ein Beitrag zur Stilpsychologie* (hrsg. v. Helga Grebing), Paderborn 2007 [1908], S. 150 ff., und Krüger 2011, S. 192 ff.

Künstlern verwendeten Farben nehmen.[519] So kann die subjektbildende Eigenschaft von regionalen atmosphärischen Räumen als eine inhaltliche Facette des *Selbstbildnisses mit Palette I* verstanden werden.

Dem gemeinsamen Raum im Norden Europas kam in den 1930er Jahren zunehmend auch eine politische Bedeutung zu. Dies hatte zur Folge, dass einige Institutionen sich darum bemühten, die Abgrenzung der einzelnen nordischen Länder voneinander in den Hintergrund treten zu lassen. Der Begriff Norden war keine feststehende Bezeichnung und wurde im Lauf der Jahrhunderte immer wieder anders ausgelegt. Dies spiegelt sich auch in den Einheitsbestrebungen nordischer Länder wider, die sich seit Beginn des 20. Jahrhunderts verstärkten.[520] Finnlands Position im nordischen Gefüge änderte sich während der ersten Jahrzehnte des 20. Jahrhunderts infolge seiner Unabhängigkeit. Das – obgleich weitgehend autonome – Großfürstentum Finnland als Teil des Russischen Reiches wurde zunächst nicht als dem sogenannten Norden zugehörig betrachtet. In den ersten Jahren der Unabhängigkeit wandte sich die finnische Politik jedoch zunehmend dem Norden zu. 1935 erklärte der finnische Ministerpräsident Toivo Mikael Kivimäki offiziell die Orientierung in Richtung der nordischen Länder. Jan Hecker-Stampehl betont diesbezüglich, dass die nordische Einheit, die auch nach dem Zweiten Weltkrieg noch Bestand hatte, vor allem identitätsbildend war. Die politische Relevanz hingegen ließ mit der Zeit nach.[521] Die ideologische Stärkung und Konstruktion einer nordischen Identität nahm während des Zweiten Weltkrieges zu. Ziel war es, eine Einheit gegen mögliche Aggressoren zu bilden. Dabei wurde neben kulturellen Merkmalen wie Religion und Sprache die „naturgegebene Einheit“ des Nordens betont.[522] Damit ging einher, dass die dort lebenden Menschen mit den vorherrschenden landschaftlichen und klimatischen Gegebenheiten in Verbindung gebracht wurden.[523]

---

519 Taines Abhandlung liegt ebenfalls eine Nord-Süd-Polarität zugrunde. Die hier angeführten Beispiele bezieht er auf Griechenland, Italien und die Niederlande, vgl. Taine 1987 [1865–1869] S. 172 f. u. 132 f.

520 Die Bezeichnung „Norden“ betonte damals die gleichrangige Stellung Schwedens und Dänemarks und der in den ersten Jahrzehnten des 20. Jahrhunderts unabhängig bzw. autonom gewordenen Staaten Norwegen, Finnland und Island. Sie zielte auf eine Stärkung der politischen Beziehungen der nordischen Länder ab, die sich in der ersten Hälfte des 20. Jahrhunderts vermehrt als Einheit präsentierten, vgl. Jan Hecker-Stampehl: *Vereinigte Staaten des Nordens. Integrationsideen in Nordeuropa im Zweiten Weltkrieg*, München 2011 (Studien zur internationalen Geschichte, Bd. 26), zugl. Diss., Humboldt-Universität zu Berlin, 2009, S. 52 ff.

521 Vgl. ibid., S. 59 f.

522 Ibid., S. 153.

523 Vgl. ibid., S. 151 ff.

Exemplarisch lässt sich diese Entwicklung im kulturellen Bereich anhand einer Ausstellung der Nordisk Grafisk Union (Nordische grafische Union, im Folgenden: NGU) nachzeichnen. Die in den 1930er Jahren gegründete Union setzte Ausstellungen in den nordischen Ländern um, zu denen Island, Norwegen, Schweden, Dänemark und Finnland gezählt wurden. Im Februar 1939 fand eine Ausstellung in der Kunsthalle Helsinki statt, die recht ausführlich von der Presse besprochen wurde. Auffallend ist, dass die politische Bedeutung dieser Ausstellungsserie und die der NGU stark hervorgehoben wurde. Darüber hinaus wurde erwähnt, dass an der Eröffnung wichtige Vertreter der nordischen Länder teilgenommen hätten.[524] Derartige Demonstrationen kultureller Verbundenheit wurden in dieser Zeit zunehmend wichtiger. Während Finnland durch seine geografische Lage und klimatischen Bedingungen zweifelsohne dem Norden angehörte, war dessen Zugehörigkeit in anderen Bereichen weitaus fragwürdiger. Finnlands politische Positionierung war in der ersten Hälfte des 20. Jahrhunderts teilweise ambivalent, was sich unter anderem im Zweiten Weltkrieg zeigte.[525]

Auch die sprachliche Andersartigkeit Finnlands war ein Thema, das seitens der skandinavischsprachigen Länder immer wieder hervorgebracht wurde. Wie oben aufgezeigt, wurde das finnischsprachige Finnland lange Zeit auch als rassisch fremd wahrgenommen, wohingegen der schwedischsprachige Teil der Bevölkerung ethnisch Schweden zugeordnet und damit dessen Überlegenheit begründet wurde.[526] Demgegenüber legt Schjerfbecks *Selbstbildnis mit Palette I* eine transnationale Lesart nahe. Die Künstlerin scheint sich weder zum einen noch zum anderen Land zu bekennen, sondern ihre Identifikation vielmehr mit dem Norden als atmosphärischer Einheit hervorzuheben. Auch enthalten ihre Werke keine Andeutungen, die als rassische Positionierungen missverstanden werden könnten, was sich unter anderem im Fehlen des „Profils" ausdrückt. So tritt die „Profilmaske" in der rech-

---

524 Zu den Gästen zählten wichtige politische Vertreter und Botschafter einiger Mitgliedsländer. So schrieb man in den *Helsingin Sanomat* über die Eröffnungsrede des Bildungsministers Hannula: „Todettuaan, että NGU:n ensiesiintyminen viime vuonna Lontoossa sai suurta huomiota osakseen, ministeri lausui toivomuksen, että pohjolan yhteys alati vahvistuisi, että rauha rajojemme sisällä vallitsisi niin että me tämän rauhan turvin voisimme yhteistä kulttuuriamme vaalia ja sitä mahdollisimman korekealle kehittää." *Pohjoismaisen Graafillisen Unionin näyttely avattu*, Helsingin Sanomat, 5.2.1939. Auch in der darauffolgenden Zeit (1939) wurden Ausstellungen nordischer Kunst nicht nur in Finnland abgehalten. So fand im Juli 1939 beispielsweise eine Ausstellung nordischer zeitgenössischer Kunst in Göteborg statt, über die auch die finnischen Zeitungen berichteten. Z. B. wird in dem Helsingin Sanomat darauf hingewiesen, dass die kulturelle Zusammenarbeit der nordischen Länder hierdurch gestärkt werden sollte, vgl. *Pohjoismainen taidenäyttely Göteborgissa heinäkuussa*, Helsingin Sanomat, 28.6.1939.

525 Vgl. Hecker-Stampehl 2011, S. 192 f.

526 Vgl. ibid., S. 193 f.

ten Gesichtshälfte im *Selbstporträt mit Palette II* von 1937 bis 1945 wesentlich deutlicher zum Vorschein (Abb. 33). Schjerfbeck entschied sich jedoch dagegen, die „Profilmaske“ in das Antlitz von *Selbstporträt mit Palette I* zu integrieren.

7

Selbstverlust und (Selbst-)Erkenntnis. Die letzten Selbstbildnisse

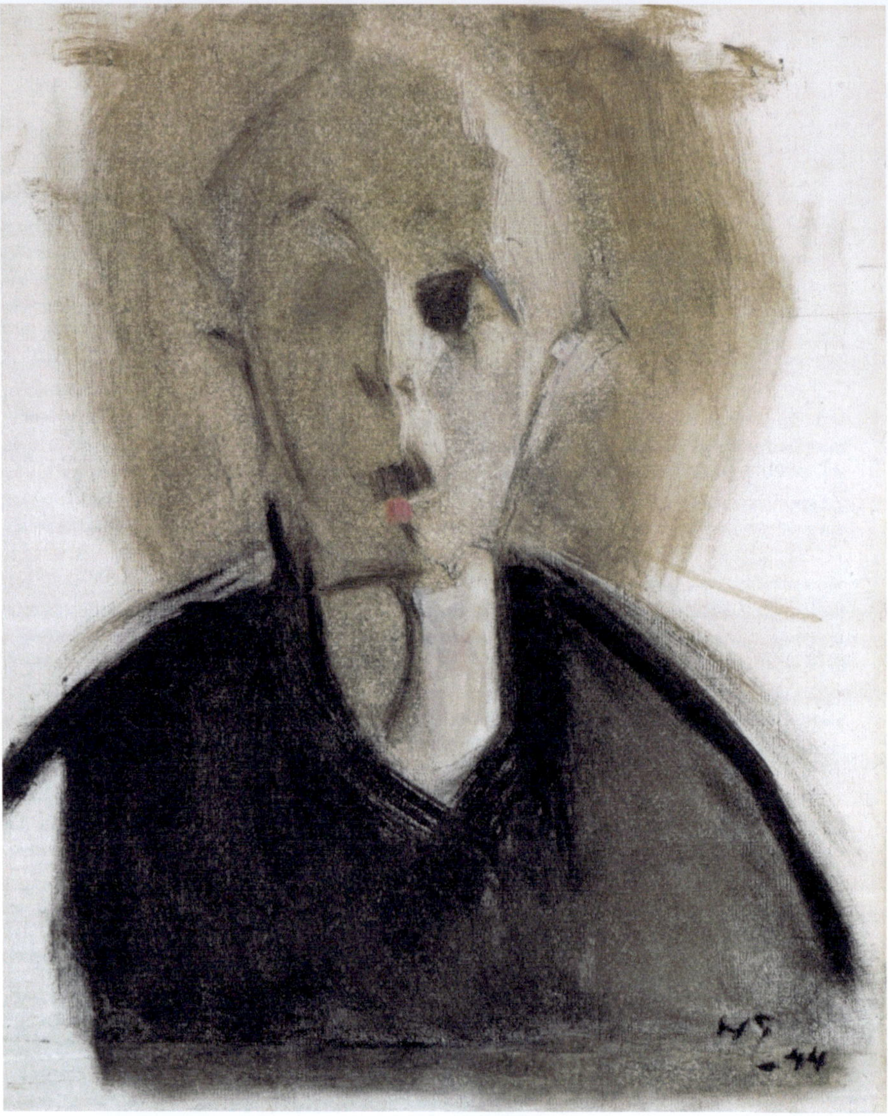

Abb. 7: Helene Schjerfbeck: *Selbstporträt mit rotem Punkt*, 1944

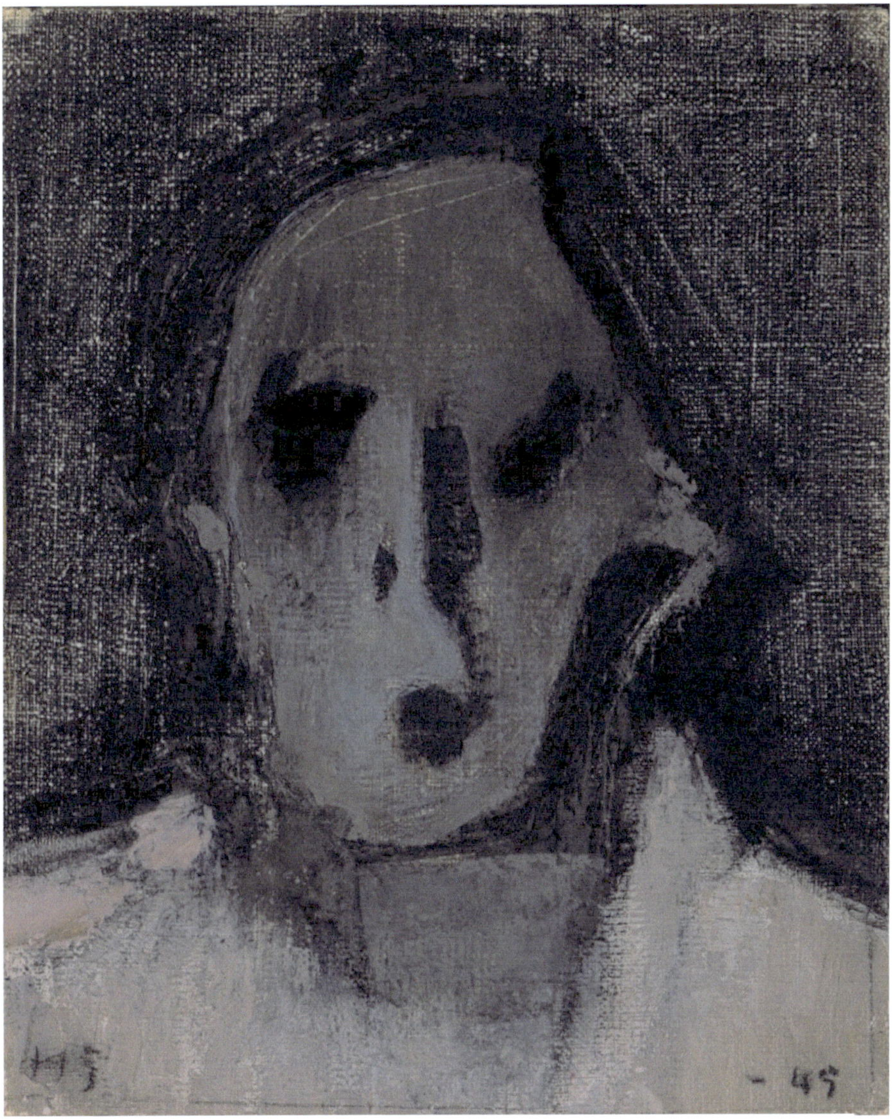

Abb. 8: Helene Schjerfbeck: *Selbstporträt, Eine alte Malerin*, 1945

7.1 Rahmenbedingungen

Dass in den Selbstbildnissen von 1944 und 1945 eine Auseinandersetzung mit der (eigenen) Vergänglichkeit stattfindet, ist offensichtlich. Die Spuren des Todes verleihen dem Antlitz der Künstlerin Züge, die den Betrachter erschaudern lassen. Vordergründig erscheinen die Selbstbildnisse wie Todesankündigungen, als deren Unterscheidungsmerkmale lediglich die Farbigkeit und Technik hervortreten. Bei genauerer Betrachtung zeigt sich jedoch, dass sie das Thema der Vergänglichkeit facettenreich visualisieren und sich auch nicht auf dieses reduzieren lassen. Entgegen der bisherigen Gliederung nach Einzelwerken werden die in diesem Kapitel behandelten Selbstbildnisse als Gruppe zusammengefasst, aus der einzelne Werke – insbesondere das *Selbstporträt mit rotem Punkt* und das *Selbstporträt. „Eine alte Malerin“* – exemplarisch herausgegriffen und detaillierter analysiert werden (Abb. 7 u. 8).

Viele Künstler, deren Metier ansonsten die abstrakte Kunst war, haben beim Selbstporträtieren auf eine konventionelle, figürliche Bildsprache zurückgegriffen, so zum Beispiel Piet Mondrian in seinem 1918 entstandenen *Selbstporträt* oder der finnische Künstler Sam Vanni (1908–1992).[527] Bei Schjerfbeck ist Gegenteiliges zu beobachten: Gerade die Selbstbildnisse der letzten beiden Lebensjahre unterscheiden sich von den übrigen Porträts und Figurenbildnissen durch die stark abstrahierten Formen, die kaum mehr als Gesicht bezeichnet werden können. Dies stellt für die Gattung des Selbstbildnisses, zu deren traditionellen Merkmalen die äußere Ähnlichkeit zum dargestellten Subjekt zählt, eine Herausforderung dar. Die Art und Ausführung insbesondere der letzten Kohlezeichnungen, die in einem archaisch anmutenden Formengefüge enden, werfen Fragen auf. So zum Beispiel, inwieweit es in diesen Werken nicht mehr um eine individualisierende Subjektdarstellung geht, sondern um die Darstellung eines entindividualisierten Ich beziehungsweise den Menschen im Allgemeinen (Abb. 30).

Die Entstehungsbedingungen der in diesem Kapitel behandelten letzten Selbstbildnisse waren ähnlich. Schjerfbeck lebte zu dieser Zeit bereits in einem schwedischen Kurort in der Nähe von Stockholm, da ihr das kriegsneutrale Schweden Schutz vor dem Krieg und den Unruhen in Finnland bot.[528] Seit dem Jahr des Kriegsausbruches hatte sie immer wieder den Küstenort Tammisaari im Südwesten

527 Zu Sam Vanni, vgl. Palin 2007, S. 142 f.

528 Finnland kämpfte im Winterkrieg (1939–1940) zunächst gegen Russland, während es sich im Fortsetzungskrieg (1941–1944) mit Deutschland verbündete, wovon es sich Unterstützung gegen das russische Machtstreben versprach. 1944 schloss Finnland gegen den Willen Deutschlands einen Separatfrieden mit Moskau, vgl. Tiina Kinnunen (Hrsg.): *Finland in World War II. History, Memory, Interpretations*, Leiden 2012 (History of Warfare, Bd. 69).

Finnlands verlassen müssen, in dem sie seit 1925 gelebt hatte.[529] Im Dezember 1943 schlug Stenman der Künstlerin erstmals vor, nach Schweden zu ziehen. Die instabile Lage in Finnland bewog sie dazu, auf seinen Vorschlag einzugehen und am 22. Februar 1944 in ein schwedisches Kurhotel in Saltsjöbaden überzusiedeln. Sie hatte eigentlich vor, nach Finnland zurückzukehren, war aber nach Kriegsende in einem so schlechten gesundheitlichen Zustand, dass die Reise nicht mehr möglich war. Dennoch malte sie bis kurz vor ihrem Tod am 23. Januar 1946 weiter. Schjerfbeck starb schließlich in Saltsjöbaden an einem Herzinfarkt und an den Folgen einer anscheinend unentdeckt gebliebenen Krebserkrankung.[530]

Zur Entstehungszeit der letzten Selbstbildnisse stand Schjerfbeck bei Stenman unter Vertrag. Bezüglich der Vertragssituation merkt Camilla Hjelm in ihrer Dissertation an, diese sei in der Forschung lange Zeit als feststehende Tatsache behandelt worden, obwohl die Rahmenbedingungen des Vertrages unbekannt sind. Bislang wurde kein schriftlich formulierter Vertrag gefunden, und auch die Briefe Schjerfbecks oder Stenmans geben keinen Aufschluss über dessen genauen Inhalt. Hjelm zieht in Erwägung, dass ein schriftlicher Vertrag aufgrund des beiderseitig entgegengebrachten Vertrauens womöglich gar nicht existiert habe.[531] Der Vertrag be-

529 Für einen Überblick über Schjerfbecks Aufenthaltsorte während des Krieges vgl. Tove Virta: *Hon drog sina streck. Vi minns henne – Helene Schjerfbeck i Västnyland*, Karis 2010, S. 139 ff. So verbrachte sie den Winter 1939/40 in Tenhola, wo sie bis zum Ende des Winterkrieges bleiben musste. Aufgrund der instabilen politischen Lage und ihres fortschreitenden Alters entschied sie sich 1941 in ein Altenheim in Loviisa zu ziehen. Mit Einsetzen des Fortsetzungskrieges musste sie zwischenzeitlich in den nahegelegenen Ort Pernaja fliehen. 1942 zog sie in ein Sanatorium im finnischen Nummela, wo sie sich wieder verstärkt der Malerei widmete. In dieser Zeit entstand auch ein bemerkenswertes Selbstbildnis, welches Schjerfbeck Reuter schenkte (Abb. 43). Auf Pappe gemalt stehen auf der Rückseite die Worte: „Ein ehrlicher Versuch, der missglückte". Besonders hervorzuheben an diesem Bildnis ist die Technik: die mit einem Palettmesser in dicken Schichten auf das Antlitz gespachtelte Farbe. In diesem Werk geht die malerische Präzision verloren und die Oberfläche ist durch den pastosen Farbauftrag uneben. Das Selbstbildnis zeugt von einer ungebremsten Experimentierfreude.

530 Vgl. Konttinen 2004 a, S. 388 ff.

531 Vgl. Hjelm 2009, S. 227. Camilla Hjelm nimmt an, Stenman habe bewusst vermeiden wollen, dass die Details des Vertrages nach außen drangen. Riitta Konttinen schreibt, dass der Vertrag Anfang 1938 zustande gekommen sei und Schjerfbeck gegen einen monatlichen Lohn ihre Werke an den Händler abgetreten habe, vgl. Konttinen 2004 a, S. 379 ff. Hjelm präzisiert diese Annahme und meint, Stenman habe sich 1938 vermutlich zunächst nur das Vorverkaufsrecht gesichert, vgl. id. 2009, S. 227 f. Schjerfbecks Briefe deuten darauf hin, dass der Vertrag 1939 geändert wurde und Stenman ihr eine Dividende für die von ihm in Auftrag gegebenen Arbeiten zahlte. 1943 verkaufte sie auch Werke direkt an andere Personen, vgl. *Helene Schjerfbeck* 2014, S. 155–161 (Siina Hälikkä), S. 158. In ihren Briefen berichtet sie wiederholt von Stenmans „Aufträgen". Sie schreibt: „De skriver från Sverige och vill ha något ‚billigt' av mig!! Lätt at svara ‚kontrakt'." Brief von Helene Schjerfbeck an Einar Reuter, 18.3.1942, Åbo Akademis bibliotek. So beklagt sie auch den großen

ziehungsweise die Absprache zwischen der Malerin und ihrem Kunsthändler endete mit großer Wahrscheinlichkeit erst mit dem Tod Schjerfbecks.[532]

In Bezug auf die Selbstbildnisse bedeutet diese diffuse Auftragslage, dass sich im Einzelfall kaum zurückverfolgen lässt, welche Werke auf den konkreten Impuls oder Auftrag Stenmans hin entstanden sind und welche die Künstlerin unabhängig von ihm geschaffen hat. Zudem lebte Stenman zu dieser Zeit in der Nähe der Künstlerin und besuchte sie regelmäßig,[533] weshalb anzunehmen ist, dass viele Gespräche zu ihrer Kunst stattfanden und diese direkt oder indirekt auf ihre Produktion Einfluss nahmen.

Ob die letzten Selbstbildnisse auf Nachfrage Stenmans hin entstanden sind oder Schjerfbeck einfach zu einem Modell griff, das stets anwesend war, oder ob sie das eigene Antlitz im Moment des Vergehens obsessiv beobachtete, kann damit nicht beantwortet werden. Anzunehmen ist, dass es ein Zusammenkommen all dieser Faktoren gewesen ist, das die Serie der letzten Selbstbildnisse hat entstehen lassen. Welches die Themen der Selbstbildnisse sind und wie sie sich in Schjerfbecks Selbstentwurf einfügen, ist die vorherrschende Frage im folgenden Kapitel; die Frage nach der Rezeption spielt in diesem Kapitel eine untergeordnete Rolle, wird jedoch dort, wo diese Aufschluss über den Werkinhalt oder den Mythos Schjerfbeck gibt, mitberücksichtigt.

7.2 Die Vitalität des Verschwindens. Das *Selbstporträt mit rotem Punkt* (1944)

In diesem Selbstbildnis sind die Züge eines menschlichen Antlitzes nur schemenhaft wahrzunehmen (Abb. 7).[534] Das Gesicht, vor allem die rechte Gesichtshälfte, und der den Kopf umgebende Hintergrund sind in denselben graubraunen, mit Grün versetzten Ockertönen gehalten. Die weitgehende Monochromie von Gesicht

---

Kraftaufwand, den die Herstellung von Lithografien erforderte, oder berichtet, dass Stenman ihr eine Werkliste gab, die Vorschläge für Neufassungen alter Arbeiten enthielt. Brief von Helene Schjerfbeck an Einar Reuter, 12.3.1939, zitiert in: Levanto 1992, S. 47. Darüber hinaus pflegte Stenman für Schjerfbeck die Kontakte mit der Öffentlichkeit und kümmerte sich um Ausstellungen und den Verkauf ihrer Werke. Die Künstlerin empfand diesen Teil ihrer Arbeit als unangenehme Belastung, vgl. Brief von Helene Schjerfbeck an Einar Reuter 15.2.1939, Åbo Akademis bibliotek.

532 Vgl. Hjelm 2009, S. 227.

533 Vgl. Konttinen 2004 a, S. 394.

534 Ein Großteil der Beschreibung wurde bereits publiziert, vgl. Landmann 2016, S. 413 ff.

und Hintergrund wird nur von wenigen Farbakzenten und leicht angedeuteten Konturen unterbrochen. Die Rahmen gebende dunkle Umrisslinie ist immer wieder aufgebrochen, sodass das Gesicht mit dem Hintergrund verschmilzt, der den Kopf wie eine Aureole umgibt.

Die rechte Augenpartie ist nur in ihrem Gesamtzusammenhang als solche zu erkennen. An ihrer Stelle scheint zuvor ein dunkles Auge angedeutet gewesen zu sein, dessen Farbe die Malerin jedoch wieder abgetragen hat. So lässt sich das Auge der rechten Gesichtshälfte nur noch erahnen. Die linke Gesichtshälfte hingegen hebt sich stärker ab. Das Auge wird durch einen schwarzen asymmetrischen Farbfleck dargestellt. Diese schwarze, nicht ganz kreisrunde Stelle wird durch das sie umgebende Weiß kontrastiert. Die linke Gesichtshälfte ist plastischer dargestellt und im Gegensatz zur rechten deutlicher als solche zu erkennen. Dennoch bleibt der Farbauftrag sehr dünn, sodass dort, ebenso wie im gesamten restlichen Bild, die weiß grundierte Leinwand zum Vorschein kommt. Durch diese Transparenz erhält die Stofflichkeit des Bildträgers eine gewisse Autonomie. Zum einen wird auf diese Weise der artifizielle Charakter des Bildes betont, zum anderen weckt die sichtbare Materialität des Leinengewebes im Kontext des Porträts die Assoziation an ein Grabtuch.

Weitere Farbakzente werden durch schwarz-gräuliche Konturen um Gesicht und Oberkörper herum, den schwarzen Oberkörper selbst und durch den als schwarzen Punkt angedeuteten Mund erzeugt. Letzterer scheint geöffnet zu sein, was den Eindruck einer entspannten Gesichtsmuskulatur vermittelt. Der Farbauftrag oder vielmehr der Farbabtrag ist an dieser Stelle nicht gleichmäßig. Richtet man den Blick auf die linke Gesichtshälfte, wird erneut ein angedeutetes Profil sichtbar, das die Form eines knochigen, weißen Totenschädels hat. Dieser „Schädel" erhält seine Ausformung durch das Abtragen und Abkratzen von Farbe. Hierdurch entsteht der Eindruck, als sei die Haut vom Schädel entfernt worden, bis nur noch das Darunter sichtbar ist.

Die Stelle des dicksten Farbauftrags ist der als farblicher Akzent gesetzte rote Punkt unterhalb der schwarzen Mundöffnung. Auf einer figurativen Ebene betrachtet ist nicht deutlich zu erkennen, was er eigentlich darstellt. Ist er Teil der Unterlippe der Malerin, stellt er ihre Zungenspitze dar oder ist er in einem formalistischen Sinne lediglich als Farbakzent zu deuten? Gerade das Spannungsverhältnis von Figuration und Abstraktion versetzt den Betrachter in eine Wahrnehmungssituation, bei der sich Erkennen und die Ungewissheit über das Dargestellte beständig ablösen.

Der obere Bereich des Bildes wird farblich stark von dem unteren kontrastiert, in dem eine Bearbeitungsspur sichtbar wird. Die Künstlerin scheint mit dem Bildausschnitt experimentiert und sich letztlich für die größere Variante entschieden zu haben – eine quer verlaufende Linie am unteren Bildrand deutet auf einen zunächst kleineren Bildausschnitt hin. Die untere Bildhälfte ist beinahe vollständig mit dem Oberkörper der Malerin ausgefüllt, den eine halbkreisförmige Fläche bildet. Der spitz zulaufende Ausschnitt des schwarzen Gewandes legt den Hals der Malerin frei. Die vom Betrachter aus gesehen linke Seite bildet einen Kontrast zur rechten, die durch einen weiß-grau-rötlichen Farbauftrag betont wird. Was zunächst als Hals erscheint, könnte ebenso gut Teil des Oberkörpers sein. Dieser wird vom schwarzen Gewand der Künstlerin umgeben, was den Eindruck erweckt, dass entweder der Kopf auf den Oberköper gesetzt wurde oder dass die Schultern bis an das Kinn hochgezogen sind. Der flächig angelegte Oberkörper weist wie das Gesicht starke Bearbeitungsspuren auf. So sind beispielsweise am Kragen die groben Pinselstriche deutlich erkennbar. Die rechte Hälfte, wo sich Schulter und Arm befinden müssten, ist als Fläche markiert, die ihre Einheitlichkeit durch ein starkes Abtragen und Verwischen der schwarzen Ölfarbe erlangt.

Die Selbstporträtzeichnungen, die ebenfalls 1944 entstanden sind, weisen auf eine deutliche Auseinandersetzung mit Bildfindungen hin, in denen die linke Gesichtshälfte profilartige Züge erkennen lässt. In der Kohlezeichnung *Selbstporträt* von 1944 teilt eine Linie das Gesicht en face beinahe achsensymmetrisch in zwei Hälften. Durch sie wird eine Kontur eines ins „Profil" gedrehten Kopfes erzeugt, der in der linken Gesichtshälfte sichtbar wird. Auch der Mund wird durch eine Halbmondform auf dieser Seite betont. Das linke Auge ist als nahezu quadratische schwarze Höhle angedeutet, die an das bereits besprochene Auge im *Selbstporträt mit rotem Punkt* erinnert. Die rechte Gesichtshälfte ist in dieser Zeichnung noch deutlich wahrnehmbar. Anders gestaltet sich dies in der anderen 1944 entstandenen Zeichnung (Abb. 36). Dort wurde die rechte Gesichtshälfte vollends „ausgelöscht", sodass das „Profil" in der linken deutlich zum Vorschein kommt.

Die Zeichnungen zeigen, wie intensiv sich Schjerfbeck mit ihren Motiven befasst und wie sie mit Variationen dieser experimentiert hat. Wie bereits in Kapitel 4 angedeutet weist auch *Unvollendetes Selbstporträt* deutliche Parallelen zum *Selbstporträt mit rotem Punkt* auf (Abb. 4). Das ins „Profil" gedrehte Gesicht war ebenso wie die stark abgetragene Farbe in der einen Gesichtshälfte schon dreiundzwanzig Jahre früher Bestandteil des – schlussendlich verworfenen – Selbstbildnisses gewesen. In den hier angeführten Werken von 1944 wird jedoch die nahezu ausgelöschte Gesichtshälfte zum intendierten Bestandteil des Selbstporträts. So zeigt sich, dass die Spuren der Unvollendung des verworfenen und nahezu zerstörten Selbstbildnisses von 1921 zum wesentlichen ästhetischen Element der späteren Werke werden.

Aus den letzten beiden Lebensjahren der Künstlerin sind derzeit zwanzig Selbstbildnisse bekannt: sieben Ölbildnisse und dreizehn Bleistift- oder Kohlezeichnungen.[535] Charakteristisch für diese Zeit ist die Doppelfunktion, die viele Zeichnungen einzunehmen scheinen. Einerseits sind sie nahezu alle signiert. Die Signatur könnte darauf hindeuten, dass es sich um abgeschlossene, autonome Werke handelt. Andererseits tritt in vielen dieser Zeichnungen ein deutlich skizzenhafter Charakter zutage, der vermuten lässt, dass es sich um Vorzeichnungen für Ölgemälde handelt. Dies wird dadurch bekräftigt, dass die Komposition einiger Zeichnungen nahezu identisch ist mit der der Ölgemälde (Abb. 34 u. 37).

Die Frage nach einer festen Reihenfolge beziehungsweise einem zeitlichen Ablauf der Entstehung der Werke ist jedoch im Hinblick auf die letzten Selbstbildnisse nahezu obsolet. Von Bedeutung ist dagegen, dass durch die Ähnlichkeit der Bildnisse untereinander ersichtlich wird, dass man den Entstehungsprozess des Einzelwerkes nur bedingt als spontan oder unmittelbar bezeichnen kann und die Selbstbildnisse zunehmend zu Variationen des Selbst werden, die auf einer schablonenartigen Grundstruktur basieren.[536] Die Wiederholung des immergleichen Motivs lässt die letzten Selbstbildnisse zu einer Serie werden. Ein zentrales Merkmal der Serie ist ihre Offenheit: das Fehlen eines Anfangs und eines Endes. Dies beinhaltet die Austauschbarkeit der einzelnen Werke der Serie untereinander, das Fehlen einer Narration, ebenso die Unabgeschlossenheit im Hinblick auf die Anzahl der zu der Serie gehörenden Arbeiten.[537] So suggeriert die Vielzahl an Zeichnungen mit skizzenhaftem Charakter Unvollendung. Es entsteht der Eindruck, die Künstlerin sei in ihrem Schaffen nur durch den Tod unterbrochen worden. So besteht auch Grund zu der Annahme, dass noch weitere „letzte Selbstbildnisse" existieren, die die Serie erweitern könnten.[538]

---

535 Vgl. Catalogue of Works, in: Helene Schjerfbeck 2012, S. 339–358.

536 Vgl. Solomon-Godeau 2014, S. 81 ff.

537 Vgl. Christoph Heinrich: Serie – Ordnung und Obsession, in: *Monets Vermächtnis. Serie. Ordnung und Obsession* (hrsg. v. Christoph Heinrich u. Uwe M. Schneede), Ausstellungskatalog, Hamburger Kunsthalle 2001, S. 7–13, S. 8. Nach Christoph Heinrich ist ein Merkmal der Serie deren potentielle Unendlichkeit.

538 Zu einem wiederkehrenden Phänomen werden serielle Arbeiten seit Beginn des 20. Jahrhunderts, vgl. Elke Bippus: *Serielle Verfahren. Pop Art, Minimal Art, Conceptual Art und Postminimalism*, Berlin 2003, zugl. Diss., Universität Hamburg, 2000. Das vermehrte Aufkommen des gestalterischen Prinzips der Serie geht mit der technischen Reproduzierbarkeit einher und findet in der Massenproduktion der Industriekultur ihren Höhepunkt, vgl. Christine Blättler: *Einleitung*, in: Christine Blättler (Hrsg.): *Kunst der Serie. Die Serie in den Künsten*, München 2010 (Trajekte. Eine Reihe des Zentrums für Literatur- und Kulturforschung Berlin), S. 7–17, S. 7. Dies spiegelt sich zum Beispiel in fotografischen Porträtserien von Künstlern wie Andy Warhol oder Cindy Sherman wider, die mithilfe der Technik auf die Wandelbarkeit des Individuums verweisen und dessen soziale Identität(en) in den Vordergrund stellen.

Christoph Heinrich weist darauf hin, dass die Serie als künstlerische Ausdrucksform einer feststehenden Definition entbehrt.[539] Wie lassen sich nun Schjerfbecks letzte Selbstporträts umschreiben, weshalb bilden sie eine Serie? Zunächst stellt sich die Frage, weshalb nur die letzten und nicht die gesamten Selbstbildnisse zu einer Serie zusammengefasst werden sollen.

Die vorangegangenen detaillierten Analysen einzelner Selbstporträts haben gezeigt, wie vielseitig die Ausführungen und Inhalte der Werke sind – trotz der formalen Überschneidungen. Sie zeichnen sich in ihrer Gesamtheit durch eine breitere thematische und stilistische Varianz aus als die Selbstbildnisse der Jahre 1944–1945. Ferner wurde deutlich, dass die Entstehungszeitpunkte und Auftragslagen Einfluss auf die unterschiedlichen Ausrichtungen der Werke hatten. In den letzten Selbstbildnissen tritt durch die zeitliche Nähe, in der die Werke entstanden sind, die Häufigkeit der Wiederholung einiger weniger Motivvariationen in den Vordergrund und bildet damit die Grundlage für deren seriellen Charakter. Auch sind die Rahmenbedingungen, unter denen die Bildnisse entstanden sind, ähnlich; dies betrifft nicht nur die (meist wohl indirekten) Aufträge vonseiten Stenmans, sondern ebenso das fortgeschrittene Alter Schjerfbecks.

Grundlegend für die Serie ist die Varianz eines Themas und dessen Wiederholung. Dass sich ein ähnliches Muster – Varianz und Wiederholung – auch in der Produktionsästhetik widerspiegelt, wurde aus Kapitel 4 ersichtlich. Diese Facette der Bildnisse soll hier abermals aufgegriffen werden. So schreibt Schjerfbeck 1918 in einem Brief an Einar Reuter: „Erinnerst du Goya, der als alter Mann jeden Tag auf eine Elfenbeinplatte malte und abends wieder alles abgewischt hat, um am nächsten Morgen wieder von Neuem beginnen zu können?“[540]

Diese Zeilen wirken wie eine erneute Umschreibung ihrer eigenen palimpsesthaften Arbeitsweise, die im *Selbstporträt mit rotem Punkt* stark hervortritt (Abb. 7). Dort wird ersichtlich, dass der dünn aufgetragene Pinselstrich in letzter Instanz die ausgewischte und deformierte rechte Gesichtshälfte wiederherstellt und die Schemen eines Antlitzes gerade noch erkennbar macht. Nach dem Vernichten (des Antlitzes) ist wieder etwas Neues entstanden, die Künstlerin hat ihr Abbild wieder neu erschaffen. Schjerfbeck hat sich damit wieder ein neues, verändertes Gesicht gegeben. Tutta Palin schlägt vor, Schjerfbecks Selbstbildnisse als Serie zu verste-

539 Er bemüht sich um die Eingrenzung des Begriffs und unterscheidet ihn von dem des Zyklus, dem des Themas mit Variation und dem der Werkgruppe, vgl. Heinrich 2001, S. 7.

540 „Minns Ni Goya som gammal han målade hvar ~~afton~~ [sic!] dag på en elfenbensskiva och torkade om aftonen bort det igen för att måla följande dag på skivan.“ Brief von Helene Schjerfbeck an Einar Reuter, 13.9.1918, Åbo Akademis bibliotek.

hen, in der sich das ständig wandelnde Ich der Künstlerin widerspiegle.[541] Dies scheint sich jedoch nicht nur in der Variation der einzelnen Werke auszudrücken, sondern ebenso in den Spuren des Arbeitsprozesses. Dieser kann ebenfalls als Ausdruck einer Autokommunikation verstanden werden, während derer sich das Ich immer wieder verändert und neu strukturiert.[542] Andererseits wird das palimpsesthafte Vorgehen in vielen der letzten Selbstbildnisse unterbrochen, und die Wiederholung des Motivs tritt in den Vordergrund. Schjerfbeck entfernt nicht länger das Gemalte oder Gezeichnete, sondern lässt es stehen und beginnt das „Übermalen" in Form eines Neubeginns auf einem neuen Blatt. Dieser Vorgang des Vernichtens und Neuerschaffens wird in den letzten Selbstbildnissen somit auf zwei Ebenen betont, die im übertragenen Sinn als paradigmatisch und syntagmatisch bezeichnet werden können.

Die Arbeitsweise – der Wechsel aus Farb*auf*trag und Farb*ab*trag – erfasst die Werkentstehung auf vertikaler Ebene. Durch sie entsteht das einzelne Werk, das wiederum Teil einer ganzen Serie ist. In der Serie spiegelt sich ein ähnliches Prinzip wider – diesmal jedoch auf syntagmatischer Ebene. Christoph Heinrich schreibt:

> Serie heißt hier, immer neu anzusetzen und sich dabei immer zu wiederholen, stets eine Handlung wieder aufzugreifen und dabei trotzdem voranzuschreiten – Serie wird dadurch zum Ausdruck einer zutiefst existenziellen Erfahrung: der Erfahrung von Zeit und Vergänglichkeit.[543]

Während auf paradigmatischer Ebene das Vergehen durch den Farbabtrag zum inhaltlichen Bestandteil des Einzelwerkes wird, wird die Vergänglichkeit in der Serie durch die zeitliche Ebene erzeugt, die dem seriellen Prinzip innewohnt. Doch ebenso wird der Neuanfang durch die wiederholte Vergegenwärtigung des Antlitzes betont.[544] Damit liegt der Fokus auf der Kreation, die immer wieder von Neuem begonnen wird. So zeichnet sich die Serie der letzten Selbstbildnisse durch einen überaus widersprüchlichen Charakter aus: Die Gesichter, zu deren wesentlichem Merkmal der

---

541 Vgl. Tutta Palin: *Vanh(u)us muotokuvassa*, in: *Pitkältä tieltä. Vanhenemisen ja vanhuuden kohtaamisia* (hrsg. v. Marja-Liisa Linder), Ausstellungskatalog, Tampereen taidemuseo, Tampere 2008, S. 178–190, S. 179.

542 Altti Kuusamo drückt sich in den Begrifflichkeiten des Semiotikers Juri Lotman aus, vgl. Kuusamo 2010, S. 108.

543 Christoph Heinrich 2001, S. 9.

544 Zum Thema der Serie in Bezug zum Neuanfang schreibt auch Martina Fuchs, vgl. id.: *Trauer, Rauch und Bäckereidinge … Zu einem nie ausgeführten Konzept von Edgar Degas*, in: *Monets Vermächtnis* 2001, S. 29–33, S. 32.

Hinweis auf Tod und Vergänglichkeit gehört, werden immer wieder aufs Neue hervorgebracht. Die Wiederholung, das Erschaffen von Neuem, wird dadurch zu einer Vergegenwärtigung des Lebens und der eigenen Präsenz im Zustand des Verfalls.

Die Assoziationen des Vergehens werden im *Selbstporträt mit rotem Punkt* ebenfalls durch die ästhetische Wirkung des verblassenden Materials hervorgerufen. Im Folgenden soll ein erneuter Vergleich zu Werken Edvard Munchs Aufschluss über die Bildinhalte des *Selbstporträts mit rotem Punkt* geben.[545] Klassische Beispiele für Munchs intensive Materialbehandlung sind das *Selbstporträt mit Zigarette* von 1895 und das kurz zuvor entstandene *Porträt Stanisław Przybyszewski* (Abb. 35 u. 39). Im *Selbstporträt mit Zigarette* macht das Abtragen von Farbe die Leinwand zu einem integralen Bestandteil des Bildes. Munch macht an seinem rechten Arm und an der Schulter sein eigenes malerisches Handeln rückgängig und rückt damit den Akt der Bildherstellung in den Vordergrund. Regine Prange interpretiert Munchs malerische Handlungen, die sie als Auseinandersetzungen mit dem Medium der Malerei versteht, als eigentlichen Bildgegenstand seines Selbstbildnisses.[546] Zugleich kann die Materialnegierung als Memento mori, als Hinweis auf die eigene Vergänglichkeit, verstanden werden. Neben dieser Parallele zu Schjerfbecks *Selbstporträt mit rotem Punkt* macht das unversehrte Gesicht Munchs in dessen *Selbstporträt mit Zigarette* einen wesentlichen Unterschied aus.

Im Gegensatz zu Munchs Selbstbildnis sind es in dessen *Porträt Stanisław Przybyszewski* völlig andere Techniken, die die Leinwand zum Bedeutungsträger werden lassen. Diese weist Rost- und Verfallsspuren wie zum Beispiel Wasserflecken auf, Resultate von Munchs sogenannter Rosskur: Der Künstler setzte seine Gemälde der Witterung in der freien Natur aus und integrierte so den Zufall in das Endergebnis. Im Unterschied dazu sind im *Selbstporträt mit rotem Punkt* keine Witterungsspuren zu erkennen. Dennoch bietet sich ein Vergleich an. Warum? Wie bereits angeführt, beschreibt Schjerfbeck in ihren zahlreichen Briefen an befreundete Künstlerinnen und Künstler ihre Auseinandersetzung mit dem Malprozess. Immer wieder greift sie das intensive Abtragen von Farbe auf und zieht sogar in Erwägung, ein Gemälde in der freien Natur zu vergraben. Sie lehnt das Verfahren schließlich ab, da sie die Bildentstehung nicht dem Zufall überlassen möchte.[547] Diese Quellen zeugen von einer sehr bewussten Wahl ihrer Arbeitsmittel und -methoden – extern verursachte Werktransformationen lehnt Schjerfbeck ab. So bleibt sie stets selbst

---

545 Dieser Vergleich basiert auf meinem Artikel, vgl. Landmann 2016, S. 416 ff.

546 Vgl. Regine Prange: *Edvard Munch. Selbstporträt mit Zigarette, 1895*, in: Pfisterer u. von Rosen (Hrsg.) 2005, S.138–140, S. 138.

547 Vgl. Görgen 2007 b, S. 16.

die alleinige Schöpferin ihrer Werke. Wie in Kapitel 4 und 5 aufgezeigt wurde, ist der einzige „Zufall“, den sie während des Entstehungsprozesses zulässt, ihr eigenes Unbewusstes.

Blickt man auf das *Porträt Stanisław Przybyszewski*, fallen somit Parallelen bezüglich der Thematik auf (Abb. 39). Die Vergänglichkeit der dargestellten menschlichen Gestalt nimmt in beiden Porträts eine zentrale Stellung ein, auch wenn sie auf ganz unterschiedliche Weise evoziert wird. In beiden Gemälden findet eine Materialreduktion oder -transformation statt. Während im Bildnis Przybyszewskis das Gesicht des Porträtierten naturgetreu und weitestgehend unversehrt dargestellt ist, wird an anderen Stellen umso stärker auf die Vergänglichkeit des Schriftstellers verwiesen. Als deutlichster Hinweis auf die Begrenztheit der irdischen Existenz kann der im unteren Bildrand dargestellte Knochen verstanden werden. Weitaus komplexer muss die Erscheinungsform der Leinwand gedeutet werden. Die naturgetreue Darstellung ist hier aufgehoben. So scheint der Kopf des polnischen Dichters im Nichts zu schweben, während auf der den Kopf umgebenden Leinwand Spuren des Verfalls deutlich sichtbar sind. Neben den durch die natürliche Witterung entstandenen ausgewaschenen Farbpartien sind rotbräunliche Rostflecken sichtbar.[548] Sie legen eine Vergänglichkeit des Dargestellten nahe, auf die diesem selbst jeglicher Einfluss fehlt. Die Leinwand vollzieht den natürlichen Verfallsprozess, dem der Körper des Dargestellten ausgesetzt ist. Diese „verwesende“ Leinwand wird jedoch von einem nahezu unversehrten Gesicht überlagert. In diesem Sinne erfüllt das Porträt seine klassische Funktion, indem es zu suggerieren scheint, dass es die Individualität des Dargestellten auch über dessen Tod hinaus repräsentiert.

Anders verhält sich das *Selbstporträt mit rotem Punkt.* Zwar wird die Vergänglichkeit, in diesem Fall die eigene, ebenfalls metaphorisch durch das Material dargestellt. Auch hier wird die malerische Oberfläche angegriffen und durch intensives Wegwischen revidiert. Doch im Unterschied zum *Porträt Stanisław Przybyszewski* ist es in diesem Fall die Künstlerin selbst, die den Farbauftrag überarbeitet. Sie selbst – nicht die unkontrollierbare Witterung – transformiert das Material in lebhaftem Duktus und erzeugt dabei die ästhetische Wirkung des Verblassens. So ist das dargestellte Antlitz und damit auch dessen individuelle Gesichtszüge in vielen der letzten Selbstbildnisse im Begriff zu verschwinden. Formen und Konturen lösen sich auf, wodurch unweigerlich die Frage nach dem Wohin aufgeworfen wird. Das Selbstbildnis gibt hierauf jedoch keine Antwort, das verblassende oder dem Verfall ausgesetzte Antlitz scheint in einen Raum der Ungewissheit zu entweichen.

---

548 Vgl. Buchhart 2007, S. 14 f.

In den letzten Selbstbildnissen lassen sich kaum Hinweise auf eine (christliche) Vorstellung vom Leben nach dem Tod finden. Auch in ihren Briefen setzt Schjerfbeck sich mit dieser Thematik nicht intensiv auseinander.[549] Im *Selbstporträt mit rotem Punkt* kommt jedoch eine weitere Facette zum Vorschein, die im weitesten Sinne einen religiösen Bezug darstellt. In diesem Bildnis scheint die Haut durch die Leinwand ersetzt worden zu sein. Einerseits wird hierdurch die Leblosigkeit der Haut betont und das physiognomische Antlitz entfernt. Andererseits liegt in der Ästhetik paradoxerweise ein Ewigkeitsanspruch. Durch die Betonung der materiellen Struktur der Leinwand und die Andeutung eines Abdruckes des menschlichen Antlitzes entsteht unweigerlich eine visuelle Referenz zum Grabtuch Christi.[550] Wie bewusst Schjerfbeck auf diese Ikonografie zurückgegriffen hat, lässt sich anhand ihrer Briefe nicht rekonstruieren. Dass die Nähe zu diesem Bildtypus existiert, kann jedoch kaum bestritten werden.

Eine weitere ikonografische Anspielung auf eine Selbsterhöhung ist in der den Kopf umgebenden Aureole enthalten. Der visuelle Verweis auf Christusdarstellungen oder Darstellungen Heiliger im Allgemeinen fügt sich ebenfalls in eine weit zurückreichende ikonografische Tradition ein. Die Darstellung als Christus ist ein häufiger Selbstporträttypus, den Künstler gewählt haben, um ihre visionären Fähigkeiten und ihre kulturelle Überlegenheit trotz ihres gesellschaftlichen Randgruppendaseins zu behaupten.[551] Die Beispiele dafür ebenso wie für die Verbindung von Künstler – Tod – (Selbst-)Porträt im Allgemeinen sind zahlreich.[552] Volker Adolphs hat auf die Verbindung zwischen der Rolle des Künstlers in der Gesell-

---

549 Eine der wenigen Äußerungen findet man in einem Brief an Einar Reuter, in welchem sie ein sehr traditionelles Bild von Gott zeichnet: „Och derför behöver man också en individuell domare sjelv, jag tänker mig Gud fader som en gammal man med långt skägg – en lika god symbol som allt annat de hittat på. Klokare är jag inte." Brief von Helene Schjerfbeck an Einar Reuter, 2.12.1916, Åbo Akademis bibliotek. Bemerkenswert ist jedoch, dass 1939 und etwa 1941 zwei Christusbilder entstanden sind (*Kristus ledande en kvinna till paradiset*, Signe och Ane Gyllenbergs stiftelse, Helsingfors, und *Kristusbild*, Amos Andersons konstmuseum, Helsingfors). Sie entstanden demnach in einer Zeit, in der die Künstlerin sich zunehmend mit ihrem eigenen Tod konfrontiert sah, und stellen eine Ausnahme in Schjerfbecks Œuvre dar. Das 1939 entstandene Werk zeigt eine stark abstrahierte Rückenfigur, die auf eine segnende Christusgestalt zugeht. Inwieweit diesem Werk ein autobiografischer Gehalt zugeschrieben werden kann und dieses Hinweise auf eine Vorstellung der Künstlerin vom Jenseits gibt, soll an dieser Stelle offengelassen werden.

550 Zu dieser Bildtradition, vgl. Gerhard Wolf: *Schleier und Spiegel. Traditionen des Christusbildes und die Bildkonzepte der Renaissance*, München 2002, zugl. Habil.-Schr., Freie Universität Berlin, 1995.

551 Vgl. Meskimmon 1996, S. 22 f., und Adolphs 1993, S. 10.

552 So werden Totenschädel, Kerzen und Stundenuhren in den Porträts der vergangenen Jahrhunderte als klassisches Memento mori eingesetzt. Für einen Überblick zur Motivik von Vanitassymbolen und ihrer Verwendung in Selbstporträts vgl. Adolphs 1993, S. 90 ff.

schaft des 19. und 20. Jahrhunderts und der Todesthematik hingewiesen. Er sieht die dem Künstler zugeschriebenen visionären Kräfte in engem Zusammenhang mit Themen wie der Erkundung des Unbewussten sowie anderen Grenzerfahrungen, zu denen der Tod zähle.[553] Adolphs umfangreiches Bildmaterial macht deutlich, dass der Tod ein „Leitmotiv des Selbstporträts" darstellt.[554]

Die Künstler, die sich als Christus dargestellt oder zumindest mit dieser Bildtradition gespielt haben, reichen von Albrecht Dürer über James Ensor bis Tyko Sallinen. Im Gegensatz dazu muss nach Künstlerinnen, die sich in dieser Selbstporträtform dargestellt haben, lange gesucht werden. Schjerfbeck selbst setzte sich 1944 mit Dürers und Ensors Selbstbildnissen auseinander.[555] Insofern kann ihr Selbstbildnis im Kontext der Selbstporträttradition als selbstbewusste Positionierung betrachtet werden. Sie stellt visuelle Bezüge zu den Ursprüngen des (Selbst-)Porträts her. Durch den indirekten Christus- beziehungsweise Heiligenbezug tritt die visionäre Fähigkeit in den Vordergrund, die traditionell dem männlichen Künstlergenie zugeschrieben wurde. So bedient sie sich eines männlichen Bildtypus, entfernt jedoch aus diesem die Kategorie Geschlecht. Das Bildnis bietet kaum mehr Anhaltspunkte, die auf das Geschlecht der Dargestellten schließen lassen würden. Gleichzeitig ist die Individualität des physiognomischen Gesichts nahezu vollständig auswischt. Damit bricht Schjerfbeck einerseits mit dem Porträtmerkmal der physiognomischen Ähnlichkeit, andererseits wird ein weiterer Aspekt hervorgebracht, der auf die Anfänge der Gattung verweist: das Spannungsverhältnis zwischen der visuellen Ähnlichkeit mit dem Antlitz der Referentin und der Spur als indexikalischem Zeichen.[556] Man blickt also nicht auf den Abdruck des Antlitzes der (toten) Künstlerin, sondern auf Abdrücke ihrer physischen, vitalen Präsenz, die durch die Materialästhetik betont wird.

Obwohl die das Bild dominierende Wisch- und Kratztechnik eine Ästhetik des Verblassens erzeugt, drückt sich in ihr zugleich Kraft aus. Anders als es die Transparenz der dünnen Bildoberfläche zunächst vermuten lässt, sind beide das Ergebnis einer intensiven körperlichen Handlung am Bild.[557] So drückt die Produktionsäs-

553 Vgl. Adolphs 1993, S. 10.

554 Adolphs 1993, S. 13.

555 Vgl. Brief von Helene Schjerfbeck an Einar Reuter, 22.6.1944, Åbo Akademis bibliotek.

556 Vgl. Weigel 2013, S. 17 f.

557 Anders als im *Unvollendeten Selbstporträt* verliert der destruktive, materialnichtende Anteil des *Selbstporträts mit rotem Punkt* den Charakter der (Auto-)Aggression (Abb. 4). Die affektive Geste der Zerstörung als Ausdruck einer subjektiven Befindlichkeit, die im *Unvollendeten Selbstporträt* anklingt, wurde im *Selbstporträt mit rotem Punkt* zu einer gezielten ästhetischen Lösung abstrahiert. Diese Auslegung stellt eine Präzisierung meines Artikels dar, vgl. Landmann 2016.

thetik im *Selbstporträt mit rotem Punkt* genau das Gegenteil von Altersschwäche aus: Die intensive Bearbeitung der Oberfläche sowie die scheinbar spontan und schnell aufgetragenen Umrisslinien von Gesicht und Oberkörper können auch als Ausdruck von Schaffenskraft und Energie verstanden werden – farblich findet dies ein Pendant in dem roten Punkt unterhalb des Mundes.[558] Der ansonsten passive, geradezu abwesende Körper und insbesondere die Hände als ausführendes Organ finden als Spuren im Material ihre metonymische Anwesenheit.[559]

So suggeriert der schnelle Pinselstrich im *Selbstporträt mit rotem Punkt* mitunter eine Leichtigkeit und die Lust am Malen, ganz im Sinne der klassischen *sprezzatura*. In diesem Zusammenhang kann auch der rote Punkt gesehen werden. Er befindet sich nahezu im Zentrum der Darstellung und entzieht sich einer figurativen Fixierung.[560] Er verleitet dazu, Farbe als ein formalistisches Element zu verstehen, als auf sich selbst – als Farbe – verweisend, als kompositorisches Gegengewicht zu den düsteren Erdtönen des restlichen Bildes, als letzter Beitrag, der dem Bild sein *finito* verleiht. Es ist der rote Punkt, der dem Porträt zum Leben verhilft. Er lässt erkennen, dass wir nicht auf ein Leichentuch blicken, sondern auf das Abbild eines Menschen, durch dessen Adern noch Blut fließt.[561] Blickt man auf Schjerfbecks frühere Selbstporträts, so taucht die Farbe Rot als Leuchten der Wangen oder Lippen auf. Häufig wurde dies als Zeichen innerer Anspannung oder Ausdruck von Leidenschaft gedeutet.[562] Als solches kann es auch im *Selbstporträt mit rotem Punkt* verstanden werden. In seiner Semantik drückt sich durch eine scheinbar spontane, hastige Pinselführung die souveräne Schaffenskraft der Künstlerin aus. Auf einer figurativen Ebene bildet der Punkt eine weitere Schnittstelle von Innen und Außen. Er zeigt eine Stelle, durch die das Blut pulsiert, als Ausdruck der Vitalität, die mit dem künstlerischen Schaffensprozess verbunden ist. Zugleich ist deutlich sichtbar, dass

---

558 Vgl. Tams (Jádi) 2012, S. 68.

559 Blickt man jedoch auf die Darstellung des Körpers auf figürlicher Ebene, so stellt man fest, dass der Oberkörper aus einigen der letzten Zeichnungen vollständig verschwindet (Abb. 30). Darüber hinaus sind bislang keine Ganz- oder Halbkörperporträts von Schjerfbeck bekannt. Das Phänomen des entschwindenden Oberkörpers taucht jedoch nicht erst in den letzten Selbstbildnissen auf. Schon in dem Selbstbildnis von 1913 bis 1926 ist der Oberkörper einer abstrakten Fläche gewichen (Abb. 5).

560 Zur Farbe Rot in Schjerfbecks Gemälden vgl. Stewen 1997, S. 36.

561 Wie das folgende Kapitel zeigt, wurden Schjerfbecks Werke ihrer letzten Lebensjahre auch mit Vitalität und Schaffenskraft in Verbindung gebracht. Andere Kritiker sahen in dem dünnen Farbauftrag bzw. der abgetragenen Farbe den Ausdruck von physischer Schwäche, vgl. *Artekin Schjerfbeck kokoelma*, Helsingin Sanomat, 5.5.1946 (vermutlich von Edvard Richter).

562 Vgl. Ahtola-Moorhouse 2000, S. 35.

er mit malerischen Mitteln auf das Gemälde „draufgesetzt“ wurde, wodurch der Artefaktcharakter betont wird.

Blickt man auf die Darstellung des Mundes in Schjerfbecks Selbstbildnissen, so stellt dieses Konterfei eine Ausnahme dar. Seit dem unvollendeten Selbstbildnis von 1921 ist der Mund zunehmend von schwarzer Farbigkeit durchsetzt (Abb. 4). Besonders deutlich wird dies im Selbstbildnis von 1934 (Abb. 41). Der Mund erscheint nicht länger „natürlich weiblich“ – d. h. entweder rot geschminkt oder ungeschminkt – und kann daher kaum als Verweis auf Sinnlichkeit oder Vitalität verstanden werden. Er wird vielmehr zum Zeichen der Vergänglichkeit. Während Schjerfbeck 1926 in Bezug auf das *Selbstporträt* von 1913 bis 1926 noch beschreibt, wie sie ihren „alten Mund auf das Bild ihrer Jugend setzte“, kann im *Selbstporträt. „Eine alte Malerin“* kaum mehr die Rede von einem Mund sein (Abb. 5 u. 8).[563] Dort weckt ein schwarzer Fleck Assoziationen eines Mundes, der kein sinnliches Organ mehr darstellt, sondern nur noch Ausdruck eines Schreis, einer zutiefst menschlichen Angst zu sein scheint. In diesem Punkt sind deutliche Parallelen zu Edvard Munchs *Der Schrei* (1893) und Francis Bacons *Study of a Head* erkennbar (Abb. 42).[564]

7.3 Ich ist ein Anderes. *Selbstporträt. „Eine alte Malerin“* (1945)

Ein gespenstisch anmutendes Gesicht kommt aus dem schwarz gehaltenen Bildhintergrund zum Vorschein (Abb. 8). Das en face angedeutete Antlitz der Person wirkt wie die Demaskierung des Todes – dem „Gesicht“ wurden jegliche Anzeichen von Leben genommen. Das grünliche Inkarnat weckt Assoziationen der Verwesung, die schwarzen Nasen-, Augen- und Mundöffnungen lassen kein Dahinter vermuten und gehören dem Anschein nach einem Körper an, aus dem der Geist schon entwichen ist. Das Gesicht ist gerade noch zu erahnen, doch scheint es in alle Richtungen dem Verfall ausgesetzt zu sein. Nicht nur im schwarzen Hintergrund ist die Struktur der weißen Leinwand Bestandteil des Bildes, auch das „Gesicht“ ist von der Textur der Leinwand durchzogen. Auch der in hellem Rot angedeutete Oberkörper verspricht

---

563 Brief von Helene Schjerfbeck an Einar Reuter, 3.10.1926, Åbo Akademis bibliotek.

564 Wie der Titel des Werkes, welches Munch seit 1893 immer wieder als Motiv aufgriff, schon andeutet, ist die innere Anspannung, die die Arbeit vermittelt, deutlicher wahrnehmbar. Bei Schjerfbeck hingegen entzieht sich der Gesichtsausdruck einer eindeutigen Interpretation. Während Schjerfbeck Munchs Werk mit Sicherheit kannte, kann sie Bacons 1953 entstandenes Bildnis nicht gesehen haben.

keine Beständigkeit – die Leinwand tritt erneut zutage, und so scheint der Verfall auch auf der Materialebene stattzufinden. Die in schwarzer Ölfarbe aufgetragene dicke „Kontur" des Kopfes und des Oberkörpers wirkt beinahe wie der verzweifelte Versuch, die vermeintliche Person aufrechtzuerhalten. Doch ebenso wie die Farbe von der Leinwand zu entschwinden scheint, entschwinden bei genauem Betrachten auch jene Fixpunkte, die ein Gesicht konstituieren. Die als Augen und Mund wahrgenommenen Formen sind nicht mehr als schwarze Farbflecke, die sich als die Negativformen des Gesichts darstellen. Die schwarze breite Linie, die sich an der eigentlichen Stelle des Nasenrückens befindet, bildet das Pendant zu einer helleren, weiß-bläulichen Farbfläche, die sich bis zum „Mund" fortsetzt. Die Sinnesorgane scheinen zu einer undifferenzierbaren Einheit zu verschmelzen. Vom Betrachter aus gesehen rechts neben dem Kopf, an jener Stelle, an der sich normalerweise das Ohr befinden würde, ist nichts vorhanden, das auf figurativer Ebene einem Ohr gleichen würde. Man blickt auf eine Art Ausstülpung, eine farbliche Erweiterung des Kopfes; an dieser Stelle scheint das Gesicht endgültig zu zerfallen.

Wie auf einen wütenden Dialog mit der visuellen Erscheinung verweisend wirken die Kratzspuren, die den „Schädel" nach oben hin begrenzen. Das schädelgleiche Antlitz lässt den Betrachter zusammenfahren, löst Verunsicherung und Schrecken aus. Sein Ausdruck ist kaum zu deuten – handelt es sich um einen erschreckten Gesichtsausdruck, um ein erschlafftes Gesicht oder um gar keine Mimik, da es zu keinem durch Emotionen gesteuerten Ausdruck mehr fähig ist? Die Produzentin war zu diesem gewiss noch in der Lage. Ihre Initialen und das Entstehungsjahr, 1945, sind in der linken und rechten unteren Bildecke deutlich erkennbar.

In den letzten Selbstbildnissen gehört die zunehmend reduktionistisch dargestellte Kleidung zu den Eigenschaften, durch die eine Überwindung oder Distanzierung von soziokulturellen Identitäten deutlich wird.[565] Das Fehlen des Körpers in vielen der letzten Zeichnungen bringt es mit sich, dass auch keine Kleidung mehr dargestellt ist (Abb. 30).[566] In den Ölgemälden wiederum wird der Kopf nicht derart vom Oberkörper gelöst gezeigt, doch spielt die Bekleidung auch in den meisten der

565 So verweist z. B. Georg Simmel 1905 auf die Eigenschaft von Mode als Ausdruck von sozialer Distinktion, vgl. id.: *Philosophie der Mode* (1905), in: *Gesamtausgabe*, Bd. 10 (hrsg. v. Otthein Rammstedt et al.), Frankfurt a. M. 1995, S. 7–39, S. 11 f.

566 Eine Ausnahme unter Schjerfbecks letzten Selbstbildnissen stellt diesbezüglich das 1937 begonnene und 1945 vollendete Selbstbildnis dar. Dort malt sie sich in einem Gewand, bei dem es sich vermutlich um einen Mantel oder eine (Strick-)Jacke mit Fellkragen handelt. Dementsprechend wird ein deutlicher Hinweis auf Mode sichtbar. Bei dem Bildnis handelt es sich um eine überarbeitete Version der Auftragsarbeit für ihre erste Einzelausstellung in Schweden 1937. So geht vermutlich die Darstellung der Kleidung auf diese Zeit zurück.

letzten Ölgemälde eine untergeordnete Rolle, so auch im *Selbstporträt. „Eine alte Malerin"*: Schemenhaft lässt sich ein Gewand mit Kragen erkennen, dieses scheint jedoch in erster Linie auf die Existenz von Bekleidung als Reminiszenz einer soziokulturellen Praktik zu verweisen. Einer Praktik, die mitunter wiederum der Schaffung einer Geschlechteridentität dient.[567] So befasst sich der Philosoph und Soziologe Georg Simmel zu Beginn des 20. Jahrhunderts mit dem Phänomen der Mode und verweist diesbezüglich auf die Differenz der Geschlechter. Als Zeichen der Emanzipation beschreibt er das Desinteresse an Mode, wodurch Frauen sich Männern anzugleichen suchten. Folglich wurde die intensive Auseinandersetzung mit Mode als weibliche Eigenschaft verstanden. Aus dieser Perspektive betrachtet drückt sich in dem Bildnis eine Abkehr von der sozialen Kategorie „Geschlecht" aus.[568]

Zugleich tritt aber auch die durch Kleidung ausgedrückte berufliche Identität in den Hintergrund. Schon im Selbstbildnis der 1880er Jahre malt Schjerfbeck sich in schlichter, farblich zurückhaltender Kleidung. Seit dem Selbstbildnis von 1895 taucht dann immer wieder ihr dunkles Gewand mit hochgeschlossenem Kragen auf (Abb. 10).[569] In Bezug auf Kleidung wurden bunte Farben primär dem weiblichen Geschlecht zugeschrieben, wohingegen die unbunten Farben – vor allem Grau und Schwarz – Männlichkeit repräsentierten. Damit ging die Annahme einher, dass sich Professionalität sowie Rationalität und, damit verbunden, Männlichkeit in derart zurückgenommenen Farben manifestieren.[570] So kann die in vielen der früheren Selbstbildnisse dargestellte Bekleidung als Hinweis auf Professionalität verstanden werden. Doch selbst diese äußere Hülle erscheint in den letzten Selbstporträts sekundär. Verallgemeinernd lässt sich feststellen, dass die kulturelle Identität, die durch Mode geschaffen wird, in den letzten Bildnissen weitestgehend abgestreift

567 Zu Geschlecht und Mode vgl. Lehnert 1997, S. 26 ff., und Anke Drygala: *Die Differenz denken. Zur Kritik des Geschlechterverhältnisses*, Wien 2005, S. 58 ff.

568 Während in den Selbstbildnissen, die vor der Jahrhundertwende entstanden sind, die weibliche Physiognomie noch angedeutet wird, sind auch Hinweise auf den biologischen Körper seit 1912 nicht mehr zu finden. Seitdem wird der Oberkörper zunehmend flächig dargestellt. Durch die Nichtdarstellung des weiblichen Körpers bricht Schjerfbeck einerseits mit gängigen Bildtraditionen, in denen der weibliche Körper als Objekt männlicher Begierde dargestellt wird. Andererseits fällt das Fehlen der Andeutung von Weiblichkeit mit ihrem fortgeschrittenen Alter zusammen, was auch auf eine Befreiung von biologisch-gesellschaftlichen Kategorien hinweisen könnte.

569 Sowohl das Kleid mit dem hohen Kragen als auch die Ponyfrisur im Selbstbildnis von 1884 bis 1885 waren damals *à la mode*. In anderen Selbstbildnissen weicht das Gewand einem Mantel mit Kragen, der aus Fell sein könnte (Abb. 33). Dass Schjerfbeck sich mit Mode auseinandersetzte, zeigen nicht nur die Werke, sondern auch ihre Briefe, vgl. Lahelma 2014 b.

570 Vgl. Müller-Funk 2009, S. 34 ff., und John Harvey: *Men in Black*, London 1997 [1995], S. 9 ff. u. S. 195 ff.

wird.[571] Des Weiteren wird deutlich, dass der ephemere Charakter von Mode dadurch implizit betont wird.[572] Sie erscheint irrelevant in Bezug auf existenzielle Fragen.

Ähnliches setzt sich auf weiteren Ebenen fort. Direkt mit dem Gesicht verbundene oder dazugehörige Teile physiognomischer Individualität wie sozialer Identität werden beseitigt: Haut und Haare als Teile des biologischen Subjekts, die zugleich auch zentrale kulturelle Bedeutungsträger sind, werden nur noch rudimentär angedeutet oder ganz ausgelassen.[573] Während sich im *Selbstporträt* von 1942 die Haare und damit einhergehend die Frisur aufgrund ihrer Farbigkeit noch deutlich vom übrigen Gesicht abheben (Abb. 43), zeichnet sich das *Selbstporträt. „Eine alte Malerin“* – repräsentativ für viele der letzten Selbstbildnisse – durch das Fehlen von Haaren aus.[574] Einerseits wird dadurch der biologische Tod angedeutet.[575] Andererseits geht mit dem Haarverlust der Verlust eines weiteren Teils der kulturellen und sozialen Identität des Individuums einher. Denn ähnlich wie Mode können auch Haare oder vielmehr die Frisur als performativer Teil der Identität verstanden werden. Das Frisieren der Haare als Kulturpraktik drückt seit jeher etwas über die gesellschaftliche Positionierung des Individuums aus, und auch in Bezug auf die Performanz der Geschlechter ist der „Status“ der Haare von fundamentaler Bedeutung.[576] So galten in der westlichen Kultur des 20. Jahrhunderts lange Haare als feminin, kurze als maskulin.[577] In Schjerfbecks *Selbstporträt. „Eine alte Malerin“*

---

571 Zur Funktion von Mode in der Gesellschaft vgl. Gertrud Lehnert: *Die Kunst der Mode – Zur Einführung*, in: Lehnert (Hrsg.) 2006, S. 10–26.

572 Marja Lahelma verweist in ihrem Katalogbeitrag über Schjerfbecks Bezug zu Mode auf den ephemeren Charakter von Mode, der in Charles Baudelaires *Le peintre de la vie moderne* (1863) betont wird, vgl. id. 2014 b, S. 115.

573 Haut und Haare waren in den letzten Jahren immer wieder Gegenstand interdisziplinärer Untersuchungen. Nicole Tiedemann untersucht die Geschichte von Haaren mitunter aus ethnologischer und soziologischer Perspektive, vgl. id.: *Haar-Kunst. Zur Geschichte und Bedeutung eines menschlichen Schmuckstücks*, Köln 2007, zugl. Diss., Universität Bremen, 2005, und Birgit Haas (Hrsg.): *Haare zwischen Fiktion und Realität. Interdisziplinäre Untersuchungen zur Wahrnehmung der Haare*, Berlin 2008 (Kulturwissenschaft, Bd. 17), und Benthien 2001 [1999].

574 Fotos der Künstlerin zeigen, dass sie in dieser Zeit sehr dünnes Haar, jedoch keine Glatze hatte.

575 Vgl. Tiedemann 2007, S. 60.

576 In diesem Zusammenhang wird das Thema des Geschlechts als Maskerade diskutiert, vgl. Ina Schabert: *Geschlechtermaskerade*, in: Tilo Schabert (Hrsg.): *Die Sprache der Masken*, Würzburg 2002 (Eranos, Bd. 9), S. 53–77. Wie sich dieses Thema vor seiner theoretischen Ausformulierung in der Kunst in Finnland zu Beginn des 20. Jahrhunderts widerspiegelt, untersucht Tutta Palin in einer Fallstudie, vgl. id.: *An Artistic Masquerade before Masquerade Theory*, in: Ulrich G. Großmann (Hrsg.): *The Challenge of the Object. Congress Proceedings – Part 4*, Nürnberg 2013, S. 1183–1188 (Anzeiger des Germanischen Nationalmuseums / Wissenschaftliche Beibände, Bd. 32,4), S. 1183–1188.

577 Claude Cahun, eine Zeitgenossin Schjerfbecks, setzt schon in den 1920er und 1930er Jahren die Glatze als provokativen Teil in ihrer fotografischen Selbstbildnisserie ein, in welcher sie sich in un-

scheinen die nicht vorhandenen Haare nicht auf ein bestimmtes Geschlecht zu verweisen, sondern vielmehr auf das Abstreifen derartiger Kategorien.[578]

Fragen, die auch ein zentrales Element der letzten Selbstbildnisse betreffen, können exemplarisch anhand von Meret Oppenheims *Röntgenaufnahme des Schädels M. O.* von 1964 nachvollzogen werden (Abb. 38). Zu sehen ist die Röntgenaufnahme eines Schädels im Profil. Das Darunter des Menschen lässt auf den ersten Blick kein (biologisches) Geschlecht erkennen.[579] Dafür sind die Spuren soziokultureller Identität umso leichter identifizierbar und weisen das Geschlecht der Durchleuchteten aus. Der Schmuck, vermutlich aus Metall, lässt auf die Weiblichkeit der Person, die nur als Skelett zu erkennen ist, schließen. Die Ohren werden durch große Creolen verziert, am Hals wird eine Kette sichtbar und die Finger zieren zwei Ringe.[580] Das Geschlecht ist demnach eine kulturelle Konstruktion.

Zusammenfassend kann festgehalten werden, dass die Anzahl an Selbstbildnissen, in denen sich Künstlerinnen mit Glatze darstellen, auch heute noch gering ist und dass häufig eine Verbindung zu Krankheiten besteht.[581] Dies trifft ebenfalls auf

---

terschiedlichen Maskeraden zeigt. Ein immer wiederkehrendes Motiv ihrer Selbstbildnisse ist der kahl rasierte Kopf, der von der Geschlechterforschung als repräsentatives Beispiel für das Anlegen einer männlichen Maskerade behandelt wurde. Vermutlich kannte Schjerfbeck diese Werke nicht. In der Geschlechterforschung gilt Cahun als eine jener Künstlerinnen, die sich schon sehr früh mit der Dekonstruktion von Geschlecht auseinandersetzten, vgl. Rosalind E. Krauss: *Bachelors*, Cambridge, Mass. 1999 (An October Book), S. 29 ff.

578 Dies steht im Gegensatz zu ihrem selbstgewählten Titel *Selbstporträt. „Eine alte Malerin"*, in welchem sowohl Profession als auch (das grammatikalische) Geschlecht genannt werden. Ahtela [Reuter] schreibt in seiner Monografie, dass Schjerfbeck diesen Titel selbst ausgewählt und Stenman dieses Selbstbildnis als Dankeschön für seine Unterstützung geschenkt habe. Er gibt jedoch keine Quelle für diese Information an, vgl. Ahtela 1953, S. 351.

579 Die Frage, inwieweit das biologische Geschlecht anhand des Schädels erkannt werden kann, wurde auch zu Beginn des 20. Jahrhunderts diskutiert. Über die biologischen Differenzen bemühte man sich, allgemeine Aussagen über das Geschlecht zu treffen, die wiederum mit dem kulturell konstruierten Geschlecht einhergingen, vgl. Brigitte Fuchs: *„Rasse", „Volk", Geschlecht. Anthropologische Diskurse in Österreich 1850–1960*, Frankfurt a. M. 2003, S. 133 f. Ich sehe jedoch keinen Zusammenhang zwischen derartigen Diskussionen und dem *Selbstporträt. „Eine alte Malerin"*.

580 In Schjerfbecks Selbstbildnissen ist der einzige Schmuck eine Brosche, die in dem *Selbstporträt mit schwarzem Hintergrund* und dem Selbstporträt von 1934 auftaucht. Bei beiden Werken handelt es sich bemerkenswerterweise um Auftragsarbeiten.

581 Vgl. Birgit Haas: *Einleitung. Haare – ambivalenter Ausdruck kultureller Körperbilder und fiktionalisierte Affirmation bzw. Infragestellung von kulturellen Stereotypen*, in: id. (Hrsg.) 2008, S. 9–28, S. 20 f. Dass Haarlosigkeit bei Frauen auch in der zweiten Hälfte des 20. Jahrhunderts primär mit Themen wie Krankheit und Tod in Verbindung gebracht wurde, zeigen exemplarisch die fotografischen Selbstbildnisse Hannah Wilkes, die zu Beginn der 1990er Jahre während ihrer Krebserkrankung entstanden sind, vgl. Borzello 1998, S. 173 f. Eine umfassende kulturwissenschaftliche Studie zu diesem Thema steht aus.

die Verbindung von Künstlerinnenselbstporträts und Todesthematik im Allgemeinen zu.[582] Am nächsten stehen die letzten Selbstbildnisse Schjerfbecks hinsichtlich der Todesthematik und der Reduktion von gesellschaftlicher Identität durch nur angedeutete Kleidung und Haare denen ihrer Zeitgenossin Käthe Kollwitz (Abb. 45).[583] Ein ganz ähnliches Phänomen taucht ebenfalls in Munchs *Der Schrei* (1893) auf. Auch dort wurden individuelle und soziokulturelle Merkmale auf ein Minimum reduziert. Nur die sich im Hintergrund befindenden Personen sind durch ihre Hüte als Männer identifizierbar. Die schreiende Figur hingegen entbehrt derartiger Zeichen.

Im *Selbstporträt mit rotem Punkt* und im *Selbstporträt. „Eine alte Malerin"* sticht neben der Haarlosigkeit die Darstellung der Haut hervor. In beiden Werken weckt das Antlitz Assoziationen mit einem Totenschädel, der nahezu ganz von der (fleischlichen) Oberfläche des Menschen befreit wurde. Überdies lässt das Inkarnat beim *Selbstporträt. „Eine alte Malerin"* an Fäulnis und Verwesung denken. Dies hat zur Folge, dass der Eindruck einer belebten Oberfläche, die die Haut als menschliches Organ darstellt, verloren geht. Sie ist weder Träger physischen und psychischen Befindens, so wie Schjerfbeck dies in ihren Selbstbildnissen von 1912 und 1915 betont und wie in Kapitel 2 und 3 aufgezeigt wurde (Abb. 1 u. 3), noch ist sie die äußerste Schicht physiognomischer Individualität. So scheint sich im ersten Moment im *Selbstporträt. „Eine alte Malerin"* das Ende eines jahrtausendealten menschlichen Bedürfnisses nach dem Fortbestand individueller Existenz nach dem Tod auszudrücken, das eng mit der Porträtgattung verknüpft ist.[584] Andererseits sind es gerade diese visuellen Eigenschaften, die das Bildnis Schjerfbecks zu seiner zentralen Aussage über das Menschsein gelangen lassen.

Durch das Abstreifen jeglicher Zeichen von soziokultureller Individualität wird suggeriert, dass die Menschen im Kern ihrer Existenz eine Einheit bilden. Soziokulturelle Individualitäten erscheinen dagegen konstruiert und ephemer. Doch auch vermeintliche Naturgesetze werden erschüttert. Selbst das biologische Geschlecht

---

582 Dies drückt sich auch darin aus, dass Schjerfbeck – trotz ihrer geringen Bekanntheit außerhalb der nordischen Länder – in diesem Zusammenhang in Überblickswerken genannt wird. So ist sie eine der Künstlerinnen, die Frances Borzello mit anderen Künstlerinnen erwähnt, die sich mit Vanitas-Themen befassten. Borzello bemüht sich darum, eine gewisse Tradition auszumachen, die sich in Bezug auf die Auseinandersetzung von Künstlerinnen mit ihrem Altern entwickelt haben soll. Bis heute fehlt es jedoch an Studien zu diesem Thema, vgl. id. 1998, S. 194.

583 Schjerfbeck kannte Kollwitz' Selbstporträts aus Büchern und äußert sich positiv zu diesen, vgl. Brief von Helene Schjerfbeck an Einar Reuter, 22.6.1944, Åbo Akademis bibliotek.

584 Die Gattung des Porträts und das Thema des Todes waren zwar von Anbeginn auf das Engste miteinander verknüpft – galt es doch, mithilfe des Porträts den Tod oder vielmehr die Abwesenheit des dargestellten Individuums zu überwinden. Die Repräsentation einer Person sollte sie dem Betrachter im wahrsten Sinne des Wortes präsent machen, vgl. Woodall 1997, S. 8 f.

und das biologische Alter spielen in dem Selbstbildnis keine Rolle – anders als es der Titel vermuten lässt. Das Alter der Künstlerin ist auf figurativer Ebene nicht erkennbar. Dies wirft die Frage nach der Relevanz derartiger Kategorien und Konstruktionen auf und danach, ob diese eher in den Köpfen der Menschen oder in der Wirklichkeit existieren. Fühlt eine alte Frau, die Malerin ist, im Angesicht existenzieller Momente wie der Konfrontation mit dem Tod *per se* anders als ein junger Mann, der kein Maler ist?

In *Selbstporträt. „Eine alte Malerin"* dominiert die Schrecken auslösende Brutalität des Todes den Gesamteindruck.[585] Der angedeutete Schädel als universelles Symbol des Todes lässt kaum auf die Darstellung eines Individuums schließen.[586] Der physiognomischen Übereinstimmung von Urbild und Abbild als traditionellem Gattungsmerkmal des Porträts wird – so scheint es – jegliche Grundlage entzogen.[587] Mit dem durchscheinenden Schädel zeichnet sich das *Selbstporträt. „Eine alte Malerin"* lediglich durch eine Restähnlichkeit zu einem Gesicht und den Gesichtsschablonen von Helene Schjerfbeck aus. Die Differenz zu einer äußeren Ähnlichkeit mit der Person Schjerfbeck könnte kaum größer sein.

Riikka Stewen schlägt vor, die letzten Selbstbildnisse Schjerfbecks als Ausdruck des Anderen im Selbst zu betrachten und stützt sich dabei auf Emmanuel Levinas' Annäherung an das Andere.[588] Sie diagnostiziert das Hervorbrechen ebendieses Anderen in Schjerfbecks seit 1936 entstandenen Selbstbildnissen und hebt eine zunehmende Nacktheit des Antlitzes hervor.[589] Dieser Ansatz des Anderen oder Fremden als Teil des Selbst erfasst ein wesentliches den Selbstbildnissen innewohnendes Phänomen.

In Bezug auf Schjerfbecks Selbstbildnisse gehe ich davon aus, dass dieses Andere – dies wurde in Kapitel 4 und 5 gezeigt – bereits in den 1920er Jahren auftaucht. Zwar ist immer ein Moment der Entfremdung im Vorgang des Selbstporträtierens enthalten,[590] in diesem Fall geht es mir jedoch um das Andere als einen abgelehn-

585 Die hier angeführten Ergebnisse beziehen sich vorranging auf das *Selbstporträt. „Eine alte Malerin"*, sind aber auch auf viele der anderen letzten Selbstbildnisse übertragbar.

586 Anu Koivunen beschreibt die Selbstbildnisse ebenfalls als „nonindividuell", vgl. id. 2013, S. 259.

587 Bettina Gockel sieht den Dialog mit dem eigenen Antlitz in den letzten Selbstbildnissen als kaum gegeben und spricht von „Kopfbildern", in denen das Gesicht als das „Gesicht ihrer Malerei" betrachtet werden sollte, vgl. id. 2014, S. 49.

588 Diese Facette betont auch Anu Koivunen, vgl. id. 2013, S. 259.

589 Vgl. Stewen 1997, S. 38.

590 David Lomas verweist darauf, dass der Prozess des Selbstporträtierens stets den Dialog mit dem Anderen beinhalte, welcher im Abbild erschaffen werde, vgl. David Lomas: *Inscribing Alterity: Transactions of Self and Other in Mirò's Self-Portraits*, in: Woodall (Hrsg.) 1997, S. 167–189, S. 167. Die Wahrnehmung des eigenen Gesichts als Differenz zum empfundenen Ich ist somit ein konsti-

ten beziehungsweise verdrängten Teil des Selbst. Was abgelehnt wird, kann sowohl psychischen als auch gesellschaftlichen Ursprungs sein. Das psychoanalytische Modell des Anderen beinhaltet die Gespaltenheit des Ich: Dem Anderen werden jene Dinge zugeschrieben, die verdrängt wurden, aus dem eigenen Unbewussten jedoch wieder hervorbrechen können. Julia Kristeva befasst sich mit ebendiesem Phänomen und versucht der Frage auf den Grund zu gehen, was als fremd empfunden wird. Sie stützt sich auf Sigmund Freuds 1919 erschienene Abhandlung über das Unheimliche.[591] Dass Schjerfbeck diesen Text Freuds kannte, ist eher unwahrscheinlich. Da sie sich jedoch bis zuletzt über Zeitungen und Zeitschriften über aktuelle Diskurse informiert hielt, ist davon auszugehen, dass sie mit den verschiedenen das Unbewusste betreffenden Diskursen in Berührung gekommen ist.[592] In Finnland wurden Freuds Werke in den 1910er Jahren erstmals erwähnt und seit den 1920er und 1930er Jahren vermehrt diskutiert.[593] Im schwedischsprachigen Raum fand hingegen schon früher eine breitere Debatte zur Psychoanalyse statt.[594] Einige Briefe weisen darauf hin, dass Schjerfbeck in schwedischsprachigen Zeitungen über diese Themen gelesen hatte.[595] Darüber hinaus wurde schon zu ihren Lebzeiten implizit auf die unheimlichen Eigenschaften ihrer Selbst- und Figurenbildnisse Bezug genommen. Der Kritiker Einari J. Vehmas ging in dem schon oben erwähnten

---

tutiver Moment des Selbstporträtierens (vor dem Spiegel). Dieser Moment, in dem die Bewusstwerdung über die Spaltung des Ich zum zentralen Bestandteil der Selbstwahrnehmung wird, wurde von dem französischen Psychoanalytiker Jacques Lacan in Reden und Aufsätzen unter dem Begriff „Spiegelstadium" seit 1949 diskutiert, vgl. id.: *Das Spiegelstadium als Bildner der Ichfunktion, wie sie uns in der psychoanalytischen Erfahrung erscheint* [1949], in: id.: Schriften I (aus d. Frz. übers.), (hrsg. v. Norbert Haas), Weinheim, 3. Auflage 1991, S. 61–71.

591 Vgl. Sigmund Freud: *Das Unheimliche*, 1919, in: id.: *Gesammelte Werke. Chronologisch geordnet*, 1917–1920, Bd. 12 (hrsg. v. Anna Freud et al.), London 1947, S. 229–269, S. 254 f.

592 Hinweise Schjerfbecks auf die Psychoanalyse sind eher lakonischer Natur: „Det omedvetna primitiva i själen skapar konsten, tanken skapar ej – hos mig. Och där uppe talas om ‚själsvetenskap' det modärna. Det finns själsband – jag låter dem ha fred. Dostojevski förklarade ej." Brief von Helene Schjerfbeck an Einar Reuter, 7.3.1920, Åbo Akademis bibliotek.

593 Übersetzungen psychoanalytischer Texte ins Finnische gab es bis zum Zweiten Weltkrieg jedoch nur wenige.

594 Für einen Überblick über die Verbreitung der Psychoanalyse in Finnland vgl. Viola Parente-Čapková: *Decadent New Woman (Un)bound. Mimetic Strategies in L. Onerva's ‚Mirdja'*, Turku 2014 (Turun yliopiston julkaisuja. Sarja B Humaniora, Bd. 378), zugl. Diss., Universität Turku, 2014, S. 52 ff., und Juhani Ihanus: *Vietit vai henki. Psykoanalyysin varhaisvaiheet Suomessa*, Helsinki 1994.

595 An Einar Reuter schreibt sie zum Beispiel: „Har äntligen lärt mig, i Ord o. Bild, att den modärna poesin, fransk m.m., är det undermedvetna, och det undermedvetna är arvet efter fäderna. Ny industrialism därtill. Jag som ville ha själens ro, och livet som det levs, och har det – Men tiden nu ?", Brief von Helene Schjerfbeck an Einar Reuter, 3.4.1943, Åbo Akademis bibliotek.

Artikel von 1941 auf die Selbstbildnisse Schjerfbecks ein. Riitta Ojanperä untersucht Vehmas' Kritiken der 1930er und 1940er Jahre und hebt die darin enthaltene Betonung des Unbewussten hervor. Dabei stellt sie fest, dass Vehmas als wesentliche Eigenschaft von Kunst das Entblößen des Unbewussten ansehe, wobei er nicht explizit auf zeitgenössische, auch in Finnland diskutierte Theorien Sigmund Freuds oder Carl Gustav Jungs eingehe. Ojanperä weist auf die Verwendung des Begriffs *kammoittava* hin, der einen Neologismus darstellt. Sie sieht diesen in engem Zusammenhang mit Freuds Abhandlung über das Unheimliche. So wurde 2005 in einer finnischen Version von Freuds Text das Unheimliche mit *kammottava* übersetzt, einem Wort, das auch *grauenerregend* bedeutet und der gegenwärtigen Schreibweise von *kammoittava* entspricht.[596] Über Schjerfbecks Selbst- und Figurenbildnisse schreibt Vehmas:

> Es ist etwas grauenerregend Bewundernswertes in der Art, wie sie immer tiefer und tiefer vordringt, um das innerste Wesen des Menschen zu finden. [...] Sie [die Figurenbilder, A.L.] entblößen das tiefste Ich eines jeden Individuums, dessen seelische Materie, dieses geheimnisvolle Fluidum [...].[597]

Aus dieser Formulierung geht hervor, dass das „Grauenerregende“ etwas ist, das sich zwischen den Werken und dem Betrachter abspielt, das eine gemeinsame Realität zwischen dem Inneren der dargestellten Figuren und dem Inneren des Betrachters bildet.[598] Im Folgenden geht es nicht darum, den Nachweis zu erbringen, dass Schjerfbeck das Unheimliche in ihren Bildnissen bewusst beziehungsweise „nach Anleitung“ inszeniert hat. Vielmehr wird es als Bestandteil der letzten Selbstbildnisse, allen voran des *Selbstporträts. „Eine alte Malerin“*, in den Blick genommen und gefragt, was das unheimliche Andere ist und wie es visualisiert wird.[599]

---

596 Vgl. Ojanperä 2010, S. 109 ff.

597 „On jotakin kammottavan ihailtavaa siina tavassa, miten hän tunkeutuu yhä syvemmäksi ja syvemmäksi löytääkseen ihmisen sisimmän olemuksen. [...] ne paljastavat jokaisen yksilön pohjimmaisen minän, hänen sielullisen aineensa, sen salaperäisen fluidumin [...].“ Einari J. Vehmas: *Kaksi Helene Schjerfbeckin esittelyä*, Suomalainen Suomi 3/1941, S. 116, zitiert in: Ojanperä 2010, S. 116 f. Ojanperä führt an, dass eine Kritik von Vehmas, die er 1942 verfasst hatte, Parallelen zu Wilhelm Worringers *Abstraktion und Einfühlung* enthalte. Vehmas, ebenso wie Worringer, legt nahe, dass die Tendenz zur Abstraktion das Resultat von Angst sei, vgl. ibid., S. 104 f.

598 Mit einer derart explizit psychoanalytisch geprägten Lesart der Bildnisse Schjerfbecks stellt Vehmas jedoch eine Ausnahme im finnischsprachigen Raum dieser Jahre dar.

599 Anu Koivunen geht auf das Unheimliche im Zusammenhang mit den Selbstbildnissen ein. Dabei untersucht sie nicht die einzelnen Selbstbildnisse, sondern das in meiner Einleitung beschriebene Morphing der Selbstporträts, welches ein unheimliches Gefühl im Betrachter auslöse, vgl. id. 2013, S. 259.

Nach Kristeva werden in Freuds Essay zum Unheimlichen zugleich Funktionsweisen der Angst und des Unbewussten analysiert. Sie fasst Freuds Erkenntnisse über das Wesen des Unheimlichen zusammen: „Was unheimlich ist, wäre also das, was vertraut gewesen ist [man beachte die Vergangenheit] und unter bestimmten Bedingungen [welchen?] hervortritt [...].“[600] So werde etwas dem Subjekt Innewohnendes unter bestimmten Umständen als „fremd“ empfunden. Kristeva schreibt über das Andere im Selbst: „Das andere, das ist mein [‚eigenes‘] Unbewußtes, mein unbewußtes [‚Eigenes‘].“[601] Das Hervortreten des Verdrängten evoziere ein unheimliches Gefühl.[602] In der Regel würden Gefühle oder Inhalte verdrängt, die „für die Lust, für die Selbsterhaltung und das adaptive Wachstum des sprechenden Subjekts und des lebendigen Organismus nicht mehr notwendig sind.“[603] Dazu zähle die Vorstellung oder das Wissen von der Unumgänglichkeit des eigenen Todes und, damit einhergehend, die Angst davor.[604] So kann das totenschädelgleiche Antlitz in Schjerfbecks Selbstporträt als Wiederkehr des Verdrängten verstanden werden. Die Künstlerin konfrontiert sich in ihrem Schaffensprozess mit ihrem unheimlichen Doppelgänger.[605] Die Konfrontation mit der eigenen Sterblichkeit scheint zu einer Destrukturierung des Selbst zu führen. Diese drückt sich in der ästhetischen Strategie des *Selbstporträts. „Eine alte Malerin“* aus. Die visuelle Struktur ihres „Doppelgängers“ zeichnet sich primär durch ihre Strukturlosigkeit aus. So ist nicht nur die Symbolik des Totenschädels im eigenen Abbild Ausdruck des Unheimlichen. Auch auf anderen Ebenen findet eine Destrukturierung des Selbst statt, die eng an das Gefühl des Unheimlichen geknüpft ist. Mark Rosenthal beschreibt eine wesentliche Eigenschaft abstrakter Kunst mit folgenden Worten:

> Rather than giving viewers a starting point in the natural world, the abstract artist has required them to suspend disbelief and to instinctively enter into the work of artthrough the contemplation of phenomena that offer nothing tangible with which to identify.[606]

---

600 Kristeva 1990 [1988], S. 199.

601 Ibid.

602 Vgl. ibid., S. 201.

603 Ibid.

604 Ibid.

605 Zum Begriff des Doppelgängers vgl. Sven Herget: *Spiegelbilder. Das Doppelgängermotiv im Film*, Marburg 2009, zugl. Diss., Johannes Gutenberg-Universität Mainz, 2008.

606 Mark Rosenthal: *Introduction*, in: *Abstraction in the Twentieth Century. Total Risk, Freedom, Discipline* (hsrg. v. Mark Rosenthal), Ausstellungskatalog, Solomon R. Guggenheim Museum, New York 1996, S. 1–5, S. 2.

Das *Selbstporträt. „Eine alte Malerin"* ebenso wie die Selbstbildnisse der 1920er Jahre und die anderen letzten Selbstbildnisse funktionieren hingegen in umgekehrter Weise. Sie lassen zunächst die Grundzüge eines menschlichen Antlitzes erkennen. Bei genauem Betrachten setzt jedoch der oben beschriebene Prozess ein: Erkannt Geglaubtes wird fremd, die Referenz zur gegenständlichen Welt geht verloren, die Ungewissheit über das Dargestellte gewinnt die Oberhand. Was zunächst als Andeutung eines Ohrs erscheint, ist im nächsten Moment eine abstrakte Fläche; was als Auge wahrgenommen wird, ist ein schwarzer Farbfleck. Endlos ließe sich die Beschreibung dieser Dialektik fortsetzen, die nicht nur die ästhetische Funktionsweise der letzten Selbstbildnisse erfasst. Einen ähnlichen Vorgang beschreibt Julia Kristeva in Bezug auf das Unheimliche: „Angesichts des Fremden, den ich ablehne und mit dem ich mich identifiziere, beides zugleich, lösen sich meine festgefügten Grenzen auf, meine Konturen zerfließen, [...] ich verliere die Haltung. Ich fühle mich ‚verloren', ‚konfus'."[607]

Das Ergebnis dieses Vorgangs sei die Depersonalisation:

> Das Unheimliche ist, wie gesehen, mit der Angst verbunden, aber es verschmilzt nicht mit ihr. Es ist zunächst Schock, Erfahrung von Ungewöhnlichem, Erstaunen; und selbst wenn Angst hinzukommt, erhält das Unheimliche jenen Teil des Unbehagens, der das Ich, über die Angst hinaus, zur Depersonalisation führt.[608]

Auch dieser Selbstverlust wohnt den letzten Selbstbildnissen inne. Er tritt stark hervor im *Selbstporträt. „Eine alte Malerin"* und im *Selbstporträt mit rotem Punkt*, in denen die Konturen des Gesichts verschwimmen und dessen Koordinaten ineinander übergehen, zerfließen und sich schließlich verlieren. Die visuelle Umsetzung des Selbst in diesen Porträts zeigt, dass die Konfrontation mit dem Anderen die eigene psychische Identität destabilisiert. Für diesen psychischen Prozess, mit dem sich die Künstlerin im Moment der Bildherstellung identifiziert haben mag, findet sie universalisierende Formen. Durch die abstrahierenden Elemente werden die letzten Selbstporträts zu einer Summe des Menschen, des Überindividuellen. Die *conditio humana*, der Zyklus aus Leben und Tod, steht im Vordergrund der Bildnisse. Damit wird erneut das die Menschen Verbindende zum wesentlichen inhaltlichen wie auch visuellen Bestandteil der Selbstporträts.

Dennoch bleibt das Antlitz der Künstlerin von zentraler Bedeutung. Auch wenn es sich nicht um ein physiognomisch ähnliches Abbild handelt, ist die immer wie-

---

607 Kristeva 1990 [1988], S. 199, S. 203.
608 Ibid., S. 204.

derkehrende Schablone der künstlerische Ausgangspunkt für derartige Streifzüge zu universellen Themen. Zwar fehlt den Bildnissen jegliche Individualität im herkömmlichen Sinn, dennoch muss der Produktionsprozess als autokommunikativer Akt verstanden werden, bei dem Teile – sicherlich auch unbewusste – einer ganz individuellen Selbsterfahrung in diese Studien mit einfließen.

Dass der Suche nach dem Unheimlichen der menschlichen Existenz auch eine gewisse Lust am Grauen zugrunde lag, ist durchaus in Betracht zu ziehen. So schreibt Schjerfbeck 1919 über Munchs Werke, dass diese sie erschreckten, sie aber gerade dieses Erschrecken oft möge.[609] Ebenso wohnt auch dem *Selbstporträt. Eine alte Malerin* eine äußerst vitale, schaffende Lust an der Zerstörung inne. Die Kratzspuren um den Kopf herum scheinen diese widerzuspiegeln. Auch von Zeitgenossen wie Einari J. Vehmas wurde dieses „leidenschaftliche" Element in Bezug auf Schjerfbecks Selbstbildnisse der 1930er Jahre hervorgehoben.[610] Andere Kritiker, vor allem die der jüngeren Generation, betonten diese vitalistische Facette ebenfalls.[611]

609 „Han förskräcker mig ofta det är sannt, men ofta tycker jag ju så mycket om det – och hur har Ni, Munch-beundraren, kunnat komma till detta?", Brief von Helene Schjerfbeck an Einar Reuter, 16.6.1919, Åbo Akademis bibliotek.

610 Dieser beschreibt ein Selbstbildnis, welches nicht genauer benannt wird, als expressives Selbstporträt mit einer brennenden intensiven Kraft, vgl. Einari J. Vehmas: *Kaksi Helene Schjerfbeckin esittelyä"*, Suomalainen Suomi 3/1941, S. 116, zitiert nach: Ojanperä 2010, S. 98.

611 Ebenso schreibt Nils-Gustav Hahl in einem 1940 erschienenen Artikel unter Bezugnahme auf Gotthard Johansson über die Leidenschaft und Gewaltsamkeit von Schjerfbecks Temperament. In Bezug auf ihre Werke schreibt er, dass ihre farbliche Kraft mit den Jahren zunehme, vgl. id.: Helene Schjerfbeck – den stora okända, Hufvudstadsbladet, 24.12.1940. In einem Artikel, der kurz nach Schjerfbecks Tod veröffentlicht wurde, berichtet der finnlandschwedische Künstler Sven Grönvall (1908–1975), der dem Kreis von Maire Gullichsen angehörte, von einem Besuch bei Schjerfbeck im vorangegangenen Jahr. Auch Grönvall, bekannt für seine figurativen Landschaftsmalereien mit expressivem Duktus, hebt Schjerfbecks Vitalität hervor und verbindet diese mit ihrem Werk der letzten Jahre. Er merkt an, dass ihre Kunst in Finnland auf wenig Verständnis gestoßen sei und immer noch stieße, vgl. Sven Grönvall: Suuri Schjerfbeck, Kuva 4/1946, S. 25–26. Die letzten Selbstbildnisse weisen darüber hinaus sichtbare Parallelen zu Werken des Informel auf. Zum einen wird die Materialität der Farbe ebenso wie die des Bildträgers in zunehmendem Maße betont und scheint hierdurch an Eigenwert zu gewinnen. Zum anderen werden die begrenzenden Umrisslinien aufgebrochen, was als eine angedeutete Ausbreitung der Formlosigkeit interpretiert werden kann. Annabelle Görgen hat die Rezeption von Schjerfbecks Werken untersucht und dabei die wichtige Feststellung gemacht, dass ihren Arbeiten 1956 auf der 28. Biennale große Aufmerksamkeit zuteilwurde. Es wurden 36 Werke der Künstlerin gezeigt, die Finnland auf der Biennale vertrat. Im Katalog wurden vier Gemälde abgebildet – das *Selbstbildnis mit rotem Punkt* war eines davon. Görgen sieht eine Verbindung zwischen der Aufmerksamkeit, die Schjerfbeck seitens der deutschen und französischen Kritiker in den 1950er Jahren entgegengebracht wurde, und der Machart der Selbstbildnisse und Stillleben Schjerfbecks, die eine Nähe zur informellen Malerei in Frankreich und Deutschland aufweisen, vgl. Görgen 2007 a, S. 45.

Schjerfbecks (künstlerisches) Credo manifestiert sich ferner über die Einheit der Menschen in den letzten Bildnissen. Kaum mehr zu erkennen sind individuelle Gesichtszüge, das Geschlecht oder das Alter. Durch das Auswischen dieser Merkmale einer Person wird die Aussage der Selbstporträts um eine allgemeinere Dimension erweitert, und das Resultat hält jedem Betrachter den eigenen Spiegel vor. Er bietet den Blick in eines jeden Zukunft, ebenso wie er den Blick hinter die Fassade eröffnet und einen Schädel andeutet, den jeder mit sich trägt. Dadurch wird die Konfrontation mit dem „Abbild" der Künstlerin zu einer Konfrontation mit der eigenen *conditio humana* und den mit dieser verbundenen Emotionen.[612]

7.4 Die letzten Selbstbildnisse zwischen geistiger Absenz und leiblicher Präsenz

Als klassisches Kriterium für Selbstporträts wird häufig der konzentrierte Blick aus dem Bild genannt.[613] Er steht repräsentativ für den Blick in den Spiegel, der seit dem Aufkommen des Porträts in der Renaissance ein konstitutiver Vorgang des Selbstporträtierens ist. In ihm drückt sich das Erkenntnispotenzial aus, welches das Sehen als ranghöchste Sinneswahrnehmung beinhaltet.[614]

Wie in Bezug auf das *Selbstporträt* von 1912 angeführt wurde, erfuhr der aktive Blick in Schjerfbecks Selbstbildnissen bereits zu Beginn des 20. Jahrhunderts eine Unterbrechung durch die Opazität des rechten Auges (Abb. 1). Dies war jedoch erst der Anfang einer immer radikaler werdenden Augendarstellung, die in die Nichtung des Auges münden sollte. Auf figurativer Ebene geht mit dem Augenverlust ein Sehverlust der dargestellten Figur einher. Repräsentativ hierfür ist das *Selbstporträt mit rotem Punkt* (Abb. 7), in welchem das ausgewischte rechte Auge und das opake schwarze linke Auge kaum direkte Rückschlüsse auf ein sehendes Subjekt, geschweige denn einen intensiven Blick zulassen. Wie bereits angeführt, sind beide bildlichen Elemente schon in dem *Unvollendeten Selbstporträt* von 1921 und dem *Selbstporträt* von 1913 bis 1926 angelegt (Abb. 4 u. 5). Sowohl die verschattete Augenhöhle als auch das abgekratzte Auge lassen sich dort wiederfinden.

---

612 Eine ähnliche Lesart legt die zuvor zitierte Interpretation von Einari J. Vehmas nahe.

613 Vgl. Boehm 1985, S. 231 f. Ein Teil des vorliegenden Kapitels ist bereits als Aufsatz erschienen, vgl. Landmann 2016.

614 Vgl. Meskimmon 1996, S. 4.

Gesteigert wird das Paradoxon des Sehens und zugleich Nichtsehens in einem noch später entstandenen Selbstporträt Schjerfbecks (Abb. 40). Das 1945 gemalte *Selbstporträt, Licht und Schatten* zeigt ein ebenfalls mehrfach kodiertes Selbstbildnis, dessen vorherrschende Themen der Tod und die Introspektion sind. Der Aspekt der Introspektion ist hier noch weiter vorangetrieben. Die geschlossenen Augen und der geöffnete Mund scheinen auf den ersten Blick ein Entweichen der Lebensenergien darzustellen. Sicherlich stellt dies *eine* Ebene des Bildnisses dar. Bedenkt man jedoch, dass es sich bei dem Porträt um ein Selbstporträt en face handelt, stolpert man unmittelbar über den vehement unterbrochenen Blick. Er scheint auf eine innere Abkehr der porträtierten Person hinzuweisen – der Kontakt zur Außenwelt wird unterbrochen.[615]

Auf physiognomischer Ebene lassen sich in den späten Selbstbildnissen weitere Hinweise finden, die die Immersion der Porträtierten suggerieren. Seit dem Selbstbildnis von 1939 taucht der geöffnete Mund als ein wiederkehrendes Merkmal der Selbstbildnisse auf (Abb. 32). Es gibt Interpretationen, die den geöffneten Mund als zu einem Schrei geformt oder nach Luft schnappend deuten.[616] Andere sehen in ihm einen gegenteiligen Gesichtsausdruck und interpretieren ihn als Zeichen der erschlafften Gesichtsmuskulatur, die eine Vorankündigung des Todes darstelle. Derart könnte der Tod als endgültiger Kontrollverlust des Geistes über den Körper verstanden werden.[617] Würde man die Selbstbildnisse aber auf diese Interpretation reduzieren, bliebe eine ebenso wichtige Bildebene ausgeklammert: Wir blicken auf Selbstbildnisse der Malerin, die sich im Prozess der Bildherstellung zeigt. Vor diesem Hintergrund kann man den geöffneten Mund ebenso als Ausdruck von Konzentration und Versunkenheit deuten. Dies impliziert einen Moment, in welchem die Selbstdarstellung und deren Außenwirkung irrelevant sind. Ähnlich selbstvergessen stellt Schjerfbeck ihre Malerkollegin in dem Porträt *Helena Westermarck* von 1884 dar (Abb. 44). Sie zeigt Westermarck beim Malen, vollkommen in den Prozess der Bildentstehung eingetaucht, ihr Mund ist geöffnet und der Blick vom Betrachter abgewandt.[618] Diesen Moment beobachten wir auch in vielen der letzten Selbstporträts von Schjerfbeck. Derartige physiognomische Reminiszenzen können als Verweis auf den Seinszustand der Malerin während des Schaffensprozesses hindeuten.

---

615 Zum Topos der geschlossenen Augen vgl. Stewen 1996.

616 Vgl. Leena Ahtola-Moorhouse deutet den Mund im Selbstbildnis von 1939 (Abb. 32) als zu einem Schrei geöffnet, wohingegen sie in Bezug auf die letzten Selbstbildnisse den Mund als nach Luft schnappend interpretiert, vgl. id. 2000, S. 57 u. 69 u. 77.

617 Vgl. Schneede 2007, S. 37 ff.

618 Vgl. Konttinen 1989, S. 94.

Doch auch die Selbstbeobachtung scheint noch in den letzten Werken inbegriffen zu sein. So fällt im *Selbstporträt mit rotem Punkt* und in vielen der anderen letzten Selbstbildnisse das kubistische Element weiterhin auf. Die Künstlerin stellt sich nicht nur frontal auf sich blickend dar, sondern bezieht weitere Ansichten mit ein, indem sie ein Profil in das frontale Antlitz integriert.[619] Wie gezeigt wurde, wird diese Mehransichtigkeit seit den 1920er Jahren zu einem wiederkehrenden Bestandteil ihrer Selbstporträts. Es liegt nahe, dass die Malerin während oder vor der Bildentstehung ihre Perspektiven wechselte und mithilfe von Spiegeln ihr eigenes Profil studierte. Indem die unterschiedlichen Perspektiven unter anderem im *Selbstporträt mit rotem Punkt* hervorgehoben werden, wird der Aspekt des sich Selbstbeobachtens betont. Auch beinhalten die drei Gesichter in diesem Selbstbildnis eine zeitliche Komponente und revidieren damit den ersten Eindruck von Unmittelbarkeit der frontalen Darstellung.

Das Sich-Sehen wird durch die Frontalität und die sich selbst beobachtenden Profile zwar zum wichtigen Bestandteil der Darstellung, dennoch scheint es ein Paradoxon zur Darstellungs- und Machart des Selbstporträts zu bilden: Das eine Auge ist ausgewischt, das andere ein schwarzer Fleck; man blickt auf Augen, die offenbar nicht zurückblicken können. Die Konturen sind verschwommen und auch sonst ist in dem Selbstbildnis nichts naturgetreu dargestellt. So mag der Blick in den Spiegel der (Selbst-)Erkenntnis gedient haben und ein Ausgangspunkt für den Prozess der Bildentstehung gewesen sein. Gleichzeitig vollzieht sich in den Selbstbildnissen aber innerhalb dieser Gesichtsschablonen ein Abstrahierungsvorgang, der vom veristischen Abbild weit weg führt und das Selbstporträtieren zum künstlerischen Experiment werden lässt. Dass dieses Experiment und der damit verbundene Schaffensprozess Momente der Selbstvergessenheit und des Verlustes des bewussten Selbst beinhalten können, vermag sich metaphorisch in den aufgebrochenen Konturen des Gesichts widerspiegeln. Diese und die zunehmende Monochromie von Gesicht und Hintergrund in den letzten Selbstbildnissen können auf einen Seinszustand hinweisen, in welchem sich die Grenzen zwischen Ich und Außenwelt auflösen. Das visuelle Ergebnis lässt an Gernot Böhmes Beschreibung des „ozeanischen Gefühls“ denken, das er wie folgt beschreibt:

> Dieser Ausdruck wurde schon in der Gestaltpsychologie verwendet und bezeichnet den Zustand des Sich-Fühlens, in dem gerade das eigene Hier undeutlich wird und ich mich

619 Vgl. Ahtola-Moorhouse 2000, S. 69.

> in der Weite verliere, gewissermaßen mit der Welt eins seiend. [...] Diese Erfahrung ist die berauschende Erfahrung einer Auflösung in Atmosphäre.[620]

So könnte die aufbrechende Epidermis einen intensiven Schaffensmoment repräsentieren, in welchem das Bewusstsein für das Ich verschwimmt. In einem Brief von 1937 geht Schjerfbeck auf den Vorgang des Selbstporträtierens ein und konstatiert unter Berufung auf Henrik Ibsen: man selbst zu sein bedeute, sich selbst zu vergessen.[621] Dieser Seinszustand könnte sein visuelles Äquivalent in derart aufgelösten Formen gefunden haben. Angedeutet wurde das Auflösen der Formen schon im Selbstporträt von 1913 bis 1926, in dem die rechte Gesichtshälfte einer nahezu abstrakten Fläche gleicht (Abb. 5).

Insbesondere 1920 befasste sich Schjerfbeck intensiv mit den Werken Arthur Rimbauds. In mehreren Briefen an Einar Reuter kommentierte sie ausführlich dessen Gedichte. Ihre Briefe deuten darauf hin, dass sie mit einem Großteil seines Schaffens vertraut war.[622] Aus den Briefen geht hervor, dass sie sich mit dessen Künstler- und Menschenverständnis auseinandergesetzt hat. So schreibt sie in einem Brief an Einar Reuter:

> Rimbaud entlarvt vieles beim Menschen, man hält die Luft an und da ist er der Dichter, aber nicht wie andere Dichter, er *macht* es nicht poetisch, er ist es selbst und alles an ihm wirkt so auf ihn. [...] Wie viel es dort gibt von dem, was du geschrieben hast, und viel von dem, was ich empfunden habe.[623]

---

620 Böhme 2001, S. 79.

621 Vgl. „[…] Epiktetos har jag läst förr. Men se, allt detta betraktande av sig själv! ‚Att vara sig sjelv är sig sjelv att glömma.' Ibsen. Och så kom ditt brev om att vara ‚sig sjelv'. Tror du alla dessa målare de räknar upp suttit och tänkt ‚nu är jag mig sjelv'. De ha bara följt sin instinkt, sin smak." Brief von Helene Schjerfbeck an Einar Reuter, 15.5.1937, Åbo Akademis bibliotek.

622 Vgl. Briefe an Einar Reuter, 2.1.1920 u. 8.1.1920 u. 24.1.1920, Åbo Akademis bibliotek.

623 „Rimbaud blottar mycket hos mänskan, man håller andan och så är han poeten, men ej som andra poeter, han *gör* det ej poetiskt det är han själv och allt verkar så på honom. […] Vad där är mycket av det du skrivit, och mycket av det jag kännt." Brief an Einar Reuter, 8.1.1920, Åbo Akademis bibliotek. Die Identifikation mit Briefen und Gedichten Rimbauds bezog sich jedoch nicht explizit auf den Schaffensprozess, Schjerfbeck hält ihre Aussagen recht allgemein. Mitunter betont sie die biografischen Bezüge zu ihrem eigenen Leben, so z. B. zu ihrer Kindheit: „Tredje perioden. Då är han mästare över sin konst, en prosa så impregnerad av ljudet som en gammal Stradivarius. Det inre rimmet är utvecklat – tanken utvecklas ej logiskt utan som i musiken. Jag har läst ett par poem – om barn [* "les poetes de 7 ans"] – där är något jag känt. Modern som läst läxan med barnet, går tillfredställd och stolt – ser ej i de blå ögonen barnets själ lämnad i äckel [motvilja]. Sedan barnets intryck. Det måste mycket tänkas på det. Något har *jag* känt på det sät-

Als wiederkehrendes Element taucht bei Rimbaud die Betonung der unbewussten und unkontrollierten Seite des dichterischen Schaffens auf.[624] Schjerfbeck hatte unter anderem seinen Gedichtband *Les Illuminations* gelesen.[625] In diesem drückt sich immer wieder die Verbindung des Subjekts zu einem übergeordneten universellen Sein aus.[626] Dies entsprach auch Rimbauds Verständnis vom Schaffensprozess, in welchem die Person des Autors von der des Dichters gelöst war. Das dichterische Subjekt ist bei Rimbaud jenes, „das einem Seismographen gleich überindividuelle geistige und seelische Erfahrungen des modernen Menschen, sein von Grauen und Angst beschwertes Verhältnis zur Zivilisation registriert".[627] Dieses (Selbst-)Verständnis schwingt in den *Illuminations* mit und wird später in den *Lettres du voyant* ausformuliert. Dort kulminiert der Verlust des bewussten Selbst während der schöpferischen Tätigkeit in der Formulierung „Je est un autre". Der Dichter gelangt durch die Lösung vom Selbst zu neuer Erkenntnis.[628]

Die Verlagerung der Gewichtung von der zuvor existierenden Idee auf den Prozess der Werkentstehung findet sich später in den künstlerischen Strömungen des 20. Jahrhunderts wieder, die das Unbewusste zur eigentlichen Triebfeder ihrer Kunst deklarieren. So zählt die Vorgehensweise der *écriture automatique* zu den zentralen künstlerischen Prinzipien der Surrealisten, die in allen Manifesten André Bretons Erwähnung findet. Die von Breton verfassten Manifeste aus den Jahren 1924, 1929 und 1942 gaben die grundlegende Ausrichtung der Gruppierung vor.[629] Dieses Vorgehen, bei dem der Zugriff auf unterdrückte Teile des Ich ermöglicht werden sollte, war zunächst als schriftstellerische Methode gedacht. Doch auch Künstler des Surrealismus, allen voran André Masson mit seinen *dessins automatiques*, schufen Werke, die durch Spontaneität und Geschwindigkeit eine Verbindung zu unterdrückten Trieben herstellen sollten.[630]

---

tet." Brief von Helene Schjerfbeck an Einar Reuter, 2.1.1920; vgl. ebenso die Briefe von Schjerfbeck an Einar Reuter vom 8.1.1920 u. 24.1.1920, Åbo Akademis bibliotek.

624 Vgl. Lahelma 2014 a, S. 170.

625 Vgl. Brief von Helene Schjerfbeck an Einar Reuter, 2.1.1920, Åbo Akademis bibliotek und Arthur Rimbaud: *Illuminations* (hrsg. v. André Guyaux), Neuchâtel 1985 [1895].

626 Vgl. Lahelma 2014 a, S. 177.

627 *Kindlers neues Literaturlexikon*, hrsg. v. Walter Jens, Bd. 14, S. 154–155, s. v. „Jean Nicolas Arthur Rimbaud: Les Illuminations" (Redaktion Kindlers Literatur Lexikon).

628 Vgl. *Kindlers neues Literaturlexikon*, hrsg. v. Walter Jens, Bd. 14, S. 156, s. v. „Jean Nicolas Arthur Rimbaud: Lettres du Voyant" (Redaktion Kindlers Literatur Lexikon).

629 Vgl. Robert Kopp: *André Breton, die Manifeste des Surrealismus*, in: *Dalí, Magritte, Miró. Surrealismus in Paris* (hrsg. v. Philippe Büttner), Ausstellungskatalog, Fondation Beyeler, Riehen 2011, S. 30–56, S. 30.

630 Vgl. Werner Spies: *Der Surrealismus und seine Zeit*, Berlin 2008 (Auge und Wort. Gesammelte Schriften zu Kunst und Literatur, Bd. 7, hrsg. v. Thomas W. Gaethgens), S. 55 ff. u. 87 f.

Auch wenn sich die Technik der Zeichnung und der Skizze als deren Untergattung durch einen zügigen Duktus, das schnelle Erschaffen, auszeichnen, können Schjerfbecks Selbstbildniszeichnungen nicht mit der Idee der automatischen Zeichnung der Surrealisten gleichgesetzt werden. Die Differenzen sind zunächst ideologischer Natur. Während die Surrealisten sich intensiv mit der Theorie auseinandersetzten und Sigmund Freuds Psychoanalyse anhingen, findet man in Schjerfbecks Briefen keine Erwähnung Freuds. Darüber hinaus spielte der Zeitfaktor eine wichtige Rolle für die surrealistische *écriture automatique*. So musste die Zeichnung in einer Geschwindigkeit geschaffen werden, die sich dem figürlichen Erkennen entzog und – mit Freud gesprochen – die Kontrollinstanz des Über-Ich ausschaltete. Damit sollte frei auf das Unbewusste zugegriffen werden und weder eine Bilderkennung noch eine soziale Kontrolle sollte stattfinden.[631] Schjerfbecks Arbeitsweise in den letzten Selbstbildnissen zeigt aber, dass ihre Bildfindungen nicht ausschließlich spontan erfolgten und auf einen schnellen Schaffensprozess ausgerichtet waren. Auch erwähnt sie den Surrealismus in ihren Briefen nur beiläufig, beispielsweise hatte sie 1937 einige surrealistische Werke in der Zeitschrift *L'Amour de l'Art* gesehen.[632]

So war Schjerfbecks Ideenwelt zwar deutlich in ihrer Zeit verankert, ihre Werke und ihre schriftliche Auseinandersetzung mit den künstlerischen und schriftstellerischen Strömungen entziehen sich jedoch einer klaren Zuordnung oder einer einfachen Etikettierung. Bezogen auf ihre Selbstbildnisse bedeutet dies, dass die sich auflösenden Formen als Ausdruck eines Ich jenseits des bewusst Wahrnehm- und Sichtbaren verstanden werden können, dem Schjerfbeck fundamentale Bedeutung während des Malens zuschreibt. Das Aufbrechen der Kontur kann als Ausdruck eines Ich-Verlusts gedeutet werden. Ob diese Bedeutungsebene jedoch gezielt, das heißt bewusst, erzeugt wurde oder ob sie das Resultat von Schjerfbecks experimentellem

---

631 Vgl. Spies 2008, S. 87 f.

632 Vgl. Brief von Helene Schjerfbeck an Einar Reuter, 30.12.1937, Åbo Akademis bibliotek. Generell fanden Auseinandersetzungen mit avantgardistischen Strömungen eher am Rande statt. Dies wurde in Finnland u. a. von Kunstkritikern der jüngeren Generation wie Nils-Gustav Hahl kritisch angemerkt. In einem 1934 erschienenen Artikel in der schwedischsprachigen Zeitschrift *Nya Argus* setzt er sich beispielsweise mit dem internationalen Surrealismus auseinander und geht auf die Verbindung von Surrealismus und Psychoanalyse ein: „Surrealismen bygger på samma grund som psykoanalysen, d. v. s. på upptäckten att de undermedvetna krafterna i själva verket äro starkare än det intellektuella psyket och härska över detta, men – här är det väsentliga! – där psykoanalytikern vill uppnå en kontroll över de otämda makterna och drifterna, vill surrealisten tvärtom slå upp portarna för alla deras impulser och öppet hylla dessa herravälde över livet. Målet är en ny människotyp, som detroniserar intellektet från dess härskarställning, föraktar tankens ovisshet och korta räckvidd i tillvarons myterium och bejakar instinkternas sömngångaraktiga säkerhet." Nils-Gustav Hahl: *Apropå Surrealism*, Nya Argus 4/1934, S. 52–53, S. 52.

Arbeiten ist, muss an dieser Stelle offenbleiben. In ihren Briefen beschreibt Schjerfbeck einen Zustand während des Schaffensprozesses als Ekstase:

> Ich gebe zu, dass die Liebe zur Kunst ausgereicht hat bei Cézanne und van Gogh, sie sind genauso [oder aber: beide, A.L.] frisch bis zum Schluss. Liegt es daran, dass sie niemals die Höhe ihres Gefühlslebens erreicht haben, den Enthusiasmus? Sind nicht Gallén, Sallinen, selbst Arosenius ermüdet, als sie den Ausdruck ihrer Gefühle *erreicht* haben? – da, glaube ich, hilft nur, das Gefühl weitergehen zu lassen, bis zur Ekstase. In der Zeit, als ich die Begeisterung spürte, alles zu opfern, habe ich am besten gearbeitet. Das nenne ich Glaube – nicht eines Gebhards Religiosität.[633]

Blickt man auf die Etymologie des Wortes Ekstase, wird deutlich, dass diese einen Zustand des Aus-sich-Heraustretens erfasst. In der Psychologie versteht man unter Ekstase ein „Erlebnis individueller Entpersönlichung“[634] – auch hier wird wieder ein Gefühl der Grenzüberschreitung umschrieben, in welchem das Ich seine (Körper-)Grenzen nicht mehr spürt. Schjerfbeck stellt in ihrem Brief zusammenfassend fest, dass sie diesen Zustand mit Glauben umschreibt, nicht jedoch mit Religiosität, wodurch sie ihn deutlich von der religiösen Ekstase als Verbindung zu Gott abgrenzt. So konnte ich in den Briefen auch keine Hinweise auf eine tiefergehende Spiritualität finden. Vielmehr geht die Tendenz dahin, dass sie ihren Schaffensprozess und ihr damit verbundenes Selbstverständnis als an sich selbst erfahrene Phänomene umschreibt. So weisen ihre Überlegungen zwar Überschneidungen mit mystischen oder theosophischen Gedanken auf, doch äußert sie sich meines Wissens nicht konkreter zu spirituellen Überzeugungen.[635] Was dafür an Bedeutung gewinnt, ist die multisensorische Wahrnehmung. Als Teil der „Studie“ ihres Entschwindens sind zwei Zeichnungen von 1945 bemerkenswert. In ihnen scheint sich die Künstlerin ihrer eigenen leiblichen Präsenz vergewissern zu wollen und bezieht

633 „Jag medger att kärleken till konsten räckt till för Cézanne och van Gogh, de äro lika friska till slutet. Är det för att de aldrig nådde så högt som deras känsloliv, entusiasm? Ha ej Gallén, Sallinen t.o.m. Arosenius tröttnat när de *nått* uttrycket för sin känsla? – då tror jag bara hjelper att känslan går längre, till extas. Den tid jag kände hänförelse att offra allt har jag arbetat bäst. Det kallar jag tro – inte en Gebhards religiositet.“ Brief von Helene Schjerfbeck an Einar Reuter, 19.02.1920, Åbo Akademis bibliotek.

634 *Brockhaus. Enzyklopädie in 30 Bänden*, hrsg. v. Annette Zwahr, Bd. 7, Leipzig 2006, S. 655, Ekstase.

635 Im Symbolismus wurde ebendieser Selbstverlust, der Teil der künstlerischen Ekstase ist, als Verbindung zu einem höheren, universellen Ich jenseits des irdischen Ich verstanden, vgl. Lahelma 2014 a, S. 170.

erstmals ihre Hand als Tastorgan in die Darstellung mit ein (Abb. 46).[636] Anhand dieser wird deutlich, dass in den letzten Selbstbildnissen neue Ebenen der Selbstwahrnehmung ausgelotet werden. Während die Körperlosigkeit der Figurendarstellung in vielen der Selbstbildnisse weiter oben hervorgehoben wurde, weisen diese beiden auf eine wesentliche Verschiebung hin. In den Kohlezeichnungen *Selbstporträt, Brustbild* (1945) und *Selbstporträt, Brustbild mit Händen* werden die den Körper berührenden Hände erstmals zum sichtbaren Teil der Darstellung. Sie bilden damit die stärkste Variation, die in den letzten Selbstbildnissen auf figurativer Ebene stattfindet. Doch auch andere Elemente unterscheiden sich von den übrigen Selbstbildnissen. Dies zeigt sich in dem *Selbstporträt, Brustbild mit Händen* (Abb. 46).

Der Betrachter blickt erneut auf ein Selbstbildnis, das die Künstlerin nur dem ersten Anschein nach ausschließlich frontal zeigt. Ihr Gesicht und der Oberkörper scheinen dem Betrachter zugewandt. Während die linke Gesichtshälfte aus einer grauen Fläche besteht, in der sich die Struktur des Papiers deutlich abzeichnet und sich einzig das Auge von der Fläche abhebt, setzt sich die rechte aus vielen unterschiedlichen Elementen zusammen. Beiden Hälften ist gemeinsam, dass die Konturen deutlich aufgebrochen sind und man kaum mehr von einer geschlossenen Einheit des Gesichts sprechen kann. Die rechte Gesichtshälfte scheint sich lediglich aus vielen Einzelelementen – abstrahierten Formen und symbolhaften Zeichen – zusammenzusetzen. Als Einheit betrachtet wird in ihr ein schädelgleiches Gesicht im Profil erkennbar, dessen Mund wie zu einem Schrei geöffnet ist. Aus der Mitte des Mundes ragt ein waagerechter Strich, der die ausgestreckte Zunge der Künstlerin andeuten könnte. Den zentralen Punkt der rechten Gesichtshälfte bildet jedoch das Auge. An die Stelle der Pupille ist ein Kreuz gesetzt, das wie eine Vorschau auf den nahenden Tod der Künstlerin wirkt. Folgt man den Linien des Auges, scheint es, als würde dieses in ein schwarzes Ornament übergehen. Als Teil des frontalen Selbstbildnisses stützt die Hand das Kinn der Künstlerin; sie scheint eine Geste des Nachdenkens anzudeuten. Schemenhaft zeichnet sich eine weitere Hand vor dem Oberkörper ab, die jedoch erst auf den zweiten Blick sichtbar wird und vermutlich einer verworfenen Zeichnung angehört.

Dieses Abweichen von dem gängigen figurativen Selbstporträtschema legt nahe, dass der Blick in den Spiegel auch bei den letzten Selbstbildnissen durchaus noch ein Bestandteil der Bildentstehung ist. Doch neben der immateriellen Spiegelung gewinnt durch das Vorhandensein der Hände, die den Körper der Künstlerin

---

[636] Leena Ahtola-Moorhouse weist 2000 erstmals auf die bis dahin unbemerkt gebliebenen Hände hin und wirft die Frage auf, was diese zu bedeuten hätten, vgl. id. 2000, S. 70 ff. Weitere bekannte Untersuchungen gibt es zu diesem Element in Schjerfbecks Selbstbildnissen nicht.

berühren, eine ganz andere Ebene der Selbsterkundung an Bedeutung. Gerade in diesen letzten Selbstbildnissen, in denen die eigene Vergänglichkeit in den Fokus der Darstellung rückt, scheint die Selbstvergewisserung über das Tasten an Bedeutung zu gewinnen. Während in vielen Selbstporträts der Malerin der Körper auf der figurativen Ebene eine immer untergeordnetere Rolle einnimmt, vermitteln diese Zeichnungen genau das Gegenteil. Sie suggerieren, dass die durch die Berührung erfahrbare Leiblichkeit ein wesentlicher Teil des Selbst ist. In diesen Zeichnungen tritt das Körper-Haben in den Hintergrund und das Leib-Sein in den Vordergrund der Darstellung.[637] In den mir bekannten Briefen Schjerfbecks tauchen keine Reflexionen über die Überwindung des Geist-Seele-Dualismus auf. Vielmehr deuten ihre Äußerungen auf ein konventionelles Körperverständnis hin. 1937 schreibt sie an Einar Reuter: „Weißt du, in Proust findet man etwas, wenn man aufmerksam ist, später mehr dazu. Unser Körper ist eine Schale, die uns wirkliche Menschen einschließt, sagt er."[638]

Damit werfen die Zeichnungen die Frage auf, inwieweit der Körper als sensorisches Organ mit zunehmendem Alter an Bedeutung gewinnt. In den Zeichnungen scheint er konstitutiv zu sein für die Vergegenwärtigung des Ich, das verschwindet oder transformiert wird und die Frage nach dem Wohin offenlässt. So ist der Tod in der Vorstellung der Lebenden mit einer Ortlosigkeit und Ungewissheit verbunden.[639] Den letzten Selbstbildnissen ist der Charakter der Unvollendung und Fragmentierung gemeinsam. In einer Kohlezeichnung, dem vermutlich letzten Selbstporträt Schjerfbecks, lässt sich kaum mehr als ein Gefüge aus Linien erkennen, das in seiner Einfachheit an archaisierende Formen und damit an die Ursprünge der Porträtgattung denken lässt (Abb. 30).[640] Auch in der Zeichnung drückt sich das Entschwinden einer Figur aus, die in ihrer äußerlich sichtbaren Individualität nicht mehr existiert. Das Antlitz ist im Begriff sich aufzulösen, die Konturen geben nach. Die Nichtbegrenzung setzt sich in vielen der letzten Selbstbildnisse auf einer weiteren Ebene fort, so zum Beispiel im *Selbstporträt, Licht und Schatten* (Abb. 40):

---

637 Zum Leibbegriff vgl.: Emmanuel Alloa et al. (Hrsg.): *Leiblichkeit. Geschichte und Aktualität eines Konzepts*, Tübingen 2012.

638 „Vet du i Proust finner man något när man är uppmärksam, mer om det sedan. Vår kropp är ett skal som innesluter vår verkliga människa, säger han." Brief von Helene Schjerfbeck an Einar Reuter, 30.12.1937. Åbo Akademis bibliotek.

639 Vgl. Franz Kernic: *Tod und Unendlichkeit. Über das Phänomen des Todes bei Emmanuel Lévinas*, Hamburg 2002 (Schriftenreihe Boethiana, Bd. 55), S. 11 f.

640 Vgl. Weigel 2013, S. 18 f. Damit reiht es sich in die Porträttradition der Moderne ein und erinnert beispielsweise an zeichnerische Arbeiten von Henri Matisse. Schjerfbeck beschäftigt sich in dieser Zeit ebenfalls mit Munch und Matisse, vgl. Brief von Helene Schjerfbeck an Einar Reuter, 15.1.1945, Åbo Akademis bibliotek.

Die zu den Seiten hin auslaufenden Farben, das *non-finito* oder die Farblosigkeit des Bildträgers in den Zeichnungen, deuten eine Offenheit an. Sie kann als Auslotung der Ortlosigkeit des Todes verstanden werden, die in die Frage mündet, wo das Selbst ist, wenn es nicht mehr ist. Durch das Aufbrechen der Konturen scheint es sich in das Unendliche des nicht begrenzten Bildraumes auszuweiten, sich in einen Raum aufzulösen, der ebenso Atmosphäre sein kann wie (das) Nichts.[641] Kaum zu beantworten ist, ob das Selbst zum Beispiel in einen Raum entweicht, der Entsprechungen in einer theosophisch-mystischen Gedankenwelt findet, oder in ein Jenseits, das christlichen Vorstellungen entspricht, angedeutet durch das Kreuz im Auge auf dem *Selbstporträt, Brustbild mit Händen*. Statt Antworten auf die Fragen zu geben, die den Kern des Menschseins berühren, bleiben diese unbeantwortet. Sie entziehen sich einer klaren Deutbarkeit und spiegeln damit die Verunsicherung des modernen Menschen des 20. Jahrhunderts wider, der keine Erleichterung in positivistischen Erklärungsmodellen findet. Umso diesseitiger erscheint Schjerfbecks Ansatz in den Zeichnungen mit ihren Händen zu sein, in denen sie sich an das hält, was sichtbar und haptisch spürbar ist.

Die Bezeichnung der hier behandelten Bildnisse als „letzte Selbstporträts" ist bewusst gewählt und soll eine Distanz zur Begrifflichkeit „Spätwerk" oder „Spätstil" schaffen. Dadurch soll vermieden werden, dass eine teleologische Entwicklung der Selbstbildnisse vorausgesetzt wird. Diese ist häufig an die Kategorie des Spätstils geknüpft, wodurch ein künstlerischer Bruch suggeriert wird. Entgegen dieser Annahme ging es mir in diesem Kapitel auch um das Aufzeigen von Kontinuitäten der Formen und Inhalte in Schjerfbecks Selbstbildnissen. Dennoch soll eine Veränderung der Selbstporträts im Vergleich zu den früher entstandenen nicht geleugnet werden: Das Thema der Vergänglichkeit ist stärker in den Vordergrund gerückt als in den früheren Arbeiten, und die Abstraktion der Bildnisse hat ebenfalls zugenommen[642] – beides Veränderungen, die sich auf die Komplexität der dargestellten

641 Zur Entstehungszeit der letzten Werke wurde auch in der Philosophie die Frage nach dem Tod diskutiert. Hinweise darauf, dass Schjerfbeck mit dem philosophischen Existenzialismus in Berührung gekommen wäre, gibt es keine. Nicht von der Hand zu weisen ist jedoch, dass die Fragen, die Schjerfbecks Werke aufwerfen, jenen des Existenzialismus nahekommen, vgl. Tams (Jádi) 2012, S. 70. Während Martin Heidegger die Angst vor dem Tod auf die Konfrontation mit dem Nichts reduzierte, sah Emmanuel Levinas im Tod ein Erwachen zum Unendlichen und damit einhergehend zu Gott, vgl. Kernic 2002, S. 11. Die Frage danach, wie Schjerfbecks letzte Selbstbildnisse sich in die seinerzeit in Finnland oder Schweden geführten Todesdiskurse einfügen, kann hier nicht im Detail berücksichtigt werden und steht in der Forschung bislang aus.

642 Die Todesthematik kann nicht nur mit dem nahenden Tod Schjerfbecks in Verbindung gebracht werden, auch der Krieg kann die Auseinandersetzung mit dem Tod dringlicher gemacht haben. Allerdings spiegelt sich in den Briefen dieser Jahre keine intensive Beschäftigung mit dem Krieg

Inhalte auswirken. Jedoch muss die zunehmende Abstraktion nicht ausschließlich Ausdruck des Spätstils des gealterten Künstlergenies oder dessen Zuwendung zu geistigen Inhalten sein, wie sie häufig als repräsentativ für den Spätstil angesehen und verstanden wurde.[643] Wie gezeigt wurde, lassen sich die Bildnisse keineswegs auf einen rein geistigen Gehalt reduzieren. Darüber hinaus kann die verstärkte Tendenz zur Abstraktion genauso gut mit einer Veränderung der Kunststile in jenen Jahren zusammenhängen. So greifen die herkömmlichen Kategorien des Spätwerks nicht, die eine Klimax oder einen Tiefpunkt im künstlerischen Schaffen suggerieren, um die letzten Selbstbildnisse in ihrer Ganzheit zu erfassen.[644] Dennoch hielt dies viele der zeitgenössischen Kritiker nicht davon ab, die späten Selbstbildnisse als Höhepunkt eines visionären Künstlergenies zu betrachten, als das Schjerfbeck sich zum Beispiel auch im *Selbstporträt mit rotem Punkt* vorsichtig inszeniert hat.[645] Diese Glorifizierung drückt sich nicht nur in einigen Kritiken seit etwa 1940 aus – hierauf scheint Gotthard Johanssons Überblickswerk maßgeblich

---

wider. In der Rezeption von Schjerfbecks Werken taucht die Assoziation ihrer späten Selbstbildnisse mit dem Kriegsgeschehen eher indirekt auf. In Antero Rinnes Kritik wird das *Selbstporträt* von 1935 z. B. mit der Konfrontation einer „Eremitin" mit der „Schauerlichkeit/Unheimlichkeit" der ganzen Welt umschrieben: „[...] Omakuvassa vuodelta 1935 näemme mustanharmaalla pohjalla kasvot, joiden ilme on sanoinkuvaamaton, ylhäinen ja samalla vauhkonpelokas, yksinäisen eremiitin ilme koko maailman kaameuden edessä. [...] Ja vihdoin viimeinen omakuva vuodelta 1944, maalattu vähän ennen vanhan taiteilijatteren poismenoa, kuvaa täysin resigneroitunutta, täysin kuolemaan valmista ihmistä, jonka kasvoille jo pitkät varjot heittävät mystillisen sanomansa. Milloinkaan ei ole nähty tälläistä 80-vuotiaan omakuvaa. Turhaan sitä ei ole verrattu van Goghin ja vanhenevan Rembrandtin omakuviin. Schjerfbeckin omakuvan nykyaikainen tekotapa vain tekee sen ehkä vieläkin järkyttävämmäksi." Antero Rinne: *Helene Schjerfbeckin viimeisiä teoksia*, Suomen Sosialidemokraatti, 1.5.1946.

643 Esther Schlicht skizziert die Entwicklung des Spätwerk- und Spätstildiskurses und weist auf die lange Tradition der Diskurse hin. Albert Erich Brinckmann sei jedoch einer der Ersten gewesen, die den Spätstil systematisch untersucht hätten, vgl. Albert Erich Brinckmann: *Spätwerke großer Meister*, Frankfurt a.M. 1925. In Brinckmanns Abhandlung deuten sich bereits bis heute gängige Annahmen zum „Spätstil" an. Diese lassen sich „[...] als eine mit Weisheit und Erfahrung wachsende Tendenz zu Vereinfachung und Abstraktion und eine Vertiefung des subjektiv-geistigen Gehalts" umschreiben. Esther Schlicht: *„The end of the end of everything". Letzte Bilder zwischen Schlusspunkt und Neubeginn*, in: *Letzte Bilder. Von Manet bis Kippenberger* (hrsg. v. Esther Schlicht u. Max Hollein), Ausstellungskatalog, Schirn Kunsthalle Frankfurt 2013, S. 12–22, S. 13.

644 Vgl. Hutcheon 2012. Lediglich der Radikalität der letzten Bildnisse im Hinblick auf angstauslösende Themen wie dem Tod, insbesondere des *Selbstporträts. „Eine alte Malerin"*, kann eine gesteigerte Ausdruckskraft zugesprochen werden.

645 In einem 1940 erschienenen Artikel taucht die Bezeichnung Spätwerk bzw. Spätphase in Bezug auf die Selbstbildnisse auf. Schon der Titel des Artikels verrät dessen Ausrichtung, vgl. *Helene Schjerfbeck – Pohjoismaiden nykyaikaisin, 78-vuotias naismaalari* (Helene Schjerfbeck – Die zeitgenössischste, 78-jährige Künstlerin der nordischen Länder), Ilta Sanomat, 30.11.1940.

Einfluss genommen zu haben –, sondern ebenfalls verstärkt in den Kritiken, die kurz nach Schjerfbecks Tod erschienen sind. 1946 wurden erstmals viele der späteren Werke in Finnland gezeigt. *Artek* richtete die Ausstellung aus, die vielfach rezipiert wurde.[646] Hervorzuheben ist in Bezug auf diese Kritiken eine leichte Veränderung des Mythos Schjerfbeck. Die Krankheit wird in geringerem Maße betont, wohingegen ihre Vitalität in den Vordergrund rückt. Hierdurch wird suggeriert, sie habe sich den Naturgesetzen entgegen entwickelt.

Wie sich die Rezeption von Schjerfbecks Spätwerk im Vergleich zu der des Spätwerks anderer Künstlerinnen verhält, wurde bislang punktuell, jedoch nicht systematisch untersucht.[647] Dieses Desiderat beschränkt sich nicht auf Finnland in der ersten Hälfte des 20. Jahrhunderts. Die Frage, wie sich das hohe Alter auf die Produktivität von Künstlerinnen auswirkt, ist bislang von der Forschung weitestgehend ausgeklammert geblieben.[648]

---

646 Vgl. Antero Rinne: *Helene Schjerfbeckin viimeisiä teoksia*, Suomen Sosialidemokraatti, 1.5.1946. Doch auch vorsichtigere Stimmen waren zu hören, die die Selbstbildnisse zwar in ihrer Einzigartigkeit anerkannten, sich aber zugleich skeptisch gegenüber dem abstrakten Stil äußerten, vgl. *Artekin Schjerfbeck kokoelma*, Helsingin Sanomat, 5.5.1946 (vermutlich von Edvard Richter).

647 Für einen Überblick zu dem Thema in Finnland vgl. Riitta Konttinen: *„On niin epäonnistunutta tulla vanhaksi"- vai onko?*, in: *Pitkältä tieltä* 2008, S. 148–164. Auch wurde das Spätwerk von Maria Wiik und dessen Rezeption untersucht, vgl. Pia Katerma: *Maria Wiik*, Helsinki 1954, zugl. Diss., Universität Helsinki, 1954, und Riitta Konttinen: *Maria Wiik*, Helsinki 2000. Wiik steht exemplarisch für eine Künstlerin, deren Werk mit zunehmendem Alter mit einem Nachlassen der schöpferischen Kräfte in Verbindung gebracht wurde. Tutta Palin untersucht, wie die finnische Malerin Ester Helenius in fortgeschrittenem Alter und deren Werk von der Öffentlichkeit wahrgenommen wurden, vgl. Tutta Palin: *Myöhään kukkiva lajike. Iän merkitys Ester Heleniuksen vastaanotossa ja julkisuuskuvassa*, in: Viola Parente-Čapková et al. (Hrsg.): *Nainen kulttuurissa, kulttuuri naisessa*, Turku 2015 (Cultural History – Kulttuurihistoria 13), S. 293–320. Sigrid Schauman und Ellen Thesleff waren ebenfalls Zeitgenossinnen Schjerfbecks, die im hohen Alter noch malten. Eine systematische Untersuchung dieser Künstlerinnen unter dem Aspekt des Spätwerks steht aus.

648 Der Diskurs zum Spätwerk bildender Künstler hangelt sich häufig an einer Kette männlicher Künstler entlang: Rembrandt van Rijn, Tizian, Francisco de Goya, El Greco oder William Turner, vgl. Kenneth Clark: *The Artist Grows Old. The Rede Lecture 1970*, Cambridge 1972. Zu den wenigen Werken, die sich mit dem Spätwerk von Künstlerinnen befassen, vgl. Hanna Gagel: *So viel Energie. Künstlerinnen in der dritten Lebensphase*, Berlin 2005.

8

Schlussfolgerungen. Wiederholung und Verfremdung als Dialoge mit dem Selbst

Helene Schjerfbecks Selbstporträts zeichnet ein oxymoronhaftes Zusammenspiel sich scheinbar ausschließender Konzepte aus. Dies lässt sich an einigen hier spielerisch zusammengesetzten Begriffspaaren veranschaulichen, die auf ihre Selbstbildnisse zutreffen: experimentelle Inszenierung und inszeniertes Experiment, individuelle Universalität und universelle Individualität, bewusstes Unbewusstes, fremdes Selbst und vertrautes Fremdes, vitales Vergehen, abstrakte Figuration usw. Die Grenzen zwischen diesen Konzepten und Begrifflichkeiten sind fließend, ein Spannungsverhältnis, das zur Lebendigkeit und Vielschichtigkeit der Werke beiträgt und die zentrale ästhetische und daraus folgend inhaltliche Strategie von Schjerfbecks Selbstbildnissen bildet.

Betrachtet man die Selbstbildnisse im Rückblick, wird deutlich, dass insbesondere in den in Kapitel 4 und 5 besprochenen die ästhetische Strategie der Ambiguität bereits enthalten ist.[649] Es wurde gezeigt, dass die Begegnung mit dem Anderen für sich genommen ein Bestandteil des *Selbstporträts* von 1913 bis 1926 und des *Unvollendeten Selbstporträts* ist (Abb. 5 u. 4). Die Selbstbildnisse, die ohne Auftrag entstanden sind oder in denen der nahende Tod eine Befreiung von Erwartungen und Konventionen dargestellt haben könnte, lassen Schlussfolgerungen zu. Schjerfbeck pflegt in ihnen einen experimentelleren Umgang mit dem Abbild des Selbst, als es in jenen Arbeiten der Fall ist, die für einen konkreten Ausstellungskontext entstanden sind. So stellte für sie bis zuletzt die öffentliche Meinung eine Belastung dar, mit der sie nur ungern konfrontiert wurde. 1945, etwa ein Jahr vor ihrem Tod, schreibt sie über das Verhältnis zu ihrer Umwelt:

> Ich male, weil ich etwas Gemaltes gesehen habe, das mich glücklich gemacht hat, und eine innere Kraft treibt mich an zu versuchen, etwas solches zu schaffen, und jedes Mal hoffe ich [dass es gelingt, A.L.]. Noch nie ist es geglückt. Darum male ich, denke nicht an Menschen. Dieses ist mein letzter Wille. *Helene*[650]

---

649 Für einen aktuellen Überblick über die vielseitige Verwendung des Begriffs in den Geistes- und Neurowissenschaften vgl. Verena Krieger: *„At war with the obvious“ – Kulturen der Ambiguität. Historische, psychologische und ästhetische Dimensionen des Mehrdeutigen*, in: Krieger u. Mader 2010, S. 13–53. Krieger weist auf die Ambiguität als ästhetisches Verfahren des Symbolismus und Surrealismus hin und spricht diesbezüglich von „Vexierbildern“, vgl. ibid., S. 29 ff.

650 „*Jag målar för att sett målat som gjort mig lycklig, och en inre kraft driver mig att söka göra något sådant, och jag hoppas var gång. Aldrig har det lyckats än. Derför målar jag, tänker ej på människor. Detta är min yttersta vilja.* Helene“ Brief von Helene Schjerfbeck an Einar Reuter, 8.4.1945, Åbo Akademis bibliotek.

Dieser Brief spiegelt eine ungebremste Schaffenskraft wider. Gleichzeitig hebt die Künstlerin darin hervor, dass sie ihre Umwelt beim Malen ausblendet. In den Selbstbildnissen ohne Auftrag der 1920er Jahre und in den letzten Selbstbildnissen drückt sich dies in der gesteigerten Experimentierfreude aus.

Durch das verstärkte Aufbrechen der Figuration werden neue Sinnzusammenhänge generiert, die zu einer Vielzahl von Deutungsmöglichkeiten animieren. Das Ergebnis ist eine visuelle Ambiguität.[651] Der Prozess des Erkennens basiert auf der Ungewissheit über das Dargestellte, die zu Erkenntnis(sen) führen kann. Der Betrachter findet keine einfachen Antworten, er wird auf die Pluralität der potentiellen Antworten hingewiesen. Diese betreffen einerseits die rein figürliche Ebene, die angedeuteten Profile in den Selbstbildnissen en face, ebenso aber auch die angedeuteten (immateriellen) Räume als Träger von ungreifbaren Atmosphären. Der Ausdruck von Gefühlen, den man in der abstrahierten Mimik der Gesichter zu entdecken glaubt, oder die Gesten und Spuren, die die Produktionsästhetik sichtbar macht, sind ebenfalls ambivalent.[652]

Durch diese unterschiedlichen Bildebenen wird Information generiert, die mit einem Bedeutungsverlust einhergeht. Umberto Eco stützt sich bei der Verwendung der Begriffe „Information" und „Bedeutung" auf Erkenntnisse der Informationstheorie. Dieser folgend wird unter „Bedeutung" die Wiederholung bekannter, eindeutiger Elemente verstanden, wohingegen unter „Information" ein Fehlen dieser Eindeutigkeit gefasst wird: „Umgekehrt, je mehr die Struktur unwahrscheinlich, mehrdeutig, unvorhersehbar, ungeordnet wird, desto mehr nimmt die Information zu."[653] Der Betrachter wird auf sich selbst zurückgeworfen, wird alleingelassen mit den unergründlichen Fragen des Menschseins – die Bildnisse deuten Fragen an, ohne diese zu beantworten. In den letzten Selbstbildnissen kommt dieses gestalterische Prinzip verstärkt zum Vorschein, wodurch die Werke zu Metaphern der Ungewissheit werden. Die zentralen Themen, auf die die figurativen Elemente verweisen – der Tod und

651 Vgl. Dario Gamboni: *Potential Images. Ambiguity and Indeterminacy in Modern Art* (aus d. Frz. übers.), London 2002, S. 13. Die visuelle Ambiguität stellt eine ästhetische Strategie dar, die zutiefst in der Kunst des 20. Jahrhunderts verwurzelt ist. Dario Gamboni hat sich mit diesem Phänomen intensiv auseinandergesetzt. Auf die „Offenheit" von Schjerfbecks Werken verweist auch Annabelle Görgen, vgl. id. 2007 b, S. 9.

652 Das heißt, dass die Gefühle, die angedeutet werden, widersprüchlich sein können. Zu den Begriffen Ambiguität und Ambivalenz vgl. Krieger 2010, S. 16. Krieger weist ebenfalls auf die neurologische Forschung hin, die untersucht, wie das menschliche Gehirn auf eine derartige Sinnoffenheit reagiert. Die Forschungsergebnisse zeigen, dass die Vielzahl an Deutungsmöglichkeiten besonders stimulierend auf das Gehirn wirkt, vgl. ibid., S. 20.

653 Umberto Eco: *Das offene Kunstwerk* (aus d. Ital. übers.), Frankfurt a. M. 1977 [1962], S. 168.

das Selbst – bleiben offen für die Projektion des Betrachters.[654] Die potentiellen Bilder, die dieser wahrnimmt, legen letztlich nicht nur die Informationsfülle offen, sondern auch die Subjektivität des Sehens und Wahrnehmens.[655]

In Schjerfbecks Selbstbildnissen ist die Sinnpluralität nicht nur mit einem Nachlassen der Figuration verbunden, sondern sie geht ebenfalls mit der Polyperspektivität des Antlitzes einher, die seit etwa 1920 wiederholt auftaucht. Sie scheint gerade dort zum wesentlichen Bestandteil des Werkes zu werden, wo feste Glaubenssätze über das Ich oder den Menschen im Allgemeinen aufgegeben werden und die Suche nach neuen Sinnzusammenhängen im Vordergrund steht. Umberto Eco hat das erstmalige Auftreten des bewussten Erzeugens einer Vielzahl an Deutungsvarianten für die Dichtung des Symbolismus nachgewiesen.[656] Eco verweist auf Dichter wie Paul Verlaine, der in seinem Gedicht *Art Poétique* die Idee des „offenen Kunstwerks" in Bezug auf die Lyrik ausformuliert. Als Folge dieser Offenheit werde der Betrachter – bei Eco der Leser – an der Werkgenerierung beteiligt. Eco schreibt: „Ein Werk, das ‚andeutet', nimmt bei jeder Interpretation das in sich auf, was der Leser an emotiven und imaginativen Elementen dazubringt."[657] So scheint es kein Zufall zu sein, wenn die Briefe der Künstlerin darauf hindeuten, dass diese sich insbesondere 1920 mit Dichtern wie Arthur Rimbaud oder Paul Verlaine auseinandergesetzt hat.

In seinen Ausführungen zum „offenen Kunstwerk" schlägt Eco vor, dieses als „epistemologische Metapher" zu verstehen.[658] Er schreibt:

> [...] in einer Welt, in der die Diskontinuität der Phänomene die Möglichkeit für ein einheitliches und definitives Weltbild infrage gestellt hat, zeigt sie uns einen Weg, wie wir diese Welt, in der wir leben, sehen und damit anerkennen und unserer Sensibilität integrieren können. Ein offenes Kunstwerk stellt sich der Aufgabe, uns ein Bild von Diskontinuität zu geben: es erzählt sie nicht, sondern ist sie. Es vermittelt zwischen der abstrakten Kategorie der Wissenschaft und der lebendigen Materie unserer Sinnlichkeit und erscheint so als eine Art von transzendentalem Schema, das es uns ermöglicht, neue Aspekte der Welt zu erfassen.[659]

654 Vgl. Köchling 2014, S. 22.
655 Vgl. Gamboni 2002, S. 18.
656 Vgl. Eco 1977 [1962], S. 36 f.
657 Ibid.
658 Eco 1977 [1962], S. 160.
659 Ibid.

Die Offenheit, die in den letzten Selbstbildnissen Schjerfbecks sowie den Selbstbildnissen von 1921 und 1913 bis 1926 in Erscheinung tritt, konfrontiert jedoch nicht nur den Betrachter mit einer Vielzahl von Erkenntnissen. Dasselbe muss auch für das schöpferische Subjekt angenommen werden. Gleichzeitig ist davon auszugehen, dass die Informationen, die Schjerfbeck durch die Offenheit der Werke erzeugt hat, gewiss nicht immer ihrer Intentionalität unterlagen. Durch ihre Offenheit und die abstrahierende Ausführung bieten die Werke Zugänge zu überindividuellen Themen. Sie repräsentieren existenzielle Erfahrungen des Menschseins, die an der Gesichtsschablone der Künstlerin artikuliert werden.

Bereits 1914 oder 1915 versucht Schjerfbeck ihrer Freundin Maria Wiik in einem Brief ihren veränderten Stil zu erklären. Dabei zitiert sie John Ruskin, der zwischen zwei unterschiedlichen Arten zu malen unterscheidet:

> [...] the dangerous realism which makes the imagination languid, the difference between a noble and ignoble painter is in nothing more sharply defined than in this – that the first wishes to put into his work as much truth as possible, and yet keep it looking un-real, the second wishes to get through his work lazily, with as little truth as possible, and yet to make it look real.[660]

Somit ging es Schjerfbeck darum, der Wahrheit näher zu kommen. Ihr Weg dorthin war nicht der eines positivistisch-naturwissenschaftlichen Erkenntnisgewinns. Die ästhetische Strategie ihrer Werke, die visuelle Ambiguität, ist ein Verfahren, bei dem Erkenntnis durch Imagination generiert wird.[661]

Als ein wesentliches Merkmal des Porträts bezeichnet Ernst H. Gombrich dessen Mehrdeutigkeit, welche die Projektion des Betrachters anregen solle. Er schreibt: „Das unbewegliche Gesicht muß als Knotenpunkt mehrerer möglicher Ausdrucksbewegungen erscheinen."[662] Hierdurch würden typische Wesensmerkmale einer Person erkennbar.[663] In Bezug auf Schjerfbecks Selbstbildnisse findet somit durch die Mehrdeutigkeit eine Individualisierung der Dargestellten statt. Diese geht mit einer Universalisierung des Antlitzes einher, wodurch es für die unterschiedlichen Projektionen (des Betrachters) freigegeben wird.

---

660 Brief von Helene Schjerfbeck an Maria Wiik, undatiert (vermutlich 1914 oder 1915), Åbo Akademis bibliotek.

661 Verena Krieger weist darauf hin, dass Ambiguität die Imagination anregt, vgl. id. 2010, S. 48.

662 Ernst H. Gombrich: *Maske und Gesicht*, 1972, in: Ernst H. Gombrich u. Julian Hochberg u. Max Black: *Kunst, Wahrnehmung, Wirklichkeit*, Frankfurt a. M. 1977, S. 10–61, S. 30.

663 Vgl. ibid., S. 29 f.

Damit einhergehend ist die nachlassende Individualisierung der Gesichtszüge in den Selbstbildnissen nicht als Typenbildung zu verstehen.[664] Vielmehr ist es eine Strategie der Individualisierung, die die Nichtfixierbarkeit des menschlichen Individuums berücksichtigt. So wird in den Arbeiten keine äußere Naturnähe angestrebt. Dazu trägt nicht nur das Abweichen von der reinen Figuration bei, auch die Materialästhetik der meisten Bildnisse verdeutlicht dies – Leinwand und Farbe sind deutlich als solche zu erkennen. So scheint die Individualität des Kunstwerks der Individualität der dargestellten Person zu entsprechen.[665]

Vielen der hier besprochenen Werke, die für keinen konkreten Ausstellungskontext oder in den letzten beiden Lebensjahren der Künstlerin entstanden sind, ist nicht nur ein verstärktes Lösen von naturnachahmender äußerer Ähnlichkeit gemein. Sie zeichnen sich vielmehr durch eine Fragmentierung des Gesichts aus. Diese drückt sich nicht nur im Auflösen der das Gesicht erschaffenden Konturen aus, sondern auch in der angedeuteten Mehransichtigkeit. Schjerfbecks Umgang mit ihren anderen Modellen war weitaus vorsichtiger als der mit dem eigenen Antlitz in den letzten Selbstbildnissen sowie jenen ohne Auftrag. So weist keines der anderen Figurenbildnisse derart intensive Spuren der Dekonstruktion des Antlitzes auf. Diese Radikalität wäre bei einem Porträt einer anderen Person nahezu undenkbar gewesen. In der Moderne wird gerade diese Schonungslosigkeit in der Darstellung des menschlichen Gesichts zu einem Erkennungsmerkmal des Selbstporträts.[666]

Durch den Angriff auf die faziale Integrität werden unterschiedliche Facetten des Selbst sowie dessen Seinszustände visualisiert. Häufig kann die Destabilisierung der Integrität des Antlitzes als Hinweis auf ein Inneres verstanden werden, auf nur schwer greifbare Teile des Selbst. So kann die Ähnlichkeit in Schjerfbecks Selbstbildnissen zum einen auch als wesenhafte Ähnlichkeit mit visuell nicht fixierbaren Teilen der Identität verstanden werden, zum anderen aber auch als Ähnlichkeit mit Schjerfbecks individuellen Ideen und Glaubenssätzen. Hierin liegt auch eine Facette des universalisierenden Antlitzes, das in Kapitel 5 und 7 vertiefend behandelt wurde. Durch dieses wird eine individuelle Sicht auf das Menschsein erkennbar, die zum Teil von den ideologischen Strömungen der Entstehungszeit der Bildnisse abweicht. So wird zum Beispiel im *Selbstporträt* von 1913 bis 1926 das Kulturen und Menschen Einende hervorgehoben (Abb. 5). Ähnliches trifft auf das Werk *Die Zigeu-*

---

664 Die Darstellung von Typen war beispielsweise für das Porträt des Naturalismus charakteristisch, vgl. Tutta Palin: *Oireileva miljöömuotokuva. Yksityiskohdat sukupuoli- ja säätyhierarkian haastajina*, Helsinki 2004, zugl Diss., Universität Turku, 2004, S. 163 f.

665 Petra Gördüren weist auf Georg Simmel hin, der diese Verknüpfung zwischen Bildnis und Individuum benennt, vgl. id. 2013, S. 19.

666 Vgl. Palin 2007, S. 106, und Schneede 2007, S. 33 f.

nerin zu, in welchem dieser Aspekt durch die Universalität von Emotionen hervorgebracht wird (Abb. 23). Inwieweit diese Lesart auch auf andere Figurenbildnisse Schjerfbecks übertragbar ist, ist eine Frage, die weiterer Bearbeitung bedarf.

Doch auch andere gesellschaftlich konstruierte Differenzen werden durch Schjerfbecks subjektiven Blick und die Sprache der Universalisierung dekonstruiert. Ihr Arbeitsprozess kann in Bezug auf die ohne Auftrag entstandenen Werke sowie die letzten Selbstbildnisse als ein verstärktes Abstreifen von soziokulturellen Kategorien wie Beruf, Geschlecht oder Alter betrachtet werden. Dadurch werden festgeglaubte Einheiten irrelevant und der Blick auf das die Menschen Einende wird hervorgehoben. Fragen, die den Kern menschlicher Existenz betreffen, werden aufgeworfen und finden, wenn überhaupt, nur eine diffuse Antwort. Durch dieses Abstreifen von (gesellschaftlich konstruierter) Individualität weisen die Bildnisse Parallelen zum Symbolismus auf.[667] Allerdings – und dies ist ein wesentlicher Unterschied zu Werken des Symbolismus – enthalten die Selbstbildnisse keine eindeutigen Verweise auf Spiritualität. Bis zum Schluss spielt die sinnliche, diesseitige Wahrnehmung eine wichtige Rolle.

Trotz des Abstreifens vieler Kategorien hält Schjerfbeck bis zuletzt an einem zentralen visuellen Paradigma fest: dem Gesicht. In diesem ist eine weitere Ähnlichkeit enthalten: Schjerfbeck hat sich ein Gesicht erschaffen, das sie in unterschiedlichen, einander jedoch ähnelnden Variationen wiederholt. Es ist einzigartig unter ihren Figurenbildern. In diesem Sinn kann von einer äußeren Ähnlichkeit gesprochen werden – der Ähnlichkeit der Abbilder untereinander. So wird eine malerische Identität und Individualität geschaffen. Es scheint, als erforderten einige Ideen, aber auch Emotionen ein figuratives Grundgerüst. Hierdurch wird die Frage aufgeworfen, inwieweit der Mensch figurative Bilder als greifbar gemachte Konzepte und Vorstellungen als Denk- und Orientierungsmuster benötigt. Eine weitere Frage, die mehr in den neurowissenschaftlichen Bereich übergeht, ist, inwieweit die emotionale Affizierung primär über derartige Spiegelbilder stattfindet. Diese Fragen haben bis in die Gegenwart nicht an Brisanz verloren.

Konventioneller und thematisch leichter greifbar sind die in Kapitel 3 und 6 besprochenen Bildnisse. In ihnen ist der Dialog mit der Rolle der Künstlerin im Allgemeinen und dem Mythos Schjerfbeck im Speziellen deutlicher erkennbar. Ebenso wurde die Leinwand in einem geringeren Maß als experimentelle Fläche genutzt. Die Künstlerin schien die Kontrolle über ihre Selbstrepräsentation behalten zu wollen: So treten die Konturen des Gesichts in den Selbstbildnissen von 1915 und 1937 stärker hervor; sie brechen nicht auf und lassen stattdessen die Einheit

[667] Zum Symbolismus vgl. Lahelma 2014 a, S. 169.

des Gesichts bestehen (Abb. 2, 3 u. 6). Dies verstärkt den maskenartigen Charakter dieser Gesichter, der ebenfalls durch den dicken Farbauftrag betont wird. Mithilfe dieser Werke gab Schjerfbeck sich selbstbewusst als Malerin zu erkennen. Gerade das Selbstbewusstsein steht in deutlichem Gegensatz zum Mythos Schjerfbeck. Obwohl die Bildnisse in Bezug auf das Genre konventioneller sind, wurden in der vorliegenden Arbeit Facetten aufgezeigt, die neue Perspektiven auf Schjerfbecks Selbstbildnisse eröffnen sowie auf die Zeit, in der sie entstanden sind. Die Analysen haben gezeigt, dass die Künstlerin unterschiedliche Selbstporträttopoi aufgegriffen und ihre Person über diese inszeniert hat. Mit diesen Rollenbildern geht eine Distanzierung gegenüber der Privatperson Schjerfbeck einher.

Doch auch in den Arbeiten ohne Auftrag und in den letzten Selbstbildnissen können weitere implizite Hinweise auf das zugrundeliegende Künstlerinnenverständnis gefunden werden. Wie die Analyse des *Selbstporträts mit rotem Punkt* gezeigt hat (Abb. 7), stellt das Bildnis ebenfalls eine selbstbewusste Positionierung innerhalb der Gattung dar. Durch ihre Anspielung auf die Heiligenikonografie einerseits und die Visualisierung des Schaffensprozesses andererseits als Zustand, in dem das Subjekt auf Wahrheiten jenseits des bewusst Wahrnehmbaren zugreift, scheint sich der Topos des Künstlergenies zu bestätigen.

Die vorliegende Arbeit stellt die bislang umfangreichste Studie zu Helene Schjerfbecks Selbstbildnissen dar. Zu den Zielen dieser Arbeit zählt, Schjerfbecks Selbstporträts aus ihrer biografischen und regionalen Isolation herauszulösen und das Potenzial der Bildnisse im Hinblick auf ihre Anschlussfähigkeit an unterschiedliche wissenschaftliche sowie historische Diskurse herauszuarbeiten. Vor der Folie der (kunst)historischen Verortung der Werke und der an diese gekoppelten Diskussionen wurde die Analyse auf zeit- und ortsgebundene Phänomene ausgerichtet, jedoch nicht auf diese reduziert. Ebenfalls wurde an raum- und zeitübergreifende Themen angeknüpft, sofern die Bildnisse die visuelle Basis für dieses Vorgehen lieferten.

Die Aufarbeitung und differenzierte Betrachtung des Mythos Schjerfbeck war eine wichtige Grundlage der Arbeit, da dieser die Rezeption der Werke bis in die Gegenwart beeinflusst. In diesem Bereich konnte sich die vorliegende Untersuchung zum Teil auf bereits veröffentlichte Abhandlungen berufen. Hervorzuheben ist, dass im Hinblick auf das Bild der Künstlerin Diskrepanzen zu berücksichtigen sind, die zwischen einem Leser aus Finnland oder Schweden und einem Leser jenseits dieser nordischen Länder bestehen, in denen kaum Vorkenntnisse zum Leben und Werk der Künstlerin existieren. So war es insbesondere in den ersten Kapiteln wichtig, an den Kontext heranzuführen und auch jene Sekundärliteratur oder Quellentexte einzubeziehen, die in Finnland bereits diskutiert wurden, in Deutschland jedoch mitunter aufgrund der Sprachbarrieren bislang nicht rezipiert wurden.

Diese unterschiedlichen Voraussetzungen lassen sich nicht auf den Fall Schjerfbeck reduzieren. Sie betreffen viele finnische Künstler, die außerhalb ihres Heimatlandes kaum bekannt sind.

In der vorliegenden Arbeit wurden Künstler aus Schjerfbecks näherem Umfeld berücksichtigt oder Werke jener Künstler, die in Relation zum Schaffen der Malerin gesetzt werden können. Auf diesem Wege erschließen sich dem Leser jenseits Finnlands und Schwedens kunstgeschichtliche Zusammenhänge, die üblicherweise aus dem kunstgeschichtlichen Kanon des „europäischen Zentrums" herausfallen. Um nicht Gefahr zu laufen, in eine verallgemeinernde Darstellung der finnischen Kunst und mit dieser verbundene Diskurse abzugleiten, wurde ein besonderes Augenmerk auf Tyko Sallinens frühes Œuvre gerichtet. Dieses Vorgehen ermöglichte einen exemplarischen und vertiefenden Einblick in verschiedene Themenfelder. In der Kunsthistoriografie wird Sallinen in der Regel als „Gegenspieler" Schjerfbecks angeführt. Dass eine derartige Polarisierung zum Teil künstlich erzeugt wurde, geht aus der vorliegenden Arbeit ebenfalls hervor.

Mithilfe eines prozessualen Werkverständnisses wurde die Materialität der Bildnisse sowie das Wechselspiel aus Figuration und Abstraktion in besonderem Maße reflektiert, ebenso wie der Prozess des Erkennens seitens des Betrachters als Moment der Werkentstehung bedacht wurde. Über die hermeneutische Annäherung an die Selbstporträts konnten Inhalte abgeleitet werden, die von der bisherigen Forschung nicht berücksichtigt oder nicht systematisch untersucht wurden. Ein Beispiel hierfür ist die Wiederholung der „gespaltenen" Gesichtshälften in den Selbstbildnissen, die nicht auf den Status des stilistischen Mittels reduziert werden können. Ebenso wenig sollten diese als Verarbeitung einer rein subjektiven Befindlichkeit missverstanden werden. Es wurde gezeigt, dass mit den angedeuteten Simultanansichten des Antlitzes Themen einhergehen, die sich auf das repräsentierte *Selbst*verständnis auswirken. Dazu zählt die Integration vermeintlich fremder Eigenschaften in das Selbst, wodurch Inhalte hervorgebracht werden, die im Gegensatz zu seinerzeit gängigen Paradigmen stehen. Eine hieran anknüpfende Fragestellung wäre, inwieweit zum Beispiel auch die Werke Tyko Sallinens ein ähnliches inhaltliches Potenzial in sich bergen, das bisher nicht untersucht wurde.

Über die Berücksichtigung, aber zugleich relativierende Distanz zum Persönlich-Biografischen konnten die Selbstporträts Schjerfbecks in einen breiteren ideengeschichtlichen Zusammenhang gestellt werden, als dies bisher geschehen ist. Die charakteristischen Merkmale der Bildnisse, die insbesondere in den Arbeiten ohne konkreten Auftrag zum Vorschein kommen, wie die Universalisierung der Gesichtszüge, die Dekonstruktion des Gesichts oder die Offenlegung der Prozesshaftigkeit der Bildentstehung, sind Eigenschaften, die den Zugang nicht nur zu Schjerfbecks Werken liefern. So darf das Spiel aus Figuration und Abstraktion als komplexe Bildstrategie nicht als Vorstufe der Abstraktion oder nonfigurativen Malerei missverstanden werden. Durch sie wird den Bildnissen ein Selbst-Verständnis zugrunde gelegt, das zum Teil auch aus einer postmodernen Perspektive aktuell erscheint. Inwieweit eine Revision der Werke einiger von Schjerfbecks Zeitgenossen, die sich jenseits des avantgardistischen Mainstreams bewegten, ähnliche Funde liefert, kann weiter erforscht werden.

Darüber hinaus macht das visuelle Fortbestehen des Spannungsverhältnisses aus Figuration und Abstraktion deutlich, dass Finnlands periphere Lage als Erklärungsmodell für ein spätes Einsetzen nonfigurativer Malerei nicht genügt oder gar irreführend ist. Ähnliche Charakteristika lassen sich beispielsweise in vielen später entstandenen Arbeiten wiederfinden, die von den „Gesichtern" Francis Bacons zu Maria Lassnigs deformierten Köpfen reichen. Auch diese Werke basieren auf der Wiedererkennbarkeit des Antlitzes und schaffen zugleich Distanz zu diesem. Inwieweit in ihnen ähnliche Mechanismen und Inhalte wie bei Schjerfbeck greifen und die Aussagen, die dadurch über das Selbst getroffen werden, Äquivalente finden, sollte weitergehend untersucht werden.

9 Anhang

Bibliografie

Helene Schjerfbecks Briefe

Åbo Akademis bibliotek, Handskriftsavdelningen, Turku / Åbo (Helena Westermacks brevsamling; Samling Reuter).

Finska Konstföreningens protokoller, 1914, Kansallisgallerian arkisto, Helsinki.

Zeitungs- und Zeitschriftenartikel

Gockel 2014
Bettina Gockel: *Gesichter der Malerei. Die Anti-Porträts der finnischen Malerin Helene Schjerfbeck in der Schirn Kunsthalle Frankfurt*, Neue Züricher Zeitung, 3. Dezember 2014, S. 49.

Huther 2015
Christian Huther: *Spiel mit der Vergänglichkeit*, Frankfurter Neue Presse, 2.10.2014 (http://www.fnp.de/nachrichten/kultur/Spiel-mit-der-Vergaenglichkeit;art679,1060676).

Mayer 2007
Susanne Mayer: *Ich gebe nur mein dunkles armes Inneres*, Die Zeit, 15.2.2007 (http://www.zeit.de/2007/08/BU-Schjerfbeck).

Spreckelsen 2012
Tilman Spreckelsen: *Der lange Weg zum Ich. Jahrhundertmalerin Helene Schjerfbeck*, Frankfurter Allgemeine Zeitung, 21.6.2012 (http://www.faz.net/aktuell/feuilleton/kunst/jahrhundertmalerin-helene-schjerfbeck-der-lange-weg-zum-ich-11791445.html).

Uimonen 2012
Anu Uimonen: *Uusi Helene Schjerfbeckin maalaus paljastui toisen maalauksen alta*, Helsingin Sanomat, 3.9.2012 (http://www.hs.fi/kulttuuri/a1305596950265, letzter Aufruf: 6.8.2015)

Vor 1946

H. Ahtela [Einar Reuter]: *Helena Schjerfbeck*, Suomen Kuvalehti, Nr. 37, 1917.
Axel Gabriels: *En bok om Helene Schjerfbeck*, Dagens Press, 12.9.17.
Waldemar George: *Modigliani*, L'Amour de l'Art, Jahresausgabe 1925.
Sven Grönvall: *Suuri Schjerfbeck*, Kuva 4/1946, S. 25–26.
Nils-Gustav Hahl: *Apropå Surrealism*, Nya Argus 4/1934, S. 52–53.
Nils-Gustav Hahl: *Helene Schjerfbeck – den stora okända*, Hufvudstadsbladet, 24.12.1940.
Viljo Kojo, *Nykyaikaista ranskalaista maalaustaidetta*, Karjala, 22.1.1939.
Jalmari Lahdensuo: *Helena Schjerfbeck*, Uusi Päivä, 21.9.1917.
J. O. I: *Suomen taiteilijain näyttely II*, Waasa, 8.12.1914.
Fredr. J. Lindström: *Katsaus. Syyskauden taidenäyttelyt*, in: Valvoja, 1915.
Onni Okkonen: *Hieno kuvateos. Helene Schjerfbeckin taiteesta*, Helsingin Sanomat, 8.12.1940.
Onni Okkonen: *Uusi Helene Schjerfbeck-kirja*, Uusi Suometar, 15.12.1940.
Weikko Puro: *Helsingin taidenäyttelyt. Suomen taiteilijain näyttely*, Turun Sanomat, 2.12.1914.
Weikko Puro: *Helsingin taidenäyttelyt. Suomen taiteilijain näyttely 2*, Turun Sanomat, 11.12.1914.
Edvard Richter: *Kuwia Syysnäyttelyn wernissauksesta tänään*, Helsingin Sanomat, 7.11.1914.
Edvard Richter: *Syysnäyttely II*, Helsingin Sanomat, 1.12.14.
Edvard Richter: *Syysnäyttely II – Helene Schjerfbeck*, Helsingin Sanomat, 22.11.1914.
Edvard Richter: *Komea kesänäyttely Taidehallissa. A. Gallen-Kallelan perikunnan omistamia teoksia*, Helsingin Sanomat, 20.6.1935.
Edvard Richter: *Ranskalaista maalaustaidetta*, Helsingin Sanomat, 15.5.1937.
Edvard Richter: *Helene Schjerfbeck 75-vuotias*, Helsingin Sanomat, 10.7.1937.
Edvard Richter: *Helene Schjerfbeckin grafiikkaa*, Helsingin Sanomat, 6.2.1941.
Antero Rinne: *Helene Schjerfbeckin viimeisiä teoksia*, Suomen Sosialidemokraatti, 1.5.1946.
Antero Rinne: *Lopultakin! Otto Mäkilän ja Arvid Bromsin näyttely*, Suomen Sosialidemokraatti, 19.2.1939.
Johan Jakob Tikkanen: *Die Kunst in Finnland*, Suomi-Finnland. Nachrichtenblatt für das deutsche Militär in Finnland, 27(?).4.1918.
Ludvig Wennervirta: *Ruokokosken näyttely Strindbergin salissa*, Uusi Suometar, 2.4.1916.
Ludvig Wennervirta: *Tukholman näyttely Taidehallissa*, Ajan Suunta, 14.12.1934.
Helena Westermarck: *Helene Schjerfbeck på Finska konstnärernas utställning*, Nutid, Helsingfors 1914, S. 379–388.
R.Ö.: *Finska konstnärernas utställning II*, Björneborgs tidning, 24.11.1914.

Artekin Schjerfbeck kokoelma, Helsingin Sanomat, 5.5.1946 (vermutlich von Edvard Richter).
Helena Schjerfbeck – näyttelyn avajaiset, Uusi Suometar, 19.9.1917.
Helene Schjerfbeck – Pohjoismaiden nykyaikaisin, 78-vuotias naismaalari, Ilta Sanomat, 30.11.1940.
Pohjoismaisen Graafillisen Unionin näyttely avattu, Helsingin Sanomat, 5.2.1939.
Pohjoismainen taidenäyttely Göteborgissa heinäkuussa, Helsingin Sanomat, 28.6.1939.
Turun Taideyhdistyksen vuosinäyttely, Uusi Aura, 6.10.18.
Vernissagen i går, Åbo Underrättelser, 21.3.1915.

Ausstellungskataloge

Abstraction in the Twentieth Century 1996
Abstraction in the Twentieth Century. Total Risk, Freedom, Discipline (hsrg. v. Mark Rosenthal), Ausstellungskatalog, Solomon R. Guggenheim Museum, New York 1996.

Amedeo Modigliani 1991 [1990]
Amedeo Modigliani. Malerei, Skulpturen, Zeichnungen (hrsg. v. Werner Schmalenbach), Ausstellungskatalog, München, 2. Auflage 1991 [1990].

Aus Dämmerung und Licht 2012
Aus Dämmerung und Licht. Meisterwerke nordischer Malerei 1860–1920 (hrsg. v. David Jackson), Ausstellungskatalog, Groninger Museum / Kunsthalle der Hypo-Kulturstiftung, München 2012.

Cézanne 2004
Cézanne. Aufbruch in die Moderne (hrsg. v. Felix A. Baumann u. Walter Feilchenfeldt u. Hubertus Gaßner), Ausstellungskatalog, Museum Folkwang, Essen 2004.

Dalí, Magritte, Miró. Surrealismus in Paris 2011
Dalí, Magritte, Miró. Surrealismus in Paris (hrsg. v. Philippe Büttner), Ausstellungskatalog, Fondation Beyeler, Riehen 2011.

Die BRÜCKE in Dresden 2001
Die BRÜCKE in Dresden 1905–1911 (hrsg. v. Birgit Dalbajewa u. Ulrich Bischoff), Ausstellungskatalog, Staatliche Kunstsammlungen Dresden 2001.

Edvard Munch 2007
Edvard Munch. Zeichen der Moderne (hrsg. v. Dieter Buchhart), Ausstellungskatalog, Kunsthalle Würth, Schwäbisch Hall / Fondation Beyeler, Riehen 2007.

Francis Bacon und die Bildtradition 2003
Francis Bacon und die Bildtradition (hrsg. v. Wilfried Seipel u. Barbara Steffen u. Christoph Vitali), Ausstellungskatalog, Fondation Beyeler, Riehen / Kunsthistorisches Museum Wien 2003.

H. Ahtela ja Helene Schjerfbeck 2001
H. Ahtela ja Helene Schjerfbeck (hrsg. v. Pirjo Immonen), Ausstellungskatalog, Kajaanin taidemuseo, Kajaani 2001.

Hammershøi und Europa 2012
Hammershøi und Europa. Ein dänischer Künstler um 1900 (hrsg. v. Kasper Monrad), Ausstellungskatalog, Statens Museum for Kunst, Kopenhagen / Kunsthalle der Hypo-Kulturstiftung, München 2012.

Helene Schjerfbeck 2015
Helene Schjerfbeck. Reflections (hrsg. v. Naoki Sato), Ausstellungskatalog, The University Art Museum, Tokyo University of the Arts / The Miyagi Museum of Art, Sendai / Okuda Genso Sayume Art Museum, Hiroshima / The Museum of Modern Art, Hayama, Tokyo 2015.

Helene Schjerfbeck 2014
Helene Schjerfbeck (hrsg. v. Carolin Köchling u. Max Hollein), Ausstellungskatalog, Schirn Kunsthalle Frankfurt 2014.

Helene Schjerfbeck 2012
Helene Schjerfbeck. 150 Years (hrsg. v. Leena Ahtola-Moorhouse u. Anu Utriainen), Ausstellungskatalog, Göteborgs konstmuseum / Ateneumin taidemuseo, Valtion taidemuseo, Helsinki / Prins Eugens Waldemarsudde, Stockholm 2012.

Helene Schjerfbeck Tammisaaressa 2009
Helene Schjerfbeck Tammisaaressa (hrsg. v. Leena Ahtola-Moorhouse), Ausstellungskatalog, Tammisaaren museokeskus EKTA, Tammisaari 2009.

Helene Schjerfbeck 2007
Helene Schjerfbeck (hrsg. v. Annabelle Görgen u. Hubertus Gaßner), Ausstellungskatalog, Gemeentemuseum Den Haag / Hamburger Kunsthalle / Musée d'Art Moderne de la Ville de Paris 2007.

Helene Schjerfbeck Riihimäen taidemuseon Tatjana ja Pentti Wähäjärven kokoelmassa 2004
Helene Schjerfbeck Riihimäen taidemuseon Tatjana ja Pentti Wähäjärven kokoelmassa (hrsg. v. Timo Simanainen u. Katja Vuorinen), Ausstellungskatalog, Riihimäen taidemuseo, Riihimäki 2004.

Helene Schjerfbeck 1992
Helene Schjerfbeck. Finland's Modernist Rediscovered (hrsg. v. Leena Ahtola-Moorhouse), Ausstellungskatalog, Ateneumin taidemuseo, Valtion taidemuseo, Helsinki / Phillips Collection, Washington D. C. / National Academy of Design, New York 1992.

Helene Schjerfbeck. Taikavuorella 2001
Helene Schjerfbeck. Taikavuorella – Muutoksen vuodet 1902–1925 (hrsg. v. Lea Bergström et al.), Ausstellungskatalog, Hyvinkään taidemuseo, Hyvinkää 2001.

Im Lichte des Nordens 1986
Im Lichte des Nordens. Skandinavische Malerei um die Jahrhundertwende, Ausstellungskatalog, Kunstmuseum Düsseldorf 1986.

Les Demoiselles d'Avignon 1988
Les Demoiselles d'Avignon (hrsg. v. Hélène Seckel), Ausstellungskatalog, Vol. 2, Musée Picasso, Paris / Museu Picasso, Barcelona 1988.

Letzte Bilder 2013
Letzte Bilder. Von Manet bis Kippenberger (hrsg. v. Esther Schlicht u. Max Hollein), Ausstellungskatalog, Schirn Kunsthalle Frankfurt 2013.

Melancholie 2005
Melancholie. Genie und Wahnsinn in der Kunst (hrsg. v. Jean Clair), Ausstellungskatalog, Galeries Nationales du Grand Palais, Paris / Neue Nationalgalerie, Staatliche Museen zu Berlin 2005.

Monets Vermächtnis 2001
Monets Vermächtnis. Serie. Ordnung und Obsession (hrsg. v. Christoph Heinrich u. Uwe M. Schneede), Ausstellungskatalog, Hamburger Kunsthalle 2001.

Nordlicht 2005
Nordlicht. Finnlands Aufbruch zur Moderne 1890–1920 (hrsg. v. Stephan Koja), Ausstellungskatalog, Gemeentemuseum Den Haag / Österreichische Galerie Belvedere, Wien 2005.

Pitkältä tieltä 2008
Pitkältä tieltä. Vanhenemisen ja vanhuuden kohtaamisia (hrsg. v. Marja-Liisa Linder), Ausstellungskatalog, Tampereen taidemuseo, Tampere 2008.

Porträt ohne Antlitz 2004
Porträt ohne Antlitz. Abstrakte Strategien in der Bildniskunst (hrsg. v. Dirk Luckow und Petra Gordüren), Ausstellungskatalog, Kunsthalle zu Kiel 2004.

Self-Portrait 2005
Self-Portrait. Renaissance to Contemporary (hrsg. v. Anthony Bond u. Joanna Woodall), Ausstellungskatalog, Art Gallery of New South Wales, Sydney / National Portrait Gallery, London 2005.

Tyko Sallinen 1999
Tyko Sallinen (hrsg. v. Anneli Ilmonen u. Tuula Karjalainen et al.), Ausstellungskatalog, Helsingin kaupungin taidemuseo u. Tampereen taidemuseo, Helsinki 1999.

Torger Enckell 2011
Torger Enckell (hrsg. v. Carolus Enckell u. Teija Lammi u. Esko Nummelin), Ausstellungskatalog, Porin taidemuseo, Pori 2011.

Utopia and Reality 2002
Utopia and Reality. Modernity in Sweden 1900–1960 (hrsg. v. Cecilia Widenheim), Ausstellungskatalog, Bard Graduate Center for Studies in the Decorative Arts. Design, and Culture, New York 2002.

Wäinö Aaltonen 1994
Wäinö Aaltonen. 1894–1966 (hrsg. v. Heidi Pfäffli), Ausstellungskatalog, Wäinö Aaltonens museum, Åbo 1994.

1880-tal 1985
1880-tal i nordiskt måleri (hrsg. v. Pontus Grate u. Nils-Göran Hökby), Ausstellungskatalog, Nationalmuseum, Stockholm 1985.

Sonstige Literatur

Adolphs 1993
Volker Adolphs: *Der Künstler und der Tod. Selbstdarstellungen in der Kunst des 19. und 20. Jahrhunderts*, Köln 1993, zugl. Diss., Technische Hochschule, Aachen 1989.

Ahlbeck 2015
Jutta Ahlbeck et al.: *Kipupisteissä. Sairaus, kulttuuri ja modernisoituva Suomi*, Turku 2015 (Utukirjat, Bd. 8).

Ahtela 1917
H. Ahtela [Einar Reuter]: *Helena Schjerfbeck*, Helsinki 1917.

Ahtela 1951
H. Ahtela [Einar Reuter]: *Helena Schjerfbeck. Kamppailu kauneudesta*, Porvoo 1951.

Ahtela 1953
H. Ahtela [Einar Reuter]: *Helena Schjerfbeck* (aus d. Finn. übers.), Helsinki 1953.

Ahtola-Moorhouse 2012
Leena Ahtola-Moorhouse: *„Regardless of All External Influences, It Is Still I who Create My Own Works […] All Beauty only Serves to Enrich Us." Notes on Helene Schjerfbeck's Relationship with Works by Other Painters, particularly El Greco*, in: *Helene Schjerfbeck. 150 Years* 2012, S. 45–61.

Ahtola-Moorhouse 2009
Leena Ahtola-Moorhouse: *Lehtevien puiden varjossa – Helene Schjerfbeck Tammisaaressa*, in: *Helene Schjerfbeck Tammisaaressa* 2009, S. 9–113.

Ahtola-Moorhouse 2007
Leena Ahtola-Moorhouse: *„Im Grunde ist es wohl das Menschenleben, das mich fasziniert."Das Leben und das Werk*, in: *Helene Schjerfbeck* 2007, S. 20–32.

Ahtola-Moorhouse 2000
Leena Ahtola-Moorhouse: *Ja kukaan ei tiedä millainen olen. Helene Schjerfbeckin omakuvat 1878–1945*, Helsinki 2000.

Ahtola-Moorhouse 1992
Ahtola-Moorhouse: *Helene Schjerfbeck's Self-portraits*, in: *Helene Schjerfbeck* 1992, S. 64–82.

Ahtola-Moorhouse
Leena Ahtola-Moorhouse: *Helene Schjerfbeck. Mustataustainen omakuva*, (http://kokoelmat.fng.fi/app?si=http%3A%2F%2Fwww.muusa.net%2FTeos_1C004740-5B97-428F-857A-529E275FFBD5&lang=fi, letzter Aufruf: 27.6.2015)

Alloa 2012
Emmanuel Alloa et al. (Hrsg.): *Leiblichkeit. Geschichte und Aktualität eines Konzepts*, Tübingen 2012.

Alsen u. Landmann 2016
Katharina Alsen u. Annika Landmann: *Nordische Malerei. Im Licht der Moderne*, München 2016.

Antoni-Komar 2006
Irene Antoni-Komar: *Die Repräsentation des Gesichts. Zur Herstellungspraxis von Schönheit*, in: Lehnert 2006, S. 252–278.

Anttonen 2006
Erkki Anttonen: *Kansallista vai modernia. Taidegrafiikka osana 1930-taidejärjestelmää*, Helsinki 2006 (Kuvataiteen keskusarkisto, Bd. 12), zugl. Diss., Universität Helsinki, 2006.

Anttonen (Hrsg.) 2004
Erkki Anttonen (Hrsg.): *Salon Strindberg. Helsinkiläisen taidegallerian vaiheita,* Helsinki 2004 (Kuvataiteen keskusarkisto, Bd. 10)

Anttonen 2004
Erkki Anttonen: *Strindbergin taidesalonki maailmansotien välisenä aikana*, in: id. (Hrsg.) 2004, S. 34–64.

Anttonen 1997
Erkki Anttonen: *Edvard Richter*, in: Paloposki u. Vihanta (Hrsg.) 1997, S. 83–103.

Appelberg 1949
Hanna u. Eilif Appelberg: *Helene Schjerfbeck. Elämänkuvan ääriviivoja* (aus d. Schwed. übers.), Helsinki 1949.

Arndt 2004
Astrid Arndt et al. (Hrsg.): *Imagologie des Nordens. Kulturelle Konstruktionen von Nördlichkeit in interdisziplinärer Perspektive,* Frankfurt a. M. 2004 (Imaginatio borealis. Bilder des Nordens, Bd. 7).

Baader u. Preimesberger u. Suthor 1999
Hannah Baader u. Rudolf Preimesberger u. Nicola Suthor (Hrsg.): *Porträt*, Berlin 1999 (Geschichte der klassischen Bildgattungen in Quellentexten und Kommentaren, Bd. 2).

Bakhtin 1987 [1986]
Mikhail Bakhtin: *Speech Genres and other Late Essays* (aus d. Russ. übers.), hrsg. v. Caryl Emerson, Austin, 2. Auflage 1987 [1986].

Barck et al. 2002
Ästhetische Grundbegriffe. Historisches Wörterbuch in sieben Bänden, hrsg. v. Karlheinz Barck et al., Bd. 4, Stuttgart 2002, S. 84–121, s. v. „Mimesis/Nachahmung“ (Luiz Costa Lima u. Martin Fontius).

Baumann 2004
Felix A. Baumann: *Frauenbildnisse*, in: *Cézanne* 2004, S. 32–50.

Behr 2012
Shulamith Behr: *Académie Matisse and its Relevance in the Life and Work of Sigrid Hjertén*, in: Van den Berg et al. 2012, S. 149–165.

Belting 2013
Hans Belting: *Faces. Eine Geschichte des Gesichts*, München 2013.

Benthien 2001 [1999]
Claudia Benthien: *Haut. Literaturgeschichte, Körperbilder, Grenzdiskurse*, Reinbek bei Hamburg, 2. Auflage 2001 [1999] (Rororo Taschenbücher).

Benthien u. Wulf 2001
Claudia Benthien u. Christoph Wulf (Hrsg.): *Körperteile. Eine kulturelle Anatomie*, Reinbek bei Hamburg 2001 (Rororo Taschenbücher).

Berger u. Winkler 1983
Roland Berger u. Dietmar Winkler: *Künstler, Clowns und Akrobaten. Der Zirkus in der bildenden Kunst*, Stuttgart 1983.

Bergström 2001
Lea Bergström: *Vuoristoilmaa ja eläviä kuvia – Helene Schjerfbeckin Hyvinkää*, in: *Helene Schjerfbeck. Taikavuorella* 2001, S. 62–80.

Beuys 2016
Barbara Beuys: *Helene Schjerfbeck. Die Malerin aus Finnland*, Berlin 2016.

Beyer 2002
Andreas Beyer: *Das Porträt in der Malerei*, München 2002.

Bippus 2003
Elke Bippus: *Serielle Verfahren. Pop Art, Minimal Art, Conceptual Art und Postminimalism*, Berlin 2003, zugl. Diss., Universität Hamburg, 2000.

Blättler (Hrsg.) 2010
Christine Blättler (Hrsg.): *Kunst der Serie. Die Serie in den Künsten*, München 2010 (Trajekte. Eine Reihe des Zentrums für Literatur- und Kulturforschung Berlin).

Blättler 2010
Christine Blättler: *Einleitung*, in: Blättler (Hrsg.) 2010, S. 7–17.

Boehm 1985
Gottfried Boehm: *Bildnis und Individuum. Über den Ursprung der Portraitmalerei in der italienischen Renaissance*, München 1985, zugl. Habil.-Schr., Universität Heidelberg, 1974.

Bohde 2012
Daniela Bohde: *Kunstgeschichte als physiognomische Wissenschaft. Kritik einer Denkfigur der 1920er bis 1940er Jahre*, Berlin 2012 (Schriften zur modernen Kunsthistoriographie, Bd. 3), zugl. Habil.-Schr., Goethe-Universität, Frankfurt a. M., 2009–2010.

Bohde u. Fend (Hrsg.) 2007
Daniela Bohde u. Mechthild Fend (Hrsg.): *Weder Haut noch Fleisch. Das Inkarnat in der Kunstgeschichte*, Berlin 2007 (Neue Frankfurter Forschungen zur Kunst, Bd. 3).

Bohde u. Fend 2007
Daniela Bohde u. Mechthild Fend: *Inkarnat – Eine Einführung*, in: id. (Hrsg.) 2007, S. 9–21.

Bovenschen 2001 [1976]
Silvia Bovenschen: *Is there a Feminine Aesthetic?* [1976], in: Robinson 2001, S. 298–300.

Borzello 1998
Frances Borzello: *Wie Frauen sich sehen. Selbstbildnisse aus fünf Jahrhunderten* (aus d. Engl. übers.), München 1998.

Böhme 2001
Gernot Böhme: *Aisthetik. Vorlesungen über Ästhetik als allgemeine Wahrnehmungslehre*, München 2001.

Böhme 1995
Gernot Böhme: *Atmosphäre als Grundbegriff einer neuen Ästhetik*, in: id.: *Atmosphäre. Essays zur neuen Ästhetik*, Frankfurt a. M. 1995, S. 21–49.

Bredekamp 2010
Horst Bredekamp: *Theorie des Bildakts. Frankfurter Adorno-Vorlesungen*, Berlin 2010.

Brilliant 1991
Richard Brilliant: *Portraiture*, London 1991 (Essays in Art and Culture).

Brinckmann 1925
Albert Erich Brinckmann: *Spätwerke großer Meister*, Frankfurt a. M. 1925.

Brunner 2003
Anette Brunner: *Das bedeutende Auge. Aspekte der Augen- und Blickdarstellung im Bildnis der Goethezeit*, Münster 2003, zugl. Diss., Universität Heidelberg, 2001.

Buchhart 2007
Dieter Buchhart: *Edvard Munch. Zeichen der Moderne. Die Dualität einer materialbasierten Modernität*, in: *Edvard Munch* 2007, S. 11–24.

Clark 2005
T. J. Clark: *The Look of Self-Portraiture*, in: *Self-Portrait* 2005, S. 57–65.

Clark 1972
Kenneth Clark: *The Artist Grows Old. The Rede Lecture 1970*, Cambridge 1972.

Cousins u. Seckel 1988
Judith Cousins u. Hélène Seckel: *Éléments pour une chronologie de l'histoire des Demoiselles d'Avignon*, in: *Les Demoiselles d'Avignon* 1988, S. 547–625.

Creighton u. Kramer 2012
Nicola Creighton u. Andreas Kramer (Hrsg.): *Carl Einstein und die europäische Avantgarde / Carl Einstein and the European Avant-Garde*, Berlin 2012 (Spectrum Literaturwissenschaft. Komparatistische Studien, Bd. 30).

Deicher 1993
Susanne Deicher (Hrsg.): *Die weibliche und die männliche Linie. Das imaginäre Geschlecht der modernen Kunst von Klimt bis Mondrian*, Berlin 1993.

Doll 2011
Martin Doll et al. (Hrsg.): *Phantasmata. Techniken des Unheimlichen*, Wien 2011 (Cultural Inquiry, Bd. 3).

Doy 2005
Gen Doy: *Picturing the Self. Changing Views of the Subject in Visual Culture*, New York 2005.

Drygala 2005
Anke Drygala: *Die Differenz denken. Zur Kritik des Geschlechterverhältnisses*, Wien 2005.

Eco 1977 [1962]
Umberto Eco: *Das offene Kunstwerk* (aus d. Ital. übers.), Frankfurt a. M. 1977 [1962].

Facos 1995
Michelle Facos: *Helene Schjerfbeck's Self-Portraits. Revelation and Dissimulation*, in: *Women's Art Journal* Spring / Summer 1995, S. 12–18.

Fink 2004
Gonthier-Louis Fink: *Diskriminierung und Rehabilitierung des Nordens im Spiegel der Klimatheorie*, in: Arndt 2004, S. 45–109.

Flach 2001
Sabine Flach: *Das Auge. Motiv und Selbstthematisierung des Sehens in der Kunst der Moderne*, in: Benthien u. Wulf 2001, S. 49–66.

Fleckner u. Hensel 2016
Uwe Fleckner u. Titia Hensel (Hrsg.): *Hermeneutik des Gesichts – Das Bildnis im Blick aktueller Forschung* (Mnemosyne. Schriften des Internationalen Warburg Kollegs, Bd. 4), Berlin 2016.

Fleckner 2012 a
Uwe Fleckner: *Der Künstler als Seismograph. Zur Gegenwart der Kunst und zur Kunst der Gegenwart*, Hamburg 2012 (Fundus-Bücher, Bd. 198, hsrg. v. Harald Falckenberg).

Fleckner 2012 b
Uwe Fleckner: *Aus dem Gedächtnis verbannt. Funktion und Ästhetik zerstörter Bildnisse*, in: id. 2012 a, S. 137–173.

Fleckner 2012 c
Uwe Fleckner: *Der Künstler als Seismograph. Mnemische Prozesse in der Bildenden Kunst*, in: id. 2012 a, S. 173–199.

Fleckner 2012 d
Uwe Fleckner: *Ohne Worte. Aby Warburgs Bildkomparatistik zwischen wissenschaftlichem Atlas und kunstpublizistischem Experiment*, in: id. u. Woldt 2012, S. 1–19.

Fleckner u. Woldt 2012
Uwe Fleckner u. Isabella Woldt (Hrsg.): *Aby Warburg. Bilderreihen und Ausstellungen*, Berlin 2012 (Aby Warburg. Gesammelte Schriften, Studienausgabe, hrsg. v. Ulrich Pfisterer et al., Bd. II.2).

Fleckner u. Steinkamp u. Ziegler (Hrsg.) 2011
Uwe Fleckner u. Maike Steinkamp u. Hendrik Ziegler (Hrsg.): *Der Sturm der Bilder. Zerstörte und zerstörende Kunst von der Antike bis in die Gegenwart*, Berlin 2011 (Mnemosyne).

Fleckner u. Steinkamp u. Ziegler 2011
Uwe Fleckner u. Maike Steinkamp u. Hendrik Ziegler: *Produktive Zerstörung. Konstruktion und Dekonstruktion eines Forschungsgebiets*, in: id (Hrsg.) 2011, S. 1–15.

Fleckner u. Warnke u. Ziegler 2011
Handbuch der politischen Ikonographie, hrsg. v. Uwe Fleckner u. Martin Warnke u. Hendrik Ziegler, Bd. 1, München 2011, S. 208–216, s.v. „Damnatio memoriae“ (Uwe Fleckner).

Fraixe 2011
Catherine Fraixe: *L'Amour de l'art. Une revue „ni droite ni gauche“ au debut des années trente*, in: Rosella Froissart Pezone u. Yves Chevrefils Desbiolles (Hrsg.): *Les revues d'art: formes, stratégies et réseaux au XXe siècle, Rennes 2011*, S. 255–279.

Freedberg 2008
David Freedberg: *Empathy, Motion and Emotion*, in: Herding (Hrsg.) 2008, S. 17–53.

Freud 1975 [1925]
Sigmund Freud: *Notiz über den „Wunderblock“*, 1925 [1924], in: Alexander Mitscherlich u. Angela Richards u. James Strachey (Hrsg.): *Psychologie des Unbewußten* (Freud-Studienausgabe, Bd. 3), Frankfurt a. M., 7. Auflage 1975, S. 365–371.

Freud 1949 [1919]
Sigmund Freud: *Das Unheimliche*, 1919, in: id.: *Gesammelte Werke. Chronologisch geordnet*, 1917–1920, Bd. 12 (hrsg. v. Anna Freud et al.), London 1947, S. 229–269.

Fuchs 2003
Brigitte Fuchs: *„Rasse“, „Volk“, Geschlecht. Anthropologische Diskurse in Österreich 1850–1960*, Frankfurt a.M. 2003.

Fuchs 2001
Martina Fuchs: *Trauer, Rauch und Bäckereidinge ... Zu einem nie ausgeführten Konzept von Edgar Degas*, in: *Monets Vermächtnis* 2001, S. 29–33.

Gage 1994 [1993]
John Gage: *Kulturgeschichte der Farbe. Von der Antike bis zur Gegenwart* (aus d. Engl. übers.), Ravensburg 1994 [1993].

Gagel 2005
Hanna Gagel: *So viel Energie. Künstlerinnen in der dritten Lebensphase*, Berlin 2005.

Gamboni 2002
Dario Gamboni: *Potential Images. Ambiguity and Indeterminacy in Modern Art* (aus d. Frz. übers.), London 2002

Gamboni 1997
Dario Gamboni: *The Destruction of Art. Iconoclasm and Vandalism since the French Revolution*, London 1997 (Picturing history).

Gasser 1961
Manuel Gasser: *Das Selbstbildnis*, Zürich 1961.

Gehrig u. Herding 2006

Gerlinde Gehrig u. Klaus Herding (Hrsg.): *Orte des Unheimlichen. Die Faszination verborgenen Grauens in Literatur und bildender Kunst*, Göttingen 2006 (Schriften des Sigmund-Freud-Instituts, Bd. 2).

Gernig 2001

Kerstin Gernig: *Skelett und Schädel. Zur metonymischen Darstellung des Vanitas-Motivs*, in: Benthien u. Wulf 2001, S. 403–423.

Glasmeier 2003

Michael Glasmeier: *Ansichten von Zeichnungen*, in: Mattenklott u. Weltzien 2003, S. 75–87.

Gockel 2016

Bettina Gockel: *Konstruktion und Wirklichkeit einer globalisierten Künstlerin. Helene Schjerfbeck zwischen Tradition und Moderne*, in: *Kunstchronik. Monatsschrift für Kunstwissenschaft, Museumswesen und Denkmalpflege*, 11/2016, S. 551–559.

Gockel 2010

Bettina Gockel: *Die Pathologisierung des Künstlers. Künstlerlegenden der Moderne*, Berlin 2010, teilw. zugl. Habil.-Schr., Universität Tübingen, 2006.

Gombrich u. Hochberg u. Black 1977

Ernst H. Gombrich u. Julian Hochberg u. Max Black: *Kunst, Wahrnehmung, Wirklichkeit,* Frankfurt a.M. 1977, S. 10–61.

Gombrich 1977 [1972]

Ernst H. Gombrich: *Maske und Gesicht*, 1972, in: Gombrich u. Hochberg u. Black 1977, S. 10–61.

Gördüren 2013

Petra Gördüren: *Das Porträt nach dem Porträt. Positionen der Bildniskunst im späten 20. Jahrhundert*, Berlin 2013 (Berliner Schriften zur Kunst, Bd. 24), zugl. Diss., Freie Universität Berlin, 2008.

Gördüren 2004

Petra Gördüren: *Gesichter, gesichtslos. Theorie und Geschichte des Porträts jenseits der Mimesis*, in: *Porträt ohne Antlitz* 2004, S. 8–20.

Görgen 2007 a

Annabelle Görgen: *„Eines Tages wird man das Schaffen dieser finnischen Künstlerin zum europäischen Kulturerbe zählen.“ Die Rezeption,* in: *Helene Schjerfbeck* 2007, S. 40–50.

Görgen 2007 b

Annabelle Görgen: *„…und ich fürchte, ich begehre große, tiefe und wunderbare Dinge.“ Helene Schjerfbeck. Beredte Stille*, in: *Helene Schjerfbeck* 2007, S. 8–20.

Görgen-Lammers 2012

Annabelle Görgen-Lammers: *”One Day the Work of this Finnish Artist Will Be Part of European Cultural Heritage” The Reception*, in: *Helene Schjerfbeck. 150 Years* 2012, S. 72–87.

Greenblatt 1980

Stephen Greenblatt: *Renaissance Self-Fashioning. From More to Shakespeare*, Chicago 1980.

Grimminger 2000

Rolf Grimminger (Hrsg.): *Kunst – Macht – Gewalt. Der ästhetische Ort der Aggressivität*, München 2000.

Großmann 2013

Ulrich G. Großmann (Hrsg.): *The Challenge of the Object. Congress Proceedings – Part 4*, Nürnberg 2013, S. 1183–1188 (Anzeiger des Germanischen Nationalmuseums / Wissenschaftliche Beibände, Bd. 32,4).

Gutjahr 2015

Ortrud Gutjahr (Hrsg.): *Interkulturalität. Konstruktionen des Anderen*, Würzburg 2015 (Freiburger Literaturpsychologische Gespräche. Jahrbuch für Literatur und Psychoanalyse, Bd. 34).

Haas (Hrsg.) 2008

Birgit Haas (Hrsg.): *Haare zwischen Fiktion und Realität. Interdisziplinäre Untersuchungen zur Wahrnehmung der Haare*, Berlin 2008 (Kulturwissenschaft, Bd. 17).

Haas 2008

Birgit Haas: *Einleitung. Haare – ambivalenter Ausdruck kultureller Körperbilder und fiktionalisierte Affirmation bzw. Infragestellung von kulturellen Stereotypen*, in: id. (Hrsg.) 2008, S. 9–28.

Hacker 2008

Hans Hacker: *Neuronale Rezeption emotionaler Inhalte der darstellenden Kunst*, in: Herding (Hrsg.) 2008, S. 53–65.

Halmesvirta 2013

Anssi Halmesvirta (Hrsg.): *Land unter dem Nordlicht. Eine Kulturgeschichte Finnlands*, Darmstadt 2013.

Harvey 1997 [1995]

John Harvey: *Men in Black*, London 1997 [1995].

Haustein 2012

Katja Haustein: *Regarding Lost Time. Photography, Identity and Affect in Proust, Benjamin and Barthes*, London 2012 (teilw. zugl. Diss., University of Cambridge).

Haus u. Hofmann u. Söll 2000

Andreas Haus u. Franck Hofmann u. Änne Söll (Hrsg.): *Material im Prozess. Strategien ästhetischer Produktivität*, Berlin 2000.

Haus 2000

Andreas Haus: „*… etwas von der Bewegung der Planeten und vom Tanze…“ Material in Praxis und Theorie des künstlerischen Schaffensprozesses*, in: id. u. Hofmann u. Söll 2000, S. 7–13.

Harris 2013

James C. Harris: *Helene Schjerfbeck's „Self-portrait With Red Spot“*, in: *Jama Psychiatry*, Nr. 70 / 3, März 2013, S. 251–252.

Hämäläinen-Forslund 2001 a

Pirjo Hämäläinen-Forslund: *Tässä maassa, jossa raskas taivaanranta on matalalla. Helene Schjerfbeckin uusmaalainen miljöö, sen maisemat ja asukkaat*, in: *Helene Schjerfbeck. Taikavuorella* 2001, S. 106–146.

Hämäläinen-Forslund 2001 b

Pirjo Hämäläinen-Forslund: *Yksinäisyys seisoo suurena ja syleilee minua. Helene Schjerfbeckin kuusi roolia*, in: *Helene Schjerfbeck. Taikavuorella* 2001, S. 80–106.

Hecker-Stempehl 2011
Jan Hecker-Stampehl: *Vereinigte Staaten des Nordens. Integrationsideen in Nordeuropa im Zweiten Weltkrieg*, München 2011 (Studien zur internationalen Geschichte, Bd. 26), zugl. Diss., Humboldt-Universität zu Berlin, 2009.

Heikka u. Lindgren u. Paloposki 2001
Elina Heikka u. Liisa Lindgren u. Hanna-Leena Paloposki: *Kirjoituksia taiteesta 3, Modernisteja, ja taiteilija-kriitikoita*, Helsinki 2001 (Kuvataiteen keskusarkisto, Bd. 7).

Heinrich 2001
Christoph Heinrich: *Serie – Ordnung und Obsession*, in: *Monets Vermächtnis* 2001, S. 7–13.

Hennig 2003
Alexandra Hennig: *Francis Bacon. Porträtmalerei nach der Repräsentation*, in: *Francis Bacon und die Bildtradition* 2003, S. 215–221.

Herding (Hrsg.) 2008
Klaus Herding (Hrsg.): *Wie sich Gefühle Ausdruck verschaffen. Emotionen in Nahsicht*, Taunusstein, 2. Auflage 2008 (Driesen Kunstgeschichte).

Herding 2008
Klaus Herding: *Wie sich Gefühle Ausdruck verschaffen. Emotionen in Nahsicht*, in: id. (Hrsg.) 2008, S. 7–17.

Herding u. Stumpfhaus 2004
Klaus Herding u. Bernhard Stumpfhaus (Hrsg.): *Pathos, Affekt, Gefühl. Die Emotionen in den Künsten*, Berlin 2004.

Herget 2009
Sven Herget: *Spiegelbilder. Das Doppelgängermotiv im Film*, Marburg 2009, zugl. Diss., Johannes-Gutenberg-Universität Mainz, 2008.

Hirt 2012
André Hirt: *Ce rien que moi dur et glacial. Hélène Schjerfbeck*, Paris 2012.

Hjelm 2009
Camilla Hjelm: *Modernismens förespråkare. Gösta Stenman och hans konstsalong*, Helsingfors 2009 (Centralarkivet för bildkonst, Bd. 17), zugl. Diss., Universität Helsinki, 2009.

Hofmann 2000
Franck Hofmann: *Materialverwandlungen. Prolegomena zu einer Theorie ästhetischer Produktivität*, in: id. u. Haus u. Söll 2000, S. 17–53.

Holger 2011
Lena Holger (Hrsg.): *Helene Schjerfbeck. Och jag målar ändå. Brev till Maria Wiik 1907–1928*, Helsingfors 2011 (Skrifter utgivna av Svenska litteratursällskapet i Finland, Bd. 760).

Holger 1997
Lena Holger (Hrsg.): *Helene Schjerfbeck. Naisia, miehiä, omakuva, maisemia, asetelmia* (aus d. Schwed. übers.), Helsinki 1997.

Holger 1995
Lena Holger: *Helene Schjerfbeck. Teckningar och akvareller*, Helsingfors 1995.

Holger 1987
Lena Holger: *Helene Schjerfbeck. Liv och konstnärskap*, Stockholm 1987.

Howe 2011
Jan Niklas Howe: *Wiedererkennen und Angst. Das Unheimliche als ästhetische Emotion*, in: Doll 2011, S. 47–63.

Hund 2000
Wulf D. Hund (Hrsg.): *Zigeunerbilder. Schnittmuster rassistischer Ideologie*, Duisburg 2000.

Hutcheon 2012
Michael and Linda Hutcheon: *Late Style(s): The Ageism of the Singular*, in: *Occasion: Interdisciplinary Studies in the Humanities*, 4/14.6.2012. (http://arcade.stanford.edu/occasion/late-styles-ageism-singular).

Huusko 2007
Timo Huusko: *Kirjoituksia taiteesta 4. Maalauksellisuus ja tunne, Modernistiset tulkinnat kuvataidekritiikissä 1908–1924* (hrsg. v. Susanna Sääskilahti u. Elina Heikka), Helsinki 2007 (Kuvataiteen keskusarkisto, Bd. 14).

Huusko 2000
Timo Huusko: *Suomalaisuuden uudet kasvot. Modernismi 1900-luvun alun suomalaisessa maalaustaiteessa*, in: Sinisalo 2000, S. 66–72.

Hälikkä 2014
Helene Schjerfbeck (hrsg. v. Carolin Köchling u. Max Hollein), Ausstellungskatalog, Schirn Kunsthalle Frankfurt 2014, S. 155–161 (Siina Hälikkä).

Hühn 2010
Melanie Hühn et al. (Hrsg.): *Transkulturalität, Transnationalität, Transstaatlichkeit, Translokalität. Theoretische und empirische Begriffsbestimmungen*, Berlin 2010 (Region – Nation – Europa, Bd. 62).

B. Hüttel u. R. Hüttel u. Kohl 2002
Barbara Hüttel u. Richard Hüttel u. Jeanette Kohl (Hrsg.): *Re-Visionen. Zur Aktualität von Kunstgeschichte*, Berlin 2002.

Ihanus 1994
Juhani Ihanus: *Vietit vai henki. Psykoanalyysin varhaisvaiheet Suomessa*, Helsinki 1994.

Ijäs u. Kuusamo u. Niemelä 2010
Minna Ijäs u. Altti Kuusamo u. Riikka Niemelä (Hrsg.): *Kuinka tehdä taidehistoriaa?*, Turku 2010 (Utukirjat).

Jackson 2012
David Jackson: *Nordische Kunst. Durchbruch der Moderne*, in: *Aus Dämmerung und Licht* 2012, S. 11–27.

Jádi 2017
Marie Christine Jádi: *Helene Schjerfbeck und Gwen John. Der Ausdruck von Emotionen in der Malerei der Moderne*, Berlin 2017, zugl. Diss. Universität der Künste Berlin, 2015.

James 1993
Martin S. James: *Piet Mondrians Theorie der Geschlechterrollen*, in: Deicher 1993, S. 201–221.

Jehle u. Steinbrenner u. Wagner 2011
Oliver Jehle u. Jakob Steinbrenner u. Christoph Wagner (Hrsg.): *Farben in Kunst und Geisteswissenschaften*, Regensburg 2011 (Regensburger Studien zur Kunstgeschichte, Bd. 9).

Jens 1991 a
Kindlers neues Literaturlexikon, hrsg. v. Walter Jens, Bd. 13, S. 401–405, s. v. „Platon: Politeia“ (Egidius Schmalzriedt).

Jens 1991 b
Kindlers neues Literaturlexikon, hrsg. v. Walter Jens, Bd. 16, S. 296–297, s. v. „Hippolyte Taine: Philosophie de l'Art“ (Wolfgang von Löhneysen).

Jens 1991 c
Kindlers neues Literaturlexikon, hrsg. v. Walter Jens, Bd. 14, S. 154–155, s.v. „Jean Nicolas Arthur Rimbaud: Les Illuminations“ (Redaktion Kindlers Literatur Lexikon).

Jens 1991 d
Kindlers neues Literaturlexikon, hrsg. v. Walter Jens, Bd. 14, S. 156, s.v. „Jean Nicolas Arthur Rimbaud: Lettres du Voyant“ (Redaktion Kindlers Literatur Lexikon).

Johannesson u. Nordal 2008
Lena Johannesson u. Bera Nordal (Hrsg.): *Akvarellstudier. Om mediet, historien och myterna / Watercolour Studies. The Medium, the History and the Myths*, Göteborg 2008 (Gothenburg Studies in Art and Architecture, Bd. 21).

Johannesson 2008
Lena Johannesson: *On the Invisibility of Watercolour*, in: id. u. Nordal 2008.

Johansson 1940
Gotthard Johansson: *Helene Schjerfbecks konst. Ett urval målningar, teckningar och litografier*, Stockholm 1940.

Kacunko 2010
Slavko Kacunko: *Spiegel Medium Kunst. Zur Geschichte des Spiegels im Zeitalter des Bildes*, München 2010.

Kalha 2005
Harri Kalha: *Tapaus Magnus Enckell*, Helsinki 2005 (Historiallisia tutkimuksia, Suomalaisen Kirjallisuuden Seura, Bd. 227).

Kallio (Hrsg.) 2006
Rakel Kallio (Hrsg.): *Dukaatti. Suomen Taideyhdistys 1846–2006*, Helsinki 2006.

Kallio 2006
Rakel Kallio: *Uuden vuosisadan voittajia*, in: id. (Hrsg.) 2006, S. 106–111.

Kallio 1993
Rakel Kallio: *Kaipuu puhtauteen. Onni Okkosen taidekäsityksen tarkastelua*, Abschlussarbeit, Typoskript, Universität Helsinki 1993.

Karjalainen 1999
Tuula Karjalainen: *Tyko Sallisen suomalainen saaga*, in: *Tyko Sallinen* 1999, S. 10–18.

Karjalainen 1990
Tuula Karjalainen: *Uuden kuvan rakentajat. Konkretismin läpimurto Suomessa*, Helsinki 1990, zugl. Diss., Universität Helsinki, 1990.

Katerma 1954
Pia Katerma: *Maria Wiik*, Helsinki 1954, zugl. Diss., Universität Helsinki, 1954.

Kaufmann u. Wildegans 2008
Hans Kaufmann u. Rita Wildegans: *Van Goghs Ohr. Paul Gauguin und der Pakt des Schweigens*, Berlin 2008.

Kaunisharju 2001
Kirsi Kaunisharju: *„Suomalainen saaristomaisema on kuin surrealistinen sommitelma". Nils-Gustav Hahl kriitikkona ja kansainvälisenä idealistina*, in: Heikka u. Lindgren u. Paloposki 2001, S. 65–81.

Kähkönen u. Lähdesmäki 2012
Satu Kähkönen u. Tuuli Lähdesmäki (Hrsg.): *Tieteidenvälisyys ja rajanylitykset taidehistoriassa. Annika Waernerbergin juhlakirja*, Helsinki 2012 (Taidehistoriallisia tutkimuksia, Bd. 44).

Kemiläinen 1993
Aira Kemiläinen: *Suomalaiset, outo Pohjolan kansa. Rotuteoriat ja kansallinen identiteetti*, Helsinki 1993 (Historiallisia tutkimuksia, Suomalaisen Kirjallisuuden Seura, Bd. 177).

Kernic 2002
Franz Kernic: *Tod und Unendlichkeit. Über das Phänomen des Todes bei Emmanuel Lévinas*, Hamburg 2002 (Schriftenreihe Boethiana, Bd. 55).

Kihlman 2014
Asta Kihlman: *Sukupuolen problematiikkaa Beda Stjernschantzin Omakuvassa*, in: O'Neill 2014, S. 83–90.

Kinnunen 2012
Tiina Kinnunen (Hrsg.): *Finland in World War II. History, Memory, Interpretations*, Leiden 2012 (History of Warfare, Bd. 69).

Kitschen 2010
Friderike Kitschen: *Melancholie und „décoration". Zur Stimmung im Werk Paul Cézannes*, in: Thomas (Hrsg.) 2010, S. 79–95.

Kivirinta 2014
Marja-Terttu Kivirinta: *Vieraita vaikutteita karsimassa. Helene Schjerfbeck ja Juho Rissanen. Sukupuoli, luokka ja Suomen taiteen rakentuminen 1910–20-luvulla*, Diss. Universität Helsinki 2014 (https://helda.helsinki.fi/bitstream/handle/10138/42629/Vieraita.pdf?sequence=1).

Kivirinta 2013
Marja-Terttu Kivirinta: *Helene Schjerfbeck as a National Artist Genius*, in: Suominen-Kokkonen 2013, S. 25–37.

Koch 1931
Walter A. Koch: *Psychologische Farbenlehre. Die sinnlich-sittliche Wirkung der Farben,* 1931 Halle.

Koivunen 2013
Anu Koivunen: *Uncanny Motions. Facing Death, Morphing Life*, in: *Discourse* 35 / 2013, S. 248–262.

Kollnitz 2008
Andrea Kollnitz: *Konstens nationella identitet. Om tysk och österikisk modernism i svensk konstkritik 1908–1934*, Stockholm 2008 (Eidos, Bd. 21), zugl. Diss., Universität Stockholm, 2008.

Konttinen 2014
Riitta Konttinen: *Helene Schjerfbeck – Eine biografische Skizze*, in: *Helene Schjerfbeck* 2014, S. 137–155.

Konttinen 2012 [1994]
Riitta Konttinen: *Fanny Churberg*, Helsinki, 2. Auflage 2012.

Konttinen 2008
Riitta Konttinen: „*On niin epäonnistunutta tulla vanhaksi“ – vai onko?*, in: *Pitkältä tieltä* 2008, S. 148–164.

Konttinen 2004 a
Riitta Konttinen: *Oma tie. Helene Schjerfbeckin elämä*, Helsinki 2004.

Konttinen 2004 b
Riitta Konttinen: *Helene Schjerfbeck ja Constantin Guys*, in: *Helene Schjerfbeck Riihimäen taidemuseon Tatjana ja Pentti Wähäjärven kokoelmassa* 2004, S. 11–17.

Konttinen 2000
Riitta Konttinen: *Maria Wiik*, Helsinki 2000.

Konttinen 1991
Riitta Konttinen: *Totuus enemmän kuin kauneus. Naistaiteilija, realismi ja naturalismi 1880-luvulla, Amélie Lundahl, Maria Wiik, Helena Westermarck, Helena Schjerfbeck ja Elin Danielson*, Helsinki 1991, zugl. Diss., Universität Helsinki.

Konttinen 1989
Riitta Konttinen: *Suomalaisia naistaiteilijoita 1880-luvulta*, Helsinki 1989.

Kopp 2011
Robert Kopp: *André Breton, die Manifeste des Surrealismus*, in: *Dalí, Magritte, Miró. Surrealismus in Paris* 2011, S. 30–56.

Kortelainen 2002
Anna Kortelainen: *Albert Edelfeltin fantasmagoria. Nainen, „japani“, tavaratalo*, Helsinki 2002 (Suomalaisen Kirjallisuuden Seuran toimituksia), zugl. Diss., Universität Turku, 2002.

Kortelainen 1996
Anna Kortelainen: *Retki maskuliinisuuteen ja takaisin. Helene Schjerfbeckin sotilaskuvat*, in: Ruotsalainen 1996, S. 87–99.

Köchling 2014
Carolin Köchling: *Sur/Faces. Menschen als Projektionsflächen – Bilder als Modelle*, in: *Helene Schjerfbeck* 2014, S. 17–49.

Körber 2013
Lill-Ann Körber: *Badende Männer. Der nackte männliche Körper in der skandinavischen Malerei und Fotografie des frühen 20. Jahrhunderts*, Bielefeld 2013 (Image, Bd. 38), zugl. Diss., Humboldt-Universität zu Berlin, 2010.

Krauss 1999
Rosalind E. Krauss: *Bachelors*, Cambridge, Mass. 1999 (An October Book).

Kremer 2000
Detlef Kremer: *Deformierte Körper. Gewalt und Groteske bei David Lynch und Francis Bacon*, in: Grimminger 2000, S. 209–230.

Krieger u. Mader 2010
Verena Krieger u. Rachel Mader (Hrsg.): *Ambiguität in der Kunst. Typen und Funktionen eines ästhetischen Paradigmas*, Köln 2010 (Kunst. Geschichte. Gegenwart, Bd. 1).

Krieger 2010
Verena Krieger: *„At war with the obvious“ – Kulturen der Ambiguität. Historische, psychologische und ästhetische Dimensionen des Mehrdeutigen*, in: Krieger u. Mader 2010, S. 13–53.

Krieger 2007

Verena Krieger: *Was ist ein Künstler. Genie – Heilsbringer – Antikünstler. Eine Ideen- und Kunstgeschichte des Schöpferischen*, Köln 2007 (Kunst & Wissen).

Kris u. Kurz 1979 [1934]

Ernst Kris u. Otto Kurz: *Die Legende vom Künstler. Ein geschichtlicher Versuch* (Vorw. v. Ernst H. Gombrich), Frankfurt a.M. 1979 [1934] (Edition Suhrkamp).

Kristeva 1990 [1988]

Julia Kristeva: *Fremde sind wir uns selbst* (aus d. Frz. übers.), Frankfurt a.M. 1990 [1988] (Edition Suhrkamp).

Kruse 2007

Christiane Kruse: *Tote und künstliche Haut. Die Maske des Stars zwischen Kunst und Massenmedien*, in: Bohde u. Fend (Hrsg.) 2007, S. 181–199.

Krüger u. Ott u. Pfisterer 2013

Matthias Krüger u. Christine Ott u. Ulrich Pfisterer (Hrsg.): *Die Biologie der Kreativität. Ein produktionsästhetisches Denkmodell in der Moderne*, Zürich 2013.

Krüger 2013

Matthias Krüger: *Der Begriff des disegno im Zeitalter der Evolutionstheorie. Biologische Konzepte in Charles Blancs Grammaire des arts du dessin*, in: id. u. Ott u. Pfisterer 2013, S. 75–90.

Krüger 2011

Matthias Krüger: *Die Farben der Heimat. Zur Ideologisierung des Lokalkolorits in der Malerei Emil Noldes*, in: id. u. Woldt 2011, S. 187–209.

Krüger u. Woldt 2011

Matthias Krüger u. Isabella Woldt (Hrsg.): *Im Dienst der Nation. Identitätsstiftungen und Identitätsbrüche in Werken der bildenden Kunst,* Berlin 2011 (Mnemosyne – Schriften des Internationalen Warburg-Kollegs).

Kuortti u. Lehtonen u. Löytty 2007

Joel Kuortti u. Mikko Lehtonen u. Olli Löytty (Hrsg.): *Kolonialismin jäljet. Keskustat, periferiat ja Suomi*, Helsinki 2007.

Küster 2003

Bärbel Küster: *Matisse und Picasso als Kulturreisende. Primitivismus und Anthropologie um 1900*, Berlin 2003, zugl. Diss., Goethe-Universität, Frankfurt a. M. 2003.

Kuusamo 2010

Altti Kuusamo: *Omakuva ja autokommunikaation ulottuvuudet. Merkityksen muodostumisen itseviittaavat elementit omakuvan lajissa*, in: id. u. Ijäs u. Niemelä (Hrsg.) 2010, S. 98–124.

Lacan 1991

Jacques Lacan: *Schriften I* (aus d. Frz. übers.), (hrsg. v. Norbert Haas), Weinheim, 3. Auflage 1991.

Lacan 1991 [1949]

Jacques Lacan: *Das Spiegelstadium als Bildner der Ichfunktion, wie sie uns in der psychoanalytischen Erfahrung erscheint* [1949], in: Lacan 1991, S. 61–71.

Lahelma 2014 a

Marja Lahelma: *Ideal and Disintegration. Dynamics of the Self and Art at the Fin-de-Siècle*, Diss., Universität Helsinki, 2014 (https://helda.helsinki.fi/bitstream/handle/10138/42525/lahelma_dissertation.pdf?sequence=1).

Lahelma 2014 b
Marja Lahelma: *Kunst, Mode und Moderne – Helene Schjerfbecks Porträts moderner Frauen*, in: *Helene Schjerfbeck* 2014, S. 113–137.

Lammi 2011
Teija Lammi: *Johdanto / Inledning / Introduction*, in: *Torger Enckell* 2011, S. 16–38.

Landmann 2016
Annika Landmann: *Die Vitalität des Verschwindens. Helene Schjerfbecks „Selbstporträt mit rotem Punkt“ (1944)*, in: Fleckner u. Hensel 2016, S. 411–431.

Latour 2007 [2005]
Bruno Latour: *Eine neue Soziologie für eine neue Gesellschaft. Einführung in die Akteur-Netzwerk-Theorie* (aus d. Engl. übers.), Frankfurt a. M. 2007 [2005].

Laurila-Hakulinen 2001
Raisa Laurila-Hakulinen: *Johdanto – Kaipuun ja muutoksen vuodet*, in: *Helene Schjerfbeck. Taikavuorella* 2001, S. 10–32.

Lehnert (Hrsg.) 2006
Gertrud Lehnert (Hrsg.): *Die Kunst der Mode*, Oldenburg 2006 (Mode und Ästhetik. Schriftenreihe des Instituts für Designforschung Bremen, Bd. 4).

Lehnert 2006
Gertrud Lehnert: *Die Kunst der Mode – Zur Einführung*, in: id. (Hrsg.) 2006, S. 10–26.

Lehnert 1997
Gertrud Lehnert: *Wenn Frauen Männerkleider tragen. Geschlecht und Maskerade in Literatur und Geschichte*, München 1997.

Lehtonen u. Löytty 2007
Mikko Lehtonen u. Olli Löytty: *Suomiko toista maata?*, in: Kuortti u. Lehtonen u. Löytty 2007, S. 105–119.

Levanto 1997
Yrjänä Levanto: *Kriitikon ristiretki. Ludvig Wennervirran ideologinen taidekritiikki*, in: Paloposki u. Vihanta 1997, S. 29–57.

Levanto 1993
Marjatta Levanto (Hrsg.): *Helene Schjerfbeckin ajatuksia taiteesta ja elämästä* (aus d. Schwed. übers.), Porvoo 1993.

Levanto 1992
Marjatta Levanto (Hrsg.): *Konstnären är känslans arbetare. Helene Schjerfbeck om konsten och livet*, Helsingfors 1992.

Levanto 1988
Marjatta Levanto: *Toipilaat – Konvalescenter – Convalescents*, Helsinki 1988.

Lejeune 1994 [1975]
Philippe Lejeune: *Der autobiographische Pakt* (aus d. Frz. übers.), Frankfurt a.M. 1994 [1975] (Edition Suhrkamp, Bd. 896).

Lindberg u. Werkmäster 1975
Anna Lena Lindberg u. Barbro Werkmäster (Hrsg.): *Kvinnor som konstnärer*, Stockholm 1975.

Linder 2005
Marja-Liisa Linder: *Ihmisen kuva Tyko Sallisen muotokuvissa 1905–1919*, Tampere 2005 (Tampereen taidemuseon julkaisuja, Bd. 120), zugl. Diss., Åbo Akademi.

Linnovaara 2008
Kristina Linnovaara: *Makt, konst, elit – konstfältets positioner, relationer och resurser i 1940- och 1950-talens Helsingfors*, Helsingfors 2008 (Dimensio, Bd. 5), zugl. Diss., Universität Helsinki, 2008.

Luckow 2004
Dirk Luckow: *Mensch und Bildnis, eine Differenz. Vorwort*, in: *Porträt ohne Antlitz* 2004, S. 6–8.

Loquai
Franz Loquai: *Künstler und Melancholie in der Romantik*, Frankfurt a. M. 1984 (Helicon. Beiträge zur deutschen Literatur, Bd. 4), zugl. Diss., Otto-Friedrich-Universität Bamberg, 1983.

Lomas 1997
David Lomas: *Inscribing Alterity: Transactions of Self and Other in Mirò's Self-Portraits,* in: Woodall (Hrsg.) 1997, S. 167–189.

Lotman 2010 [2000]
Jurij M. Lotman: *Die Innenwelt des Denkens. Eine semiotische Theorie der Kultur* (aus d. Russ. übers.), Berlin 2010 [2000] (Suhrkamp Taschenbuch Wissenschaft).

Lyytikäinen u. Kalliokoski u. Kantokorpi 1996
Pirjo Lyytikäinen u. Jyrki Kalliokoski u. Mervi Kantokorpi (Hrsg.): *Katsomuksen ihanuus. Kirjoituksia vuosisadanvaihteen taiteista*, Helsinki 1996 (Tietolipas, Bd. 145).

Maldonado Alemán 2012
Manuel Maldonado Alemán: *Die Konstruktion des Anderen. Carl Einstein und der Primitivismus-Diskurs der europäischen Avantgarden*, in: Creighton u. Kramer 2012, S. 170–186.

Mankell 2003
Bia Mankell: *Självporträtt. En bildanalytisk studie i svensk 1900-talkonst*, Göteborg 2003, (Gothenburg Studies in Art and Architecture, Bd. 13), zugl. Diss., Universität Göteborg, 1983.

Mattenklott u. Weltzien 2003
Gundel Mattenklott u. Friedrich Weltzien (Hrsg.): *Entwerfen und Entwurf. Praxis und Theorie des künstlerischen Schaffensprozesses*, Berlin 2003.

Meskimmon 1996
Marsha Meskimmon: *The Art of Reflection. Women Artists' Self-Portraiture in the Twentieth Century*, London 1996.

Moffat 2005
Isabelle Moffat: *Arnulf Rainer. Selbstdarstellung*, in: Pfisterer u. von Rosen (Hrsg.) 2005, S. 168.

Müller 2012
Lexikon Kunstwissenschaft. Hundert Grundbegriffe, hrsg. v. Stefan Jordan u. Jürgen Müller, Stuttgart 2012, S. 247–250, s.v. „Nachahmung" (Julia Gelshorn).

Müller-Funk 2009
Wolfgang Müller-Funk: *Die Farbe Grau*, in: *Bricolage. Innsbrucker Zeitschrift für Europäische Ethnologie / „Grau"*, Heft 4, Innsbruck 2009, S. 29–43.

Neumann 1986
Eckhard Neumann: *Künstlermythen. Eine psychohistorische Studie über Kreativität*, Frankfurt a. M., 1986.

Nochlin 1988 [1971]
Linda Nochlin: *Why have there been no great women artists?*, 1971, in: id.: *Women, art and power and other essays*, Boulder 1988, S. 145–177.

Nummelin 2011
Esko Nummelin: *Sinapinsiemen / Senapskornet / Mustard Seed*, in: *Torger Enckell* 2011, S. 10–16.

Oettl 2008
Barbara Oettl: *WEISS in der Kunst des 20. Jahrhunderts. Studien zur Kulturgeschichte einer Farbe*, Regensburg 2008 (Regensburger Studien zur Kunstgeschichte, Bd. 5), zugl. Diss., Universität Jyväskylä, 2008.

Ojanperä 2010
Riitta Ojanperä: *Kriitikko Einari J. Vehmas ja moderni taide*, Helsinki 2010 (Kuvataiteen keskusarkisto, Bd. 20), zugl. Diss., Universität Helsinki, 2010.

Ojanperä 2000 a
Soili Sinisalo et al. (Hrsg.): *Tuntematon horisontti. Suomen taidetta 1870–1920*, Helsinki 2000 (Ateneumin julkaisut, Bd. 20), S. 246–249, Nr. 119 u. 120 (Riitta Ojanperä).

Ojanperä 2000 b
Soili Sinisalo et al. (Hrsg.): *Tuntematon horisontti. Suomen taidetta 1870–1920*, Helsinki 2000 (Ateneumin julkaisut, Bd. 20), S. 250, Nr. 122 (Riitta Ojanperä).

Okkonen 1943
Onni Okkonen: *Die finnische Kunst*, Helsinki 1943.

Olavinen 2012
Anja Olavinen: *Helene Schjerfbeck's Image(s) of Men*, in: *Helene Schjerfbeck* 2012, S. 33–45.

O'Neill 2014
Itha O'Neill (Hrsg.): *Beda Stjernschantz 1867–1910. Ristikkoportin takana*, Helsinki 2014 (Kirjokansi, Bd. 48).

Palin 2015 a
Tutta Palin: *Sairauden moderni ikonografia*, in: Ahlbeck 2015, S. 33–75.

Palin 2015 b
Tutta Palin: *Die Bedeutung des Figurativen in der finnischen bildenden Kunst der 1950er Jahre*, in: Brigitte Hartel u. Bernfried Lichtnau (Hrsg.): *Skandinavische bildende Kunst von 1950 bis zur Gegenwart*, Frankfurt a. M. 2015 (Kunst im Ostseeraum. Greifswalder Kunsthistorische Studien, Bd. 6), S. 169–189.

Palin 2015 c
Tutta Palin: Myöhään kukkiva lajike. Iän merkitys Ester Heleniuksen vastaanotossa ja julkisuuskuvassa, in: Viola Parente-Čapková et al. (Hrsg.): Nainen kulttuurissa, kulttuuri naisessa, Turku 2015 (Cultural History – Kulttuurihistoria 13), S. 293–320.

Palin 2013 a
Tutta Palin: *An Artistic Masquerade before Masquerade Theory*, in: Großmann 2013, S. 1183–1188.

Palin 2013 b
Tutta Palin: *Musings on the Monograph: The Artistic Career of Ester Helenius in the Light of the Art-And-Life Model*, in: Suominen-Kokkonen 2013, S. 37–51.

Palin 2012
Tutta Palin: *Tunnelma taidepuheen käsitteenä ja esteettisenä käytäntönä. „Pariisin melodia" Ester Heleniuksen maalauksessa „Kirkko" (1947)*, in: Kähkönen u. Lähdesmäki 2012, S. 83–99.

Palin 2008
Tutta Palin: *Vanh(u)us muotokuvassa*, in: *Pitkältä tieltä* 2008, S. 178–190.

Palin 2007
Tutta Palin: *Modernin muotokuvan merkit. Kuvia 1800-ja 1900-luvuilta Taidekoti Kirpilässä*, Helsinki 2007 (Taidekoti Kirpilän julkaisuja, Bd. 4).

Palin 2006
Tutta Palin: *Näkymättömät naiset 1904–36 eli mitä dukaattipalkinnot kertovat taiteilijanaisten arvostuksesta*, in: Kallio (Hrsg.) 2006, S. 128–140.

Palin (Hrsg.) 2004
Tutta Palin (Hrsg.): *Modernia on moneksi. Kuvataiteen, taideteollisuuden ja arkkitehtuurin piirteitä maailmansotien välisen ajan Suomessa*, Helsinki 2004 (Taidehistoriallisia tutkimuksia, Bd. 29).

Palin 2004 a
Tutta Palin: *Neitejä, rouvia ja taiteilijoita. Naiset sotienvälisissä diskurseissa*, in: id. (Hrsg.) 2004, S. 12–38.

Palin 2004 b
Tutta Palin: *Oireileva miljöömuotokuva. Yksityiskohdat sukupuoli- ja säätyhierarkian haastajina*, Helsinki 2004, zugl. Diss., Universität Turku, 2004.

Paloposki 2012
Hanna-Leena Paloposki: *Taidenäyttelyt Suomen ja Italian julkisissa kuvataidesuhteissa. 1920-luvulta toisen maailmansodan loppuun*, Diss., Universität Helsinki, 2012 (Kuvataiteen keskusarkisto, Bd. 24) (https://helda.helsinki.fi/bitstream/handle/10138/33397/taidenay.pdf?sequence=1).

Paloposki u. Vihanta 1998
Hanna-Leena Paloposki u. Ulla Vihanta (Hrsg.): *Kirjoituksia taiteesta 2. Kuvataidekriitikkoja, taide-elämän vaikuttajia ja valistajia*, Helsinki 1998 (Kuvataiteen keskusarkisto, Bd. 5).

Paloposki u. Vihanta 1997
Hanna-Leena Paloposki u. Ulla Vihanta (Hrsg.): *Kirjoituksia taiteesta. Suomalaista kuvataidekritiikkiä*, Helsinki 1997 (Kuvataiteen keskusarkisto, Bd. 4).

Panofsky u. Saxl 1923
Erwin Panofsky u. Fritz Saxl: *Dürers „Melancolica I". Eine quellen- und typengeschichtliche Untersuchung*, Leipzig 1923 (Studien der Bibliothek Warburg / Kulturwissenschaftliche Bibliothek Warburg, Bd. 2).

Parente-Čapková 2014
Viola Parente-Čapková: *Decadent New Woman (Un)bound. Mimetic Strategies in L. Onerva's „Mirdja"*, Turku 2014 (Turun yliopiston julkaisuja. Sarja B Humaniora, Bd. 378), zugl. Diss., Universität Turku, 2014.

Pettersson 2010
Susanna Pettersson: *The Art Museum as Author of Art History: The Formation of a National Art Collection in Finland and the Case of Copies*, in: Vakkari 2010, S. 216–228.

Pettersson 2008
Susanna Pettersson: *Suomen Taideyhdistyksestä Ateneumiin. Fredrik Cygnaeus, Carl Gustav Estlander ja taidekokoelman roolit,* Helsinki 2008 (Historiallisia tutkimuksia, Dimensio, Bd. 6), zugl. Diss., Universität Helsinki 2008.

Pettersson 2006
Susanna Pettersson: *Miehiä Suomen Taideyhdistyksen takana*, in: Kallio (Hrsg.) 2006, S. 32–42.

Pfisterer u. von Rosen (Hrsg.) 2005
Ulrich Pfisterer u. Valeska von Rosen (Hrsg.): *Der Künstler als Kunstwerk. Selbstporträts vom Mittelalter bis zur Gegenwart*, Stuttgart 2005.

Pfisterer u. von Rosen 2005
Ulrich Pfisterer u. Valeska von Rosen: *Vorwort. Der Künstler als Kunstwerk*, in: id. (Hrsg.) 2005, S. 11–24.

Posselt 2013
Christina Posselt: *Das Porträt in den Viten Vasaris. Kunsttheorie, Rhetorik und Gattungsgeschichte*, Köln, Weimar, Wien 2013 (Studien zur Kunst, Bd. 28).

Prange 2005
Regine Prange: *Edvard Munch. Selbstporträt mit Zigarette, 1895*, in: Pfisterer u. von Rosen (Hrsg.) 2005, S.138–140.

Preimesberger 1999
Rudolf Preimesberger: *Einleitung*, in: id. u. Baader u. Suthor 1999, S. 13–65.

Proust 1988 [1919]
Marcel Proust: *À la recherche du temps perdu* (hrsg. v. Jean-Yves Tadié), Bd. 2, Paris 1988 [1919] (Bibliothèque de la Pléiade, Bd. 101).

Proust 1995 [1919]
Marcel Proust: *Im Schatten junger Mädchenblüte* (aus d. Frz. übers., hrsg. v. Luzius Keller), Bd. 2, Frankfurt a. M. 1995 [1919].

Pynttäri 2011
Veli-Matti Pynttäri: *„Vain tämä menettelytapa tuntuu tulokselliselta…" Psykoanalyysi modernin aikakauden myyttinä Vaaskiven kulttuurikritiikissä*, Turku 2011 (Turun yliopiston julkaisuja, Sarja C, Scripta lingua Fennica edita, Bd. 312).

Rimbaud 1985 [1895]
Arthur Rimbaud: *Illuminations* (hrsg. v. André Guyaux), Neuchâtel 1985 [1895].

Rimbaud 1975 [1912; 1926]
Arthur Rimbaud: *Lettres du voyant* (hrsg. v. Gérald Schaeffer), Genève 1975 [1912; 1926].

Robinson 2001
Hilary Robinson (Hrsg.): *Feminism – Art – Theory. An Anthology 1968–2000*, Oxford 2001.

Rosenblum 1994 [1975]
Robert Rosenblum: *Modern Painting and the Northern Romantic Tradition. Friedrich to Rothko*, London 1994 [1975].

Rosenthal 1996
Mark Rosenthal: *Introduction*, in: *Abstraction in the Twentieth Century. Total Risk, Freedom, Discipline* (hrsg. v. Mark Rosenthal), Ausstellungskatalog, Solomon R. Guggenheim Museum, New York 1996, S. 1–5.

Rosenvold Hvidt 2012
Annette Rosenvold Hvidt: *Im Gemälde Wohnen. Hammershøi und der Intimismus*, in: *Hammershøi und Europa* 2012, S. 197–222.

Ruin 1923
Hans Ruin: *Nutidskonst i psykologisk belysning*, Helsongfors 1923.

Ruotsalainen 1996
Anna Ruotsalainen (Hrsg.): *Näköalapaikalla. Aimo Reitalan juhlakirja*, Helsinki 1996 (Taidehistoriallisia tutkimuksia, Bd. 17).

Said 2007 [2006]
Edward Said: *On Late Style. Music and Literature Against the Grain*, London 2007 [2006].

Sarajas-Korte (Hrsg.) 1990, Bd. 5
Salme Sarajas-Korte (Hrsg.): *Ars Suomen taide*, Bd. 5, Espoo 1990.

Sarajas-Korte (Hrsg.) 1989, Bd. 4
Salme Sarajas-Korte (Hrsg.): *Ars. Suomen taide*, Bd. 4, Espoo 1989.

Sarajas-Korte 1989
Salme Sarajas-Korte: *Maalaustaide 1890-luvulla – mystiikkaa vai kansallisromantiikkaa*, in: id. (Hrsg.) 1989, S. 254–294.

Sarajas-Korte 1966
Salme Sarajas-Korte: *Suomen varhaissymbolismi ja sen lähteet. Tutkielma Suomen maalaustaiteesta 1891–1895*, Helsinki 1966, zugl. Diss., Universität Helsinki.

Tilo Schabert 2002
Tilo Schabert (Hrsg.): *Die Sprache der Masken*, Würzburg 2002 (Eranos, Bd. 9).

Ina Schabert 2002
Ina Schabert: *Geschlechtermaskerade*, in: Tilo Schabert 2002, S. 53–77.

Schawelka 2007
Karl Schawelka: *Farbe. Warum wir sie sehen, wie wir sie sehen*, Weimar 2007.

Schemer 2015
Christian Schemer: *Priming, Framing, Stereotype*, in: Wolfgang Schweiger u. Andreas Fahr (Hrsg.): *Handbuch Medienwirkungsforschung*, Wiesbaden 2013, S. 153–163.

Schieren 2000
Mona Annette Schieren: *„Die melancholische Faszination der fremden Rasse". Otto Muellers Zigeunerbilder in der Rezeption*, in: Hund 2000, S. 51–66.

Schlicht 2013
Esther Schlicht: *„The end of the end of everything". Letzte Bilder zwischen Schlusspunkt und Neubeginn*, in: *Letzte Bilder* 2013, S. 12–22.

Schößler 2010
Franziska Schößler: *Einführung in die Gender Studies*, Berlin 2010 (Akademie-Studienbücher Literaturwissenschaft).

Simmel 1995 [1905]
Georg Simmel: *Philosophie der Mode* (1905), in: *Gesamtausgabe*, Bd. 10 (hrsg. v. Otthein Rammstedt et al.), Frankfurt a. M. 1995, S. 7–39.

Simmel 1993 [1901–1908]
Georg Simmel: *Die Frau und die Mode* (1901 – 1908), in: *Gesamtausgabe*, Bd. 8 (hrsg. v. Otthein Rammstedt et al.), Frankfurt a. M. 1993, S. 433–348.

Sinisalo 2000
Soili Sinisalo et al. (Hrsg.): *Tuntematon horisontti. Suomen taidetta 1870–1920*, Helsinki 2000 (Ateneumin julkaisut, Bd. 20).

Schaffer 1982
Barbro Schaffer: *Analys och värdering. En studie i svensk konstkritik 1930–35*, Stockholm 1982.

Schmidt-Burckhardt 1992
Astrit Schmidt-Burkhardt: *Sehende Bilder. Die Geschichte des Augenmotivs seit dem 19. Jahrhundert*, Berlin 1992 (Artefact, Bd. 4), zugl. Diss., Freie Universität Berlin, 1990.

Schneede 2007
Uwe M. Schneede: *„So offenbart der Maler seine Seele." Die Selbstbildnisse*, in: *Helene Schjerfbeck* 2007, S. 32–40.

Schwitters 1981 [1920]
Kurt Schwitters: *Was Kunst ist; eine Regel für große Kritiker*, in: *Kurt Schwitters. Das literarische Werk. Manifeste und kritische Prosa*, Bd. 5, (hrsg. von Friedhelm Lach), Köln 1981 [1920].

Schönhammer 2013
Rainer Schönhammer: *Einführung in die Wahrnehmungspsychologie. Sinne, Körper, Bewegung*, Wien, 2. Auflage 2013 (UTB).

Solomon-Godeau 2014
Abigail Solomon-Godeau: *Die Folie hinter dem Spiegel – Helene Schjerfbecks Selbstporträts*, in: *Helene Schjerfbeck* 2014, S. 81–113.

Spies 2008
Werner Spies: *Der Surrealismus und seine Zeit*, Berlin 2008 (Auge und Wort. Gesammelte Schriften zu Kunst und Literatur, Bd. 7, hrsg. v. Thomas W. Gaethgens).

Stewen 1997
Riikka Stewen: *Helene Schjerfbeck. Itsen kieltämisen ja kukistamisen taide*, in: Holger 1997, S. 33–41.

Stewen 1996
Riikka Stewen: *Suljetut silmät*, in: Lyytikäinen u. Kalliokoski u. Kantokorpi 1996, S. 17–27.

Suominen-Kokkonen 2013
Renja Suominen-Kokkonen (Hrsg.): *The Challenges of Biographical Research in Art History Today*, Helsinki 2013 (Taidehistoriallisia tutkimuksia, Bd. 46).

Suominen-Kokkonen 2004
Renja Suominen-Kokkonen: *Taiteen kirjasto? Ajatuksia Villa Maireasta ja taiteenkerääjän sukupuolesta / A Library of Art? The Villa Mairea and Notes on the Gender of the Art Collector*, Pori 2004 (Porin taidemuseon tutkimuksia, Bd. 4).

Taine 1987 [1865–1869]
Hippolyte Taine: *Philosophie der Kunst* (aus d. Frz. übers., hrsg. v. Alphons Silbermann), 1987 [1865–1869] Berlin (Klassiker der Kultursoziologie, Bd. 2)

Tams (Jádi) 2012
Marie Christine Tams (Jádi): *Silent Stir Within. On the Phenomena of Mood and Emotion in the Art of Helene Schjerfbeck,* in: *Helene Schjerfbeck* 2012, S. 61–72.

Thomas 2010
Kerstin Thomas (Hrsg.): *Stimmung. Ästhetische Kategorie und künstlerische Praxis*, Berlin 2010.

Tiedemann 2013
Jens Tiedemann: *Scham*, Gießen 2013 (Analyse der Psyche und Psychotherapie, Bd. 7).

Tiedemann 2007
Nicole Tiedemann: *Haar-Kunst. Zur Geschichte und Bedeutung eines menschlichen Schmuckstücks*, Köln 2007, zugl. Diss., Universität Bremen, 2005.

Tihinen 2008
Juha-Heikki Tihinen: *Halun häilyvät rajat. Magnus Enckellin teosten maskuliinisuuksien ja feminiinisyyksien representaatioista ja itsen luomisesta*, Helsinki 2008 (Taidehistoriallisia tutkimuksia, Bd. 37), zugl. Diss., Universität Helsinki, 2008.

Vainio 2004
Risto Vainio: *Kaksipuolinen maalaus Tehdastyöläisiä matkalla työhön*, in: *Helene Schjerfbeck Riihimäen taidemuseon Tatjana ja Pentti Wähäjärven kokoelmassa* 2004, S. 17–22.

Vakkari 2010
Johanna Vakkari (Hrsg.): *Mind and Matter. Selected Papers of Nordik 2009 Conference for Art Historians*, Helsinki 2010 (Taidehistoriallisia tutkimuksia, Bd. 41).

Valjakka 2009
Timo Valjakka: *Modernin kahdet kasvot*, Helsinki 2009 (Suomalaisen Kirjallisuuden Seuran toimituksia).

Valkonen 2006
Olli Valkonen: *Taiteilijat ja maailmansota*, in: Kallio (Hrsg.) 2006, S. 111–128.

Valkonen 1990
Olli Valkonen: *Maalaustaide vuosisadan vaihteesta itsenäisyyden aikaan*, in: Sarajas-Korte (Hrsg.) 1990, Bd. 5, S. 174–218.

Valkonen 1973
Olli Valkonen: *Maalaustaiteen murros suomessa 1908–1914. Uudet suuntaukset maalaustaiteessa, taidearvostelussa ja taidekirjoittelussa*, Jyväskylä 1973 (Jyväskylä Studies in the Arts, Bd. 6).

Van den Berg et al. 2012
Hubert van den Berg et al. (Hrsg.): *A Cultural History of the Avant-Garde in the Nordic Countries. 1900–1925*, Amsterdam 2012 (Avantgarde. Critical Studies, Bd. 28).

Vihanta 1992
Ulla Vihanta: *Unelmaton uni. Suomalaisen surrealismin filosofis-kirjallinen ja psykologinen tausta, Otto Mäkilän surrealistinen taide*, Helsinki 1992 (Helsingin yliopiston taidehistorian laitoksen julkaisuja, Bd. 11), zugl. Diss., Universität Helsinki, 1992.

Vihanta 1994
Ulla Vihanta: *Om det andliga innehållet i Wäinö Aaltonens måleri*, in: *Wäinö Aaltonen* 1994, S. 64–92.

Virta 2010
Tove Virta: *Hon drog sina streck. Vi minns henne – Helene Schjerfbeck i Västnyland*, Karis 2010.

Von Bonsdorff 2014
Anna-Maria von Bonsdorff: *Farbaskese – Helene Schjerfbeck und „Der Weg zum Synthetischen"*, in: *Helene Schjerfbeck* 2014, S. 49–81.

Von Bonsdorff 2012
Anna-Maria von Bonsdorff: *Colour Ascetism and Synthetist Colour. Colour Concepts in Turn-of-the-20th-Century Finnish and European Art*, Diss., Universität Helsinki, 2012 (https://helda.helsinki.fi/bitstream/handle/10138/33523/Colouras.pdf?sequence=1).

Vuorinen 2004
Katja Vuorinen: *Helene Schjerfbeckin teoksia Riihimäen Taidemuseossa*, in: *Helene Schjerfbeck Riihimäen taidemuseon Tatjana ja Pentti Wähäjärven kokoelmassa* 2004, S. 22–70.

Vänskä 2006
Annamari Vänskä: *Vikuroivia vilkaisuja. Ruumis, sukupuoli, seksuaalisuus ja visuaalisen kulttuurin tutkimus* (hrsg. v. Christian Hoffmann et al.), Helsinki 2006 (Taidehistoriallisia tutkimuksia, Bd. 35), zugl. Diss., Universität Helsinki, 2006.

Waetzoldt 1908
Wilhelm Waetzoldt: *Die Kunst des Porträts*, Leipzig 1908.

Wagner 2011
Monika Wagner: *Oberfläche und Tiefe. Zur Wahrnehmung und Semantik opaker und transparenter Farben*, in: Jehle u. Steinbrenner u. Wagner 2011, S. 202–214.

Wagner 2002
Monika Wagner: *Linie – Farbe – Material. Kunsttheorie als Geschlechterkampf*, in: B. Hüttel u. R. Hüttel u. Kohl 2002, S. 195–209.

Wagner 2001 a
Monika Wagner: *Das Material der Kunst. Eine andere Geschichte der Moderne*, München 2001.

Wagner 2001 b
Monika Wagner: *Primitivismen. Materialien und Medien der BRÜCKE-Künstler*, in: *Die BRÜCKE in Dresden* 2001, S. 77–82.

Warren 2013
Sarah Warren: *Mikhail Larionov and the Cultural Politics of Late Imperial Russia*, Burlington, VT 2013, zugl. Diss., University of Southern California, Los Angeles 2002.

Warren 2003
Sarah Warren: *Spent Gypsies and Fallen Venuses: Mikhail Larionov's Modernist Primitivism*, in: Oxford Art Journal, Nr. 2, 2003, S. 25–44.

Weigel (Hrsg.) 2013
Sigrid Weigel (Hrsg.): *Gesichter. Kulturgeschichtliche Szenen aus der Arbeit am Bildnis des Menschen*, München 2013 (Trajekte).

Weigel 2013
Sigrid Weigel: *Das Gesicht als Artefakt. Zu einer Kulturgeschichte des menschlichen Bildnisses*, in: id (Hrsg.) 2013, S. 7–33.

Weinhart 2004
Martina Weinhart: *Selbstbild ohne Selbst. Dekonstruktionen eines Genres in der zeitgenössischen Kunst*, Berlin 2004, zugl. Diss. Frankfurt a. M. 2000.

Ästhetische Grundbegriffe. Historisches Wörterbuch in sieben Bänden, hrsg. v. Karlheinz Barck et al., Bd. 5, Stuttgart u. Weimar 2003, S. 703–734, s.v. „Stimmung“ (David E. Wellbery).

Wellmann 2005
Marc Wellmann: *Geste* 2005, (http://www.udk-berlin.de/sites/content/e177/e70/e699/e717/e1895/e5435/e1920/index_ger.html).

Wilde 1994 [1890]
Oscar Wilde: *The Picture of Dorian Gray*, London 1994 [1890].

Woirhaye 2002
Helena Woirhaye: *Maire Gullichsen. Taiteen juoksutyttö*, Helsinki 2002.

Wolf 2002
Gerhard Wolf: *Schleier und Spiegel. Traditionen des Christusbildes und die Bildkonzepte der Renaissance*, München 2002, zugl. Habil.-Schr., Freie Universität Berlin, 1995.

Woodall (Hrsg.) 1997
Joanna Woodall (Hrsg.): *Portraiture. Facing the Subject*, Manchester 1997 (Critical Introductions to Art).

Woodall 1997
Joanna Woodall: *Introduction: Facing the Subject*, in: id. (Hrsg.) 1997, S. 1–27.

Worringer 2007 [1908]
Wilhelm Worringer: *Abstraktion und Einfühlung. Ein Beitrag zur Stilpsychologie* (hrsg. v. Helga Grebing), Paderborn 2007 [1908].

Zimmermann 2014
Anja Zimmermann (Hrsg.): *Biologische Metaphern. Zwischen Kunst, Kunstgeschichte und Wissenschaft in Neuzeit und Moderne*, Berlin 2014.

Zimmermann (Hrsg.) 2006
Anja Zimmermann (Hrsg.): *Kunstgeschichte und Gender. Eine Einführung*, Berlin 2006.

Zimmermann 2006
Anja Zimmermann: *Einführung. Gender als Kategorie kunsthistorischer Forschung*, in: id. (Hrsg.) 2006, S. 9–61.

Abbildungen

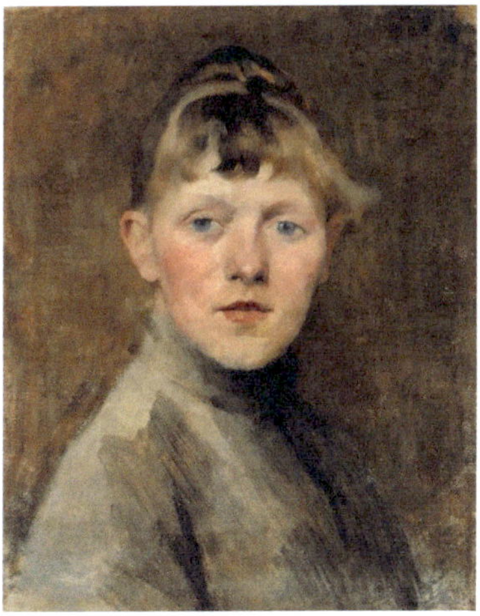

Abb. 9: Helene Schjerfbeck: *Selbstporträt*, 1884–85

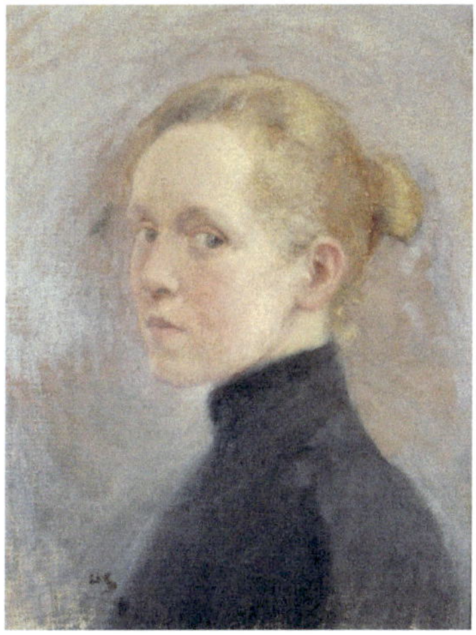

Abb. 10: Helene Schjerfbeck: *Selbstporträt*, 1895

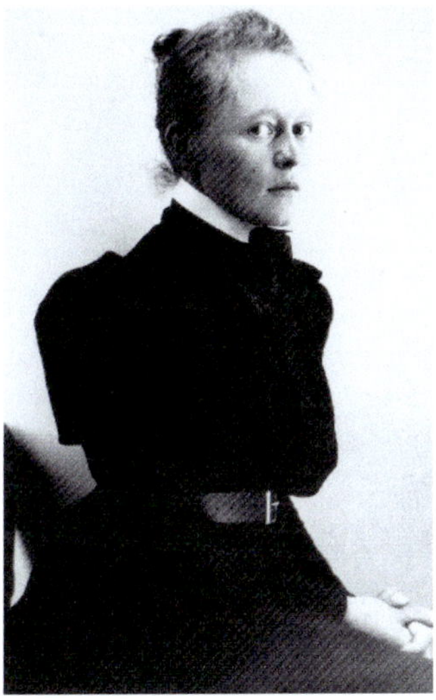

Abb. 11: Helene Schjerfbeck, 1890er Jahre

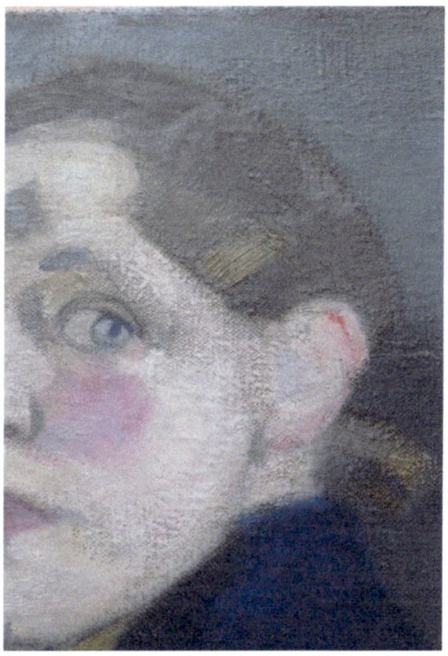

Abb. 12: Helene Schjerfbeck: *Selbstporträt*, Bildausschnitt, 1912

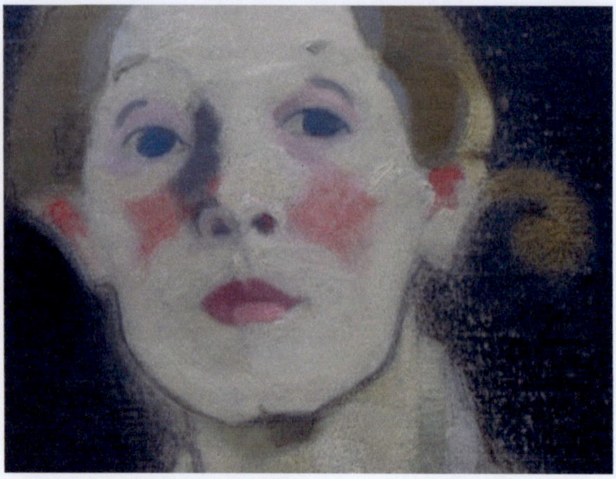

Abb. 13: Helene Schjerfbeck: *Selbstporträt mit schwarzem Hintergrund*, Bildausschnitt, 1915

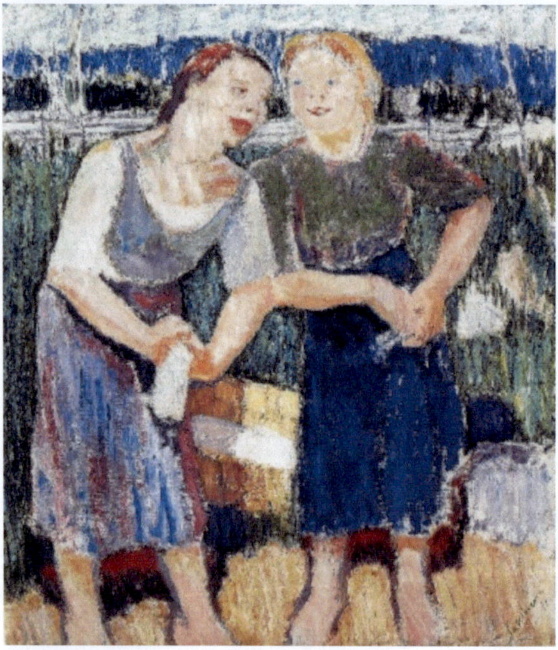

Abb. 14: Tyko Sallinen: *Wäscherinnen*, 1911

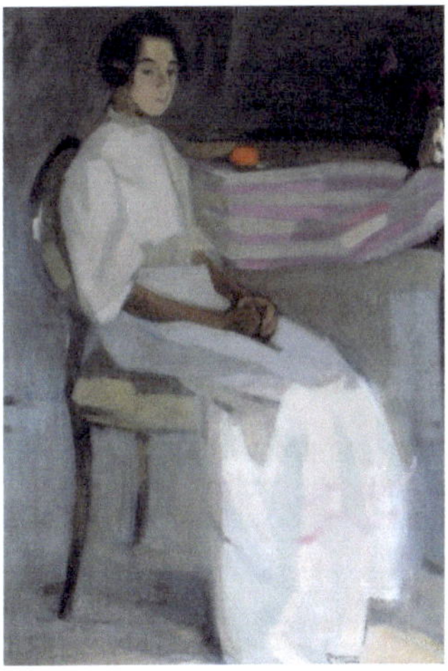

Abb. 15: Helene Schjerfbeck: *Kostümbild II*, 1909

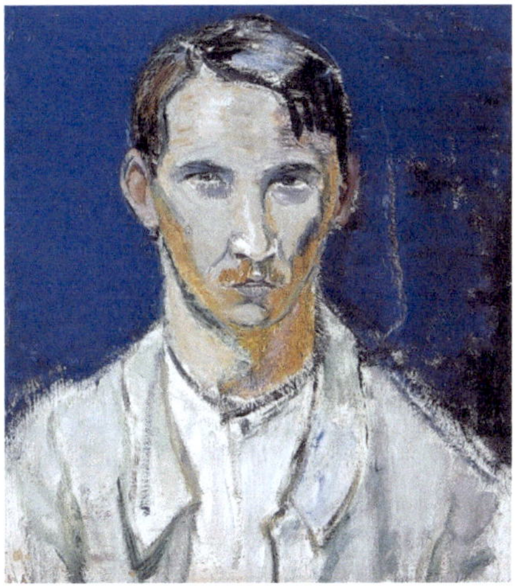

Abb. 16: Tyko Sallinen: *Selbstporträt*, 1914

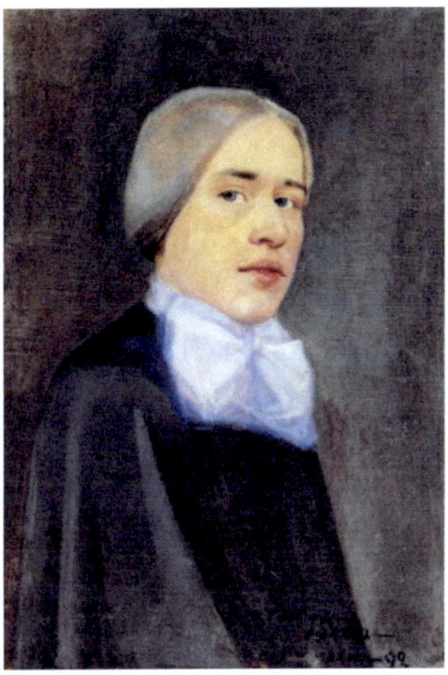

Abb. 17: Beda Stjernschantz: *Selbstporträt*, 1892

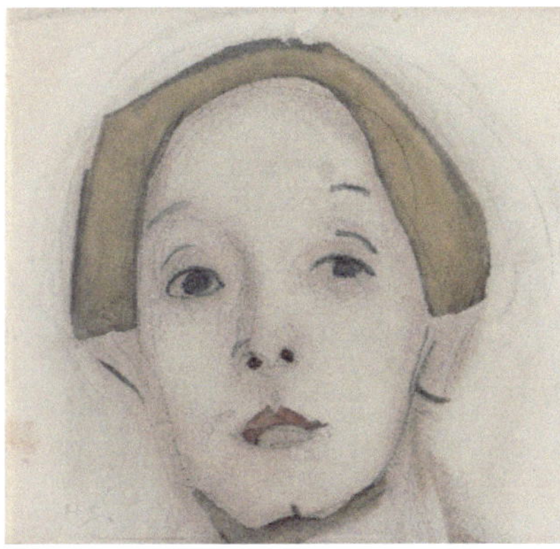

Abb. 18: Helene Schjerfbeck: *Selbstporträt*, 1915

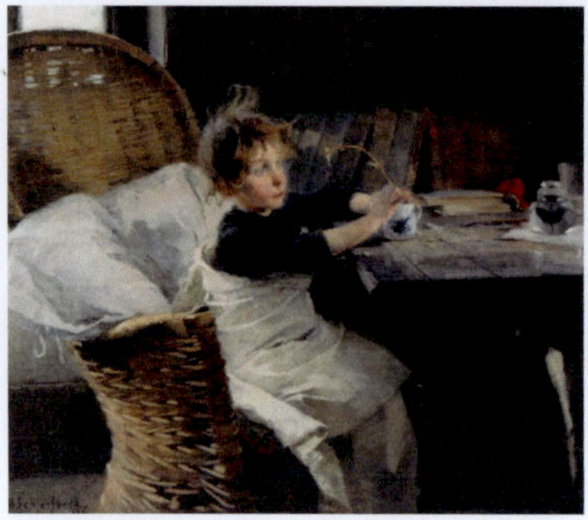

Abb. 19: Helene Schjerfbeck: *Die Genesende*, 1888

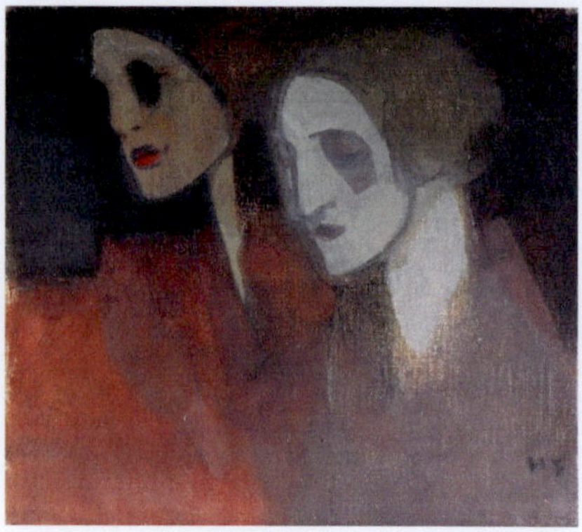

Abb. 20: Helene Schjerfbeck: *Fabrikarbeiterinnen auf dem Weg zur Arbeit*, 1921–22

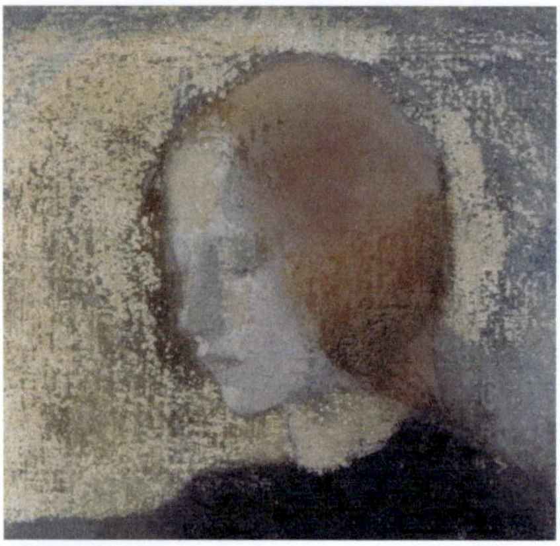

Abb. 21: Helene Schjerfbeck: *Fragment*, ca. 1904

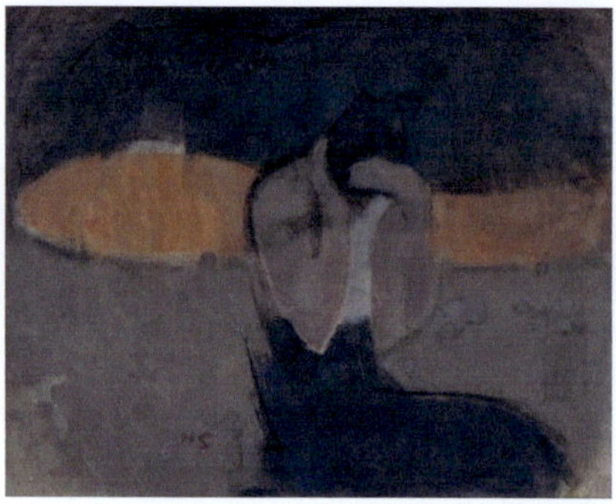

Abb. 22: Helene Schjerfbeck: *Trauer (Die Zigeunerin)*, 1919

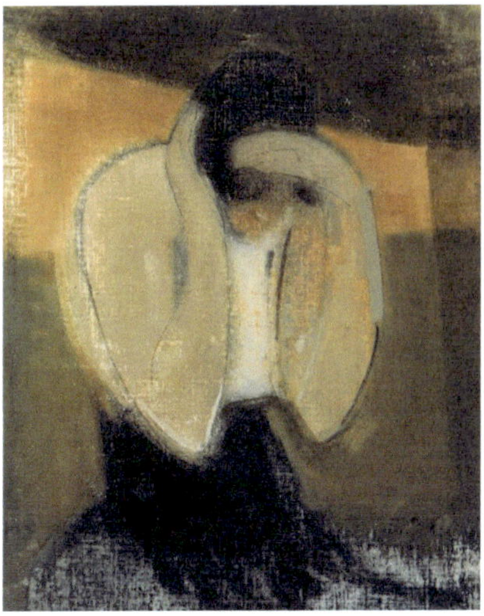

Abb. 23: Helene Schjerfbeck: *Die Zigeunerin*, 1919

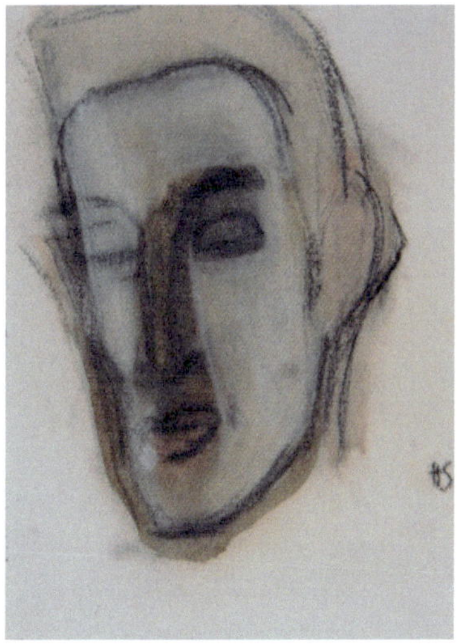

Abb. 24: Helene Schjerfbeck: *Der Vermieter*, ca. 1926

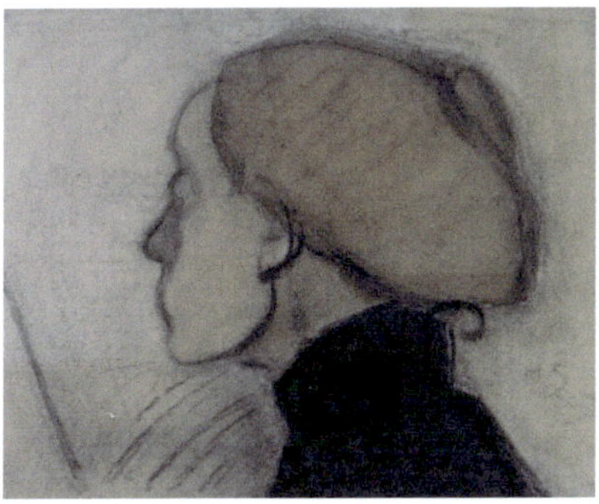

Abb. 25: Helene Schjerfbeck: *Selbstporträt im Profil*, ca. 1933

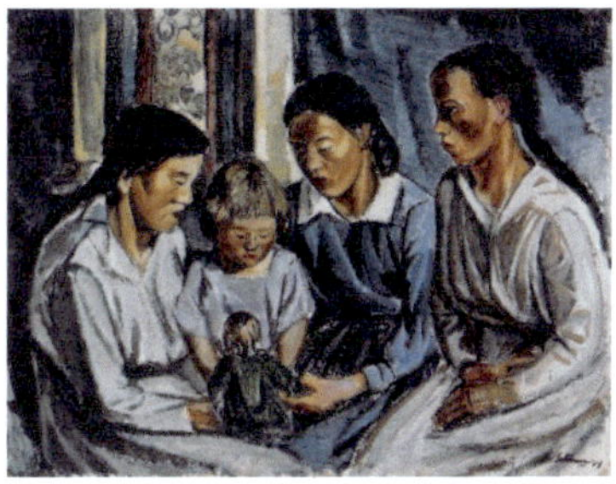

Abb. 26: Tyko Sallinen: *Die Töchter des Kaufmanns*, 1917

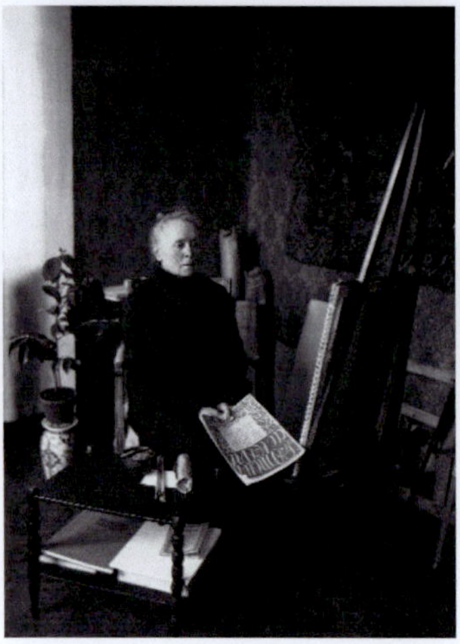

Abb. 27: Helene Schjerfbeck, 1927

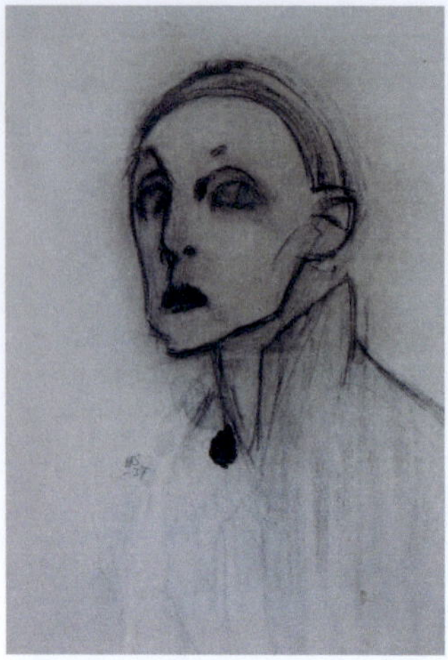

Abb. 28: Helene Schjerfbeck: *Selbstporträt mit Palette*, 1937

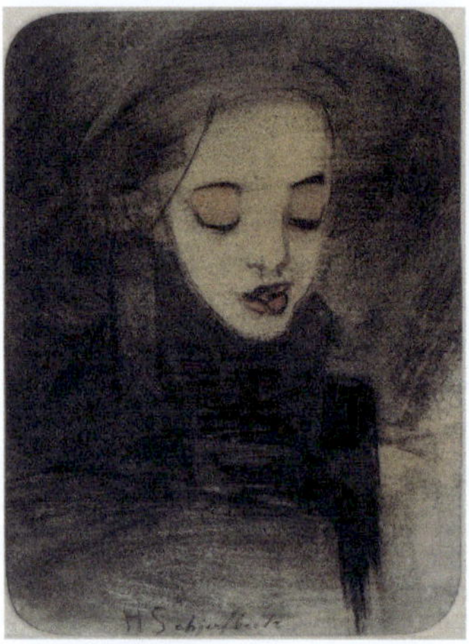

Abb. 29: Helene Schjerfbeck: *Das Fräulein von der Station*, ca. 1918

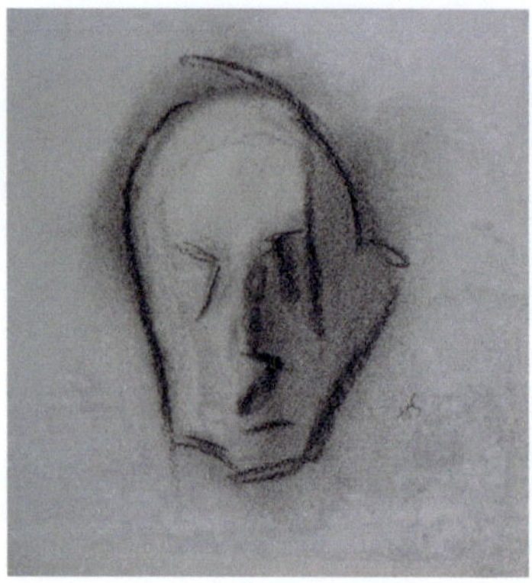

Abb. 30: Helene Schjerfbeck: *Das letzte Selbstporträt*, 1945

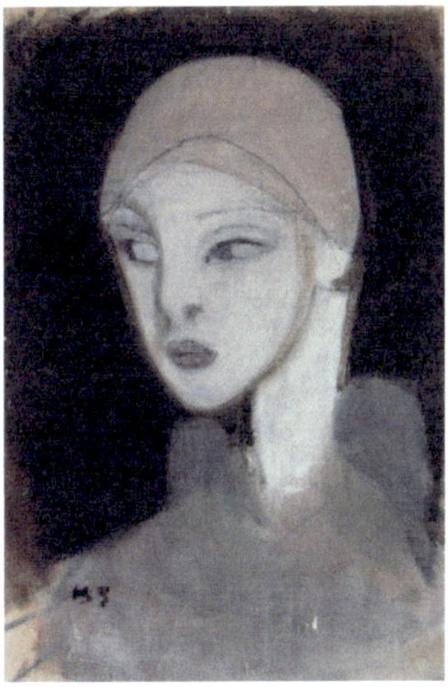

Abb. 31: Helene Schjerfbeck: *Das Mädchen von den Inseln*, 1929

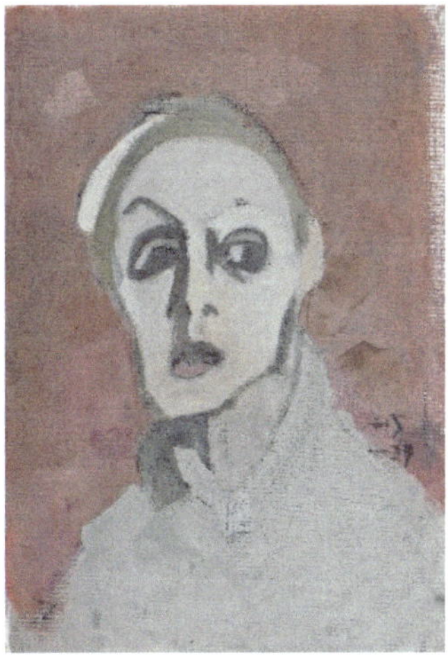

Abb. 32: Helene Schjerfbeck: *Selbstporträt mit schwarzem Mund*, 1939

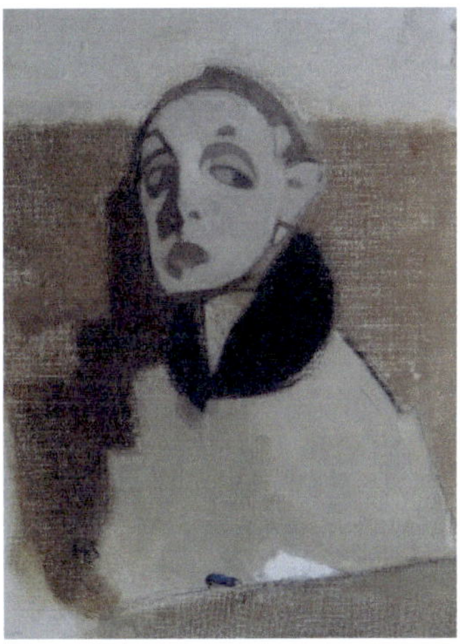

Abb. 33: Helene Schjerfbeck: *Selbstporträt mit Palette II*, 1937–45

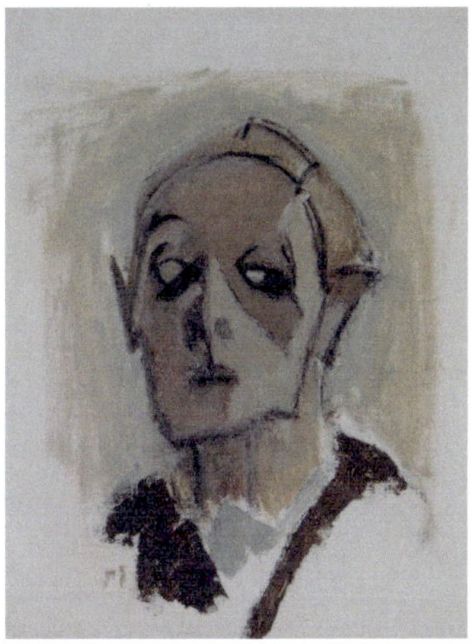

Abb. 34: Helene Schjerfbeck: *Selbstporträt, en face I*, 1945

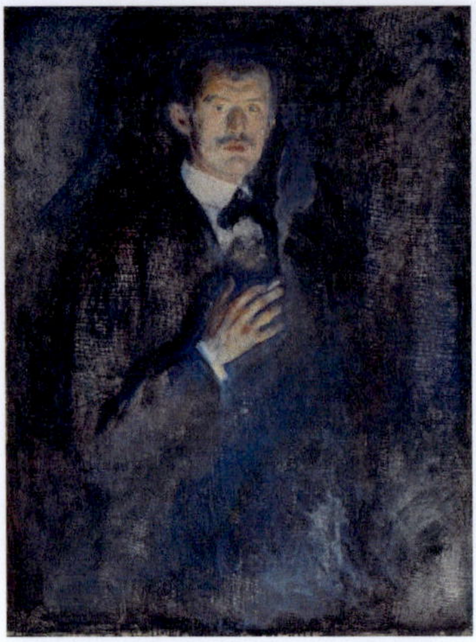

Abb. 35: Edvard Munch: *Selbstporträt mit Zigarette*, 1895

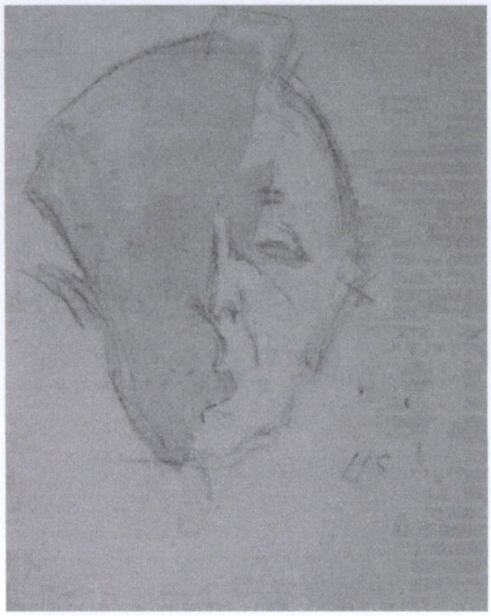

Abb. 36: Helene Schjerfbeck: *Selbstporträt*, 1944

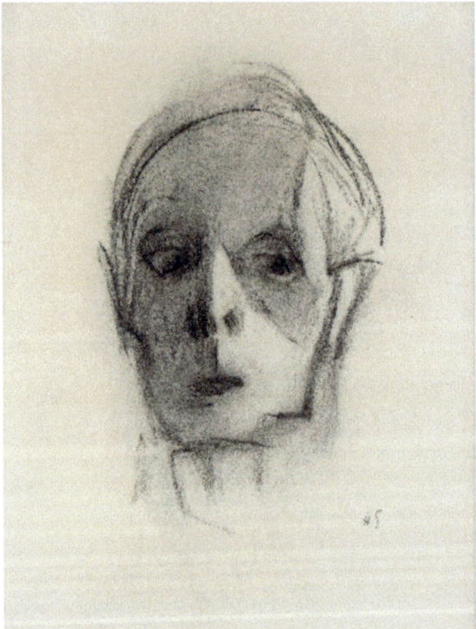

Abb. 37: Helene Schjerfbeck: *Selbstporträt, en face II, Saltsjöbaden*, 1944 od. 1945

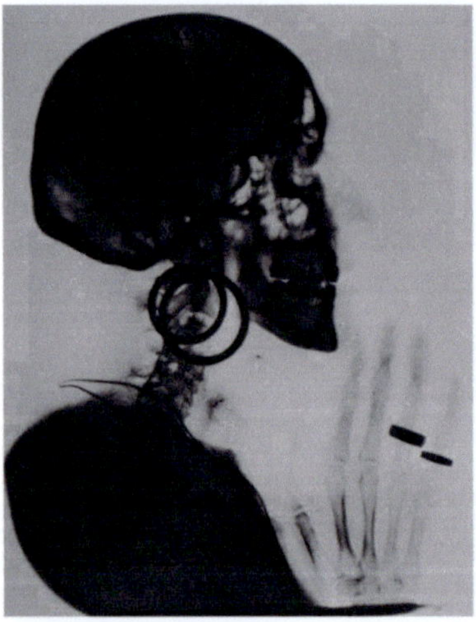

Abb. 38: Meret Oppenheim: *Röntgenaufnahme des Schädels M.O.*, 1964

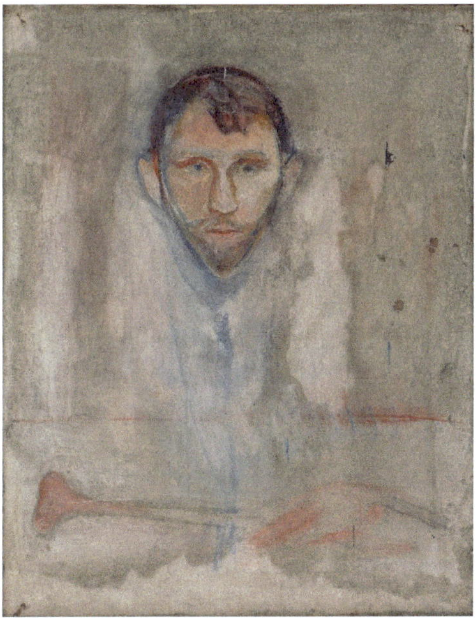

Abb. 39: Edvard Munch: *Stanisław Przybyszewski*, 1894

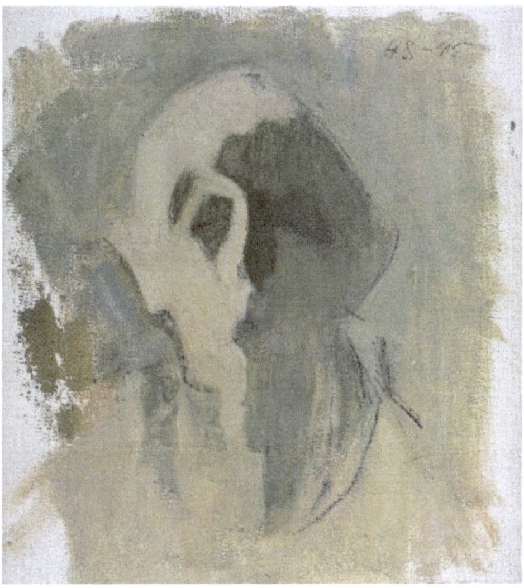

Abb. 40: Helene Schjerfbeck: *Selbstporträt, Licht und Schatten*, 1945

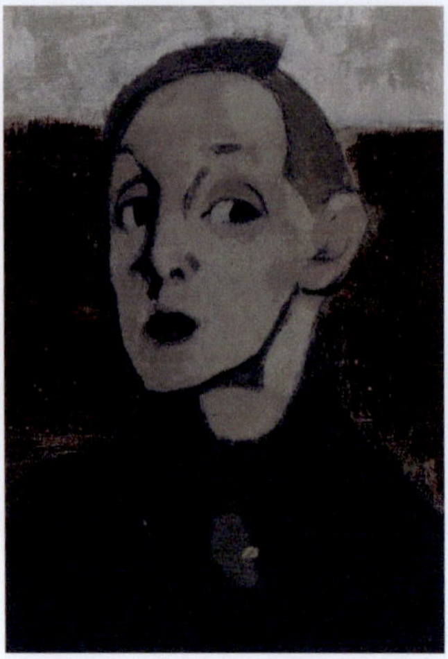

Abb. 41: Helene Schjerfbeck: *Selbstporträt in dunklem Kleid*, 1934

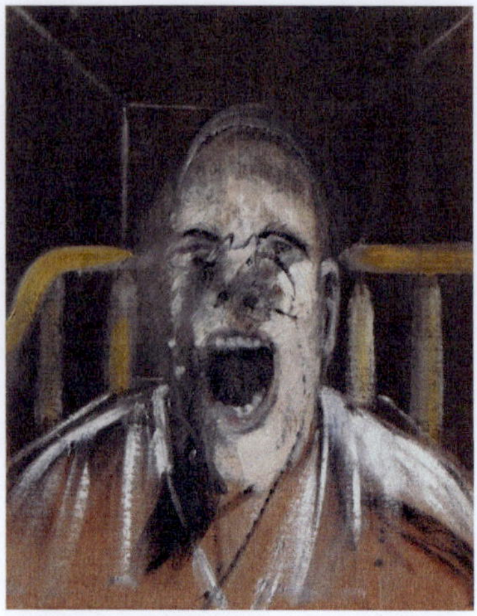

Abb. 42: Francis Bacon: *Study of a Head*, 1952

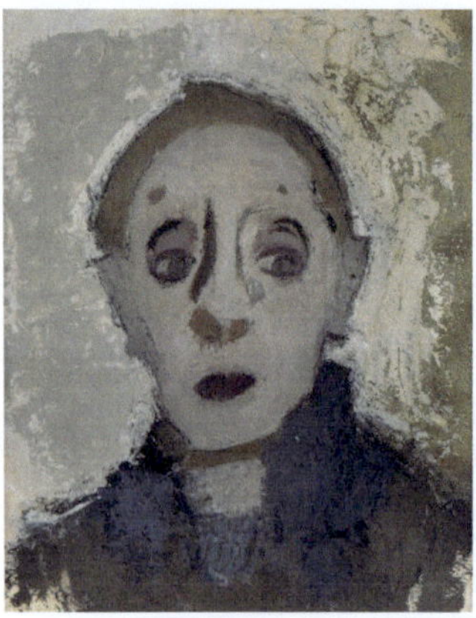

Abb. 43: Helene Schjerfbeck: *Selbstporträt*, 1942

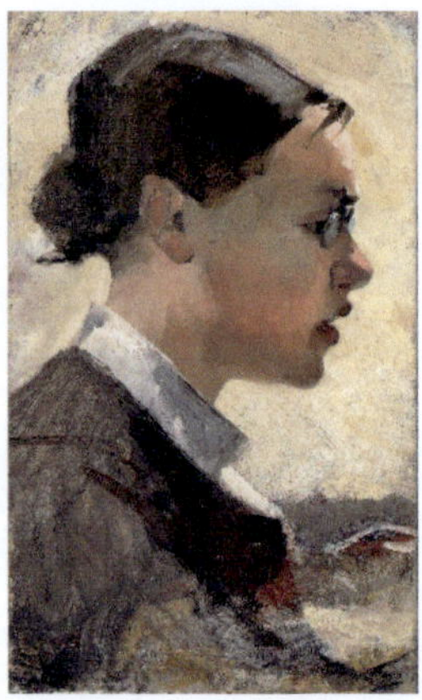

Abb. 44: Helene Schjerfbeck: *Porträt von Helena Westermarck*, 1884

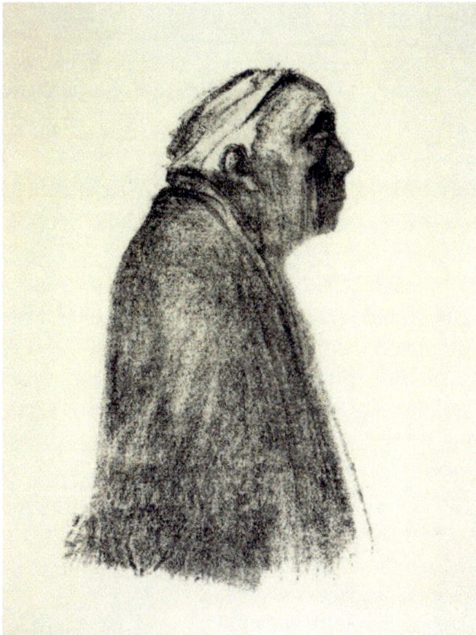

Abb. 45: Käthe Kollwitz: *Selbstbildnis im Profil nach rechts*, 1938(?)

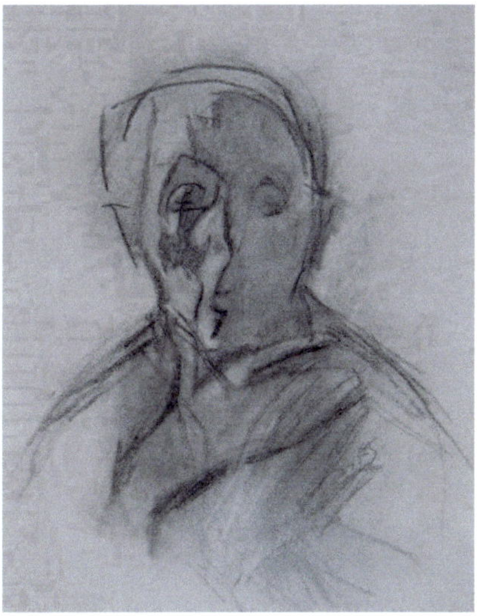

Abb. 46: Helene Schjerfbeck: *Selbstporträt, Brustbild mit Händen*, 1945

Bildinformationen und Abbildungsnachweis

Abb. 1: Helene Schjerfbeck: *Selbstporträt (Omakuva / Självporträtt)*, 1912, Öl auf Leinwand, 43,5 x 42 cm, Kansallisgalleria, Ateneumin taidemuseo, Helsinki. Foto: Kansallisgalleria / Yehia Eweis, (CC0-Lizenz)

Abb. 2: Helene Schjerfbeck: *Selbstporträt mit silbernem Hintergrund (Hopeataustainen omakuva / Självporträtt med silverfond)*, 1915, Aquarell, Kohle, Bleistift und Blattsilber auf Papier, 47 x 34,5 cm, Turun taidemuseo, Turku. Foto: Vesa Aaltonen

Abb. 3: Helene Schjerfbeck: *Selbstporträt mit schwarzem Hintergrund (Mustataustainen omakuva / Självporträtt med svart fond)*, 1915, Öl auf Leinwand, 45,5 x 36 cm, Herman ja Elisabeth Hallonbladin kokoelma, Kansallisgalleria, Ateneumin taidemuseo, Helsinki. Foto: Kansallisgalleria / Yehia Eweis (CC0-Lizenz)

Abb. 4: Helene Schjerfbeck: *Unvollendetes Selbstporträt (Keskeneräinen omakuva / Ofullbordat självporträtt)*, 1921, Öl auf Leinwand, 44,5 x 50 cm, Tatjana ja Pentti Wähäjärven kokoelma, Riihimäen taidemuseo, Riihimäki, PW-104:8. Foto: Riihimäen taidemuseo

Abb. 5: Helene Schjerfbeck: *Selbstporträt (Omakuva / Självporträtt)*, 1913–26, Kohle, Aquarell und Öl auf Leinwand, 32 x 24 cm, Maire Gullichsenin taidesäätiön kokoelma, Porin taidemuseo, Pori. Foto: Erkki Valli-Jaakola

Abb. 6: Helene Schjerfbeck: *Selbstporträt mit Palette I (Omakuva paletteineen I / Självporträtt med palett I)*, 1937, Tempera und Öl auf Leinwand, 54,5 x 41 cm, Moderna Museet, Stockholm. Foto: Moderna Museet / Stockholm

Abb. 7: Helene Schjerfbeck: *Selbstporträt mit rotem Punkt (Punatäpläinen omakuva / Självporträtt med röd fleck)*, 1944, Öl auf Leinwand, 45 x 37 cm, Gösta ja Bertha Stenmanin lahjoituskokoelma, Kansallisgalleria, Ateneumin taidemuseo, Helsinki. Foto: Kansallisgalleria / Henri Tuomi (CC0-Lizenz)

Abb. 8: Helene Schjerfbeck: *Selbstporträt, Eine alte Malerin (Omakuva, En gammal målarinna / Självporträtt, En gammal målarinna)*, 1945, Öl auf Leinwand, 32 x 26 cm, Privatsammlung. Foto: Kansallisgalleria / Hannu Aaltonen

Abb. 9: Helene Schjerfbeck: *Selbstporträt (Omakuva / Självporträtt)*, 1884–85, Öl auf Leinwand, 50 x 41 cm, Kansallisgalleria, Ateneumin taidemuseo, Helsinki. Foto: Kansallisgalleria / Henri Tuomi (CC0-Lizenz)

Abb. 10: Helene Schjerfbeck: *Selbstporträt (Omakuva / Självporträtt)*, 1895, Öl auf Leinwand, 38 x 31 cm, Länsi-Uudenmaan Maakuntamuseo. Foto: Vidar Lindqvist

Abb. 11: Helene Schjerfbeck, 1890er Jahre, Fotograf unbekannt. Foto: KG arkistovedokset, Arkistokokoelmat, Kansallisgalleria, Helsinki

Abb. 12: Helene Schjerfbeck: *Selbstporträt, Bildausschnitt (Omakuva / Självporträtt)*, 1912, Öl auf Leinwand, 43,5 x 42 cm, Kansallisgalleria, Ateneumin taidemuseo, Helsinki. Foto: Annika Landmann

Abb. 13: Helene Schjerfbeck: *Selbstporträt mit schwarzem Hintergrund, Bildausschnitt (Mustataustainen omakuva / Självporträtt med svart fond)*, 1915, Öl auf Leinwand, 45,5 x 36 cm, Herman ja Elisabeth Hallonbladin kokoelma, Kansallisgalleria, Ateneumin taidemuseo, Helsinki. Foto: Annika Landmann.

Abb. 14: Tyko Sallinen: *Wäscherinnen (Pyykkärit)*, 1911, Öl auf Leinwand, 154 x 136 cm, Hovingin kokoelma, Kansallisgalleria, Ateneumin taidemuseo, Helsinki. © VG Bild-Kunst, Bonn 2018, Foto: Kansallisgalleria / Hannu Aaltonen

Abb. 15: Helene Schjerfbeck: *Kostümbild II (Pukukuva II / Kostymbild II)*, 1909, Öl auf Leinwand, 89,5 x 63 cm, Kansallisgalleria, Ateneumin taidemuseo, Helsinki. Foto: Hannu Aaltonen. (CC0-Lizenz)

Abb. 16: Tyko Sallinen: *Selbstporträt (Omakuva)*, 1914, Öl auf Pappe, 56 x 50,5 cm. Herman ja Elisabeth Hallonbladin taidekokoelma, Kansallisgalleria, Ateneumin taidemuseo, Helsinki. © VG Bild-Kunst, Bonn 2018, Foto: Kansallisgalleria / Jukka Romu

Abb. 17: Beda Stjernschantz: *Selbstporträt (Omakuva / Självporträtt)*, 1892, Öl auf Leinwand, 46 x 32,5 cm, Kansallisgalleria, Ateneumin taidemuseo, Helsinki. Foto: Kansallisgalleria / Pirje Mykkänen (CC0-Lizenz)

Abb. 18: Helene Schjerfbeck: *Selbstporträt (Omakuva, luonnos / Självporträtt)*, 1915, Kohle, Bleistift und Aquarell auf Papier, 21,5 x 24 cm, Gösta Serlachiuksen taidesäätiö, Serlachius-museot Mänttä. Foto: Studio Tomi Aho

Abb. 19: Helene Schjerfbeck: *Die Genesende (Toipilas / Konvalescenten)*, 1888, Öl auf Leinwand, 92 x 107 cm, Kansallisgalleria / Ateneumin taidemuseo, Helsinki. Foto: Kansallisgalleria / Yehia Eweis (CC0-Lizenz)

Abb. 20: Helene Schjerfbeck: *Fabrikarbeiterinnen auf dem Weg zur Arbeit (Tehdastyöläisiä matkalla työhön / Fabriksarbeterskor på väg till arbetet)*,1921–22, Öl auf Leinwand, 44,5 x 50 cm, Tatjana ja Pentti Wähäjärven kokoelma, Riihimäen taidemuseo, Riihimäki, PW-104:8. Foto: Riihimäen taidemuseo

Abb. 21: Helene Schjerfbeck: *Fragment (Katkelma)*, ca. 1904, Öl auf Leinwand, 31,5 x 34 cm, Villa Gyllenberg, Signe och Ane Gyllenbergs stiftelse / Signe ja Ane Gyllenbergin säätiö, Helsinki. Foto: Signe och Ane Gyllenbergs stiftelse / Signe ja Ane Gyllenbergin säätiö / Matias Uusikylä

Abb. 22: Helene Schjerfbeck: *Trauer (Die Zigeunerin) (Suru [Mustalaisnainen] / Sorg [Zigenerskan])*, 1919, Öl auf Leinwand, 81 x 100 cm, Helsingin Sanomain Säätiö, Helsinki. Foto: Helsingin Sanomat Foundation / Annika Johansson

Abb. 23: Helene Schjerfbeck: *Die Zigeunerin (Mustalaisnainen / Zigenerskan)*, 1919, Öl auf Leinwand, 66 x 55,5 cm, Yrjö ja Nanny Kauniston kokoelma, Kansallisgalleria, Ateneumin taidemuseo, Helsinki. Foto: Kansallisgalleria / Hannu Aaltonen (CC0-Lizenz)

Abb. 24: Helene Schjerfbeck: *Der Vermieter (Vuokraisäntä / Hyresvärden)*, ca. 1926, Aquarell, Gouache und Kohle auf Papier, 32 x 22,5 cm, Privatsammlung. Foto: Kansallisgalleria / Kirsi Halkola

Abb. 25: Helene Schjerfbeck: *Selbstporträt im Profil (Omakuva, profiili / Självporträtt, profil)*, ca. 1933, Kohle, Kreide und Gouache auf Papier, 24 x 30 cm, Privatsammlung. Foto: Kansallisgalleria /Joel Rosenberg

Abb. 26: Tyko Sallinen: *Die Töchter des Kaufmanns (Kauppiaan tyttäret)*, 1917, Öl auf Leinwand, 90,5 x 117 cm. Hovingin kokoelma, Kansallisgalleria, Ateneumin taidemuseo. © VG Bild-Kunst, Bonn 2018, Foto: Kansallisgalleria / Jukka Romu

Abb. 27: Fotografie von Helene Schjerfbeck, 1927, Länsi-Uudenmaan Maakuntamuseo. Foto: Harald Holmström.

Abb. 28: Helene Schjerfbeck: *Selbstporträt mit Palette (Omakuva paletteineen / Självporträtt med palett)*, 1937, Kohle und Aquarell auf Papier, 53 x 40 cm, Privatsammlung. Foto: Seppo Hilpo

Abb. 29: Helene Schjerfbeck: *Das Fräulein von der Station (Aseman neiti / Fröken från stationen)*, ca. 1918, Aquarell auf Papier, 39 x 29,5 cm, Privatsammlung. Foto: Kansallisgalleria / Hannu Aaltonen

Abb. 30: Helene Schjerfbeck: *Das letzte Selbstporträt (Viimeinen omakuva / Det sista självporträttet)*, 1945, Kohle auf Papier, 18,5 x 17,5 cm, Villa Gyllenberg, Signe och Ane Gyllenbergs stiftelse / Signe ja Ane Gyllenbergin säätiö, Helsinki. Foto: Signe och Ane Gyllenbergs stiftelse / Signe ja Ane Gyllenbergin säätiö / Matias Uusikylä

Abb. 31: Helene Schjerfbeck: *Das Mädchen von den Inseln (Saariston tyttö / Flickan från skären)*, 1929, Öl auf Leinwand, 45 x 30,5 cm, Yrjö ja Nanny Kauniston kokoelma, Kansallisgalleria, Ateneumin taidemuseo, Helsinki. Foto: Kansallisgalleria / Hannu Aaltonen (CC0-Lizenz)

Abb. 32: Helene Schjerfbeck: *Selbstporträt mit schwarzem Mund (Mustasuinen omakuva / Självporträtt med svart mun)*, 1939, Öl auf Leinwand, 40 x 28 cm, Didrichsenin taidemuseo, Helsinki. Foto: Didrichsen Archive

Abb. 33: Helene Schjerfbeck: *Selbstporträt mit Palette II (Omakuva paletteineen II / Självporträtt med palett II)*, 1937–45, Öl auf Leinwand, 44,5 x 33,5 cm, Privatsammlung. Foto: Kansallisgalleria / Yehia Eweis

Abb. 34: Helene Schjerfbeck: *Selbstporträt, en face I (Omakuva, en face I / Självporträtt, en face I)*, 1945, Öl auf Leinwand, 39,5 x 31 cm, Yrjö ja Nanny Kauniston kokoelma, Kansallisgalleria, Ateneumin taidemuseo, Helsinki. Foto: Kansallisgalleria / Hannu Aaltonen (CC0-Lizenz)

Abb. 35: Edvard Munch: *Selbstporträt mit Zigarette (Selvportrett med sigarett)*, 1895, Öl auf Leinwand, 110,5 x 85,5 cm, Nasjonalmuseet, Oslo. Foto: Nasjonalmuseet / Børre Høstland

Abb. 36: Helene Schjerfbeck: *Selbstporträt (Omakuva / Självporträtt)*, 1944, Bleistift laviert auf Papier, 18 x 14,5 cm, Privatsammlung. Foto: Per Myrehed

Abb. 37: Helene Schjerfbeck: *Selbstporträt, en face II, Saltsjöbaden (Omakuva, en face II, Saltsjöbaden / Självporträtt, en face II, Saltsjöbaden)*, 1944 od. 1945, Kohle laviert auf Papier, 32 x 24,5 cm, Didrichsenin taidemuseo, Helsinki. Foto: Didrichsen Archive

Abb. 38: Meret Oppenheim: *Röntgenaufnahme des Schädels M.O.*, 1964, Gelatine-Silberdruck, 25,5 x 20,5 cm, Galerie Levy, Hamburg. © VG Bild-Kunst, Bonn 2018, Foto: Diaarchiv Kunstgeschichtliches Seminar, Universität Hamburg

Abb. 39: Edvard Munch: *Stanisław Przybyszewski*, 1894, Casein und Tempera auf Leinwand, 75 x 60 cm, Munchmuseet, Oslo. Foto: Munchmuseet [M 618]

Abb. 40: Helene Schjerfbeck: *Selbstporträt, Licht und Schatten (Omakuva, valoa ja varjoa / Självporträtt, ljus och skugga)*, 1945, Öl auf Leinwand, 36 x 34 cm, Villa Gyllenberg, Signe och Ane Gyllenbergs stiftelse / Signe ja Ane Gyllenbergin säätiö, Helsinki. Foto: Signe och Ane Gyllenbergs stiftelse / Signe ja Ane Gyllenbergin säätiö / Matias Uusikylä

Abb. 41: Helene Schjerfbeck: *Selbstporträt in dunklem Kleid (Omakuva mustassa asussa / Självporträtt i mörk kjol)*, 1934, Öl auf Leinwand, 37 x 26,5 cm, Privatsammlung. Foto: Kansallisgalleria / Henri Tuomi

Abb. 42: Francis Bacon: *Study of a Head*, 1952, Öl auf Leinwand, 50 x 40,5, cm, Yale Center for British Art, New Haven. © The Estate of Francis Bacon. All rights reserved / VG Bild-Kunst, Bonn 2018, Foto: Diaarchiv Kunstgeschichtliches Seminar, Universität Hamburg

Abb. 43: Helene Schjerfbeck: *Selbstporträt (Omakuva / Självporträtt)*, 1942, Öl auf Karton, 30 x 25 cm, Privatsammlung. Foto: Kansallisgalleria / Hannu Aaltonen

Abb. 44: Helene Schjerfbeck: *Porträt von Helena Westermarck (Helena Westermarckin muotokuva / Porträtt av Helena Westermarck)*, 1884, Öl auf Leinwand, 37,5 x 22,5 cm, Gösta Serlachiuksen taidesäätiö, Serlachius-museot Mänttä. Foto: Gösta Serlachiuksen taidesäätiö

Abb. 45: Käthe Kollwitz: *Selbstbildnis im Profil nach rechts*, 1938(?), Kreide- und Pinsellithographie (Kn 723). Copyright Käthe Kollwitz Museum Köln

Abb. 46: Helene Schjerfbeck: *Selbstporträt, Brustbild mit Händen (Omakuva, rintakuva, kädet esillä / Självporträtt, bröstbild med händer)*, 1945, Kohle laviert auf Papier, 39,5 x 31,5 cm, Privatsammlung. Foto: Per Myrehed

Über die Autorin

Annika Landmann studierte Kunstgeschichte, italienische Sprache und Literatur an der Universität Hamburg, wo sie 2016 zu ihrer Arbeit über die Selbstbildnisse Helene Schjerfbecks promoviert wurde. Die Deutschfinnin war als Fellow an der Universität Turku in Finnland tätig und ist auf die Malerei der nordischen Länder zwischen den 1880er und 1940er Jahren spezialisiert. Sie arbeitet für verschiedene kulturelle Institutionen und Verlage als Autorin sowie in der Bildung und Vermittlung.

Abstract

The Finnish painter Helene Schjerfbeck (1862–1946) is one of the most famous artists in Finland, whereas outside the Nordic countries her works are still presented as a discovery.

This thesis focuses on her self-portraits that create a core element of her oeuvre. A close reading of the self-portraits gives insight into the wide range of topics, that are inherent in the paintings and drawings. A characteristic of Schjerfbeck's imagery is a non finito aesthetic, which is more than just a matter of style. Rather, this specific aesthetic contributes to a multi-layered depiction of the self.

A closer look at the historical context shows how some of her commissioned self-portraits were part of a public image of the artist, that had its origin in the first decades of the 20th century. Other works, some of them not meant for the public, give insight into a more intimate reflection, that offers visual approaches to gender, otherness, death and creativity. References to works of Tyko Sallinen, Edvard Munch, Pablo Picasso, Käthe Kollwitz or Francis Bacon help to understand Schjerfbeck's unique visual meditations on existential questions of humanity.

Helene Schjerfbeck (1862–1946) ist eine *der* Ikonen der nordischen Malerei der Moderne. Doch erst seit einigen Jahren findet ihre Kunst auch außerhalb ihrer zentralen Wirkungsstätten Finnland und Schweden große Beachtung. Elementarer Bestandteil von Schjerfbecks Œuvre sind ihre Selbstbildnisse. Das Porträtieren der eigenen Gesichtszüge begleitet die international ausgebildete Malerin seit den 1870er Jahren bis kurz vor ihrem Tod 1946. Bislang sind etwa 40 Selbstporträts bekannt. Diese Werke geben Einblick in die künstlerische Entwicklung der Finnlandschwedin – in ihnen experimentiert sie am offenkundigsten mit unterschiedlichen Techniken und Bildfindungen. Das Ergebnis sind selbstbewusste Statements in einem männlich dominierten Kunstbetrieb. In einer schonungslosen Wahrheitssuche werden Themen wie Kreativität, Tod und Gender aufgegriffen. Dabei entstehen visuelle Referenzen zu Arbeiten von Edvard Munch, Käthe Kollwitz oder Francis Bacon. Schjerfbecks beständiges Changieren zwischen Figuration und Abstraktion erfordert ein Überdenken des konventionellen Porträtbegriffs – was ist konstitutiv für die Gattung, wenn die äußere Ähnlichkeit zur Porträtierten reduziert wird? Eine hermeneutische Annäherung an die Bildnisse gibt Aufschluss über deren Inhalte und Einblicke in die Zeit, in der sie entstanden sind.